AMV

Das große Buch vom PFERD

Fakten – Wissen – Praxis
Mit über 700 Abbildungen

Vorwort
Lucinda Prior-Palmer
Vielseitigkeits-Weltmeisterin

Albert Müller Verlag
Rüschlikon-Zürich · Stuttgart · Wien

Koordinierende Herausgeberin
Pamela Macgregor-Morris
unter Mitwirkung von
Jane Starkey

Autoren
Peter Churchill · W. S. Crook · Jane Kidd · Dr. Bruce Macfadden · Pamela Macgregor-Morris · Jonathan Powell · Fiona Scott · Colin Vogel · Toni Webber

Bildnachweis

15 Bruce Macfadden. 16 Snark International, Paris. 17 Michael Holford (British Library). 18 Ronald Sheridan; Michael Holford. 19 Michael Holford (B.L.). 20 Ronald Sheridan. 21 Michael Holford. 22 Michael Holford (Victoria and Albert Museum, London). 23 Scala, Florenz. 24 Snark International; Lady Butler, Leeds City Art Galleries. 25 National Army Museum, London. 26 The Mansell Collection, London; Walter Rawlings (West Point Museum). 27 Peter Newark's Western Americana, Brentwood. 28 Imperial War Museum. London; Novosti Press Agency. 29 The Mansell Collection. 30 Bodleian Library, Oxford; Michael Holford (B.L.). 32 The Mansell Collection. 33 By courtesy of British Waterways Board. 34 Punch Publications Ltd.; Western Americana. 37 Western Americana; National Coal Board. 38 Walter Rawlings; Colour Library International; U.S.Travel Service. 39 Elisabeth Weiland; Picturepoint Ltd., London; Colour Library International. 40 Roger Pring; Elisabeth Weiland. 41 Western Americana. 42 Michael Holford (B.L.); Scala (Taranto Museum). 44 Michael Holford (B.L.). 45 Historical Picture Service, Brentwood; Mander and Mitchenson. 46 Mary Evans Picture Library; Royal Borough of Kingston-upon-Thames Central Library, Museum and Art Gallery. 47 Western Americana. 48 Michael Holford (V & A); Snark (Saarländisches Museum, Saarbrücken). 51 Walter Rawlings; National Film Archive, aus dem MGM-Film National Velvet, © 1944 Loew's Incorporated, 1971 by Metro-Goldwyn-Mayer Inc., California; City of Manchester Art Galleries. 94 John Wyand. 95 John Wyand. 99 Colin Maher. 100 Colin Maher. 101 Colin Maher. 102 Colour Library International; Bruce Coleman Ltd. 104 Picturepoint Ltd. 105 Picturepoint Ltd. 107 U.S.Travel Service. 108 Jay Swallow; Leslie Lane. 109 Leslie Lane. 110 Jay Swallow; Sally Anne Thompson. 111 Jay Swallow. 112 Jay Swallow. 113 Jay Swallow; E.D. Lacey. 114 Jay Swallow. 115 Jay Swallow. 116 Leslie Lane; Jay Swallow. 117 Jay Swallow. 127 Leslie Lane. 130 Elisabeth Weiland. 133 Ardea Photographics. 138 John Wyand. 139 John Wyand. 142 Michael Busselle. 144 Michael Busselle. 145 David Mallott. 148 Michael Busselle. 150 Sally Anne Thompson. 157 Michael Busselle. 161 John Wyand. 162 Sally Anne Thompson. 163 Sally Anne Thompson. 164 Johan Wyand; Gerry Cranham. 165 F.M. Bordis/Zefa. 168 Elisabeth Weiland. 169 Gerry Cranham; Elisabeth Weiland; Picturepoint Ltd.; Leo Mason. 170 Kit Houghton; Elisabeth Weiland; Homer Sykes. 171 Sally Anne Thompson; Paolo Koch; E.D. Lacey; Elisabeth Weiland. 172 Sally Anne Thompson; Kit Houghton; Gerry Cranham; Elisabeth Weiland. 173 Elisabeth Weiland; Gerry Cranham. 174 U.S.Travel Service. 175 Colour Library International; Sally Anne Thompson; U.S.Travel Service. 176 Elisabeth Weiland; Walter Rawlings; Picturepoint Ltd. 177 Roger B. Gilroy; Elisabeth Weiland. 178 Ronald Sheridan. 179 Mary Evans Picture Library. 180 John Wyand; Gerry Cranham. 181 John Wyand; Roger Pring. 184 Stockphotos International; Revers-Windauer/Zefa; Tony Duffy. 185 Picturepoint Ltd.; Elisabeth Weiland. 186 U.S.Travel Service. 187 Colour Library International; Elisabeth Weiland. 188 Keystone Press Agency Ltd.; Syndication International Ltd. 189 Sally Anne Thompson; Syndication International Ltd., Mary Evans (J.F. Herring). 190 W.W. Rouch & Co.; Syndication International Ltd. 191 Paul Popper Ltd.; Keystone Press Agency Ltd. 192 Syndication International Ltd. 193 W.W. Rouch & Co.; Paul Popper Ltd.; S & G Press Agency. 194 Don Morley/All Sport; Keystone Press Agency Ltd.; W.W. Rouch & Co. 195 S & G Press Agency; W.W. Rouch & Co.; Keystone Press Agency Ltd. 196 Syndication International Ltd.; W.W. Rouch & Co. 197 Syndication International Ltd.; Paul Popper Ltd.; W.W. Rouch & Co.

Aus dem Englischen übersetzt von Sigrid Eicher

Titel des englischen Originals: «The Book of the Horse».
ISBN 3-275-00820-X. – 1-6/83. – Printed in Hongkong.

Inhaltsverzeichnis

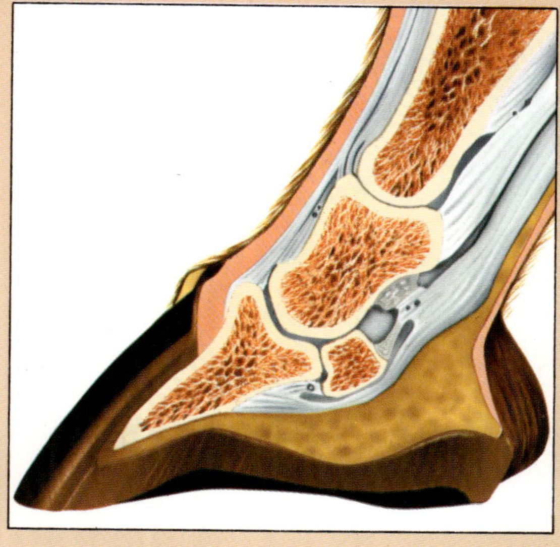

Vorwort

von Lucinda Prior-Palmer

Lucinda Prior-Palmer auf ihrem Pferd «Be Fair»

Das Vorwort zu diesem Buch schreibe ich gern und voller Überzeugung. Ich finde «Das große Buch vom Pferd« in seiner Art revolutionär. Noch nie habe ich eine solche Darstellung des Pferdes gesehen, in der die verschiedenen Fachgebiete auf so moderne und fesselnde Weise behandelt sind.

Pferde besitzen einen großen Zauber. Man mag sie nicht einfach, man liebt sie. Ihre Persönlichkeit, ihre Gewandtheit, ihr Mut und ihre Fähigkeit zur gegenseitigen Beziehung mit dem Menschen haben eine unwiderstehliche Anziehungskraft. Für den, der sich nichts aus Pferden macht, sind diese Eigenschaften allerdings nicht erkennbar. Er bemerkt vielleicht gerade noch, daß das Pferd vorne beißt und hinten schlägt, aber mehr will und mag er anscheinend nicht verstehen. Solche Menschen können einem nur leid tun; sie wissen gar nicht, wieviel Glück und Faszination ihnen entgehen.

«Das große Buch vom Pferd» dient einem doppelten Zweck. Ich persönlich finde es spannend, weil es eine Fülle wichtiger Informationen enthält, genau und dazu fantasievoll präsentiert. Viele interessante Fotos ersetzen einen Großteil der langen Textpassagen, die einem ein belehrendes Buch sonst so leicht verleiden können. Dem modernen Gedankengang folgend, daß das Gehirn Bilder besser behält als Worte, sind viele Lektionen und Regeln in Form von leicht faßlichen Diagrammen dargestellt. Wer sich über Pferde von Grund auf informieren will, beginnt am besten mit diesem Buch.

Eine Frage bleibt noch offen. Pferdebücher gibt es schon lange und in Fülle. Warum? Warum lesen so viele Leute gern etwas über Pferde, selbst wenn sie vielleicht kaum eine tatsächliche Verbindung zu ihnen haben?

Die Antwort hierauf bleibt jedem einzelnen überlassen, aber ich stelle mir gern vor, daß es eine Art Tribut an das Tier ist, das seit ältester Zeit von so lebenswichtiger Bedeutung für uns war. Von Anbeginn der überlieferten Geschichte des domestizierten Pferdes war es aus Sport und Krieg nicht wegzudenken. Jahrtausendelang war es das gängigste Transportmittel, jahrhundertelang der Helfer des Landmanns. Im Zeitalter der Mechanisierung verlagerte sich seine Bedeutung allerdings mehr auf das Gebiet von Sport und Erholung.

Kein anderes Tier ist so vielseitig. Mit Pferden kann man die verschiedensten Sportarten betreiben. Polo, jede Art Wettkämpfe zu Pferde, Flachrennen, die verschiedenen Formen des Jagdreitens, um nur einige zu nennen. Das Pferd nimmt an nicht weniger als vier verschiedenen olympischen Wettkämpfen teil – Springen, Dressur, Fünfkampf und Vielseitigkeit. Auch wenn seine Bedeutung als Lastenträger und Zugpferd gesunken ist, erklärt eine derartig vielfältige Beziehung sicher zumindest teilweise, warum so viele Leute gern Bücher über Pferde lesen.

Mit Achtung und Neid werden die Spitzenreiter betrachtet. Jeder wird da an Meister, an Künstler im Sattel denken, die für ihn der Vollkommenheit so nahe sind, wie es die menschliche Natur überhaupt erlaubt. Solche Höhen scheinen unerreichbar. Vielleicht hat mancher sogar den Eindruck, es lohne sich gar nicht erst, reiten zu lernen oder weiterhin zu reiten, nachdem Meister doch offensichtlich mit etwas geboren werden, was normalen Menschen fehlt. Gerade das aber glaube ich nicht. Wie es in der Einleitung zum Kapitel über das Reitenlernen heißt: «Der Hauptschlüssel zum Reitenlernen heißt Vertrauen.» Der Reiter, die Reiterin muß das Vertrauen haben, daß eine Verständigung mit dem Pferd möglich ist. Und ebenso ist es für das Pferd notwendig, daß es Vertrauen zum Reiter haben kann.

Vertrauen und Verständigung. Das sind die Grundlagen für den Erfolg mit Pferden, von den ersten Anfängen bis hin zum großen Turnierstar. Es kann viele Jahre dauern, bis dieses Vertrauen tief genug verwurzelt ist. Arbeit, Ausdauer und Geduld sind das Geheimnis bei der Sache. Und Glück, diese vergängliche Gabe, braucht man natürlich immer und zu allen Unternehmungen.

Kein Schritt ist umsonst, auch wenn man oft zwei Schritte vor und einen zurück macht. Diese Erfahrung dient nicht nur dem Reiten, sondern dem ganzen Leben, und ausgelernt hat man da nie.

Pferde tragen die Geschichte der Menschheit auf ihrem Rücken. Wenn man eines findet, das einen selbst trägt, sollte man sich bewußt sein, daß dies ein Glück, ja eine Ehre bedeutet. Wenn sich zwischen Reiter und Pferd Vertrauen und Respekt, die Grundsteine für jede befriedigende Partnerschaft, herausbilden, eröffnet sich dem Menschen – Ihnen! – eine neue Dimension des Lebens.

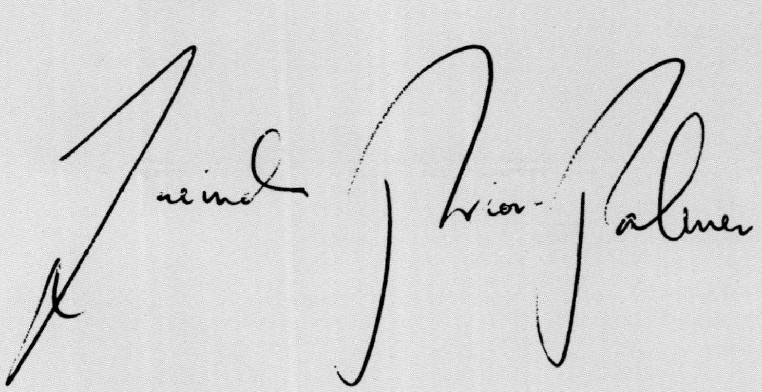

Kapitel 1

Die Ursprünge des Pferdes

Die Partnerschaft des Menschen mit dem Pferd beginnt vor ungefähr 6000 Jahren; um diese Zeit wurde das Pferd in Asien erstmals domestiziert. Die Geschichte des Pferdes selbst reicht allerdings viel weiter zurück – bis in prähistorische Zeiten. Die heutigen Arten der Gattung Equus – Hauspferd, Zebra, Esel, Onager, Przewalski – sind nur die letzten Glieder dieser selbst einstmals sehr viel artenreicheren Gattung, die im Pleistozän, der letzten sogenannten Eiszeit, aufgetreten war. Gegen Ende der Eiszeit, vor etwa 12000 oder 15000 Jahren, starben viele ihrer Arten aus. Die Ursprünge des Pferdes liegen aber lange vor dem Pleistozän. Tatsächlich hatte Equus eine stattliche Anzahl von Vorläufern, urzeitliche Pferde aus der Familie der Equiden, der Pferdeähnlichen, deren Geschichte bis zu 55 Millionen Jahre in die Vorzeit zurückreicht. Von der stammesgeschichtlichen Entwicklung, die zum heutigen Equus führte, handelt dieses Kapitel.

Die Erforschung der fossilen Pferde

Die Hauptquelle für unser Wissen über die Entwicklung des Pferdes sind überaus reiche fossile Ablagerungen im westlichen Nordamerika. Die Sache beginnt jedoch in der ersten Hälfte des 19. Jahrhunderts in England. 1840 nämlich beschrieb der große britische Paläontologe Sir Richard Owen erstmals eine Art fossiles Pferd, das er Hyracotherium nannte. Gefunden hatte man es ein Jahr zuvor in der Umgebung von London, und zwar in Lehmablagerungen aus dem Eozän, die etwa 55 Millionen Jahre alt sind.

In der zweiten Hälfte des 19. Jahrhunderts verlagerte sich der Brennpunkt der Wissenschaft nach Nordamerika, wo viele der heute berühmten naturwissenschaftlichen Museen gegründet wurden. Durch diese Museen wurde das öffentliche Interesse an der Paläontologie, der Fossilienkunde, geweckt, und es wurden zahlreiche Expeditionen ausgeschickt, die die reichhaltigen fossilen Ablagerungen im Westen erforschen und Versteinerungen sammeln sollten. Die dabei gefundenen fossilen Pferde wurden von einigen der Begründer der nordamerikanischen Paläontologie untersucht, und diese frühen Studien hatten bedeutende wissenschaftliche Auswirkungen; so trugen sie, durch das paläontologische Beweismaterial, viel zur Unterstützung von Darwins Evolutionstheorie bei.

Einer der hervorragendsten Forscher auf dem Gebiet der Entwicklung des Pferdes war in der zweiten Hälfte des 19. Jahrhunderts O.C. Marsh, Professor für Paläontologie in Yale. Die von der Yale-Universität nach dem Westen ausgesandten Expeditionen waren häufig nicht nur aufregend, sondern auch erfolgreich, so daß Yale mit der Zeit über eine der größten Sammlungen fossiler Pferde verfügte. Eine entscheidende Hilfe war das große Privatvermögen von Marshs Onkel George Peabody. Es wurde einesteils zur Finanzierung des Peabody Museum of Natural History in Yale, andernteils zur Ausrüstung der verschiedenen Sammelexpeditionen verwendet. 1876 gab Marsh einer neuen Gattung fossiler Pferde den Namen Eohippus, «Pferd der Morgenröte». Zu Marshs Zeiten war dies das früheste in Nordamerika gefundene Pferd, und das ist es bis heute geblieben. Es kommt in Ablagerungen des späten Paläozän und des frühen Eozän in Nordamerika vor, die etwa 55 Millionen Jahre alt sind – ungefähr so alt wie die Lehmablagerungen bei London. Im 20. Jahrhundert stellten bedeutende britische und amerikanische Paläontologen Vergleiche zwischen den Funden von Hyracotherium aus Europa und Eohippus aus Nordamerika an und entdeckten, daß die beiden Namen ein und dieselbe Form bezeichneten. Nach den üblichen wissenschaftlichen Regeln hat Owens 1840 eingeführte Benennung Hyracotherium den Vorrang vor Eohippus, Marshs Benennung von 1876. Die Bezeichnung Eohippus – «Pferd der Morgenröte» – ist aber immer noch allgemein im Gebrauch.

Nach den ersten Forschungserfolgen von Marsh und anderen war es klar, daß in den nordamerikanischen Ablagerungen die wichtigsten Glieder der Entwicklungsgeschichte des Pferdes enthalten waren. Deswegen haben nordamerikanische Paläontologen auch in erheblichem Maße zum Verständnis der Equiden beigetragen.

Der britische Paläontologe Sir Richard Owen. Er entdeckte und beschrieb 1840 die erste Gattung von fossilen Pferden.

Pferde und ihre Verwandten

Sowohl das heutige als auch das fossile Pferd gehören zu den Unpaarzehern, die mittelgroße bis große pflanzenfressende Säugetiere mit nicht paarweise angeordneten Zehen umfas-

Fossile Pferde, besonders Eohippus, das «Pferd der Morgenröte», spielten als Beweis für Darwins 1859 veröffentlichte Evolutionstheorie eine wichtige Rolle. Thomas Huxley (links), der große britische Naturwissenschaftler und prominenter Anhänger der Darwinschen Theorie, studierte in den USA die größeren paläontologischen Sammlungen der damaligen Zeit. Besonders beeindruckt war er von den Fundstücken fossiler Pferde, die O. C. Marsh (rechts), Professor für Paläontologie in Yale, von Expeditionen in den Westen Nordamerikas mitgebracht hatte. Die Sammlung schien ihm der beste Beweis für Darwins Ansichten zu sein.
Im Verlauf des wissenschaftlichen Gesprächs mit Marsh begann Huxley seine Vorstellung des damals noch hypothetischen Vorfahren des Pferdes, Eohippus, zu skizzieren und setzte ihm auch einen Reiter auf den Rücken, den Marsh «Eohomo» («Mensch der Morgenröte») taufte. Noch im gleichen Jahr 1876 konnte Marsh Eohippus wissenschaftlich beschreiben, den Reiter allerdings nicht.

Geologische Zeittafel. Das Alter der Erde wird mit ca. 4,5 Milliarden Jahren angenommen. Der untere Balken symbolisiert die rund 600 Millionen Jahre seit dem Erdaltertum (Paläozoikum), während denen sich Leben nicht nur im Meer, sondern auch an Land entwickelt. Aber erst in der Erdneuzeit (Känozoikum), seit 60–70 Millionen Jahren, treten die Tier- und Pflanzenformen auf, die zum Teil bis in die Gegenwart überlebt haben. Das Känozoikum wird in die geologischen Formationen Alttertiär, Neutertiär und Quartär unterteilt (mittlerer Balken), sowie (oberer Balken) in die sog. Abteilungen vom Paläozän bis zum Holozän. Das Pferd betritt diese Bühne in seiner Frühform an der Wende von Paläozän zum Eozän vor etwa 55 Millionen Jahren.

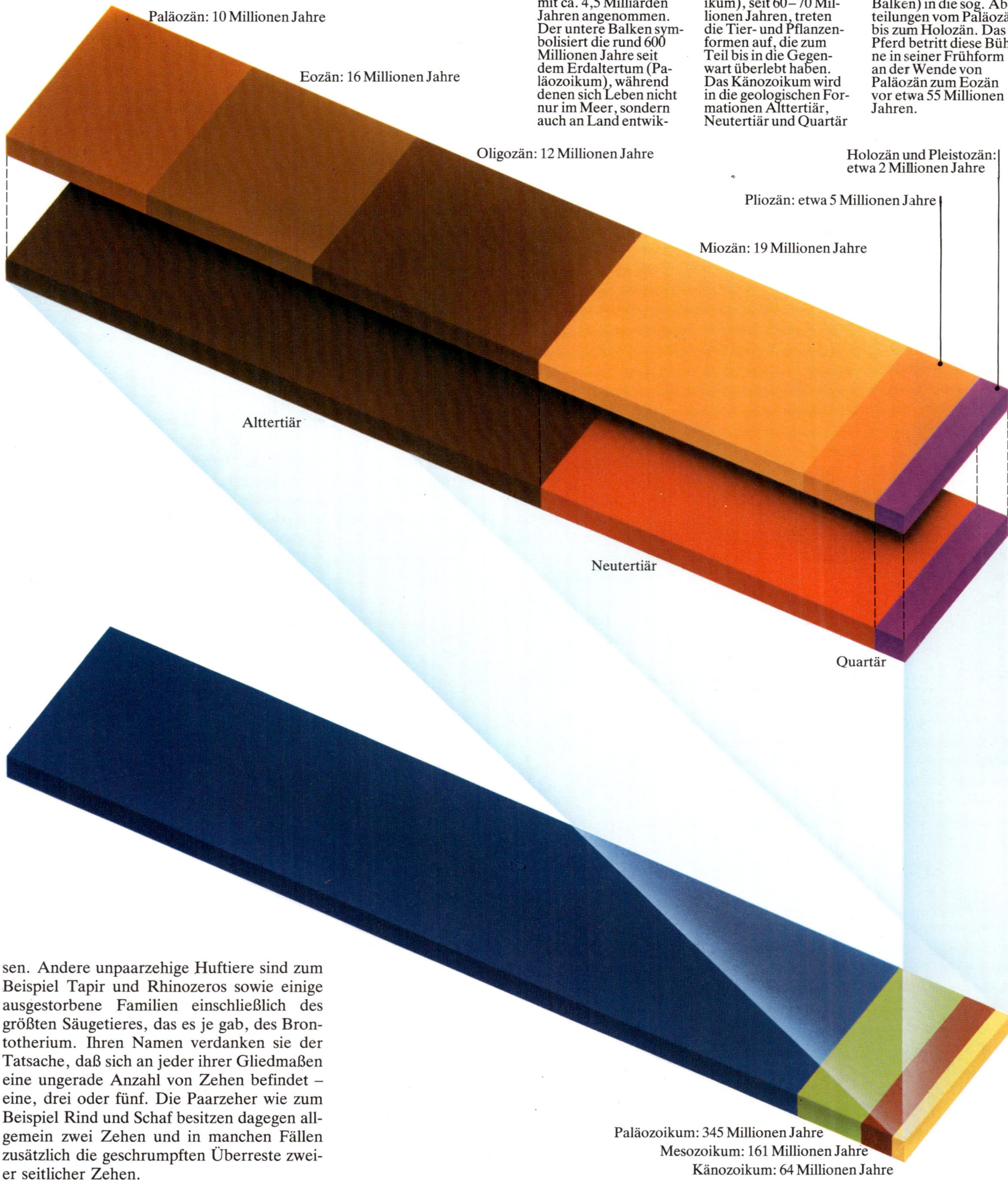

sen. Andere unpaarzehige Huftiere sind zum Beispiel Tapir und Rhinozeros sowie einige ausgestorbene Familien einschließlich des größten Säugetieres, das es je gab, des Brontotherium. Ihren Namen verdanken sie der Tatsache, daß sich an jeder ihrer Gliedmaßen eine ungerade Anzahl von Zehen befindet – eine, drei oder fünf. Die Paarzeher wie zum Beispiel Rind und Schaf besitzen dagegen allgemein zwei Zehen und in manchen Fällen zusätzlich die geschrumpften Überreste zweier seitlicher Zehen.

Ursprünglich scheinen die Unpaarzeher von einer völlig ausgestorbenen Gruppe von primitiven Huftieren, den sogenannten Condylarthra, abzustammen. Dazu gehörte der verhältnismäßig bekannte Phenacodus, der gleichzeitig mit dem Hyracotherium lebte. Manche Phenacodus-Arten scheinen sich in Richtung Unpaarzeher entwickelt zu haben, aber ein direkter unpaarzehiger Vorfahr ist aus älteren Paläozän-Ablagerungen nicht bekannt.

Lange Zeit hielt man das Hyracotherium für die Grundform, von der alle größeren Familien von Unpaarzehern letztlich abgestammt hatten. Es galt daher in gewissem Sinn ebenso sehr als Tapir oder Rhinozeros wie als Pferd. Neuere Forschungsergebnisse, die sich auf die Schädelstruktur des Hyracotherium stützen, haben indes gezeigt, daß es sich tatsächlich um ein Pferd handelt.

Tapir (links) und Nashorn (rechts), wie wir sie heute kennen. Beide sind Unpaarzeher und eng mit dem Pferd verwandt.

Vierzehige Pferde

Die Entwicklungsgeschichte des Pferdes zeigt verschiedene allgemeine Tendenzen, die im Zusammenhang stehen mit der allmählichen Anpassung der verschiedenen Pferdetypen an ihre jeweilige Umgebung. Die meisten betrafen das Futter und die Fortbewegung.

Wie gesagt, tauchten die ersten, die vierzehigen Pferde einschließlich des Hyracotherium im späten Paläozän auf, vor etwa 55 Millionen Jahren. Beweise ihrer Existenz gibt es das ganze Eozän hindurch bis vor etwa 38 Millionen Jahre. Im Vergleich zu ihren Condylarthra-Vorfahren waren diese Pferde schon relativ fortgeschritten, wie die veränderte Form des Schädels und des Skeletts zeigt. Sie besaßen an jedem Vorderfuß vier Zehen – daher ihr Name – und drei am Hinterfuß. Diese vier Zehen waren nur ein Übergangsstadium während der Verminderung der Zehen von fünf auf drei, nicht etwa eine Entwicklung in Richtung Paarzeher. Condylarthra und viele andere Säugetiere besitzen fünf Zehen an jeder Gliedmaße.

Außer der Verminderung der Zehenzahl zeigten die vierzehigen (und späteren) Pferde auch die Tendenz, längere Gliedmaßen zu entwickeln, die ihnen raumgreifenderes Laufen ermöglichten, ein wesentlicher Vorteil bei der Flucht vor Raubtieren. Am Schädel ist die Tendenz zur Spezialisierung auf Blattnahrung abzulesen. Beweis dafür sind die fortschreitende Verbreiterung der Kaufläche auch der vorderen Backenzähne und die sogenannte Vertiefung, die geräumigere Ausbildung des Schädels und der Kieferknochen. Außerdem haben neuere und sehr interessante Forschungen anhand der im Gehirnraum von Hyracotherium und anderen Pferden enthaltenen Lehmfüllungen ergeben, daß selbst bei den frühesten Pferden im Vergleich zu den primitiveren Säugetieren wie den Condylarthra die Gehirnentwicklung fortgeschrittener war. Im Gegensatz zu Equus waren die vierzehigen

Verbreitung und Verteilung der frühen Gattungen von Pferden sowie vieler anderer Säugetiere im Känozoikum waren stark durch die Kontinentalverschiebung beeinflußt. Es gibt geologische Beweise dafür, daß die Kontinente seit Jahrmillionen auseinandergedriftet sind. Infolgedessen hat sich die Lage der Kontinente zueinander verändert, was wiederum zu einer Veränderung der Wanderwege von Pferden und anderen Säugetieren in der Welt geführt hat. Im späten Paläozän und im frühen Eozän gab es das erste Pferd, Hyracotherium, zu beiden Seiten des Atlantik: Im Westen Nordamerikas finden sich besonders viele fossile Überreste dieses vierzehigen Pferdes, und in Westeuropa wurden viele ähnliche Überreste entdeckt. Einige wenige Funde sind auch aus Ostasien bekannt. Rekonstruktionen der Lage der Kontinente um diese Zeit zeigen die Ozeane so schmal, daß sie selbst von Landsäugetieren überquert werden konnten. Gegen Ende des frühen Eozäns aber waren die Kontinente so weit auseinandergedriftet, daß diese Wanderwege abgeschnitten waren. Nord- und Südamerika waren nur noch über die Landbrücke im Gebiet der heutigen Bering-Straße mit der Alten Welt verbunden, aber auch diese verschwand allmählich im Meer.

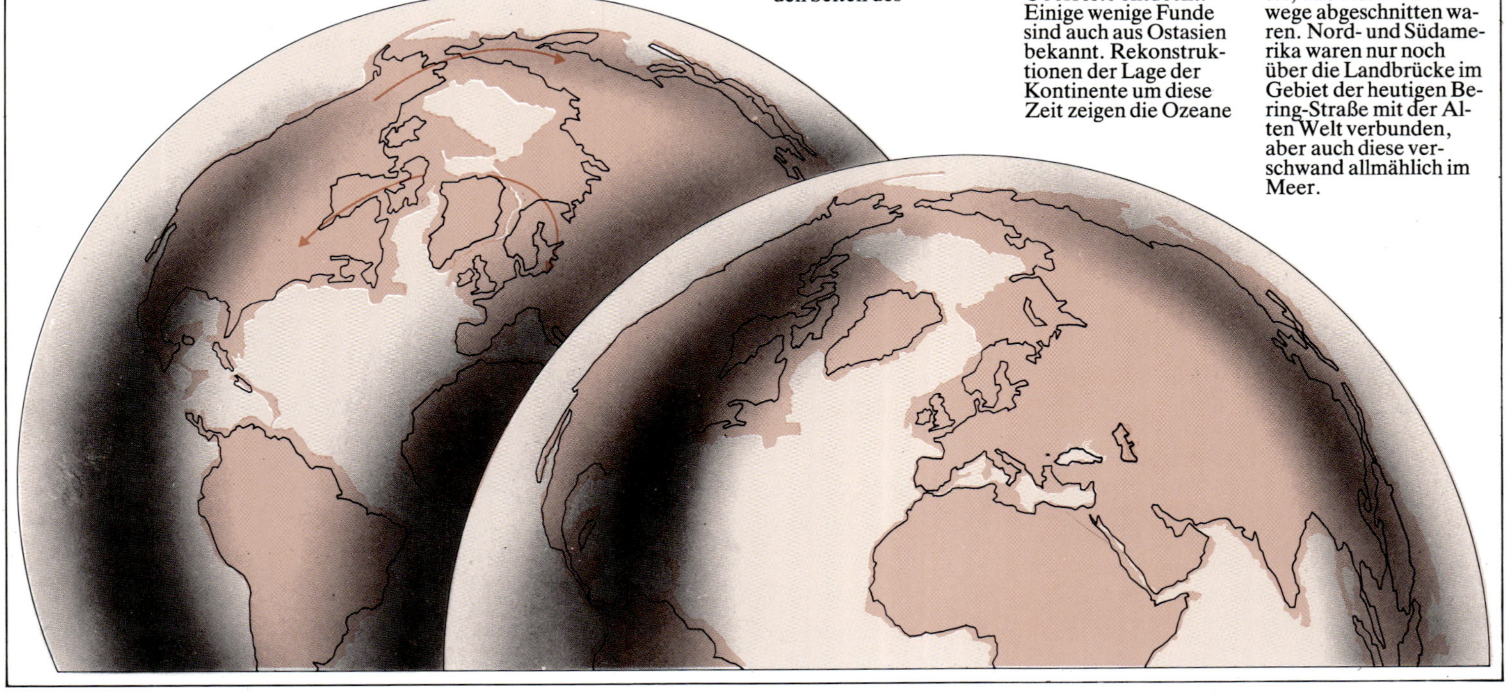

Der zu den Condylarthra gehörende Phenacodus und (rechts) der einzehige Dinohippus, gefunden in nordamerikanischen Ablagerungen aus dem späten Miozän.

Pferde von sehr kleiner Statur. Das Hyracotherium zum Beispiel war etwa so groß wie ein Foxterrier. Geographisch waren sie weit verbreitet. Zwar stammen die bekanntesten Überreste aus Nordamerika, aber sie sind auch in England und Westeuropa zahlreich in Ablagerungen aus dem frühen Eozän zu finden.

Daß sich das Hyracotherium der Alten und der Neuen Welt – ebenso wie andere um diese Zeit lebende Säugetiere – so ähnlich waren, obwohl sie geographisch weit auseinanderliegende Räume bewohnten, legt den Gedanken nahe, daß bis zum mittleren Eozän (vor etwa 49 Millionen Jahren) eine Wanderung zwischen diesen Gebieten möglich gewesen sein muß. Ein wahrscheinlicher Wanderweg führte damals vermutlich über den zu dieser Zeit viel schmaleren Atlantischen Ozean. Nachdem infolge der Kontinentalverschiebung dieser Ozean immer breiter wurde, scheint es seit dem frühen Eozän keine Wanderungen über den Nordatlantik mehr gegeben zu haben. Pferde und andere Landsäugetiere haben dann nur noch über eine Landbrücke im Gebiet der heutigen Bering-Straße zwischen der Alten und der Neuen Welt hin- und herwechseln können.

Mit Ausnahme einer wenig bekannten Art, die in frühen Oligozän-Ablagerungen im Westen der USA, gefunden wurde, starben die vierzehigen Pferde vor etwa 38 Millionen Jahren, gegen Ende des Eozän, aus. Aus einer Art des vierzehigen Pferdes scheinen sich damals primitive dreizehige Pferde entwickelt zu haben.

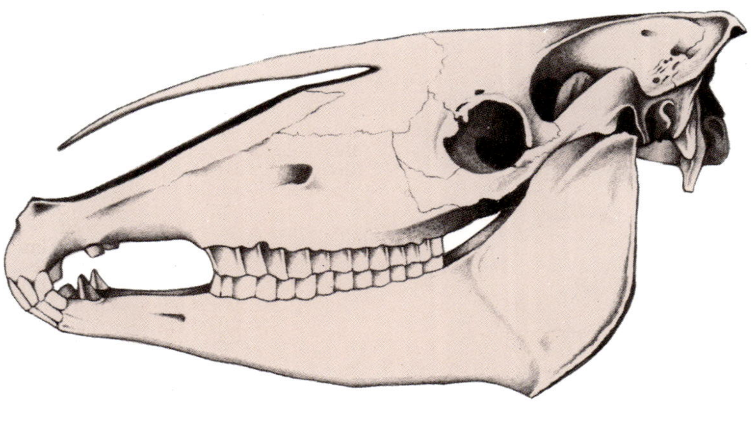

Der Schädel eines fossilen Hippidion im Vergleich mit dem eines heutigen Equus (unten). Das seltsame einzehige Hippidion ist hauptsächlich aus Pleistozän-Ablagerungen in Südamerika bekannt. Sein Hauptmerkmal war das hoch in der Mitte des Schädels angesetzte, verlängerte Nasenbein, das in weichem Gewebe eingebettet und verhüllt war.

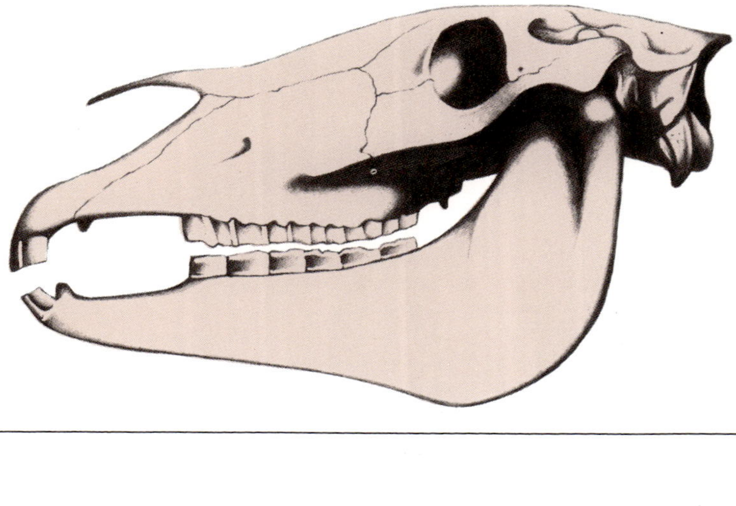

Dreizehige Pferde

Die dreizehigen Pferde hatten ihre Blütezeit im mittleren Abschnitt des Känozoikums. Diese Gruppe bestand aus primitiven Laubfressern und den fortgeschrittenen Grasfressern.

Die dreizehigen Laubfresser, verkörpert im Mesohippus, erschienen zu Beginn des Oligozän, vor etwa 38 Millionen Jahren. Verglichen mit vierzehigen Pferden erscheinen sie ganz allgemein größer. Wie schon der Name sagt, besaßen sie drei Zehen an jeder Gliedmaße. Die vierte Zehe an den Vorderbeinen hatte sich allmählich zu einem knöchernen Überrest zurückgebildet und war bei den dreizehigen Pferden vollständig verschwunden. Außerdem waren die Gliedmaßen im Verhältnis länger.

All diese Eigenschaften und einige weitere waren Anzeichen dafür, daß sich die Pferde weiterhin an eine Laubnahrung anpaßten und eine zweckvollere Art des Laufens entwickelten. Während des Oligozän waren sie auf Nordamerika beschränkt. Im frühen Miozän dann (vor etwa 20 Millionen Jahren) verbreiteten sich die dreizehigen Laubfresser, jetzt verkörpert im Anchitherium, auch in der Alten Welt. Die Laubfresser starben schließlich vor etwa 12 Millionen Jahren aus.

Weil sich im Miozän sowohl dreizehige Laubals auch Grasfresser entwickelten, ist dieses Zeitalter für die Entwicklung des Pferdes besonders wichtig, denn diese Trennung bedeutete eine wichtige Aufteilung der Nahrungsgewohnheiten. Die wichtigsten Beweise für diese Veränderung während dieser und späterer durch Fossilienfunde erschlossener Epochen finden sich in der Schädel- und Zahnentwicklung der dreizehigen Grasfresser. Gräser sind reich an Mineralstoffen und haben einen Schmirgeleffekt, so daß sich die Zähne von Grasfressern sehr viel mehr abnutzen als die von Laubfressern. Die frühen dreizehigen Grasfresser zeigten daher vermehrt die Tendenz zu jener Entwicklung der Backenzähne (Mahlzähne) und vertieften Ausbildung von Schädel und Kieferknochen, von der oben bereits gesprochen wurde, offensichtlich eine Folge dieser neuentdeckten Nahrungsquelle.

Die Geschichte der dreizehigen Grasfresser beschränkt sich hauptsächlich auf Nordamerika. Nur ein sehr erfolgreiches Mitglied dieser Gruppe, das Hipparion, wanderte im späten Miozän von der Neuen in die Alte Welt. Das war vor etwa 10 bis 11 Millionen Jahren. Auf beiden Seiten des Atlantik waren im späten Miozän verschiedene Arten des Hipparion in großer Zahl zu finden. Sie starben im frühen Pleistozän aus.

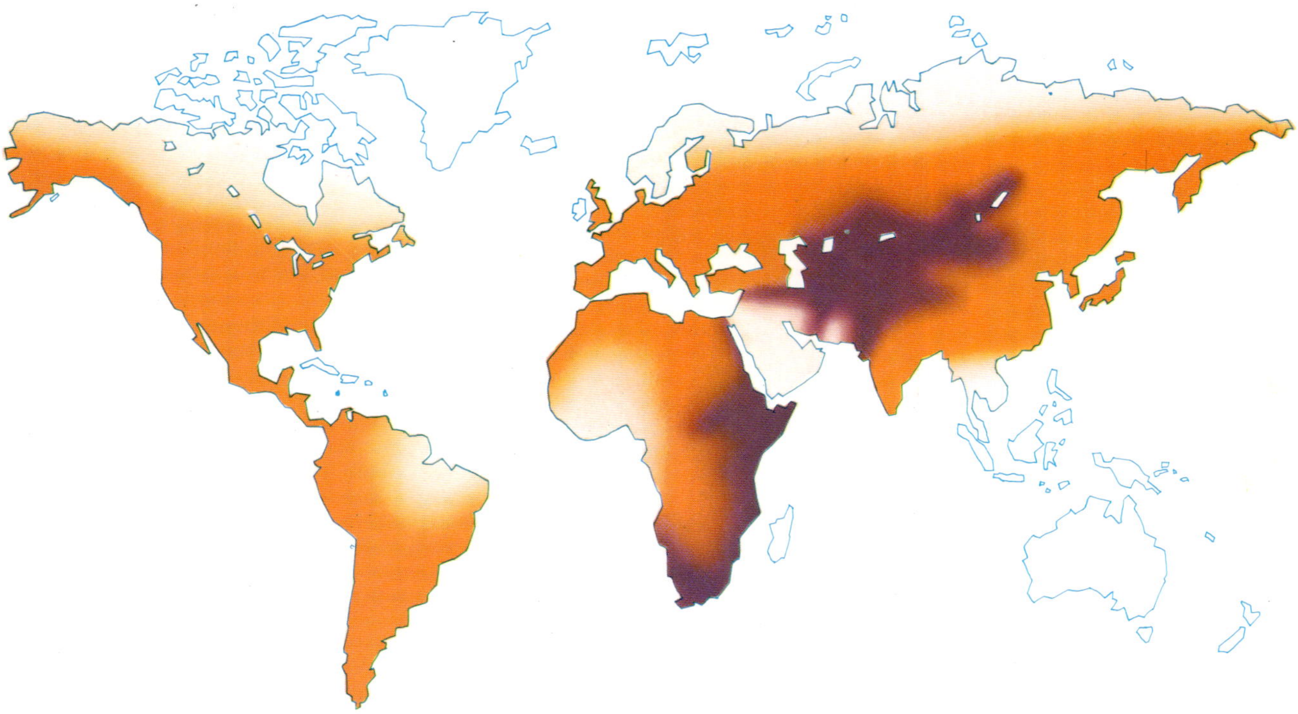

Verbreitung von Equus im Pleistozän und heute. Die Gattung entstand vor 3–4 Millionen Jahren im Pliozän in Nordamerika und wanderte von dort nach Südamerika und in die Alte Welt. Im Pleistozän war Equus die am weitesten verbreitete Gattung. Gegen Ende dieses Zeitalters starben jedoch viele ihrer Arten aus, und die heutige Verbreitung des wilden Equus ist vergleichsweise begrenzt.

Einzehige Pferde

Einzehige Pferde erschienen erstmals im mittleren Miozän, vor etwa 15 Millionen Jahren. Offensichtlich stammten diese Grasfresser von einer Art der dreizehigen Grasfresser Nordamerikas ab.

Der Übergang von drei Zehen auf eine Zehe war das Ergebnis eines allmählichen Schrumpfprozesses der beiden seitlichen Zehen, bis nur noch die mittlere Zehe an jeder Gliedmaße für das Laufen eine Rolle spielte. Fortgeschrittene Formen des einzehigen Pferdes, wie unser modernes Pferd, besitzen kleine Knochenüberbleibsel an den Beinen, die Reste der seitlichen Zehen. Auch die Zahnstruktur hatte sich gegenüber den Vorfahren bei den einzehigen Pferden weiter verbessert; Backenzähne, Schädel und Backenknochen waren noch mehr eingetieft. Mit wenigen Ausnahmen waren diese Pferde größer als die früheren.

Die meisten Gruppen der urgeschichtlichen einzehigen Pferde blieben auf Nord- und Mittelamerika beschränkt.

Eine bizarre Gruppe, zu der unter anderem das Hippidion gehört, wanderte jedoch im Pleistozän bis nach Südamerika. Das war vor zwei oder drei Millionen Jahren.

Die im Pleistozän lebenden Vorfahren unserer heutigen Gattung Equus stammen ihrerseits anscheinend von dem einzehigen Pferd Dinohippus ab. Überreste fanden sich in Nordamerika in drei bis vier Millionen Jahre alten Ablagerungen aus dem mittleren Pliozän. Sowohl im Pliozän als auch im Pleistozän entwickelte sich eine überraschende Vielfalt von Arten, die Urväter vieler der uns heute bekannten Pferdetypen.

Von allen urgeschichtlichen Pferden waren die Vertreter der Gattung Equus des Pleistozän am weitesten verbreitet. Wie es scheint, waren sie vor etwa drei Millionen Jahren in Nordamerika in großer Zahl vertreten, wanderten aber auch bis nach Mittel- und Südamerika, Asien, Europa und Afrika. Gegen Ende der letzten Eiszeit, vor etwa 12000 bis 15000 Jahren, waren jedoch viele der urgeschichtlichen Arten von Equus ausgestorben. Nur wenige haben bis heute überlebt.

Warum dies geschah, ist ein Rätsel gleich dem Aussterben all der anderen großen Säugetiere wie Mammut, Mastodon und Säbelzahntiger um dieselbe Zeit. Man hat dafür die Klimaveränderung, den Einfluß des Menschen oder eine Kombination dieser und anderer Faktoren verantwortlich gemacht. Was auch der Grund gewesen sein mag, die Entwicklung war, besonders in der Neuen Welt, jedenfalls rigoros. Dort starben die Pferde vollständig aus. Sie wurden erst von den spanischen Konquistadoren wieder eingeführt.

Veränderungen im Laufe der Zeit

Bei der Betrachtung der fossilen Funde zeigen sich verschiedene Veränderungen, oder evo-

Der frühe Equus. Nach Jahrmillionen der Entwicklung ist dies der Vorfahre aller heutigen Pferde.

Przewalski-Pferd oder Mongolisches Wildpferd. Seine Vorfahren gehörten zu den ersten Pferden, die um 3000 v. Chr. im asiatischen Rußland domestiziert wurden.

Rechts: Stammbaum des Pferdes. Die Entwicklung von vielen ursprünglichen Typen hin zu Equus, dem modernen Pferd, dauerte etwa 55 Millionen Jahre.

Unten: Typische Gegend für Fossilienfunde aus dem Miozän (Pakistan).

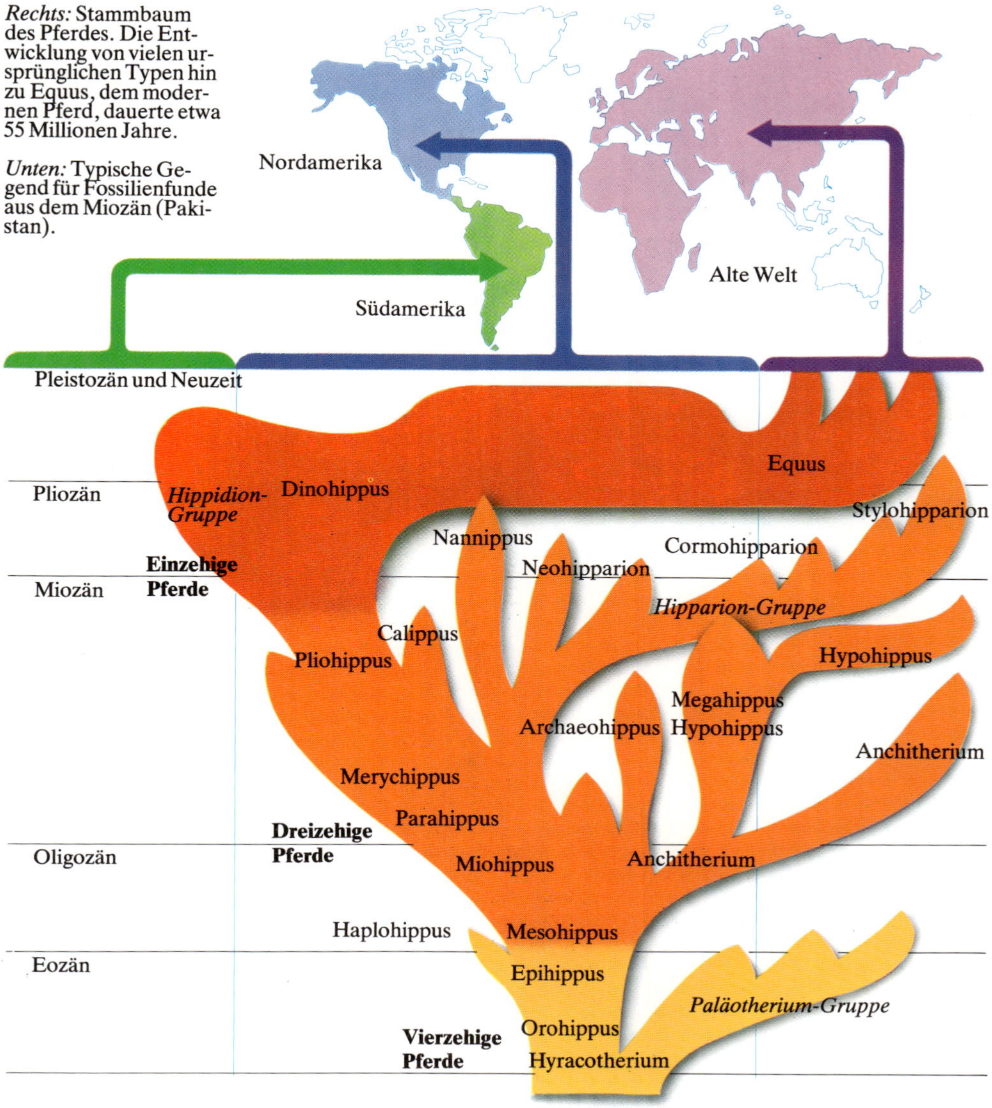

lutionäre Tendenzen, da der Prozeß der natürlichen Auslese zur Entwicklung von Formen führte, die besser zum Überleben in einer gegebenen Umwelt befähigt waren. Eine der auffallendsten Veränderungen ist das allgemeine Größenwachstum vom frühesten Hyracotherium bis zum heutigen Equus, obwohl es im Miozän und Pliozän einige Ausnahmen gab. Damals blieben einige Pferde in der Größe gleich oder wurden sogar kleiner. Andere Veränderungen stehen im Zusammenhang mit der Ernährung und der Fortbewegung. Besonders bei den Grasfressern kam es zu einer Vertiefung des Schädels und der Kieferknochen zusammen mit der Entwicklung höherkroniger Backenzähne, wie sie für das Zermahlen der schmirgelnden Gräser notwendig waren. Im Hinblick auf die Fortbewegung zeigt sich eine Tendenz zur Verlängerung der Gliedmaßen und zur Reduzierung beziehungsweise zum Verschwinden der seitlichen Zehen. Die fortgeschrittenste Form hiervon ist das heutige einzehige Pferd Equus.

Die Domestizierung des Pferdes

Zeugnisse für die Domestizierung des Pferdes kommen hauptsächlich aus Ausgrabungsstätten der Alten Welt. Sie umfassen sowohl Skelettfunde von Pferden als auch Kunstgegenstände wie Skulpturen, Schnitzereien und Münzen, auf denen Pferde dargestellt sind. Über die Ursprünge des domestizierten Pferdes besteht jedoch keineswegs einhellige Übereinstimmung.

Seit langem haben sich Zoologen und Archäologen zwei miteinander zusammenhängende Fragen gestellt: Wurden Pferde ursprünglich in einer oder in mehreren Regionen der Alten Welt domestiziert? Wurde ursprünglich eine Art von Pferden domestiziert, oder waren es mehrere? Bei der Beantwortung der ersten Frage ist man sich noch einigermaßen einig, daß das Pferd etwa um die Wende vom 5. zum 4. Jahrtausend v.Chr. im heute russischen Teil Asiens erstmals domestiziert wurde und sich diese Errungenschaft schnell verbreitete. Nachweislich war das domestizierte Pferd um 3000 v.Chr. schon Bestandteil mehrerer Kulturen der Alten Welt. Es findet sich in räumlich so weit voneinander entfernten Kulturen wie jenen Griechenlands, Ägyptens, Indiens und des Fernen Ostens. Als schwieriger zu beantworten erwies sich die zweite Frage. Zunächst besteht keine Übereinstimmung darüber, wodurch eine bestimmte Pferderasse, -varietät oder -art überhaupt bestimmt ist. Nach Meinung mancher Wissenschaftler wurden ursprünglich zwei verschiedene Arten – das Przewalski-Pferd und der ausgestorbene Tarpan – domestiziert. Andere wiederum sind der Ansicht, daß der Tarpan lediglich eine ausgestorbene Form des Przewalski-Pferdes ist und also doch nur eine Art von Pferd domestiziert wurde.

Kapitel 2

Mensch und Pferd

Die frühen Pferdevölker

Eines der ersten domestizierten Tiere soll das Rentier gewesen sein. Im nordöstlichen Asien wurde es geritten, wurde vor den Schlitten gespannt und lieferte Milch, Fleisch und Leder. Da sich dort die Lebensbereiche von Pferd und Rentier bis zu einem gewissen Grad überschneiden, wäre es möglich, daß das Pferd irgendwann in grauer Vorzeit als Rentier-Ersatz domestiziert wurde. Die Theorie hat einiges für sich. Bei widrigem Wetter, etwa in tiefem Schnee, konnte ein Wildpferd nicht seine normale Fluchtgeschwindigkeit erreichen oder aufrechterhalten, so daß ein Mensch in einem leichten Rentierschlitten durchaus dicht genug herankommen konnte, um es mit einer Schlinge zu fangen. Im Sommer allerdings konnte man höchstens sehr junge Fohlen unverletzt fangen, die dann sehr wohl von Rentier-Müttern aufgezogen werden konnten. Deren Milch ist für junge Pferde gut verdaulich, während es Kuhmilch erstaunlicherweise nicht ist.

Wahrscheinlich werden wir nie genau wissen, wer die ersten wirklichen Pferdeleute waren. Manchen Wissenschaftlern zufolge waren es die alten Chinesen, anderen zufolge die Inder. Nach brahmanischer Mythologie erhält Manu, das erste menschliche Wesen, ein Pferd als Reittier, ein Beweis, daß die reiterliche Tradition auf dem indischen Subkontinent sehr alt ist. Andererseits zeigen chinesische Keramiken von 3500 v.Chr. bereits Pferde unter dem Reiter und im Geschirr.

Wem auch immer die Ehre gebührt, als erster das Pferd domestiziert zu haben – Tatsache ist, daß um 3000 v. Chr. viele verschiedene Völker in Asien, Europa und Nordafrika sich des Pferdes bedienen konnten, praktisch überall dort, wo es Wildpferde gab.

Perser, Assyrer und Sumerer hatten sehr früh das Pferd beherrschen gelernt, jedenfalls deuten die archäologischen Beweismittel darauf hin. Literarisch erwähnt wird das Pferd erstmals in einem Text aus der 3. Dynastie des sumerischen Ur, der etwa aus der Zeit um 2100 v.Chr. stammt und ein Tier «mit wallendem Schweif» beschreibt, zum Unterschied von Esel und Onager. Weiterhin kommt ein Ausdruck vor, der «auf der Karawanenstraße» bedeutet und wohl heißen mag, daß das Tier gezähmt ist.

Die ersten, die in Europa Pferde zähmten, waren vielleicht ein paar harte, einfallsreiche und aggressive arische Stämme, die in den riesigen Steppengebieten nördlich der Gebirge lebten, die das Schwarze und das Kaspische Meer umschließen. Um 2000 v.Chr. begannen diese Steppenvölker unter Mitnahme großer Rinder- und Pferdeherden nach Osten, Westen und Süden zu wandern, da ihre heimatlichen Weiden – vermutlich infolge Überbeanspruchung – unfruchtbar geworden waren. Diese Theorie wird gestützt durch die neuere Entdeckung von Niederlassungen aus der Zeit um 1700 v. Chr. in Nord- und Westeuropa, in denen sich Pferdeknochen fanden.

Eigenartigerweise scheint das Pferd in einigen Teilen der Welt zuerst eingespannt und gefahren worden zu sein, bevor es geritten wurde. Die Hethiter zum Beispiel fuhren im zweirädrigen Wagen auf die Jagd und in den Krieg; ihre Streitwagen waren die Geißel der antiken Welt. Auch den Ägyptern scheint der Gedanke, ein Pferd zu reiten, nicht gekommen zu sein. Vielleicht war der zweirädrige Streitwagen eine Weiterentwicklung des alltäglichen Karrens, aber dafür gibt es keinen Beweis. Nachdem der Streitwagen aber einmal erfunden war, konnte keine Armee mehr auf ihn verzichten, und um die Mitte des 2. Jahrtausends v.Chr. gehörte er im ganzen Mittelmeergebiet und bis nach Indien zur Standardausrüstung.

Manchen Völkern, besonders den Jägern und Hirten, kam der Gedanke, das Pferd zu reiten, natürlich sehr früh. Höhlenmalereien aus der Jungsteinzeit zeigen Menschen auf vierbeinigen, pferdeähnlichen Wesen, leider aber nicht genau genug, um diese Wesen identifizieren zu können. Es könnten auch Onager gewesen sein, die vor dem Pferd domestiziert wurden. Die ursprünglichen Wildpferde waren klein, höchstens 1,30 oder 1,40 m groß, so daß man sich durchaus vorstellen kann, daß ein Mensch sie mit Hilfe eines Stricks beherrschen konnte.

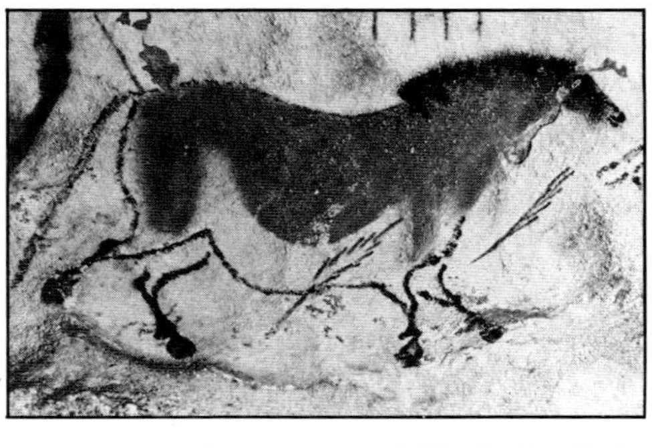

Der prähistorische Mensch jagte Pferde des Fleisches wegen, und solche Zeichnungen waren vielleicht eine Beschwörung des Jagdglücks. (Höhle von Lascaux, Südfrankreich)

Der erste schriftliche Hinweis auf das Reiten ist ziemlich herabsetzender Natur. Er findet sich in einem Brief, den König Zimri-Lim von Mari – einem Vasallenstaat von Babylon – an seinen Sohn richtete: «Euer Herrlichkeit sollte nicht auf einem Pferde reiten. Euer Herrlichkeit möge den Streitwagen besteigen oder allenfalls ein Maultier, auf daß man ihren königlichen Stand erkenne.» Offensichtlich waren um diese Zeit – etwa 1800 v. Chr. – Maultier und Streitwagen standesgemäßer als das Pferd.

Im Bronzezeitalter jedenfalls waren Lenkung und Besitz eines von Pferden gezogenen Streitwagens mit Sicherheit nur Höherstehenden vorbehalten und bei den antiken Völkern des Nahen Ostens so etwas wie ein Adelsprädikat. Irgendwo dort erfand ein unbekanntes Genie auch das leichte, bewegliche Fahrzeug, das dem schweren sumerischen Streitwagen mit den Scheibenrädern überlegen war. Außergewöhnliches Geschick war vonnöten, um diese neuen leichten Wagen für einen, zwei oder drei Kämpfer zu lenken. Der Lenker wand sich die Leinen um die Taille und behielt so Arme und Hände frei für den Umgang mit Bogen, Speer oder Schwert.

Die größten Streitwagenkrieger waren wahrscheinlich die Hethiter, deren Reich im 14. Jahrhundert v. Chr. bis nach Kurdistan, Armenien und Syrien reichte. Erhaltene Schriften der Hethiter zeigen überraschend moderne Gedanken zum Training, zur Zucht, Fütterung, Arbeit, Pflege und medizinischen Betreuung der Pferde. In der Nähe der antiken Stadt Ugarit hat man Fundamente ausgegraben, die zu einer Art Reithalle zu gehören scheinen. Skelettfunde und die Ausmaße der Ställe dort deuten darauf hin, daß die hethitischen Pferde etwa die Größe moderner Ponys besaßen. Den Texten zufolge hatten die Hengste so freundliche Namen wie «Fuchs», «Sternchen», «Weißer» und «Scheck». Schimmel waren in alter Zeit im Nahen Osten besonders geschätzt, weil sie der Mythologie nach die Wagen der Götter zogen.

Die Erfindung eines annähernd neuzeitlichen Sattelzeugs scheint – zumindest soweit es den Nahen Osten betrifft – auf die Assyrer zurückzugehen. Zwar bevorzugten sie wohl kurzfristig den Streitwagen auch zur Fortbewegung und zur Jagd – ein berühmtes Alabasterrelief mit König Assurnasirpal II. (883–859 v. Chr.) auf der Löwenjagd bezeugt es –, aber es gibt Reliefs, die assyrische Edle auf gesattelten und gezäumten Pferden jagend zeigen. Selbst ein Hilfszügel ist zu sehen, der die Pferde hindert, den Kopf zu hoch zu nehmen. Steigbügel dagegen besaßen sie noch nicht. Sie wurden vermutlich von Hunnen, die nomadisierend im chinesischen Grenzgebiet lebten, um 500 n. Chr. erfunden und brauchten mindestens weitere dreihundert Jahre, um nach Europa vorzudringen.

Während der gesamten frühen Geschichte waren die Chinesen im allgemeinen in ihrem Pferdeverständnis dem Westen weit voraus. Schon in frühester Zeit verwendeten sie Pferde für nahezu alle modernen Zwecke – als Kavalleriepferd, als Hirtenpferd, als Zug- und Packtier und für jede Art von bäuerlicher Arbeit. Auch waren ihnen damals bereits die Grundgedanken der selektiven Zucht vertraut; sie züchteten verschiedene Typen von Pferden für verschiedene Zwecke. Viele ihrer Fähigkeiten hatten sie den Mongolen abgeschaut und sie anschließend verbessert. Schließlich fielen die Mongolen seit undenklichen Zeiten immer wieder in ihr Gebiet ein.

Früher Krieger zu Pferd. Relief aus Tel Halaf (Guzana), Mesopotamien.

In Ägypten wurden Pferde seit etwa 1650 v. Chr. domestiziert. Spätere Verbesserungen der Zucht sind libyschen Beutepferden aus Ramses des Großen Kriegszügen zu verdanken. Dieser Pharao war einer der fähigsten Generäle der Antike und selbst ein glänzender Wagenlenker, wenn die Bilder nicht lügen. Darauf ist er in einem vorn offenen Streitwagen abgebildet, mit einem Fuß auf der Deichsel balancierend.
Der Niedergang Ägyptens bedeutete den Aufstieg des persischen Reiches zur mächtigsten Militärmacht der westlichen Welt (um 600 v. Chr.). Einen Großteil ihres Erfolgs ver-

Links: Der assyrische König Assurbanipal (669–629 v. Chr.) führt seine Pferde; *unten:* Pferdepflege und -fütterung. Assyrische Pferde waren mit die ersten, die Sattel und Zaumzeug trugen; der Steigbügel war noch unbekannt.

Ein Steuereinnehmer mit einem Wagen voller Korn, das er von ägyptischen Bauern eingenommen hat. Das Pferd erlangte für den Transport bald ebenso Bedeutung wie für den Krieg.

dankten die Perser ihren Pferden, die speziell dafür gezüchtet waren, schwere Waffen und Rüstungen zu tragen. Diese Aufgabe erfüllten sie auch, aber elegant waren sie nicht. Ihrem wenig edlen Aussehen nach ist eine Einkreuzung von Przewalski-Blut zu vermuten.

Von Xenophon bis zu den Römern

Obwohl die Griechen sehr viel von Pferden verstanden, konnte ihre Kavallerie es doch nie mit den Persern aufnehmen. Aber Griechenland brachte Xenophon hervor, dessen Schriften über Pferde und Reiten zu den fundamentalen Werken über die Reitkunst zählen. Xenophon, 430 v.Chr. in Athen geboren und schon in jungen Jahren als Soldat und als Poet berühmt, schrieb das erste bekannte Buch über die Reitkunst. Einer seiner Hauptgedanken war die Bedeutung von Strafe und Belohnung: «Da man ein Pferd nicht mit Worten lehren kann, muß man es belohnen, wenn es etwas richtig, und ermahnen, wenn es etwas falsch gemacht hat.»

Über Xenophons Ansichten zur richtigen Kopfhaltung wären heutige Reiter wohl anderer Meinung: «Der Pferdehals soll bis zum Genick in gerader Linie ansteigen, so daß sich die Mähne vor dem Reiter befindet.» Zwar

Rennwagen (Griechische Vase, um 500 v. Chr.). Es bedurfte beträchtlicher Geschicklichkeit, solch ein Gefährt zu lenken. Wegen seiner Leichtigkeit fiel es schnell um. Häufig lenkten die Fahrer die Pferde mit einer Hand.

Skythischer Bogenschütze zu Pferd

Rechte Seite: Chinesische Keramik (Tang-Zeit, 618–907). Die Skythen verstanden schon früh zu Pferd zu kämpfen. Die Chinesen waren im Reiten und Fahren lange vor anderen Völkern bewandert.

schreibt er auch von einer Genickbiegung, aber die meisten griechischen Pferde sind ohne jede Halswölbung abgebildet.
Zu Zeiten Xenophons verwendete man eine Art angerauhtes Trensengebiß zum Anreiten junger Pferde und ging bei fortgeschrittener Ausbildung zu einem glatten, weniger strengen Trensengebiß über. Zum Sitz des Reiters sagte Xenophon: «Ich billige den Sitz wie auf einem Stuhl nicht; vielmehr empfehle ich einen Sitz, wie wenn man aufrecht mit gespreizten Beinen steht. So können die Schenkel das Pferd besser umfassen, und mit aufrechtem Körper kann man mit mehr Kraft den Speer werfen oder vom Pferderücken aus zuschlagen.» Dies blieb in Europa bis ins 20. Jahrhundert der orthodoxe Sitz; beim Western-Reiten in den USA gilt er noch immer. Damals gab es noch keinen Sattel mit Sattelbaum, und die manchmal verwendeten Schabracken waren etwas für Perser «mit weichen Hintern», die, wie Xenophon bemerkt, «den Rücken ihrer Pferde mit mehr Decken umhüllen als sich selbst, weil es ihnen wichtiger ist, weich zu sitzen als sicher.»

Viergespann vor Streitwagen (Zypern). Streitwagen waren schon in frühester Zeit das Rückgrat vieler Armeen.

Xenophon schreibt auch, daß man im Umgang mit Pferden niemals die Kontrolle über sich selbst verlieren darf. «Wenn ein kühnes Roß vor einem Gegenstand scheut, muß man ihm erklären, daß er doch gar so schrecklich nicht ist, und wenn dies nichts nutzt, muß man es freundlich heranführen und den Gegenstand selbst berühren. Wer ein Pferd mit Schlägen zwingt, macht es nur umso verschreckter, denn ein Pferd, das unter solchen Umständen gestraft wird, glaubt, daß die schreckenerregenden Gegenstände für die Schläge verantwortlich sind.»
Wann oder wie das Pferd nach Italien gelangte, steht nicht fest. Der erste bekannte Hinweis ist eine bemalte Vase aus dem 7. Jahrhundert v. Chr., auf der ein etruskisches Heer mit Pferden auf dem Marsch dargestellt ist. Die Römer der republikanischen und der frühen Kaiserzeit folgten zwar der griechischen Reittradition, waren aber nicht eigentlich große Reiter. Das römische Heer setzte sich fast vollständig aus schwerer Infanterie zusammen, während die Kavallerie, soweit überhaupt vorhanden, hauptsächlich aus Hilfstruppen bestand, die man in den verschiedensten Teilen des Reiches rekrutiert hatte.
Von Xenophon bis Alexander dem Großen machte die Qualität des Reitens keine wesentlichen Fortschritte. Die Qualität der Pferde dagegen verbesserte sich dadurch, daß man Pferde aus dem eroberten persischen Baktrien mit dem einheimischen makedonischen Material von tarpanähnlichem Typ kreuzte.
In der Antike dienten Stuten vorwiegend zu Zuchtzwecken; Soldaten ritten fast ausschließlich Hengste. Sklaven wurden kastriert, und diese Prozedur wurde als annehmbar und sogar notwendig empfunden; für Hengste dagegen galt sie als zu schmerzhaft und zu gefährlich. Jahrhundertelang waren die Skythen die einzigen, die sich nicht an diese Regel hielten. Sie ritten in der Schlacht sowohl Stuten als auch Wallache. Sie hatten also wohl schon erkannt, daß ein Hengst auch während der Schlacht recht widerspenstig werden kann, wenn er eine rossige Stute wittert.

Kelten und Araber

Wahrscheinlich waren es die Skythen, die die Kelten aus dem Donautal vertrieben und die Völkerwanderung in Gang setzten. Die Kelten gelangten schließlich bis zur Küste des Atlantik und bis nach Britannien. Auf ihrem Weg kamen sie durch Raub und Tausch zu vielen Pferden, unter denen die großen, schweren Pferde vom Fuße der Alpen die wichtigsten waren. Diese wurden mit den tarpanähnlichen Wagenponys gekreuzt, und die Nachkommen dieser Kreuzung vermischten sich wiederum mit den einheimischen britischen Ponys. Daraus entstand das sogenannte «Alte britische Pferd».
Ohne Xenophons Fähigkeiten abstreiten zu wollen, waren es doch die Kelten, die eine schmerzlose Methode entwickelten, um Pferde zum Wölben des Halses zu bringen. Sie erfanden das Stangengebiß, mit dessen Hilfe sie ihre Pferde ohne Gewalt durch leichten Zügeldruck lenken konnten. Die übrige antike Welt hielt jedoch an den alten Gebissen fest.
Zu Beginn der christlichen Zeitrechnung waren Pferde bei den Arabern recht selten. Zum Kämpfen und zum Lastentragen bediente man sich des Kamels, und für die häusliche Arbeit gab es Esel. Die Beduinen hatten schon vor dem Propheten Pferde gezüchtet, aber er erst erkannte die Notwendigkeit einer Kavallerie für die Ausbreitung des mohammedanischen Glaubens und verlieh der arabischen Pferdezucht daher einen ersten großen Aufschwung. Pferdezüchter erhielten das Versprechen: «Das Pferd soll für den Menschen eine Quelle des Glücks und des Reichtums sein. Sein Rücken ist ein Ehrenplatz. Ein jedes Gerstenkorn, das der Mensch einem Pferd gibt, kauft ihn von einer Sünde los und wird in die Liste der guten Werke eingetragen.» Aus solchen glänzenden Versprechungen entstand der «Trinker der Lüfte», das arabische Pferd, das als das edelste, intelligenteste und kühnste aller Tiere gilt.

Das Pferd im Krieg

«In trüben, zweiflerischen Wartestunden,
Bevor der Waffen ehern' Klang ertönt,
sind adlig' Tugenden vom Pferd zu lernen:
Im Aug' Gelassenheit, und doch, welch kühnes Herz.»

So beschrieb der britische Poet Julian Grenfell die Gefühle manch eines berittenen Kriegers, der an der Seite seines Pferdes die gespannten Augenblicke vor der Schlacht durchlebt. Die erste Kavallerietruppe der Welt gab es vermutlich bei den Mongolen. Auf ihren kleinen fuchsfarbenen, braunen und falben Pferdchen, deren Vorfahren über die Landbrücke aus Nordamerika gekommen waren, fielen sie häufig in China ein. Die Pferde waren zwischen 1,30 und 1,40 m groß, hatten Stehmähnen und einen Aalstrich. Aller Überlieferung zufolge waren die Mongolen zu allen Zeiten unglaublich geschickte Reiter – ihre berittenen Bogenschützen konnten, auf dem Sattel stehend, im vollen Galopp auf zwanzig Schritt einen Apfel treffen.

Wagenlenker und Bogenschützen

Die Chinesen erkannten schnell die Vorzüge des Pferdes in der Schlacht, spannten es aber zuerst lieber vor den Streitwagen, statt es zu reiten. Um 2300 v.Chr. kämpften chinesische Feldherren in Streitwagen, und in Ägypten, tausend Jahre später, fochten die regierenden Pharaonen, allen voran Ramses II. bei seinen Feldzügen gegen die Hethiter, häufig auf diese Art.
Die Chinesen allerdings haben von ihren wilden mongolischen Nachbarn noch einige andere Lektionen bezüglich der Kriegführung zu Pferde gelernt, nicht nur eng mit ihren Pferden zusammenzuleben, Stutenmilch zu trinken und daraus ein starkes berauschendes Getränk, den Kumys, zu bereiten. Von ihnen haben sie möglicherweise auch den Sattel mit starrem Sattelbaum, der in China um 200 v. Chr. auftaucht; noch viel später die letzte große Sattelzeug-Erfindung: den Steigbügel, der, wie wir bereits hörten, erstaunlicherweise dort erst um 500 n.Chr., in Europa sogar erst gegen 900 n.Chr. bekannt ist. Ebenso aus dem Fernen Osten stammt das Kumt, eine

Rechts oben: Angreifende normannische Kavallerie in der Schlacht von Hastings, 1066 (Wandteppich von Bayeux).

Rechts unten: Die Schlacht von S. Romano (Gemälde von Uccello).

Unten: Ein General in der Schlacht am Uji 1184 (Detail von japanischem Wandschirm). Das Mittelalter, als der gepanzerte Ritter und sein Streitroß das Schlachtfeld beherrschten, war die hohe Zeit des Pferdes im Krieg.

Neuerung, die ungeheure Auswirkungen auf die Kriegführung hatte, weil sie die Zugkraft der Trainpferde mehr als verdoppelte.

Im Mittleren und Nahen Osten wurde der Streitwagen bei den Feldzügen der Perser und Ägypter zur ersten Form eines beweglichen Waffensystems. Die schwerfälligen Karren früherer Zeiten wurden bald durch leichtere Fahrzeuge ersetzt, die von speziell gezüchteten und gepanzerten kräftigen Pferden gezogen wurden. Diese Pferde, vielleicht die Vorfahren des Vollblutarabers, verliehen den Streitwagen eine Schnelligkeit und Schlagkraft, die sich auf die feindlichen Fußsoldaten verheerend auswirkte. Die gepanzerten Wagenlenker standen in kräftigen Holzverschlägen und überschütteten die Feinde mit Pfeilen, während meterlange Messer an den Radnaben schreckliche Schneisen in das Fußvolk mähten.

Die erste Kavallerie außerhalb der Mongolei waren die berittenen Bogenschützen der Assyrer und Skythen, die gegen 1200 v. Chr. auftauchten. Später gehörten auch berittene Speer- oder Lanzenträger zum Heer. Interessanterweise wurden ihre Pferde – im Arabertyp stehend, mit edlem leicht konkavem Profil und kräftigen, trockenen Beinen – schon damals wegen ihrer Schnelligkeit und ihres Kampfesmutes gezüchtet, während die Last- und Zugtiere stämmiger und gewöhnlicher waren, richtige Arbeitstiere. Zur selektiven Zuchtwahl gehörte schon damals das Kastrieren. Auch Getreide wurde zur Verbesserung der Leistung schon damals regelmäßig gefüttert.

Die Griechen lernten viel von den Ägyptern, aber trotz Xenophon und seiner bemerkenswert scharfsinnigen Abhandlungen über die Reitkunst war ihnen die Kavallerie ihrer Erzfeinde, der Perser, bei weitem überlegen. Um 500 v. Chr. verfügte Xerxes über insgesamt

80000 Streitwagen- und Reitpferde, eine für die damalige Zeit nahezu unglaubliche Anzahl. Die besten Pferde waren die der Nikäer, aus Medien und Armenien. Mit einem Stockmaß zwischen 1,45 und 1,55 m waren sie damals die größten bekannten Pferde überhaupt. Nicht alles, was man sich über die Wildheit dieser frühen Streitrösser erzählt, ist unbedingt ins Reich der Fabel zu verweisen. Im Kampf wurden nur Hengste geritten, und sie waren oft so ausgebildet, daß sie den angeborenen Trieb, mit den Vorderbeinen zu schlagen, auch gegen gegnerisches Fußvolk anwandten.

Griechen, Römer, Parther und Chinesen

Man darf die Griechen und ihre Reiterei aber auch nicht unterschätzen, allein schon Xenophons wegen nicht. Seine Abhandlungen über Kavallerietraining und Reitkunst, geschrieben im Jahre 360 v.Chr., zielten auf ein kriegstaugliches Pferd ab und enthielten auch Ratschläge zu Pferdebeurteilung und -kauf. Xenophon legte Wert auf reine Gänge, Gleichgewicht, richtige Haltung des Pferdes, Annahme des Gebisses, Biegung und überlegte Hilfengebung, Vorschriften und Überlegungen, die noch heute, nach 2300 Jahren, zu den Grundprinzipien der Reiterei gehören.

Etwa um die gleiche Zeit, im 3. Jahrhundert v.Chr., stellten die Chinesen eine 8000 Mann starke berittene Armee zusammen, die sich an der neu erbauten Chinesischen Mauer den Hunnen entgegenstellen sollte. Beritten waren diese Soldaten anfangs auf zottigen kleinen Mongolenpferden, aber allmählich wurden diese durch größere und stärkere Tiere ersetzt, der Nachzucht der Nikäer-Pferde, die man aus dem heutigen Samarkand importiert hatte. Dieses Programm zur Zucht von Militärpferden erreichte 1040 n. Chr. seinen Höhepunkt. Zuvor waren die chinesischen Heere auf Ponys angewiesen gewesen, die damals wie heute in großen Herden auf der mongolischen Hochebene lebten. Im Bemühen, der Abhängigkeit bei solch kriegswichtigem Material von einem möglicherweise vom Feind kontrollierten Gebiet ein Ende zu setzen, wurde ein Pferdezucht-Gesetz erlassen, das jede bäuerliche Familie verpflichtete, mindestens ein Pferd zu halten. Es hatte durchschlagenden Erfolg und führte innerhalb von fünf Jahren zu 30000 Kavalleriepferden.

Oben: Offizier der Kaiserlichen Garde Napoleons. Théodore Géricault, der Maler dieses Bildes und selbst tollkühner Reiter, fand durch Sturz vom Pferd einen frühen Tod.
Unten: Angriff der Scots Greys bei Waterloo 1815. Mit der Einführung der Feuerwaffen und der Artillerie bekam das Pferd in der Schlacht eine neue Rolle; die Kavallerie wurde zu einer Art Blitzkrieg-Waffe. In allen europäischen Armeen genoß sie damals das Ansehen einer Elitetruppe, die sich größtenteils aus dem Adel rekrutierte. Man nahm den Befehl zum Angriff wie den Beginn einer fröhlichen Fuchsjagd. Dies traf jedenfalls auf die Greys bei Waterloo zu. Dagegen verhielt sich Napoleons Kavallerie meist wesentlich professioneller.

Rechte Seite: Kriegsberichterstattung von einst: Der einzige Überlebende einer britischen Niederlage an der Nordwestgrenze Indiens im sogen. Sepoy-Aufstand von 1857 wird durch die Ausdauer seines Pferdes gerettet.

Bei den frühen Römern stand die Kavallerie auf schwachem Fundament; so konnten sie gegen Hannibals 8000 schnelle Berber – die ohne Sattel und Zaumzeug ritten und die Pferde mit einer kurzen Gerte lenkten – nur 3000 Reiter ins Feld führen; sehr erfolgreich waren sie nie. Erst nach dem Fall von Karthago erreichte die römische Kavallerie einen hohen Standard und große Wirksamkeit; die meisten der 10000 berittenen Soldaten waren allerdings, laut Cäsars Bericht über die gallischen Kriege, hauptsächlich germanische, spanische und numidische Söldner. Noch immer aber konnte die Kavallerie nichts ausrichten gegen die 40000 Parther auf ihren schnellen, leichten Nikäer-Pferden, die mit dem 500 Jahre alten Nasenriemen und einem einzigen Zügel geritten wurden. Es waren die ersten voll gepanzerten Pferde der Welt, wenn die Panzerung, die sie trugen, auch noch nicht so schwer war, daß man dafür besonders auf Stärke gezüchtete Pferde gebraucht hätte.

Um diese Wende von der vor- zur nachchristlichen Zeit brachten die führenden Nationen

innerhalb ihres militärischen Pferdezuchtprogramms zwei Haupttypen von Pferden hervor, die beide ihre speziellen Qualitäten besaßen. Zum einen, dem «Warmblut», gehörten die zierlicheren, temperamentvollen, leichtfüßigeren Pferde, zum «Kaltblut» die ruhigeren, phlegmatischen, die sich deshalb besonders für den Zug und das Lastentragen eigneten. Die Römer schienen sich der Bedeutung der Kavallerie zwar bewußt zu sein, konnten ihren Verfall aber nicht aufhalten, bis sie, wie gesagt, für die Reiterei immer mehr auf Söldnertruppen angewiesen waren. Als Folge davon fiel es Alarich mit seinen berittenen Goten ebenso leicht, Rom zu plündern, wie Attila und seinen Hunnen auf ihren mittelgroßen, harten Steppenpferden, in Italien einzufallen. Die Wurzeln für diesen Niedergang Roms reichten aber viel weiter zurück. Daß Cäsars erster Versuch, über dem Kanal in Britannien Fuß zu fassen, fehlschlug, war hauptsächlich der Schnelligkeit und Wendigkeit der berittenen keltischen Bogenschützen und der Wagenlenker zu verdanken. Daß es ihm 54 v. Chr. doch noch gelang, war fast ausschließlich das Verdienst seiner 2000 gallischen Reiter auf ihren schweren, um 1,55 m großen Pferden.

Das Zeitalter der Ritter

Vom Niedergang des römischen Reiches bis in die Zeit des Rittertums ist über das Kriegspferd in Europa wenig überliefert.

Völlig anders sah das Bild dagegen in der arabischen Welt aus. Der Prophet Mohammed übertrug seine eigene Überzeugung von der Bedeutung des Pferdes für den Krieg auf sein Volk. Infolgedessen entwickelte sich das arabische Kriegspferd gleichzeitig mit dem aufstrebenden mohammedanischen Sarazenenreich. Die mohammedanischen Reiter fegten über Arabien und Nordafrika hinweg und bis nach Spanien hinein. Erst Karl Martell brachte sie 732 n. Chr. in Poitiers mit Hilfe seiner mächtigen, eisengepanzerten Reiter zum Stehen.

Im 10. Jahrhundert begann in Europa die hohe Zeit des Rittertums, in deren Verlauf das mächtige mittelalterliche Schlachtroß gezüchtet wurde, das einen gepanzerten Ritter mit einem Gewicht von 400 Pfund tragen konnte. Mit der normannischen Invasion 1066 stellten sich die Vorläufer der schweren Percherons und Shire-Pferde einer nur aus Fußvolk bestehenden angelsächsischen Armee vor. Die Krieger, die Wilhelm der Eroberer befehligte, waren fast alle beritten, konnten vom Pferderücken aus kämpfen, und vor ihren donnernden Angriffswellen mußten die tapferen angelsächsischen Fußtruppen weichen. Die normannischen Pferde waren noch keineswegs sehr massiv und nur etwa 1,45 m groß, aber unter Wilhelms einfallsreicher Regie genügte ihre Schockwirkung zum großen Sieg bei Hastings.

Bei den Kreuzzügen kam es erstmals zum Vergleich der kämpferischen Qualitäten von schnellen Arabern und Berbern und den schwereren Pferden der europäischen Ritter. Hier galt es, Beweglichkeit, Schlagkraft und Schutz für Mensch und Tier aufeinander abzustimmen. Die gleiche Epoche – das 12. Jahrhundert – war auch die Zeit des größten Reiterheeres aller Zeiten: Dschingis-Khans eineinhalb Millionen hervorragend organisierter und disziplinierter mongolischer Reiter, die auf ihren zähen kleinen Mongolenpferdchen durch Asien und Osteuropa stürmten, bis sie schließlich an der polnischen Grenze von schwer gepanzerter Kavallerie zum Stehen gebracht wurden.

Mit dem Aufkommen der Feuerwaffen im 14. Jahrhundert war die Zeit der schwergepanzerten Ritter bald abgelaufen. Im 16. und 17. Jahrhundert – besonders mit den Reformen des Schwedenkönigs Gustav Adolf im Dreißigjährigen Krieg – begann sich jedoch eine neue Art von Kavallerie herauszubilden: schnell, beweglich und leicht gerüstet. Die Feuerwaffen bedeuteten also zunächst keineswegs das Ende der Kavallerie, sie teilten ihr nur eine neue Rolle zu – nicht mehr Rammbock, sondern schneller, überraschender Angriff und Erkundung. Doch immer noch – und das blieb so bis zum Verschwinden der Kavallerie vom Schlachtfeld – hatte ein Kavalleriepferd ein Gewicht von ungefähr 300 Pfund zu tragen.

Dragoner, Ulanen und Husaren

Unter Charles II. (1660–85) wurde mit der Veredelung der vorhandenen einheimischen Stuten mit arabischem Blut der Grundstein zur englischen Vollblutzucht gelegt. Sie hatte erheblichen Einfluß, nicht nur auf die britische Kavallerie, sondern auf die Kavallerie fast der gesamten westlichen Welt. In Rußland zum Beispiel sattelten die Kosaken um auf Pferde mit arabischem und Vollblutanteil aus den großen Steppengestüten. Im 18. Jahrhundert befehligte Zar Peter der Große eine derart berittene Armee von 84000 Mann.

Neue Pferderassen führten auch zur Entwicklung von drei sehr verschiedenen Kavallerie-Arten bei allen europäischen Armeen: des Dragoners, der, obwohl eigentlich Fußsoldat, zur besseren Beweglichkeit auf einem soliden, stämmigen Pferd beritten war, des lanzentragenden Ulanen auf einem sehr viel edleren Tier, der für schnelle Flankenbewegungen und plötzlichen Angriff eingesetzt wurde, und des rasenden, säbelschwingenden Husaren, dessen Spezialität der blitzschnelle Angriff war. Friedrich der Große war Lehrmeister der damals entstehenden modernen taktischen Reiterführung.

Von den Kriegszügen Napoleons sind uns die ersten authentischen Berichte über die Schwierigkeiten überliefert, Pferde während eines größeren Feldzuges zu unterhalten. 30000 Kavallerie- und wahrscheinlich ebenso viele Pack- und Zugtiere nahm der Kaiser 1812 mit nach Rußland. Während des Rückzugs von Moskau schmolz ihre Zahl durch Hunger, Kälte und die Kosakenüberfälle auf 2000 Tiere. Danach war Napoleons Kavallerie dem Gegner fast immer unterlegen, und tatsächlich war es auch Blüchers preußische Kavallerie, die der Schlacht bei Waterloo die entscheidende Wende gegen ihn gab.

Von Waterloo zu den Weltkriegen

Nach Waterloo verschwand der geballte Kavallerieangriff – im Feuer der Kartätschen, Granaten und der neuen automatischen Waffen zusammenbrechend – langsam aus der Kriegführung. Ganz war das Goldene Zeitalter der Kavallerie jedoch noch nicht vorüber. Bis in den Beginn des Ersten Weltkriegs spielten zumindest die schnellen, wendigen und wirksamen Artilleriebatterien, die von einem Reiter auf dem rechten Zugpferd gelenkt wurden, eine sehr wichtige Rolle.

Doch je reichhaltiger das Waffenarsenal wurde, desto mehr nahm das Leiden nicht nur der Menschen, sondern auch der Pferde auf dem Schlachtfeld zu – oft als Folge veralteter taktischer Dogmen oder unbelehrbarer Anbetung glänzender militärischer Parade-Aufmärsche. Deutsche und Franzosen erfuhren das im Krieg von 1870/71. Noch dramatischer war es schon einige Jahre früher den Engländern im Krimkrieg 1853/56 vor Augen geführt worden: Der Angriff ihrer Leichten Brigade 1854 bei Balaclava gehört zu den katastrophalsten

Kavallerieattacken der Geschichte. Der gesamte Feldzug forderte von Mensch und Tier entsetzliche Opfer, die ihren Höhepunkt an jenem Tag fanden, als von 673 Pferden, die in das russische Artilleriefeuer galoppierten, ganze 260 davonkamen.
Aber die Lehre genügte noch nicht: Im Burenkrieg, 1899/1902, schossen die mit Karabinern bewaffneten Buren auf ihren zähen Ponys die regulären britischen Truppen ab wie die Hasen. In der letzten Kriegsphase verfügte ein Dragonerregiment von seinen ursprünglich 775 Pferden noch gerade über 27, wobei die Verluste fast ausschließlich auf Krankheiten und Entbehrungen zurückgingen. Im Verlauf des ganzen Krieges starben von über einer halben Million Pferden 350000.
Ähnliche Tragödien hatten sich auch in der Neuen Welt abgespielt. Hier hatten die Indianer gelernt, die verwilderten Abkömmlinge der Pferde der spanischen Eroberer zu zähmen und zu reiten – und wie! Sie waren geschickte Bogenschützen zu Pferd geworden wie die Mongolen, kämpften mit der Lanze so gut wie die mittelalterlichen Ritter und schossen treffsicher im Galopp mit den wenigen Gewehren, die ihnen zur Verfügung standen, als sie in den großen Reiterattacken der Indianerkriege der sechziger und siebziger Jahre des 19. Jahrhunderts auf die Kavallerie der Vereinigten Staaten trafen. In Mut und reiterlichem Können standen sich gleichwertige Gegner gegenüber. Doch letztlich war es die überwältigende technische Überlegenheit, die mehr als Tapferkeit und taktische Brillanz den Ausschlag zugunsten des Weißen Mannes gab.
Auch im amerikanischen Bürgerkrieg (1861/65) kam die Revolutionierung der Kavallerietaktik zur Geltung. Das Gewehr gewann den Vorrang vor dem geschwungenen Säbel, und ein Großteil des Kampfes fand abgesessen statt. Für die Kavalleristen bedeutete Krieg lange, harte Märsche und Überraschungsangriffe. Es galt, möglichst viel Menschen und Kriegsmaterial möglichst schnell zu verlagern. Es war ein plötzlicher und grundlegender Wandel von alter Tradition zu den neuen Erfordernissen, und auch hier hatten die Tiere ebenso viel zu leiden wie die Menschen. In einer Pferdeklinik konnte innerhalb von fünf Monaten nur die Hälfte von 7000 Pferden gerettet werden, und im letzten Kriegsjahr verhungerten allein 180000 Pferde der Nordstaaten-Armee.
Im 1. Weltkrieg standen an all den vielen Fronten jederzeit Millionen Pferde im Einsatz – als Zug- und Packpferde ebenso wie als Kavalleriepferde. Wiederum waren die Verluste schrecklich – erstmals kam ja das Maschinengewehr zum Masseneinsatz. Doch trotzdem waren die Ausfälle infolge schlechter Versorgung fünfmal so groß wie jene durch direkte Kriegseinwirkung. Vor Verdun

Links: Angriff der Leichten Brigade bei Balaclava im Krimkrieg.
Unten und rechts: Zwei Darstellungen vom legendären letzten Widerstand General Custers am Little Big Horn, 25. Juni 1876; von einem indianischen und von einem amerikanischen Künstler.
Beide Aktionen waren für Mensch und Pferd Katastrophen. Zur Tapferkeit, mit der die Leichte Brigade in blindem Gehorsam die russische Artillerie angriff, gab ein französischer General den Kommentar: «Es ist großartig, aber Krieg ist es nicht.»

starben 1916 an einem einzigen Tag 7000 Pferde – und dabei kam es an der ganzen Westfront in den vier Kriegsjahren zu keinem einzigen größeren Kavallerieangriff.

An der Ostfront jedoch fochten bis 1917 Kosaken gegen deutsche und österreich-ungarische Kavallerie noch in Korpsstärke Schlachten aus, die an die Kriege im vorigen Jahrhundert erinnerten, und im Mittleren Osten legte General Allenbys 20000 Mann starkes Wüstenkorps, zusammengesetzt aus australischer, neuseeländischer, britischer und indischer Kavallerie, Gewaltmärsche bis zu 100 km an einem Tag zurück, häufig ohne Futter und Wasser.

Die Geschichte des Pferdes im Krieg endet nicht mit einem Höhepunkt. Nach dem Waffenstillstand von 1918 verlor im Zuge der Mechanisierung das Kavalleriepferd ebenso wie das Artillerie- und das Zugpferd an Bedeutung. Aber noch 1939 standen in Polen 90000 Pferde im Kriegsdienst, bei den Deutschen – vermutlich der am stärksten motorisierten Armee der Welt – 800000 (einschließlich fünf Divisionen SS-Kavallerie), und die Russen hatten eineinviertel Millionen Tiere zur Verfügung.

Den vermutlich letzten Kavallerieangriff im großen Maßstab unternahmen im November 1941 die Russen in der Nähe von Moskau. Eine Reiterschwadron nach der anderen griff die verblüfften Männer der deutschen 106. Infanterie-Division an, «Bügel an Bügel, die Reiter tief über den Pferdehals gebeugt, den gezückten Säbel über der Schulter» – mitten hinein in den Feuersturm moderner Handfeuer- und Artilleriewaffen. Dreißig erreichten die deutschen Reihen und wurden von Maschinengewehrsalven niedergemäht. Alle 2000 Pferde und Reiter der 44. mongolischen Kavallerie-Division lagen gefallen im Schnee. Auf deutscher Seite gab es keine Verluste.

Zug- und Packtiere waren im 2. Weltkrieg jedoch immer dort von entscheidender Bedeutung, wo das Gelände unwegsam oder bewaldet war – zum Beispiel in Italien und im burmesischen Dschungel. Briten und Amerikaner verfrachteten Packpferde und Maultiere regelmäßig per Flugzeug. Viele wurden in einer schmerzlosen Operation stumm gemacht, damit sie geheime Unternehmungen nicht verraten konnten. Auch die Japaner waren sehr stark auf Tiere als Transportmittel angewiesen.

Mit Ausnahme von China, das noch immer vier volle Kavallerie-Divisionen unterhält, sind heute nur noch einige wenige berittene Einsatztruppen übrig – hauptsächlich in der Sowjetunion, in Indien, Südamerika und Südafrika.

Szenen vom modernen Krieg

Oben: Kavallerie sucht ihren Weg entlang einem Granattrichter (Westfront 1917).

Links unten: Munitionstransport (Schlacht an der Somme 1916); im 1. Weltkrieg: Pferde und Menschen mit Gasmasken; ein Packpferd wird beladen; pferdebespannte russische Artillerie verfolgt mit Unterstützung aus der Luft fliehende deutsche Truppen (Ostfront 1943).

Rechts unten: Aus dem Hinterhalt auftauchende sowjetische Kavallerie, ein lebender Anachronismus, greift im September 1941 vorrückende deutsche Panzer an.

Das Pferd als Arbeitsgefährte

Als die Menschen das Pferd erstmals einspannten, kam es ihnen mehr auf Schnelligkeit, Trittsicherheit und Temperament als auf Pferdestärke an. Für die schwere Arbeit, besonders zum Pflügen, hatte man Ochsen. Ihr gleichmäßiges Dahinstapfen, ihre schiere animalische Kraft paßten sehr gut zu den schweren Holzpflügen, deren Grundform sich von prähistorischer Zeit bis zum Maschinenzeitalter kaum veränderte. Wo es auf Schnelligkeit nicht ankam, gab es nichts Besseres als Ochsen, und so waren Ochsengespanne in manchen Teilen Europas bis zum 2. Weltkrieg ein gewohnter Anblick.

Über tausend Jahre lang, wahrscheinlich bis ins 17. Jahrhundert, waren die Pferde, die in Europa zur landwirtschaftlichen Arbeit zur Verfügung standen, viel zu leicht, um mehr von ihnen zu verlangen, als daß sie den Karren oder die Egge zogen. Gerade vor der Egge allerdings leisteten sie Vorzügliches. Während Ochsen, an den Widerstand des Pflugs gewöhnt, dafür ungeeignet waren, machte es ihnen nichts aus, wenn die Egge über die aufgebrochenen Schollen glitt. Da sie aber nicht viel mehr als Ponys waren, ging die schwere Landarbeit einfach über ihre Kraft.

Es gab jedoch das Idealpferd für diese Arbeit, hatte es gegeben, seit die Normannen im 10. und 11. Jahrhundert ihren Siegeszug von der Normandie bis Italien, nach Deutschland und Britannien antraten. Ein Hauptgrund für ihren spektakulären militärischen Erfolg war der Destrier, das Streitroß, das einen geharnischten Ritter durch gegnerisches Fußvolk trug, wie sich ein Schnitter seinen Weg durch das Kornfeld bahnt. Dieses «Große Pferd» stammte von nordeuropäischen Pferden ab (die Normannen, die Nordmannen, waren ja die Nachkommen der Wikinger) und von andalusischen und wurde zum Stammvater aller modernen Zugpferderassen – des Percherons, des Brabanters, des Shire-Pferdes, des Clydesdale, des Rheinisch-deutschen Kaltbluts und vieler anderen. Später kreuzte man einige Tropfen Araberblut ein und verlieh ihnen damit mehr Leichtigkeit und Schnelligkeit.

Jahrhundertelang hätte man es aber als Sakrileg betrachtet, solche Tiere für andere Arbeit als den Kriegsdienst heranzuziehen. Sie waren stolzester und kostspieligster Besitz des Ritters. Doch es gab auch noch andere Gründe, die ihre weitere Verbreitung und Nutzung begrenzten. So war nicht genügend gutes Weideland vorhanden, um solch riesige Tiere zu ernähren, und auch ein geeignetes Geschirr entwickelte sich nur langsam. Das Kumt zum Beispiel kam erst im Mittelalter vom Fernen Osten nach Westeuropa; zuvor waren die Pferde in einem Brustgeschirr gegangen, das die Atmung erschwerte, so daß sie sich nicht mit ganzer Kraft «ins Geschirr legen» konnten.

Links: Ein Pferd vor dem Pflug in einer mittelalterlichen Handschrift. Eine wirklich bedeutende Rolle in der europäischen Landwirtschaft konnte das Pferd erst nach der Erfindung eines geeigneten Kumts im Mittelalter spielen. Bis dahin war das Pferd auch für den Krieg viel zu wertvoll gewesen, als daß man es vor Pflug oder Wagen eingespannt hätte.
Unten: Relief auf einer etruskischen Urne (um 150–100 v. Chr.). Die letzte Fahrt eines Paares im pferdegezogenen Wagen in die Unterwelt.

Ursache der Entlassung des schweren Pferdes aus dem Kavalleriedienst war, wie wir im vorhergehenden Abschnitt gesehen haben, schließlich die Erfindung des Schießpulvers und der Pistole. Eine Pistolenkugel durchschlug jede Rüstung, die somit überflüssig wurde. Nicht mehr Gewichtsträger waren gefragt, sondern schnelle, wendige Pferde.

Wagen und Karren

Erstaunlicherweise wurden die abgemusterten schweren Pferde zuerst nicht in der Landwirtschaft, sondern als Zugpferde für königliche Herrschaften eingesetzt. 1564 bestellte Königin Elisabeth I. einen Reisewagen, der von sechs schweren Pferden zu ziehen war. Darin reiste sie von London nach Warwick, soll danach aber eine Woche lang unfähig gewesen sein, sich hinzusetzen. Sie gab jedoch nicht auf und bewegte sich schließlich in Wagenkolonnen durchs ganze Land, die von 400 schweren Pferden gezogen wurden. Allein diese Kaltblüter brachten es mit ihrer ungeheuren Kraft fertig, die Wagen über die entsetzlichen Straßen der damaligen Zeit zu ziehen.

Nur ein Jahrhundert später aber, 1650, gibt es in Paris bereits Mietkutschen – die berühmten Fiaker –, sind in Deutschland 1680 die ersten öffentlichen Postkutschen-Linien eingerichtet. Massive Kaltblüter ziehen die Kutschen und Packwagen mit Passagieren und Frachten zwischen den Städten hin und her. Es sollte aber noch viele Jahre dauern, bis die Straßen so weit verbessert waren, daß diese Fahrzeuge bedeutende Konkurrenz für das Reitpferd oder das Packpferd darstellten.

Erst im 18. Jahrhundert begannen die Zugpferderassen für die Landwirtschaft eine größere Rolle zu spielen. Besser entwässertes Land, bessere Weiden und selektive Zuchtwahl führten dazu, daß es immer mehr und immer kräftigere Zugpferde gab. Gleichzeitig bedingte die Revolution in der maschinellen Ausrüstung der Landwirtschaft ein intelligenteres und anpassungsfähigeres Arbeitstier als den Ochsen.

Seine Glanzzeit erlebte das landwirtschaftliche Zugpferd sowie das damit verbundene Gewerbe vom Ende des 18. Jahrhunderts bis zum Ausbruch des 1. Weltkriegs im Jahre 1914.
Unter den Handwerkern nahm besonderen Rang der Stellmacher ein, der die Fähigkeiten eines Schmieds und eines Tischlers vereinte und nicht nur Räder, sondern ganze Karren und Transportwagen fertigte, die sich gegen Ende dieser Epoche zu Meisterstücken ländlicher Technik entwickelten. In Europa, Australien und in der Neuen Welt bauten Stellmacher Fahrzeuge aller Größen, die hervorragend an Boden, Arbeits- und Umweltbedingungen des jeweiligen Gebietes angepaßt waren.
Auch das Fahren der schweren Gespanne erforderte großes Geschick. Aber wie die Kapitäne der Klipper ihre Glanzzeit gerade mit dem Ende der Segelschiff-Ära erlebten, so tauchten auch die vielleicht großartigsten Gespannfahrer erst auf, als der Traktor schon fast vor der Tür stand. Sie lenkten in Australien und auf den Ebenen des amerikanischen Westens Erntemaschinen, die von 30 Pferden oder Maultieren gezogen wurden, und sollen mit der über 10 m langen Peitsche eine Fliege am Ohr des Führpferdes getroffen haben.

Kutschen und Equipagen
Das früheste noch erhaltene Fahrzeug, das den Namen Equipage verdienen mag, ist die Staatskarosse von König Tutanchamun aus dem 14. Jahrhundert v. Chr. Die Kutschen und Equipagen unserer Zeit dagegen haben ihren Ursprung in den mächtigen Packwagen des 16. Jahrhunderts. Allerdings: Equipagen und Kutschen, wie wir sie uns vorstellen – leichte, gefederte Fahrzeuge mit unabhängiger Frontachse und gezogen von schnellen Pferden – waren vor dem großen Straßenbau des 18. Jahrhunderts ein Ding der Unmöglichkeit. Sobald aber die Straßen besser wurden, verbesserte sich auch die Wagenkonstruktion

Ernte in Australien. Je riesiger die australischen Weizenfelder wurden, desto mehr Pferde wurden den Erntemaschinen vorgespannt.

Rechts unten: Treidelpferde bei der Arbeit.

Treidelpferde spielten zu der Zeit eine Rolle, als während der Industriellen Revolution der Transport vorwiegend über Kanäle abgewickelt wurde. Mit dem Aufkommen der Eisenbahn wurden sie zunehmend überflüssig.

fast über Nacht, und die schweren Zugpferde wurden auf den Bauernhof verbannt. Ihren Platz zwischen den Stangen nahmen leichtere, schnellere Rassen wie der Cleveland Bay, der Kladruber, der Oldenburger oder der Frederiksborger ein.

Innerhalb weniger Jahre überzog nun auch ein dichtes Netz von Posthaltereien und -stationen ganz Europa. Eine Vorstellung vom Ausmaß dieser Organisation kann vielleicht das englische Hounslow vermitteln, die erste Poststation auf der großen Straße von London nach Westen. Zu ihrer Glanzzeit, kurz vor Erfindung der Eisenbahn, waren dort 2000 Pferde eingestellt.

In den neu besiedelten Ländern, besonders in Australien mit seinen riesigen unberührten Weiten, blieb die Postkutsche noch viel länger als in Europa ein Haupttransportmittel. Das berühmteste australische Fuhrunternehmen war Cobb & Co., das um 1880 ein Netz von Relaisstationen bediente, das zusammengerechnet einer Straßenlänge von fast 10000 km entsprach. Man züchtete einen eigenen harten Schlag von Kutschpferden, die die mit 14 Passagieren besetzten Wagen zogen, auch nachts, beim Schein von Azetylenlampen.

Je besser in Europa die Straßen wurden, desto mehr private Equipagen und Kutschen kamen auf, bis es gegen Ende des ersten Viertels des 19. Jahrhunderts ebenso viele verschiedene Fabrikate gab, wie es heute Automarken gibt. Schwerere Fahrzeuge wurden von einem Kutscher gelenkt und von vier oder sechs Pferden gezogen, wobei das Führpferd oft vom Sattel gelenkt wurde. Die leichteren Equipagen wie Gig oder Phaeton, die Sportwagen ihrer Zeit, wurden vom Besitzer selbst gelenkt. Für nüchternere Gemüter gab es geschlossene Kaleschen oder Coupés, den Landauer, der nach Wetter oder Laune mit offenem oder geschlossenem Verdeck zu fahren war; und offene Viktorias für solche, die sehen und gesehen werden wollten. Und zahllose andere für die verschiedensten Bedürfnisse.

Städte und Industrie

Wie die Menschen selbst machten auch die Pferde erst um die Mitte des 18. Jahrhunderts engere Bekanntschaft mit der Industrie. Seit biblischen Zeiten war ihre Kraft zum Betrieb von Wein- und Ölpressen sowie von Getreidemühlen benutzt worden, seit Jahrhunderten betrieben sie im Bergbau die Winden und die Gestein-Zertrümmerungsmaschinen. Die un-

tertage arbeitenden Grubenponys aber gab es erst vom 19. Jahrhundert an, als im Kohlebergbau die ersten horizontalen Schächte gebaut wurden. Heute sind sie durch elektrische oder Diesellokomotiven ersetzt.
Den ersten größeren Beitrag zur Industriellen Revolution leistete das Pferd vermutlich beim Kanaltransport, 50 Jahre vor Erfindung der Eisenbahn die schnellste Art, Rohmaterialien und Fertiggüter zwischen Markt, Hafen und Fabrik hin- und herzubefördern. Die Lastkähne wurden stromauf die Treidelpfade entlang von Treidelpferden gezogen.
Mit dem Aufkommen der Eisenbahn und dem Wachstum der Industrie erreichte die Nachfrage nach Arbeitspferden einen noch nie dagewesenen Höhepunkt. Die Postkutsche verschwand zwar langsam aus dem Verkehr ebenso wie der Frachttransport über Land; aber immer mehr Pferde wurden in den Großstädten gebraucht, gerade auch von den großen Eisenbahngesellschaften. Zwei- und vierspännig zogen sie die schwerbeladenen Wagen zwischen Bahnstation, Hafen, Fabriken und Handelshäusern.
Für den Umschlag von schweren Lasten über kurze Strecken waren Zugpferde wirtschaftlich genug, um sich auch im Zeitalter des Verbrennungsmotors noch längere Zeit zu behaupten. Erst nach dem 2. Weltkrieg verschwanden die Zugpferde schließlich auch aus der Stadt.
Die leichteren Pferde und Wagen waren größ-

Oben: Verkehrsstau im London des 19. Jahrhunderts! (Zeichnung im «Punch»)

Unten: Zwei Postkutschen treffen sich im Wilden Westen.

Rechts: Wegelagerer. Im australischen Busch wie im Wilden Westen mußte man ständig mit Überfällen durch Wegelagerer rechnen, während sie in Europa einer aussterbenden Rasse angehörten.

tenteils schon vorher verschwunden, was viele Stadtbewohner nicht gerade bedauerten. Das Zeitalter des Automobils wurde von ihnen hoffnungsvoll begrüßt. Auspuffgase und Verkehrsstaus sind unsere heutigen Plagen, aber Straßen voller Pferdemist, ein Durcheinander von leicht erregbaren Pferden und der Lärm eisenbeschlagener Räder war offenbar nicht weniger belastend. Eine amerikanische Zeitung schrieb: «Die Verbesserungen, die die Lebensbedingungen in den Städten durch die allgemeine Einführung des Automobils erfahren werden, sind kaum zu überschätzen. Saubere, staub- und geruchfreie Straßen, auf deren glatter Oberfläche leichte Fahrzeuge rasch und geräuschlos dahinfahren, werden einen Großteil der entnervenden, störenden und belastenden Einflüsse des Lebens in den Großstädten beseitigen.»

Die Droschken, vom eifrigen Pferd gezogen – die Equipagen mit elegantem Zweiergespann – die bimmelnden Feuerwehren mit den galoppierenden Pferden – die herausgeputzten Brauergespanne – das bescheidene Milchwagenpferd: wir müssen uns wohl eingestehen, daß dieses Bild eine romantische Verklärung ist.

Arbeitspferde und die Zukunft

Vor ganz wenigen Jahren hätten die meisten Leute dem Zugpferd nicht die geringsten Chancen gegeben. Mit Ausnahme der wenigen, die vor allem in den Berggebieten oder

von Liebhabern gehalten wurden, hatte diese Entwicklung, wie wir gesehen haben, mit Eisenbahn, Lastkraftwagen, Automobil und Traktor ihren unaufhaltsamen Gang genommen. Sie erreichte einen ersten Höhepunkt, als am Ende des 1. Weltkrieges Zehntausende Pferde, die Waffen und Vorräte an die Front gebracht hatten, den Tag des Waffenstillstands im Schlachthof «feiern» durften. Zwischen den Kriegen beschleunigte sie sich noch durch die fortschreitende Mechanisierung der Landwirtschaft. Während des 2. Weltkriegs gab es, zumindest in Europa, einen kurzen Stillstand; die Pferde nahmen ihren alten Platz in der Landwirtschaft teilweise, hier und da auch bei städtischen Fuhrunternehmen wieder ein. Als Benzin dann wieder reichlich und preiswert zu haben war, nahm die Mechanisierung ihren ständigen Vormarsch wieder auf. Ein gleiches kurzes Aufleben noch einmal während der Ölkrise der frühen 70er Jahre.

So hat die Kaltblutzucht viel von ihrer einstigen Bedeutung verloren. Eine echte Rolle werden diese Pferde in unserer modernen Welt kaum noch zu spielen haben. Der Bauer, der hinter seinem, mit einem Zügel gelenkten, Kaltblutgespann hergeht und eine schnurgerade Furche mit dem Pflug zieht, wird wahrscheinlich nie mehr als den Applaus der Zuschauer auf Landwirtschaftsausstellungen zu verbuchen haben. Aber jeder, der die Natur liebt, wird sich freuen, daß solche Fertigkeiten weiterleben.

Das Reitpferd

Das Reitpferd als alltägliches Transportmittel für Damen, Herren und Soldaten ist heute nur noch nostalgische Erinnerung, ebenso wie – fast überall in der Welt – das Packpferd. Als diese Rolle ausgespielt war, erhielten die besten Packpferde ihre Beförderung zu Wagenpferden und blieben als solche wegen ihrer offensichtlichen Unermüdlichkeit und Ausdauer geschätzt. Eine der besten englischen Rassen, die diese Verwandlung erlebte, war das Chapman Horse, zu deutsch Hausiererpferd, das im 17. und 18. Jahrhundert die Waren der Hausierer im ganzen Land herumschleppte. In der Gangart, die ihm am besten lag – «7 Kilometer im Schritt und 25 im Trab» – konnte es ein Gewicht von 600 Pfund in 24 Stunden an die 100 Kilometer weit transportieren. Diese Fähigkeit kam ihm sehr zustatten, als aus ihm der Cleveland Bay gezüchtet wurde, der sich zu einer der gesuchtesten Wagenpferderassen entwickelte.

Bessere Straßen und die Verbreitung der Eisenbahn setzten auch den jahrhundertealten Diensten des Reitpferdes als schneller Über-

Oben: Pferdestärke war im Zeitalter der Dampfmaschine noch immer eine wesentliche Voraussetzung, wie diese Aufnahme vom Bau der North Pacific Railroad zeigt. «Mein Name ist Nig», heißt es auf dem Plakat. «Ich habe diesen eisernen Wagen 750 Meilen (1200 km) gezogen.»

Rechts oben: New Yorker Feuerwehr um 1900.

Rechts unten: Die letzten englischen Grubenponys verlassen 1971 ihre Mine.

bringer von Briefen und Telegrammen ein Ende. In Europa lag einer der frühesten Depeschendienste in den Händen der Prätorianergarde Roms. Zur Blütezeit des römischen Reiches sollen Botschaften in Stafetten, bei denen Pferd und Reiter wechselten, in fünf Tagen von London nach Rom gebracht worden sein, ein Rekord, der fast zweitausend Jahre lang kaum verbessert wurde. Er setzte eine Tagesleistung von rund 300 Kilometer

Links unten: Brasilianischer Bauer mit Pferd vor dem Ackergerät. *Unten:* Preisgekröntes Clydesdale-Brauereigespann. *Rechts oben:* Pferd als Waldarbeiter in Australien. *Rechts Mitte:* Algentransport per Pony an der patagonischen Küste. *Rechte Seite unten:* Heuernte in Norfolk. *Rechte Seite oben:* Fjordpony in seiner norwegischen Heimat. – Vor dem Pflug – wie in alter Zeit.

In ärmeren Gesellschaften hat das Pferd seine Bedeutung nie verloren; für viele Bauern dort ist es noch immer eines der wertvollsten Besitztümer, von dem ihr ganzes Leben abhängen kann. Selbst in Kanada wie auch in Australien arbeiten Holzfäller häufig lieber mit Pferden als mit Maschinen, weil sie besser mit schwerem Boden und beengtem Raum fertig werden.
In den Städten bevorzugten besonders Brauereien immer Pferde zum Ziehen ihrer schweren Wagen und hielten bis in die neueste Zeit ihren sorgfältig ausgesuchten Gespannen die Treue, wenn auch häufig mehr aus Reklamegründen.
Es ist jedoch unwahrscheinlich, daß das Pferd als Helfer bei der Arbeit jemals wieder die Rolle spielen wird, die es noch vor fünfzig Jahren gespielt hat – wenn es auch Autoren gibt, die das Gegenteil behaupten.

voraus, Alpen- und Kanalüberquerung eingeschlossen!
In der Neuzeit waren es die Herren von Taxis, die zu Beginn des 16. Jahrhunderts regelmäßige Postverbindungen zur Briefbeförderung für den Hof und die Amtsstellen im Heiligen römischen Reich deutscher Nation der Habsburger errichteten. Die Beförderung von Privatpost war zunächst verboten, später zunächst geduldet, bis sie endlich offiziell zugelassen wurde. Den Interessen des Hofes entsprechend bestand die erste Verbindung zwischen Wien und Brüssel. Mit der Ausdehnung des Habsburger-Reiches wurden immer mehr Strecken mit ihren Poststationen ausgebaut. 1595 wurde ein Taxis Generaloberpostmeister im Deutschen Reich, 1615 erhielt das Geschlecht das Amt als Lehen. 1695 wurde es durch die Erhebung in den Fürstenstand, jetzt Thurn und Taxis, für seine Verdienste belohnt. Es ist leider nicht überliefert, wieviel Pferde im Dienst der Thurn und Taxis'schen Postverwaltung standen. Aber man erreichte zuverlässig Tagesleistungen von 166 Kilometer, wobei die Betonung auf «zuverlässig» lag.
In der Neuen Welt gelangte der «Pony-Express» zu beträchtlicher Berühmtheit, obwohl diese Postverbindung nur von 1860 bis 1862 während 18 Monaten bestand. Die Strecke führte von St. Joseph im Staat Missouri nach Sacramento in Kalifornien – eine Strecke von 1966 Meilen (ca. 3000 km), die in 10 Tagen zurückgelegt wurde, falls nichts dazwischenkam. Vierhundert Pferde, das heißt eigentlich Ponys, denn keines war größer als 1,50 m, standen fertig gesattelt in den Relaisstationen bereit, so daß man ihnen nur noch die Satteltaschen mit der Post überzuwerfen und zur nächsten Station loszugaloppieren brauchte. Die Reiter, schwerbewaffnet mit Pistolen und Karabinern gegen Überfälle von Räubern oder Indianern, waren von besonderem Holz, und ihre und der Pferde Leistungen und Taten sind zur Legende geworden.

Cowboys und Viehtrieb
Nur bei einer Arbeit ist das Reitpferd noch immer unübertroffen – bei der Überwachung und Lenkung von großen Viehherden auf entlegenen Steppen und Ebenen. In der Camargue Südfrankreichs zum Beispiel verfolgen die Guardians die schwarzen Stiere, die in die spanischen Stierkampfarenen exportiert werden, auf einheimischen Pferden, die sich seit römischer Zeit rein erhalten haben. In Australien wird trotz solcher modernen Neuerungen wie dem leichten Flugzeug, dem Viehtransporter und dem Jeep der Großteil der Rancharbeit vom berittenen Viehhirten, dem Stockman, erledigt. Gewöhnlich sitzt er auf einem Waler (Australian Stock Horse), einem harten, ausdauernden Warmblüter, der zuerst in Neusüdwales gezüchtet wurde und aus dem sich die Remonten der britischen Kavallerie in Indien rekrutierten.

Der berühmteste aller berittenen Arbeiter aber war und ist der Cowboy aus dem Südwesten der Vereinigten Staaten, obwohl das «Goldene Zeitalter des Cowboys» wenig mehr als 25 Jahre dauerte, vom Ende des Bürgerkriegs 1865 bis zu dem Zeitpunkt, als die Eisenbahn Texas erreichte: 1890.
Dagegen reicht seine Geschichte weiter zurück, als das bewundernde Kinopublikum vermuten mag, nämlich bis zu den spanischen und portugiesischen Stierzuchten. Im 16. Jahrhundert brachten Cortez und seine Konquistadoren diese Art der Viehzucht nach Mexiko, von wo sie sich bis zu den heutigen Südweststaaten der USA ausbreitete. Sprache, Ausrüstung und Kleidung des modernen Cowboys lassen sich zu diesen Anfängen zurückverfolgen. Selbst der tiefe, bequeme Westernsattel mit dem hohen Vorder- und Hinterzwiesel ist nur eine leicht abgewandelte Form des Militärsattels der Konquistadoren. Wenn er einen Stier einfangen will, schlingt der Reiter sein Lasso, Lariat genannt (vom spanischen «la reata» – Lederriemen), um das Sattelhorn. Der Sattel wird mit Cinches (la cincha – der Gurt) befestigt. Der breitrandige Hut und die klingelnden Rädersporen stammen von der Kleidung des mexikanischen vaquero, im Amerikanischen verballhornt zu buckeroo.
Merkwürdigerweise kommt nur das Cowboypferd, das berühmte Quarter Horse, aus dem Osten der USA, aus Virginia, wo im 18. Jahrhundert Rennpferde gezüchtet wurden, die über eine Viertelmeile (quarter mile) eine phänomenale Schnelligkeit entwickelten. Schneller Antritt, Härte, gute Knochen und Muskeln waren genau das, was in einem Viehzüchterland gefragt war, und so wanderte das Quarter Horse westwärts und wurde dort zu Tausenden gezüchtet.
Bis zum Bürgerkrieg bestand weder der Bedarf noch die Möglichkeit, Rindfleisch aus dem Westen zu den Märkten im Osten zu transportieren. Der Wert des Viehs lag in den Häuten und im Talg; das Fleisch ließ man sehr oft einfach liegen. Als sich die Eisenbahn aber immer weiter nach Westen vorschob, nach Missouri, Kansas und Colorado, wurde es möglich und äußerst gewinnträchtig, texanisches Vieh lebend nach Norden zu treiben. Jedes Longhorn-Rind, das die Bahnstationen in Kansas City, Abilene, Dodge oder Denver erreichte, brachte 10 Dollar, und sie kamen zu Millionen. Diese Viehtriebe, manchmal über Tausende von Kilometern legten den Grundstock zur Cowboylegende.

«Auf nach Missouri!»
Die Zahl der Männer, die damals Vieh aus dem texanischen Busch an die Bahnstationen trieben, wird auf 40000 geschätzt, ohne die, die im Norden, in Wyoming, Montana und Oregon arbeiteten. Sie erhielten 30 Dollar im Monat und mußten Kleidung, Bettzeug, Stie-

Links außen: Berittener Polizist in New York. *Unten:* Magyarenreiter bei einem ungarischen Pferdefest. *Links:* Der erste US Pony Express-Reiter startet 1860 in Richtung Westen.

Das Reitpferd hat heute noch seinen Platz als Pferd des Cowboys, des Hirten auf den Viehfarmen in den USA, in Südamerika und Australien.

fel und Sättel selbst stellen. Für kunstvoll bestickte und verzierte Stiefel und Sättel gaben sie mit Freuden den Lohn zweier Jahre aus. Verpflegung und Pferde wurden vom Rancher oder vom Boß des Viehtriebs gestellt. Im allgemeinen rechnete man pro Mann und Viehtrieb mit etwa 10 Pferden. Ein Viehtrieb dauerte sechs Monate und mehr, und Mann und Pferd mußten oft achtzehn Stunden am Tag arbeiten. Die dazu nötigen unendlich vielen Pferde einzubrechen und zuzureiten, war eine niedriger eingeschätzte Arbeit und brachte dem Zureiter 25 Dollar im Monat oder 3 Dollar pro Pferd ein.

So hart die Arbeit beim Viehtrieb war – tagsüber im Schneckentempo mit der Herde, gelegentlich ein wilder Galopp hinter einem Ausreißer her, und dann die halbe Nacht um die schlafende Herde Wache halten –, so brachte sie als Ausgleich doch ab und zu den Besuch einer Stadt am Wege. Solch ein Ausgleich fehlte dem Rancharbeiter, der wochenlang die Grenzen der Ranch abreiten und Löcher für Grenzpfähle ausheben oder Stacheldrahtzäune reparieren mußte, Kälber brannte, kastrierte oder enthornte und dabei nur sein Pferd als Gesellschaft hatte. Bei diesen Gelegenheiten aber lernten Reiter und Pferd ihr Handwerk – ein Kalb von der Herde abzusondern, einen entlaufenen Stier mit dem Lasso zu fangen.

Dieses harte und anspruchsvolle Leben hat sich mit den modernen Bedingungen geändert. Heute werden zum Beispiel die Pferde der Hirten fertig gesattelt im Transporter zu entlegenen Stellen gebracht. Spektakuläre Palominos mit blonder Mähne und gefleckte Appaloosas, die von den Pferden von Cortez abstammen sollen, arbeiten heute Seite an Seite mit den Nachkommen der Quarter Horses, die sich auf den Viehtrieben von einst so glänzend bewährten. Aber das Niveau der Reiterei und die Übereinstimmung zwischen Pferd und Reiter sind um nichts schlechter geworden.

Das Pferd in Mythos und Kunst

Wir, die wir Nachrichten in Bild, Ton und Schrift in Sekundenschnelle rings um die Erde senden und empfangen können, vergessen nur zu leicht, daß während der ganzen menschlichen Geschichte bis vor recht kurzer Zeit selbst die lebenswichtigsten Botschaften nicht schneller überbracht werden konnten, als ein Pferd galoppierte; daß das Schicksal von Völkern, von ganzen Kulturen davon abhing, daß auf dem Schlachtfeld die überlegene Kraft und Schnelligkeit des Pferdes eingesetzt werden konnte. Vom bloßen Träger der Boten und Kämpfer wurde das Pferd deshalb für den Menschen erklärlicherweise zu einem außergewöhnlichen Wesen. Es wurde zum Helfer, manchmal zum Schicksal seines Reiters.

Das Alte Testament berichtet, daß der Prophet Elias im feurigen, rossegezogenen Wagen gen Himmel fuhr. Und vielleicht am eindrucksvollsten die Szene im Buch Hiob, da Gott selbst dem Hiob seine Schöpferkraft gerade am Beispiel des Pferdes vor Augen führt: «Kannst du dem Roß Kräfte geben oder seinen Hals zieren mit seiner Mähne? Es spottet der Furcht und erschrickt nicht und flieht vor dem Schwert nicht ...»

Von da war es nur noch ein kurzer Schritt zur Göttlichkeit des Pferdes selbst. Als Halbgötter und als Gespann der Himmlischen erfüllen Pferde überirdische Aufgaben. Nach griechischer Vorstellung war die Sonne ein von Pferden gezogener Wagen, den der Gott Helios jeden Tag über den Himmel lenkte. Die Hindus schrieben Surya eine ähnliche Rolle zu, und denselben Mythos kennen fast alle frühen Kulturen.

Botschaften der Götter

Pferde brachten den Menschen Botschaften der Götter, sowohl gute als auch schlechte.

Die Amazonen – mythische Kriegerinnen der griechischen Antike – waren hervorragende Reiterinnen, wie dieses mit Gold eingelegte Silberrelief zeigt. Ihre Taten waren ein beliebtes Thema griechischer Künstler.

Der altnordische Frühling begann damit, daß Freya über die Erde ritt und Blumen streute. Aber schnell und schrecklich strafte der Himmel jeden, der sie dabei beobachtete. Ähnlichen Schutz bei reinem Tun gewährte der Himmel der Legende nach der Lady Godiva. Sie hatte sich für die von ihrem Manne drangsalierten Einwohner von Coventry eingesetzt. Als sie die Forderung des rohen Gesellen, zur Gegenleistung für ein Nachgeben nackt durch die Stadt zu reiten, erfüllte, zogen sich die dankbaren Bürger, ihr Schande zu ersparen, in die Häuser zurück. Nur einer konnte das Gaffen nach der unbekleideten Reiterin nicht lassen, und, so berichtet die Legende, wurde mit Blindheit geschlagen.

Pferde trugen die Boten des Todes und brachten oft den Tod selbst ans Ziel. Die Walküren ritten über das Schlachtfeld – die Walstatt – und erwählten – kürten – die Tapfersten der Tapferen, um sie zu den Unsterblichen nach Walhall zu geleiten. In der mittelalterlichen Vorstellung und Kunst galoppierten die vier apokalyptischen Reiter über den Himmel, Krieg, Hunger, Pest und Tod kündend.

Auch der Teufel nahte sich seinen Opfern oft zu Pferd – stets auf schwarzem Pferd, eine Regel, die alle Bösewichte der Geschichte bis hin zu den Anfängen der Western-Filme befolgten. Allerdings atmete das Pferd des Teufels Feuer und war mit Schuppen, Dornen oder anderen ungewöhnlichen Zutaten bedeckt. Darin glich es Wotans Roß Sleipnir, auf dem der nordische Gott in stürmischen Nächten mit seiner Wilden Jagd über die Erde brauste, jeden Sterblichen entführend, der den Kopf zu heben wagte. Der Sage nach reitet er noch immer durch den Park um Schloß Windsor. Dort kennt man ihn als Herne, den Jäger, und jeder, der ihn oder sein Pferd erblickt, stirbt innerhalb eines Jahres.

Pferde und Helden

Abgesehen von solchen Geschöpfen der anderen Welt gibt es aber auch sehr viele Pferde, denen ihre Taten – oder die ihrer Reiter – eine Unsterblichkeit eingetragen haben, die irgendwo zwischen Sage und Geschichte angesiedelt ist. Copenhagen, das Pferd des Herzogs von Wellington, dessen Unerschütterlichkeit in der Schlacht nur von der seines Herrn erreicht wurde, ist ein Beispiel dafür, und Marengo, Napoleons unzertrennlicher Begleiter in Sieg und Niederlage, ein anderes. Schon mehr in den Bereich der Sage gehören Bayard, auf dem – wie das Rolandslied erzählt – Roland und seine drei Brüder vor dem Zorn Karls des Großen flohen, und Bukephalos, das Lieblingspferd Alexanders des Großen, über dessen Grab er die Stadt Bucephala im heutigen Pakistan erbauen ließ. Unsterblichkeit erlangte auch das Pferd des mexikanischen Freiheitskämpfers Emilio Zapata. Als sein Herr aus dem Hinterhalt erschossen wurde, lief es davon und wartet noch heute in den

Pluto, der Gott der Unterwelt, entführt die Zeus-Tochter Persephone in einem von geflügelten Rossen gezogenen Wagen. Geflügelte Pferde – als berühmtestes Pegasus – kamen sehr oft in der griechischen Mythologie vor; man schrieb ihnen vielerlei magische Kräfte zu.

Bergen auf die Rückkehr seines Herrn. In ähnlicher Treue rettete dem keltischen Volkshelden Cuchulainn sein Schimmel das Leben, weil er Unheil witterte und sich nicht zur Schlacht besteigen ließ. Ein schönstes Beispiel der engen Beziehung zwischen dem ritterlichen Held und seinem Pferd findet sich in der Artussage: König Artus und seine Ritter der Tafelrunde schlafen zusammen mit ihren Pferden verzaubert in einer Höhle. Nur einmal im Jahr, in der Nacht zum 1. Mai, reiten sie stolz zusammen über die Hügel von Wales und Somerset.

Schöpfungsmythen

Solch wunderbare Geschöpfe konnten in den Augen unserer Vorfahren unmöglich entstanden sein wie gewöhnliche Tiere. Bei den Griechen wurden sie von Poseidon, dem Gott des Meeres, erschaffen und kamen aus dem Meer zum Menschen. Vielleicht entstand dieser Glaube, als vor Zeiten irgend Eroberer von ihren vor der Küste ankernden Schiffen auf ihren Pferden ans feindliche Ufer schwammen. Damit ließe sich dann vielleicht auch der Kentaur, halb Mensch, halb Pferd, erklären, der einerseits wegen seiner Vorliebe für Frauenraub, andererseits aber auch für seine Klugheit berühmt war. Den Fehler, Reiter und Pferd für ein einziges Wesen zu halten, begingen später auch die Azteken, die vor den berittenen Konquistadoren derartig erschraken, daß sie ihnen kaum Widerstand leisteten. Die Kunde von einer ähnlichen Invasion steckt vielleicht auch hinter den Ting-ling, kentaurähnlichen Wesen, die der chinesischen Sage nach einst die Insel Formosa bewohnten. Wie die griechische Spielart waren auch sie für ihre Klugheit bekannt.

Nicht zufrieden mit der Schnelligkeit irdischer Pferde oder der erdgebundenen Gestalt des Kentauren erschuf die griechische Mythologie auch noch Pegasus, das geflügelte Roß. Erstanden aus dem Leib der von Perseus erschlagenen Medusa wurde es vom Königssohn Bellerophon gezähmt. Das geschah mit Hilfe Athenes, Göttin der Weisheit, die ihm dazu ein goldenes Zaumzeug schenkte. Aber als Bellerophon in frevelhaftem Hochmut sich auf dem Rücken des Götterpferdes zum Olymp aufschwingen wollte, warf es ihn ab.

St. Georg, der Drachentöter und Schutzpatron der Reiter, hier von einem afrikanischen Künstler vor äthiopischem Hintergrund dargestellt.

Rechte Seite oben: Die beherrschende Gestalt Napoleons bei der Überquerung der Alpen, gemalt von J. L. David, dem Hofmaler Napoleons. Ein eindrückliches Beispiel, wie die Kunst die Gestalt des siegreichen Herrschers symbolhaft steigert, indem sie ihn zu Pferde darstellt.

Rechte Seite unten: Eine Sage übersetzt in Musik. Amalie Materna bei der ersten Aufführung von Richard Wagners Oper «Die Walküre» in Bayreuth (14. August 1876) als Walküre. Eine der berühmtesten Szenen ist der «Walkürenritt», in dem Wagner den Rhythmus galoppierender Hufe in Musik umzusetzen versucht hat.

Pferde waren immer eng mit Helden und Heldinnen verbunden. Rittergestalten wie St. Georg hatten immer auch ein treues Roß, und Marengo, Napoleons feuriges Leibroß, gab zu fast ebenso vielen Legenden Anlaß wie sein Herr. Wagners Walküre Brünnhilde hat ihr Roß Grane als Gefährten. Im letzten Akt der «Götterdämmerung» reitet sie auf ihm in die Flammen des Scheiterhaufens, auf dem Siegfrieds Leichnam verbrannt wird, um so im Tode mit dem Geliebten vereint zu sein.

Das Flügelroß jedoch, mit mächtigem Hufschlag sich abstoßend, schlug aus dem Stein eine Quelle, die Quelle der Musen.
Es kann nicht überraschen, daß die Araber ihre eigene Version von der Erschaffung ihrer herrlichen Pferde erzählen. Das erste Pferd, so sagen sie, wurde von Allah aus einer Handvoll Südwind erschaffen. Und so sprach Allah: «Ich habe dich begünstigt vor allen anderen Lasttieren, denn ich habe deinen Herrn zu deinem Freund gemacht. Ich habe dir die Kraft verliehen zum Fliegen ohne Flügel, sei es im Angriff, sei es in der Verteidigung. Auf deinen Rücken will ich Männer setzen, die mich preisen und loben und mir Hallelujah singen.» Nie wurde ein Versprechen glanzvoller erfüllt; sein erster Reiter war Ismael, Sohn Abrahams und Stammvater der Beduinen.
Eines der bekanntesten, wenn auch am wenigsten sichtbaren Pferde der Antike war das Einhorn. Die Griechen hielten es für einen Bewohner Indiens, während die Hindus überzeugt waren, daß es aus Ceylon oder sonstwoher stammte. Alle aber war sich seiner Schönheit, seiner stolzen, königlichen Natur bewußt, die jeden Zähmungsversuch vereitelte. Es konnte nur gezähmt werden, wenn man eine Jungfrau allein und nackt unter einen Baum setzte. Dann näherte sich das Einhorn und legte dem Mädchen, ergriffen von seiner Reinheit und Schönheit, den Kopf in den Schoß. Daraufhin konnte man es ohne weitere Umstände ergreifen und aufzäumen. Ein Einhorn zu fangen oder zu töten, lohnte sich durchaus, denn dem Horn wurde die Eigenschaft zugeschrieben, daß es jedes Gift unwirksam machte, wenn man es in Trank oder Speise eintauchte. Die Nachfrage war, besonders unter Königen, ungeheuer. Königin Elisabeth I. kaufte ein Horn und stellte es in den letzten Jahren ihrer Regierung in Schloß Windsor aus. Sein Wert wurde auf 100000 Pfund geschätzt, wenn auch einige weitgereiste Untertanen meinten, es könne auch das Horn eines Narwals gewesen sein.

Schmiede, Zauber und Magie

Etwas vom Zauber der Pferde ist auf diejenigen übergegangen, die mit ihnen umgehen – besonders die Hufschmiede, deren Umgang mit Feuer und Eisen sie gegen jeden Zauber und Bann gefeit machte.
Im 16. Jahrhundert, vielleicht noch früher, wurde in England, Schottland und anderen europäischen Ländern ein Geheimbund gegründet, genannt The Horse Whisperers oder Horseman's Word. Die Mitgliedschaft verlieh eine Macht über Pferde, die an Zauberei grenzte. Außenstehende waren überzeugt, daß die Mitglieder des Bundes die Macht besaßen, selbst das wildeste Pferd mit einem Flüstern (whisper) zu zähmen oder es dazu zu bringen, stocksteif stehen zu bleiben. Der Bund bestand bis in heutige Zeiten.
Solche Geheimbünde könnten letzte Hinweise auf den keltischen Pferdekult sein, der in Europa vor der römischen Besetzung, aber auch darüber hinaus, bestand. An den großen keltischen Feiertagen Samain (1. November), Imbolc (1. Februar), Beltane (1. Mai) und Lugnasad (1. August), die auf Schlüsseldaten der Land- und Weidewirtschaft beruhten, wobei

Samain der Neujahrstag war, wurden zu Ehren der Pferdegöttin Epona oder Rhiannon Pferderennen veranstaltet. Auch darin zeigte sich das von jeher besondere Verhältnis des Menschen zum Pferd, daß er sich eine Gottheit dachte, eigens als Beschützerin der Pferde. Spuren solcher Pferde-Magie, womöglich vermischt mit Erinnerungen an Wotan und die Wilde Jagd, finden sich vielleicht noch im volkstümlichen Mummenschanz mancher bäuerlichen Dämonenaustreibungs-Feste, bei denen ein groteskes Geschöpf, halb Mensch, halb Pferd, mit einem grinsenden Holzkopf und weit offenem Maul eine Hauptrolle spielt.

Das Pferd in der bildenden Kunst

Das Pferd wurde dem Willen und den Wünschen des Menschen unterworfen. In einem seltsamen Prozeß der Übertragung schreiben wir ihm seither die Tugenden und Fähigkeiten zu, die wir an uns am meisten bewundern – Mut, Treue, Unerschrockenheit, Klugheit und Würde – und als Verkörperung dieser Tugenden ist es von Malern, Bildhauern und Poeten so oft gerühmt worden. Zu diesen Eigenschaften kommen die Schönheit, Schnelligkeit und Kraft des Pferdes hinzu, so daß es sich bei dem, was uns in der Kunst häufig berührt, in Wirklichkeit um eine Art

Links: Eclipse (1764–1789), gemalt von George Stubbs. Der berühmte Hengst, in seinen 18 Rennen ungeschlagen, hatte als Vererber größten Einfluß auf die Vollblutzucht.

Rechts: «Bronco Buster» in Aktion, eingefangen von dem amerikanischen Künstler Frederic Remington (1861–1909).

Unten: Eadweard Muybridges Bilderfolge eines galoppierenden Pferdes. Es war Muybridges photographische Pionierarbeit, die realistische Darstellungen von Pferden in schneller Bewegung überhaupt erst möglich machte. Seine mit hoher Geschwindigkeit aufgenommenen und deshalb scharfen Aufnahmen hatten entscheidenden Einfluß auf Remington.

Kentaur handelt, der die Vorzüge von Mensch und Tier in sich vereint. Besonders gute Beispiele dafür liefern die Standbilder und Gemälde, die der Verherrlichung von Herrschern und Kriegshelden dienen. Ihre Würde, Autorität und Persönlichkeit werden dadurch gesteigert dargestellt, daß sie zu Pferde sitzen. Das erste bekannte derartige Porträt ist das des römischen Kaisers Marc Aurel, das als kolossales Reiterstandbild das Kapitol in Rom beherrscht. Dieses Standbild, der darin verkörperte Symbolgehalt beeinflußte Bildhauer und Maler derart, daß es bis ins späte 19. Jahrhundert nahezu unmöglich war, einen Fürsten oder Kriegsherren anders als auf dem Pferderücken darzustellen: Von Donatellos Gattamelata und Verrocchios Colleoni bis zu Schlüters Großem Kurfürst zählen diese Reiterstandbilder als Symbol kraftvollen Willens zu den hervorragendsten Werken europäischer Kunst. Eine Sonderstellung nimmt der nicht minder berühmte Bamberger Reiter ein, in dem Hoheit und Adel symbolhaft Gestalt gewonnen haben.
Zahllos auch sind die Gemälde mit demselben Thema des Herrschers zu Pferd: von Tizians Renaissancefürst Kaiser Karl V. noch auf etwas steif wirkendem Pferd bis zur dramatischen Bewegtheit des sieghaft sich bäumenden Tieres auf J.L. Davids Gemälde «Napoleons Übergang über die Alpen».

Die Bewegung als Herausforderung
Pferde in schneller oder dramatischer Bewegung darzustellen – das war für Künstler seit frühester Zeit eine Herausforderung. Die wilden, springenden Geschöpfe auf den Höhlenwänden von Lascaux sind wahrscheinlich magische Beschwörung unserer Vorfahren vor 20000 Jahren, daß das schnelle Pferd im Be-

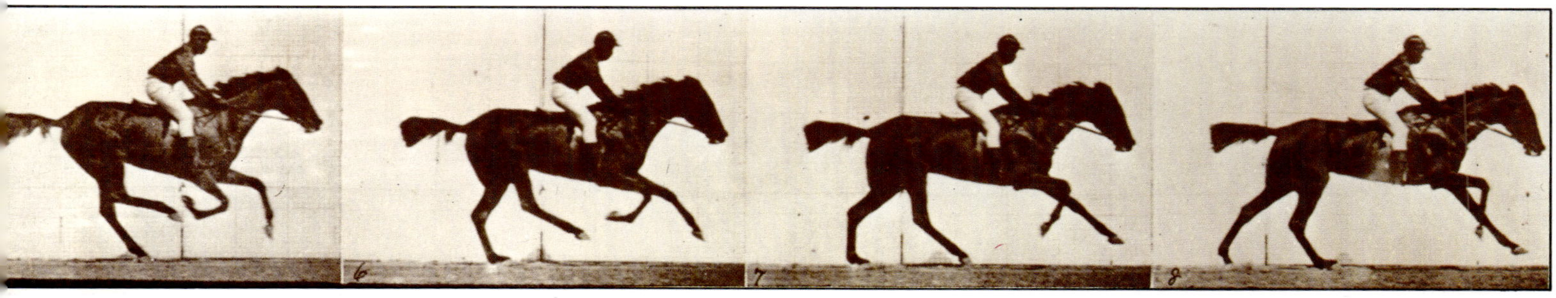

reich ihrer Speere bleiben möge. Wenn sie ein Tier abbildeten, glaubten sie vermutlich, damit seinen Geist zu bannen und also Macht über das Tier zu erlangen. Die Künstler lebten von der Jagd; genaue Beobachtung des Tierverhaltens und der Tierbewegungen war für sie lebenswichtig. Infolgedessen sind die Pferde, die da an den Höhlenwänden grasen, galoppieren und sich bäumen, trotz der einfachen Darstellungsweise ein genaues Abbild der lebenden Wesen. Das war eine Fähigkeit, die danach für Tausende von Jahren verloren gehen sollte.

Auf dem bereits erwähnten Relief des Assyrerkönigs Assurnasirpal auf der Löwenjagd sind alle Pferde vor dem königlichen Wagen mit gleichzeitig und parallel erhobenen Vorderfüßen dargestellt, eine Übereinkunft, die von vielen Künstlern und Bildhauern der Antike ebenfalls befolgt wurde. Selbst die Griechen, die so viel von Pferden verstanden und in der Kunst die realistische Darstellung erstrebten, konnten die Bewegung des galoppierenden Pferdes nicht ganz einfangen – wie man selbst am Parthenon-Fries sehen kann. Und trotz der genialen Bewegungsstudien Leonardo da Vincis zu den Pferden der Sforza-Statue und des Trivulzio-Grabmals (die beide leider nie ausgeführt wurden) blieben die Maler der Renaissance und ihre Nachfolger blind für jede Bewegung des Pferdes, die über einen gemächlichen Schritt hinausging. Auf den berühmten englischen Renn- und Jagdstichen und -gemälden des 18. und des frühen 19. Jahrhunderts werden Pferde im Galopp weiterhin hartnäckig mit vier ausgestreckten Beinen dargestellt – eine anatomische und mechanische Unmöglichkeit. Erst der Amerikaner Eadweard Muybridge konnte mit seinen Kinematograph-Aufnahmen beweisen, daß das Pferd im Galopp die Beine zusammenzieht und alle vier Beine gerade in dieser Phase einen Augenblick lang gleichzeitig in der Luft sind. George Stubbs, führender englischer Pferdemaler des 18. Jahrhunderts, hatte das offenbar bereits beobachtet, und Toulouse-Lautrec, der durch Sturz vom Pferd Verkrüppelte, griff hundert Jahre später das Thema in seinen Gemälden und Lithographien von Jockeys oder der «Postkutsche nach Nizza» wieder auf. Die vollkommene Wirklichkeitstreue der Bewegungen in den dafür berühmten Pferdedarstellungen Frederic Remingtons, der als erster das Leben der amerikanischen Cowboys im Bilde schilderte, wurde erst durch die Aufnahmen Muybridges ermöglicht.

Im Maschinenzeitalter erhält das Pferd in der Malerei eine gegenüber allem Vorhergehenden ganz neue Bewertung. Es bleibt nicht mehr nur Begleitgestalt innerhalb der Szene, die ein Bild wiedergibt. Es gewinnt für sich selbst Symbolgehalt. Zwei überragende Beispiele der Kunst des 20. Jahrhunderts zeigen das eindrücklich: Das Gemälde «Rote Pferde» von Franz Marc und sein verschollenes Meisterwerk «Turm der blauen Pferde» verkörpern die ursprüngliche Unschuld des Geschöpfs, das sterbend sich bäumende Pferd in Picassos «Guernica» das anklagende Leid aller geschundenen Kreatur.

Zweimal Pferde, gesehen von Malern verschiedener Epochen und Kulturen. *Links:* Polospieler, vom Chinesen Lin-Lin etwa 1635 auf Seide gemalt; *rechts:* «Das kleine blaue Pferd» des Deutschen Franz Marc (1880–1916). Beide enthüllen auf verschiedene Weise ihre Zuneigung zum Pferd – Lin-Lin mit der lebensvoll-bewegten Darstellung und Marc mit der Wärme seiner Farben und der Lieblichkeit des Tieres. In einer Tagebuchaufzeichnung vor seinem Tod – er fiel bei Verdun – bekennt er sein Mitleid mit den Qualen der Artilleriepferde.

Das Pferd in der Literatur

Der Mythos vom Pferd als schicksalsbestimmender Gestalt, von dem wir zu Anfang dieses Kapitels sprachen, ist auch in neuzeitlicher Dichtung noch spürbar.

«Ein Pferd! Mein Königreich für ein Pferd!» läßt Shakespeare Richard III. ausrufen. Des Königs Schicksal muß ein Pferd entscheiden. Von diesem Augenblick an regt sich auch im Publikum, das bisher Zeuge seiner ungezählten Schandtaten war, Mitgefühl für den nun von allen verlassenen Mann und widerwillige Bewunderung für seinen Mut. Auch in Richard II. wird der Untergang des Königs durch ein Pferd symbolisiert. «Die Mähr' aß Brot aus königlicher Hand», klagt Richard,

als ihm berichtet wird, wie stolz sein Leibroß, sein geliebter Berberschimmel ohne einen Gedanken an ihn, den früheren Herrn, den Nebenbuhler zur Krönung trug. «Und strauchelt' er denn nicht? Fiel er nicht nieder und brach den Hals des stolzen Manns, der seinen Rücken einnahm?» Bemerkenswert, daß hier dem Pferd – im Gegensatz zum sonst üblichen Lobpreis seiner Tugenden – Untreue zugeschrieben wird.

Die unübertroffene psychologische Charakterdarstellung Shakespeares läßt das Schicksal eines anderen Fürsten, des eitlen Dauphin von Frankreich in Heinrich V., schon vorausahnen – gerade durch die überschwengliche Begeisterung, mit der er in der Nacht vor der entscheidenden Schlacht gegen die Engländer sein Pferd besingt: «Er springt von der Erde, der Pegasus. Wenn ich ihn reite, schwebe ich in Lüften, ich bin ein Falke, er trabt auf der Luft, die Erde singt, wenn er sie berührt. Er ist ein Tier für den Perseus, Feuer und Luft. Er ist in der Tat ein Pferd, und alle anderen Mähren kann man Vieh nennen.» Schmählich

verliert der Prahler die schon gewonnen geglaubte Schlacht.

In all diesen Beispielen zeigt sich aber eines: Anders als in Legende und Monument gibt es in der Weltliteratur kaum ein Pferd, das mehr ist als namenlose Nebenfigur, eine eigene Individualität besitzt, eine tragende Figur im Handlungsablauf ist. Gewiß gibt es zahllose Geschichten um Pferde, die jedoch ganz überwiegend einfache Erzählungen sind und das Pferd nicht zur dichterischen Gestalt machen. Selbst in Kleists erhebender Novelle vom Kämpfer für das Recht Michael Kohlhaas entbrennt der Streit wohl um Pferde, aber es geht im Grunde nicht um sie.

Die Ausnahme ist Don Quijotes Rosinante, die dürre Mähre, auf der dieser edle Idealist «von der traurigen Gestalt» gegen die verdorbene Welt zu Felde zieht. Er sieht in ihr gegen alle äußere Wahrheit das, was das Pferd dem Ritter bedeutet: das strahlende Schlachtroß, das ihn wie der Sturmwind in den Kampf trägt. Rosinante ist seitdem zum Übernamen für den elenden Klepper geworden – doch nicht ohne den Beiklang liebenden Mitgefühls.

Ganz andere Gestalt gewinnt das Pferd in der Literatur unseres Jahrhunderts. D.H. Lawrence, weltberühmt geworden durch seinen Roman «Lady Chatterley», macht den Hengst St. Mawr in seiner gleichnamigen Erzählung zum Symbol sinnlicher Schönheit und Kraft, ja, in den Augen seiner Herrin zu Pan, dem Gott sinnlicher Ur-Natur.

So schließt sich der Kreis von der Antike zum Heute: das Pferd in der geistigen Vorstellung des Menschen ein göttliches Wesen.

Unten: Die junge Elizabeth Taylor in der Rolle der Hauptfigur im Film «National Velvet», der Geschichte eines jungen Mädchens, das mit seinem selbst gezogenen Pferd das schwerste Hindernisrennen der Welt, das Grand National in Aintree, gewinnt.

Rechts: Ein belgisches Kind hat dieses Pferd an die Mauer gezeichnet.

Linke Seite: Don Quijote auf seiner Rosinante, bereit zum Angriff auf die Windmühlenflügel (Plakatlithographie).

Unten: «Pferdehändler» (Gemälde von Robert Bevan).

Kapitel 3

Die Anatomie des Pferdes

Die erstaunlichste Eigenschaft des Pferdes ist, daß es die vielen Aufgaben, die der Mensch ihm stellt, überhaupt erfüllen kann. Denn in mancher Beziehung ist es – als Zehengänger – körperlich dazu gar nicht geeignet.
Diese grundlegenden physischen Tatsachen darf der Reiter in seiner Haltung gegenüber dem Pferd nie aus den Augen verlieren. So kann die Kenntnis der sogenannten «Points» des Pferdes dazu beitragen, die Gefahr einer Überbeanspruchung etwa der Muskeln zu vermindern. Muskelzerrungen sind leider häufig und können dazu führen, daß ein Pferd wochen- oder monatelang pausieren muß. Noch wichtiger ist, daß man anhand dieser «Points» entscheiden kann, welches Pferd für welchen Reiter geeignet oder ungeeignet ist. Die für jedes Reitpferd wichtigste Eigenschaft ist die Gurtentiefe, ein Zeichen für Kraft und Ausdauer. Großen, langbeinigen Pferden fehlt es unweigerlich an Stehvermögen. Gefragt ist ein Pferd mit kurzen Beinen und tiefem Rumpf, in dem viel Platz für das Herz ist.
Die wichtigsten Körperteile des Pferdes sind seine Gliedmaßen und die Hufe. Ohne ihre Funktionstüchtigkeit ist es in Freiheit ebenso verloren wie in Gefangenschaft. Deshalb müssen Beine und Hufe so korrekt wie möglich sein, wenn das Pferd gesund und beweglich bleiben soll. Ein korrektes Gebäude ist wirklich die wertvollste Eigenschaft, die ein Pferd besitzen kann.

Das Hinterbein
Die Meinungen darüber, ob der wichtigste einzelne Körperteil nun das Vorder- oder das Hinterbein ist, gehen auseinander. Da die vortreibende Kraft aus den Hinterbeinen kommt, räumt man ihnen gewöhnlich den Vorrang ein. Das Knie befindet sich dort, wo das Hinterbein sichtbar am Körper ansetzt. Es entspricht dem menschlichen Knie und besitzt wie dieses eine Kniescheibe, die wie ein Flaschenzug wirkt und den Streckmuskeln am Knie mehr Kraft verleiht.

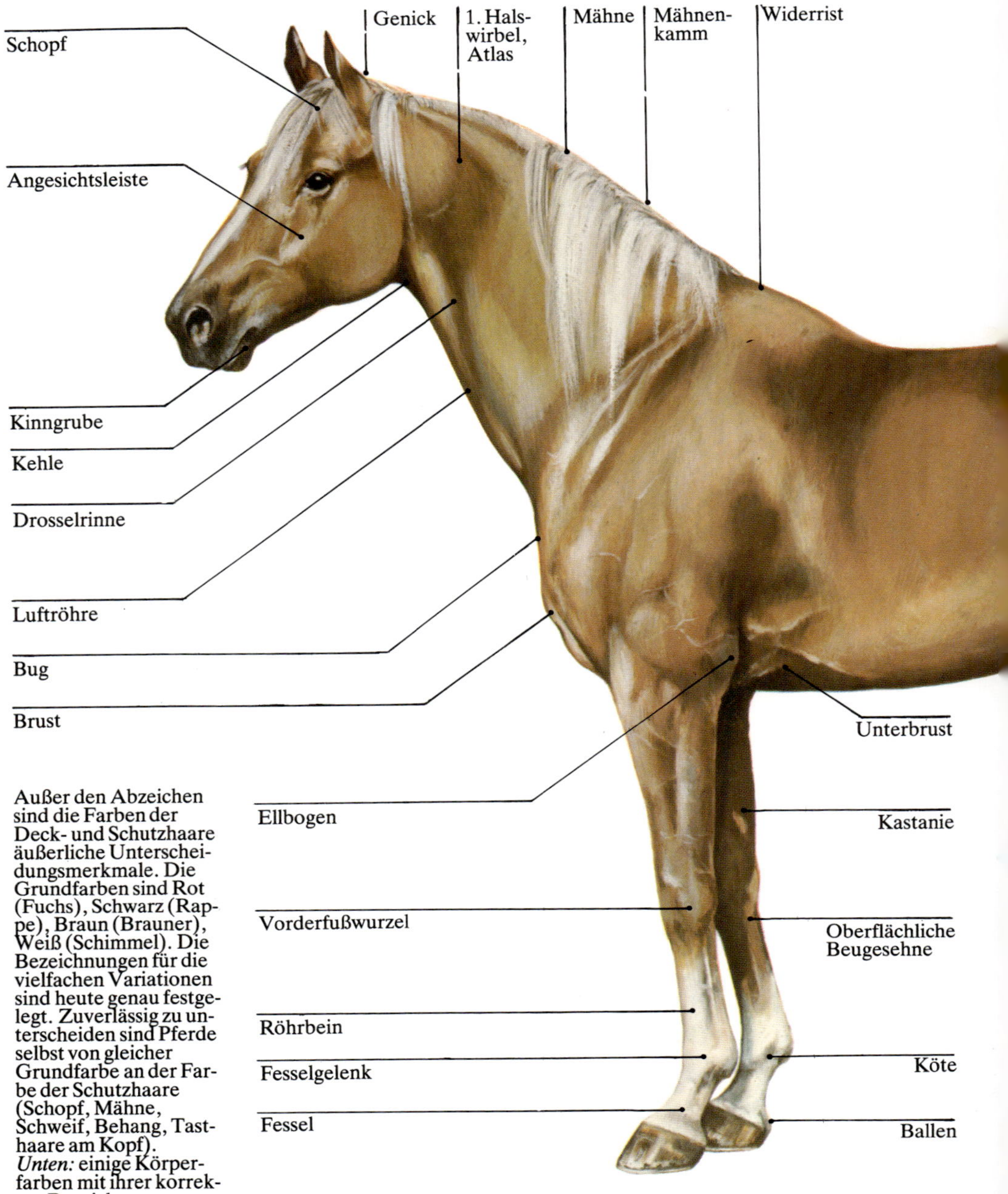

Außer den Abzeichen sind die Farben der Deck- und Schutzhaare äußerliche Unterscheidungsmerkmale. Die Grundfarben sind Rot (Fuchs), Schwarz (Rappe), Braun (Brauner), Weiß (Schimmel). Die Bezeichnungen für die vielfachen Variationen sind heute genau festgelegt. Zuverlässig zu unterscheiden sind Pferde selbst von gleicher Grundfarbe an der Farbe der Schutzhaare (Schopf, Mähne, Schweif, Behang, Tasthaare am Kopf).
Unten: einige Körperfarben mit ihrer korrekten Bezeichnung.

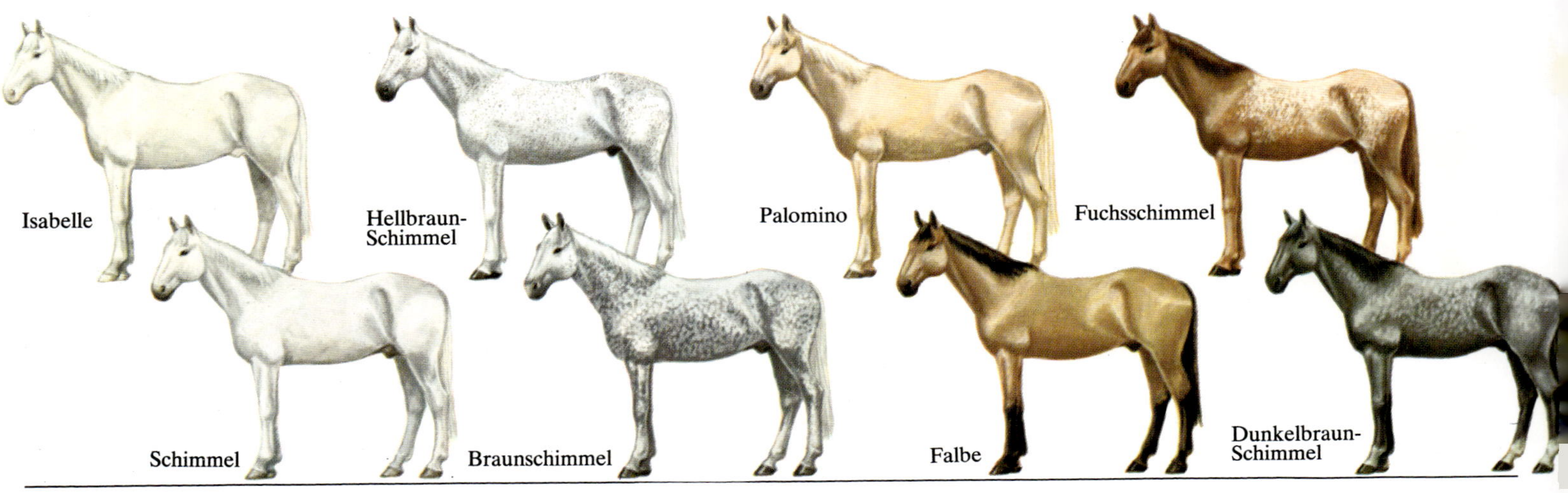

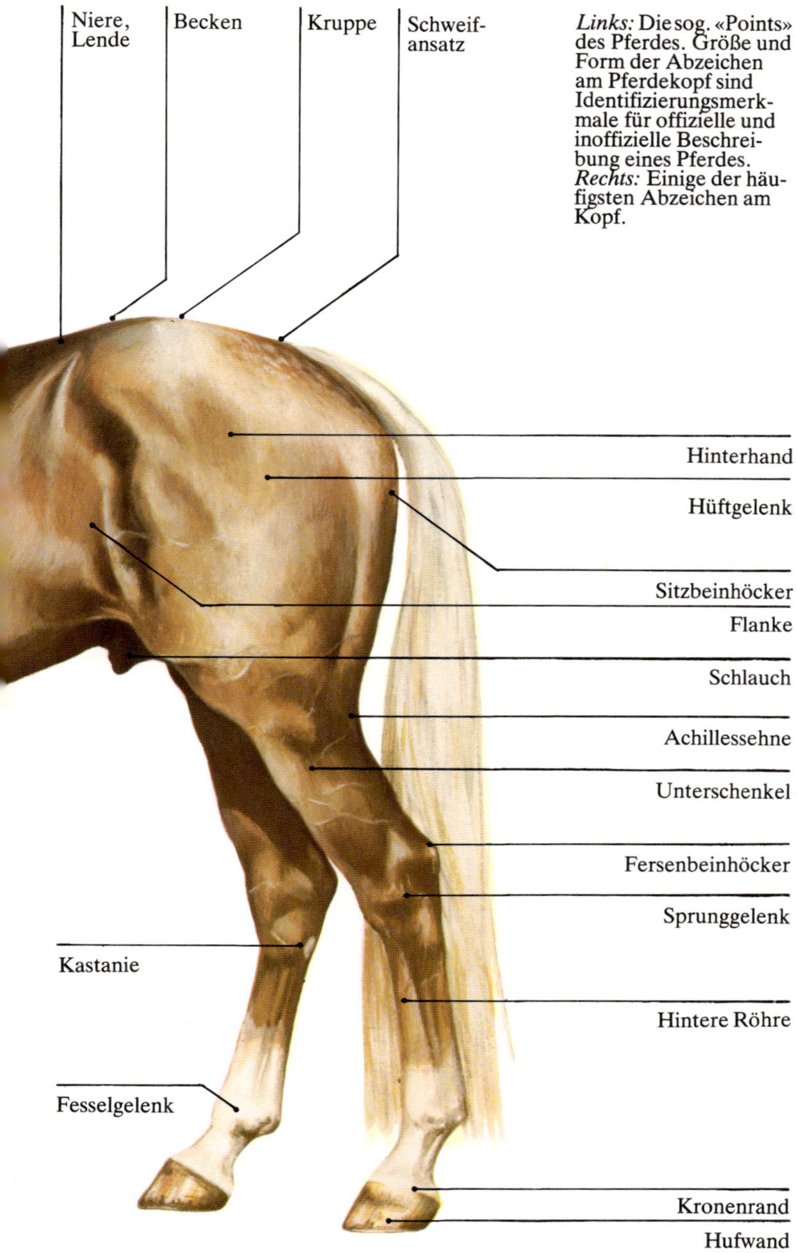

Links: Die sog. «Points» des Pferdes. Größe und Form der Abzeichen am Pferdekopf sind Identifizierungsmerkmale für offizielle und inoffizielle Beschreibung eines Pferdes.
Rechts: Einige der häufigsten Abzeichen am Kopf.

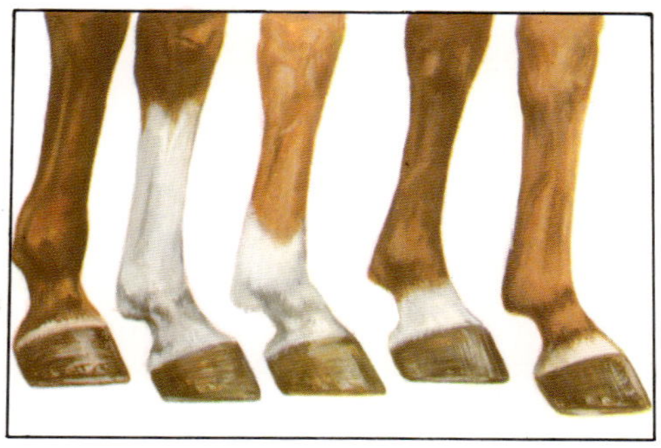

Rechts: Weiße Abzeichen an den Beinen sind wichtige Kennzeichen. Es gibt (von links nach rechts): weiße Krone, weißer Fuß, weiße Fessel, halbweiße Fessel, weißer Ballen.

Das Skelett eines ausgewachsenen Pferdes besteht aus 205 Knochen und kleineren Knorpeln. Sie stoßen in Gelenken aufeinander, die durch Bänder und Sehnen beweglich zusammengehalten werden. Die größeren Knochen bilden ein Gerüst, an dem die Muskeln befestigt sind.

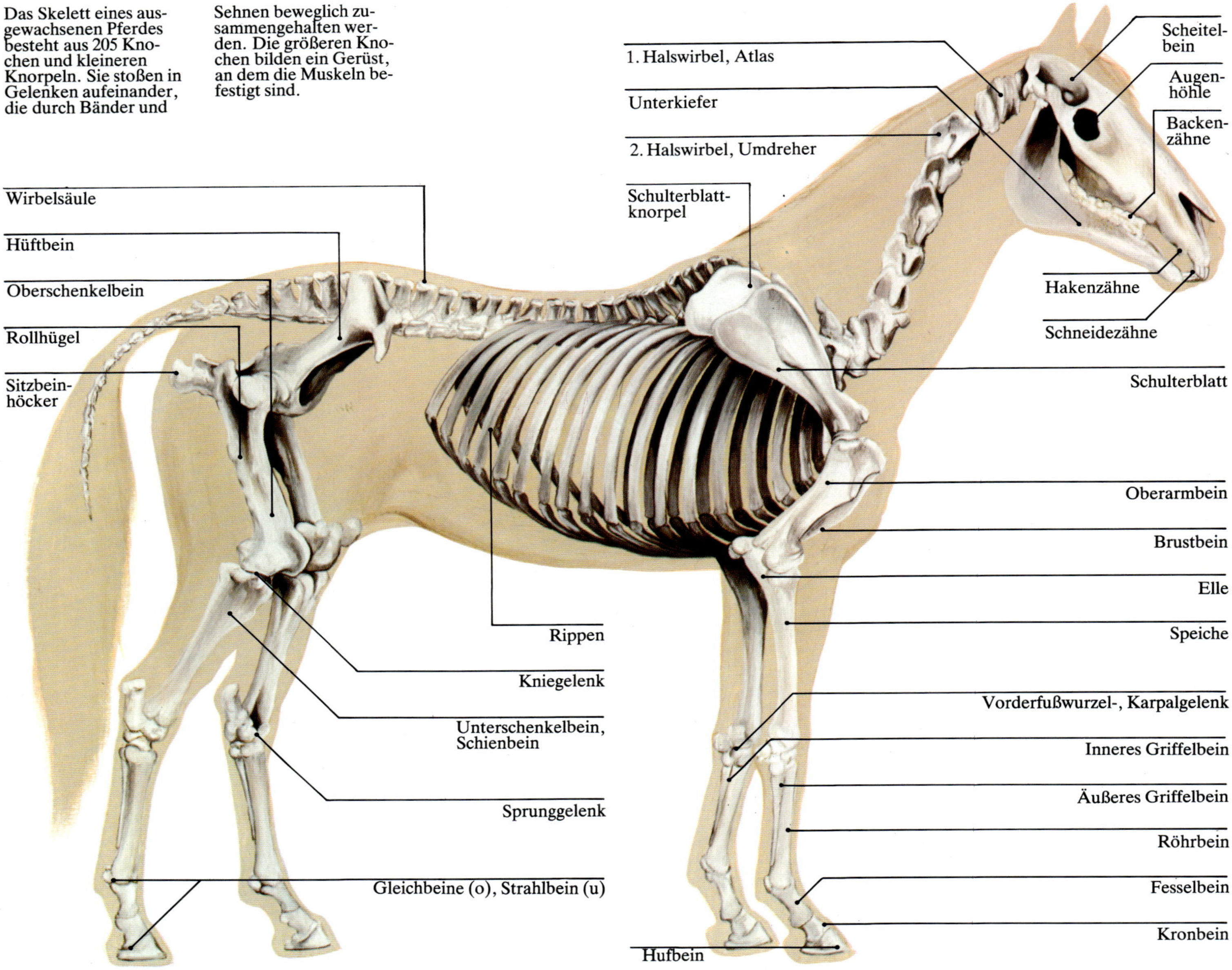

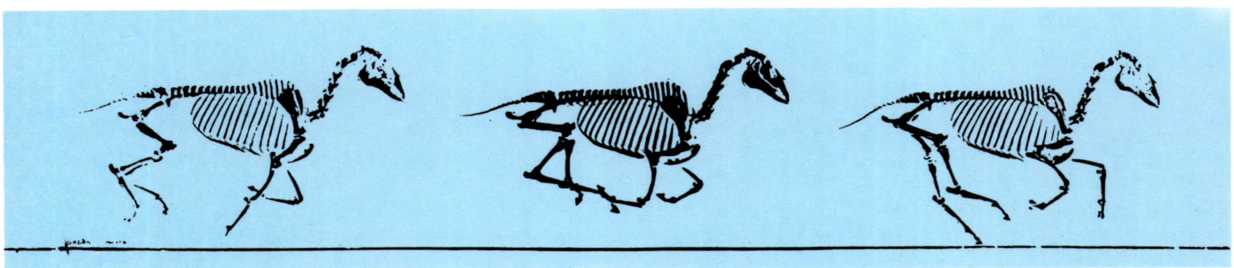

Drei Galoppstadien in einem Skelettdiagramm. In der Schwebephase, wenn alle vier Füße in der Luft sind, ist zu erkennen, wie die Hinterbeine durch die Aktion von Knie- und Sprunggelenk untergeschoben werden. So werden sie zum Drehpunkt der Schubkraft.

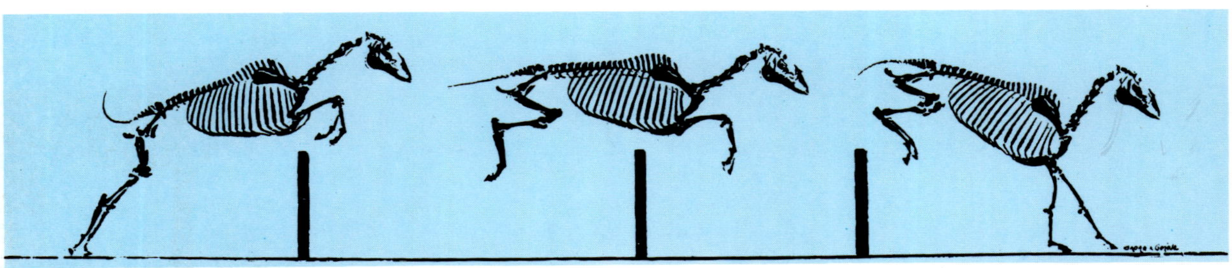

Drei Sprungphasen – Absprung, Flug und Landung – zeigen wieder Knie- und Sprunggelenk in Aktion: Streckung zum Schub für den Absprung und Abwinkeln zum Flug über das Hindernis. Die einzigartige Struktur des Vorderbeins federt den Stoß bei der Landung für das Rückgrat ab.

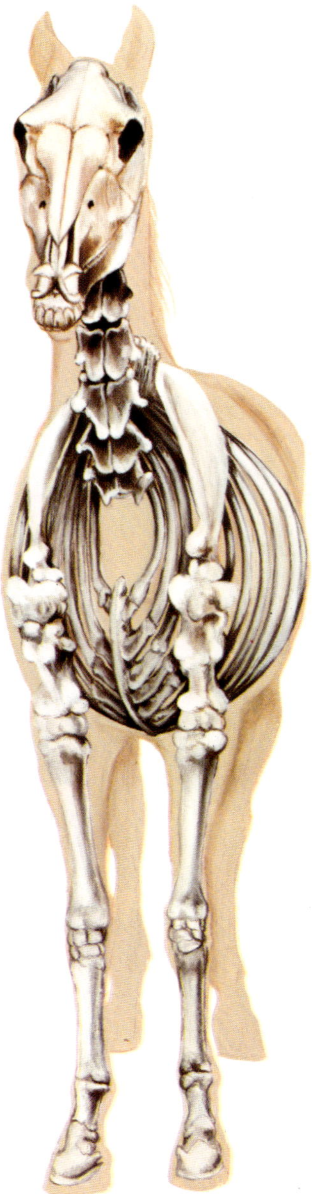

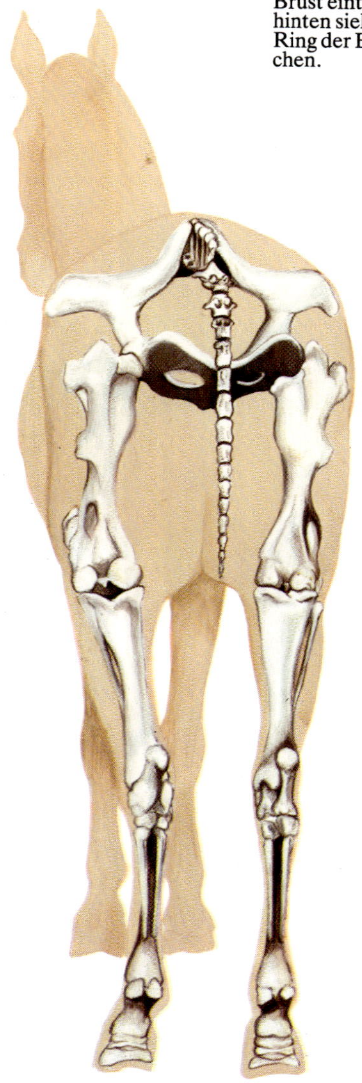

In der Frontansicht des Pferdeskeletts ist der knöcherne Ring zu sehen, durch den Luft- und Speiseröhre in die Brust eintreten. Von hinten sieht man den Ring der Beckenknochen.

Das Knie selbst ist in der Bewegung mit dem Sprunggelenk synchronisiert, weil es von denselben Muskeln und Bändern gelenkt wird. Wird das eine gebeugt, beugt sich auch das andere.
Dann kommt der Unterschenkel, auch Hose genannt. Er sollte muskulös und gut entwikkelt sein, damit er der Arbeit und Beanspruchung gewachsen ist. Er endet im Sprunggelenk, dem wohl wichtigsten Teil des Beines, weil es der Kräftedrehpunkt beim Springen und Galoppieren ist.
Das Sprunggelenk, dem menschlichen Fußgelenk entsprechend, besteht aus einer ganzen Reihe von Knochen, die mehrere Gelenkspalten bilden und von Bändern zusammengehalten werden. Insgesamt soll das Sprunggelenk ausgeprägt und flach sein und keine Schwellungen und Auftreibungen zeigen. Sie können verschiedene Krankheiten wie Spat, Hasenhacke oder Sehnenscheidengallen anzeigen.
Außerdem darf das Sprunggelenk nicht zu hoch liegen. Kurze Röhren an den Vorder- und Hinterbeinen sind ein Zeichen für Stärke. Die Sehnen müssen sich klar abzeichnen, und die Beine dürfen im unteren Teil nicht angelaufen (geschwollen) sein.
Auch das Fesselgelenk muß klar und trocken sein. Ist es angelaufen, bedeutet dies dasselbe wie geschwollene Knöchel beim Menschen. Es führt zur Fessel, die von mittlerer Länge und mittlerer Neigung sein sollte. Sehr kurze Fesseln werden einer ihrer Hauptaufgaben nicht gerecht – sie können die durch die Bewegung verursachte Erschütterung nicht absorbieren. Sehr lang gefesselte Pferde sind durch ihren schwingenden Gang für den Reiter bequem, aber auch überlange Fesseln sind ein Zeichen für Schwäche und können zu Schwierigkeiten führen.

Der Huf
Die Hufgröße hängt vom Pferdetyp ab. Vollblüter haben gewöhnlich kleine, runde Hufe und oft niedrige Trachten. Schwere Pferde wie Clydesdales, Shire-Pferde und Percherons haben größere, flachere Hufe.
Der Huf soll breit und offen sein, nicht eng oder hinten zusammengezogen (Zwanghuf). Das Horn muß gesund aussehen und darf keine Risse oder Rillen aufweisen. Unterhalb des Horns liegt die empfindliche Huflederhaut.
Bei aufgehobenem Huf muß auf der Unterseite der gut entwickelte Strahl zu sehen sein. Er beginnt am hinteren Hufrand, unterhalb der Ballen, und endet in einer Spitze im mittleren bis vorderen Teil des Hufes. Er verhindert ein Ausrutschen, dient als Stoßdämpfer und spielt für den Hufmechanismus eine wichtige Rolle. Die Hufe müssen immer gut gepflegt werden. Beim Springen beispielsweise übernimmt im Augenblick der Landung ein Vorderhuf das Gewicht von Reiter und Pferd zusammen. Deshalb ist auch guter Beschlag eine Notwendigkeit, wenn man Lahmheiten vorbeugen will. Die gefürchtete Hufrollenentzündung, fast immer durch Überanstrengung, besonders beim Springen, verursacht, kann durch mangelhaftes Zurichten und unsachgemäßen Beschlag beschleunigt werden.

Das Vorderbein
Die Vordergliedmaßen des Pferdes besitzen die einzigartige Eigentümlichkeit, nur von Muskeln und Bändern am Rumpf gehalten zu werden: Das Pferd besitzt kein Gegenstück zum menschlichen Schlüsselbein. Das hat den großen Vorteil, daß die Muskeln einen Großteil der Erschütterung absorbieren können, die sich sonst bis zum Rückgrat übertragen würde. Wird der Muskel allerdings überlastet, kann das Pferd auch leicht niederbrechen. Das kommt besonders bei Rennpferden vor, oft weil die Pferde rückbiegig stehen (d.h. die Vorderbeine nach hinten durchgedrückt sind).
Das Vorderbein schließt unterhalb des von Schulterblatt und Oberarmknochen gebildeten Schultergelenks an den Körper an. Der Unterarm läuft zum Vorderfußwurzelgelenk, das wie das Sprunggelenk groß, flach und ausgeprägt sein soll. Darauf folgt das Röhrbein mit klaren, harten Sehnen, das im Fesselgelenk endet. Zwischen ihm und dem Huf liegt die Fessel. Schließlich weisen die Beine noch ein individuelles Merkmal auf – die sogenannten Kastanien, hornige Stellen an der Innenseite der Beine oberhalb des Vorderfußwurzelgelenks. Es handelt sich um die verkümmerten Überbleibsel einer Zehe, die bei jedem Pferd so unverwechselbar sind wie die Fingerabdrücke beim Menschen.

Der Rumpf

Die Schulter verläuft vom Widerrist – dem knochigen Höcker zwischen Hals und Rücken und höchstem Punkt des Rückgrats – nach unten zum Schultergelenk. Sie sollte, besonders im oberen Teil, möglichst lang und schräg sein. Ein Pferd mit steiler Schulter ist weniger ausdauernd, weil es sich mehr anstrengen muß, um Boden zu machen. Die steile Schulter kann auch Erschütterungen weniger gut abfangen. Sie werden an den Reiter weitergegeben, der entsprechend unbequem sitzt, besonders wenn er abwärts reitet.

Vor der Schulter, zwischen den Vorderbeinen, liegt die Brust. Sie muß breit und muskulös sein. Schmalbrüstige Pferde sind schwach und haben keine Ausdauer. Die untere Halsseite sollte konkav und nicht übermäßig muskulös sein.

Ausgeprägte, leicht geweitete Nüstern und große, gutmütige Augen sind ein Zeichen für Qualität und Klasse, ebenso wie aufmerksam gespitzte Ohren, die nicht zu lang sein sollten. Zwischen ihnen liegt das Genick, an das der Nacken anschließt, der in Widerrist und Rükken übergeht. Etwa elf der achtzehn Brustwirbel mit ihren Rippenbögen bilden den eigentlichen Rücken. Dahinter liegen die Lenden, die kräftig und gut bemuskelt sein sollen. Daran schließt sich die Kruppe mit der Schweifrübe an. Von hinten betrachtet stehen die Hüftknochen zu beiden Seiten des Rückgrats, oberhalb der Flanken, hervor. Dies macht sie besonders verletzungsanfällig.

Unmittelbar unterhalb der Lenden befindet sich eine dreieckige Vertiefung, deren Zustand oft Auskunft über die Gesundheit des Pferdes gibt. Bei einem kranken Pferd kann sie eingezogen, eingefallen oder auch gebläht sein.

Zähne und Alter

Zur Altersbestimmung werden die sechs Schneidezähne herangezogen. Die Milchzangen brechen durch, wenn das Fohlen 10 Tage alt ist. Ihnen folgen innerhalb von 4–6 Wochen die Milchmittelzähne. Nach 6–9 Monaten brechen auch die Eckzähne durch, und das Milchzahngebiß ist komplett. Im Gegensatz zu den gelblichen bleibenden Zähnen ist

Der Trab (rosa) ist eine Gangart im Zweitakt, bei der jeweils die diagonalen Beinpaare abfußen, mit einem Schwebemoment dazwischen.

Der Schritt (gelb) ist die langsamste Gangart. Ein Fuß nach dem anderen fußt vom Boden ab, im gleichmäßigen Viertakt.

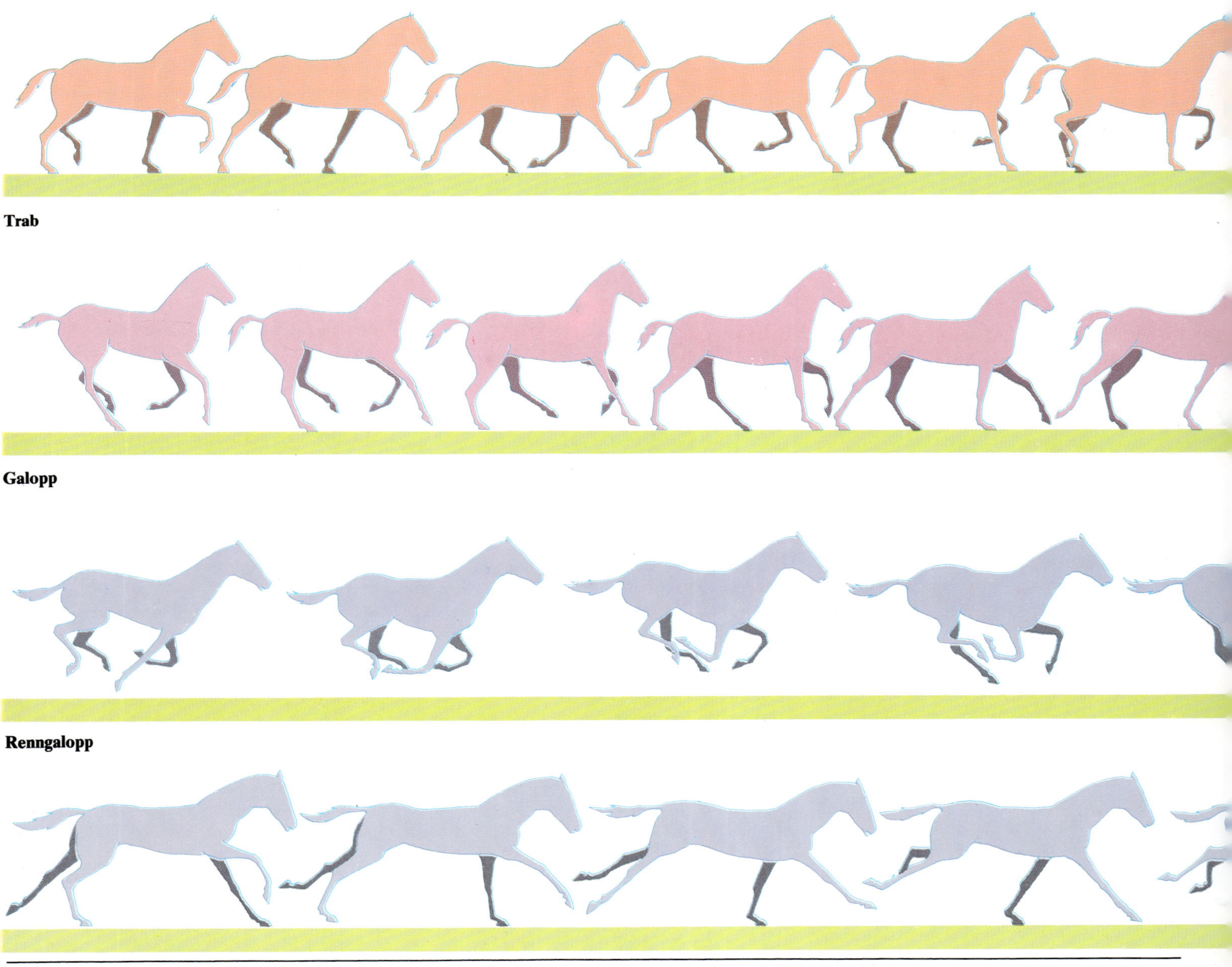

Schritt

Der Galopp (violett) ist ein Dreitakt. Das Pferd bewegt sich in langen, gleichmäßigen Sprüngen entweder im Rechts- oder im Linksgalopp. Im Rechtsgalopp ist die Fußfolge hinten links, linke Diagonale (hinten rechts/vorn links), vorn rechts gefolgt von einem Schwebemoment.

Der Renngalopp (blau) ist ein schneller Galopp bis hin zum Viertakt, die schnellste Gangart des Pferdes. Die Fußfolge im Rechtsgalopp ist hinten links, hinten rechts, vorn links und vorn rechts. Die Schwebephase ist viel länger als im normalen Galopp.

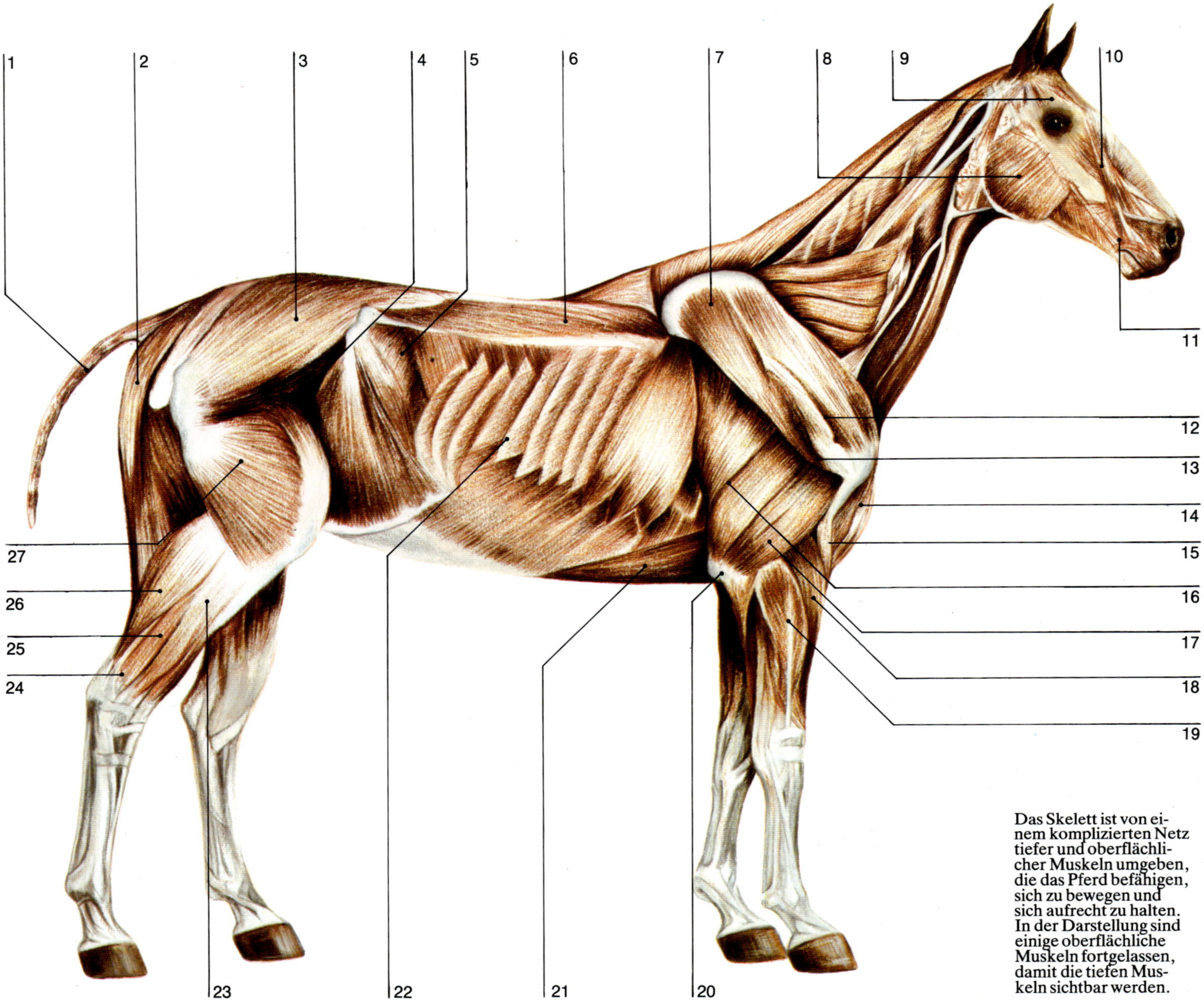

Das Skelett ist von einem komplizierten Netz tiefer und oberflächlicher Muskeln umgeben, die das Pferd befähigen, sich zu bewegen und sich aufrecht zu halten. In der Darstellung sind einige oberflächliche Muskeln fortgelassen, damit die tiefen Muskeln sichtbar werden.

Oben:
1 Schweifheber. 2 Kniegelenkbeuger/Hüftgelenkstrecker. 3 Mittlerer Kruppenmuskel: Rück- u. Auswärtsführen d. Gliedmaße.
4 Darmbeinmuskel: Anziehen d. Oberschenkels. 5 Rippenrückzieher. 6 Langer Rückenmuskel: Feststellen u. Stützen d. Wirbelsäule, Aufrichten d. Vorhand. 7 Obergrätenmuskel: Strecken d. Buggelenks. 8 Äußerer Kaumuskel: Anziehen d. Unterkiefers.
9 Augenlidheber.
10 Heber von Oberlippe u. Nüstern. 11 Mundringmuskel: Schließen d. Maulspalte. 12 Unterschulterblattmuskel: Drehen und Anziehen d. Vordergliedmaße.
13 Kleiner Rundmuskel: Schultergelenkbeuger. 14 Bizeps: Buggelenkstrecker/Ellbogengelenkbeuger. 15 Unterarmbeuger. 16 Ellbogengelenkstrecker.
17 Karpalgelenkstrecker. 18 Seitl. Zehenstrecker. 19 Gemeinsamer Zehenstrecker.
20 Ansatz d. Unterarmbeugers. 21 Tiefer Brustmuskel: Seitwärtsziehen d. Rumpfes.
22 Äußere Zwischenrippenmuskeln: Erweitern d. Brustkorbes. 23 Langer Zehenstrecker: Strecken v. Kniegelenk u. Zehe. 24 Tiefer Zehenbeuger. 25 Oberfl. Zehenbeuger. 26 Wadenmuskel: Sprunggelenkstrecker. 27 Äußerer Schenkelmuskel: Kniegelenkstrecker.

Für die Anforderungen, die der Mensch an das Pferd stellt, aber ist das System, das es zur Bewegung der Beine entwickelt hat, unglücklicherweise nicht ideal. Alle Muskeln zur Fortbewegung sind oben am Bein vereint, und die durch ihre Anspannung entstehende Kraft wird mit Hilfe der Sehnen an die entsprechenden Knochen oder Gelenke übertragen. Diese Übertragungslinien – die unter Spannung stehenden Sehnen – sind sehr verletzungsanfällig. Schon eine Sehnenzerrung verlangt Ruhigstellung. Bei Teilzerreißung ist Heilung zweifelhaft, bei Totalzerreißung ausgeschlossen.

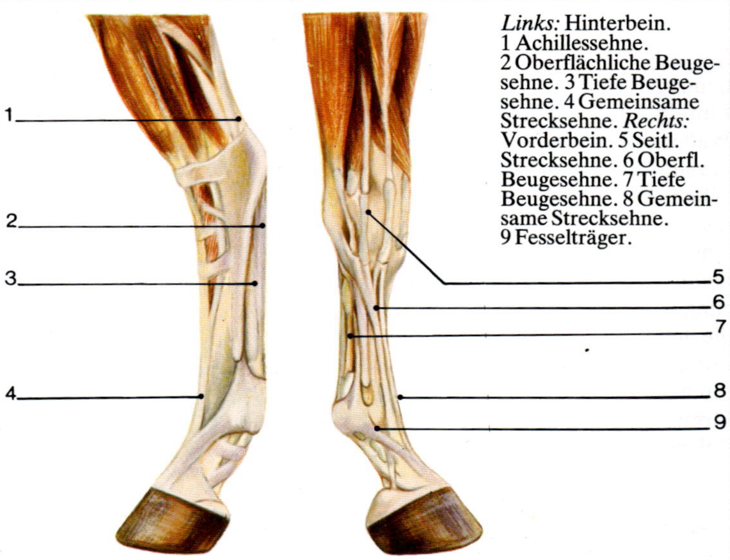

Links: Hinterbein. 1 Achillessehne. 2 Oberflächliche Beugesehne. 3 Tiefe Beugesehne. 4 Gemeinsame Strecksehne. *Rechts:* Vorderbein. 5 Seitl. Strecksehne. 6 Oberfl. Beugesehne. 7 Tiefe Beugesehne. 8 Gemeinsame Strecksehne. 9 Fesselträger.

Stute, linke Seite:
1 Aorta. 2 Linker Leberlappen. 3 Magen. 4 Milz. 5 Linke Niere. 6 Gebärmutter. 7 Speiseröhre. 8 Luftröhre. 9 Linker Vagus- (Lungen-Magen) Nerv. 10 Linke Herzkammer. 11 Linke obere Längslage d. Grimmdarms. 12 Dünndarm. 13 Linke untere Längslage d. Grimmdarms. 14 Äußerer Afterschließmuskel. 15 Scham. 16 Harnblase.

Hengst, rechte Seite:
2 Rechter Leberlappen. 10 Rechte Herzkammer. 16 Harnblase. 17 Mastdarm. 18 Zwölffingerdarm. 19 Rechte Niere. 20 Rechte Längsvene. 21 Rechter Hoden. 22 Penis. 23 Seitl. Blinddarmtänie. 24 Blinddarmkopf. 25 Rechte untere Längslage des Grimmdarms. 26 Hintere Hohlvene.

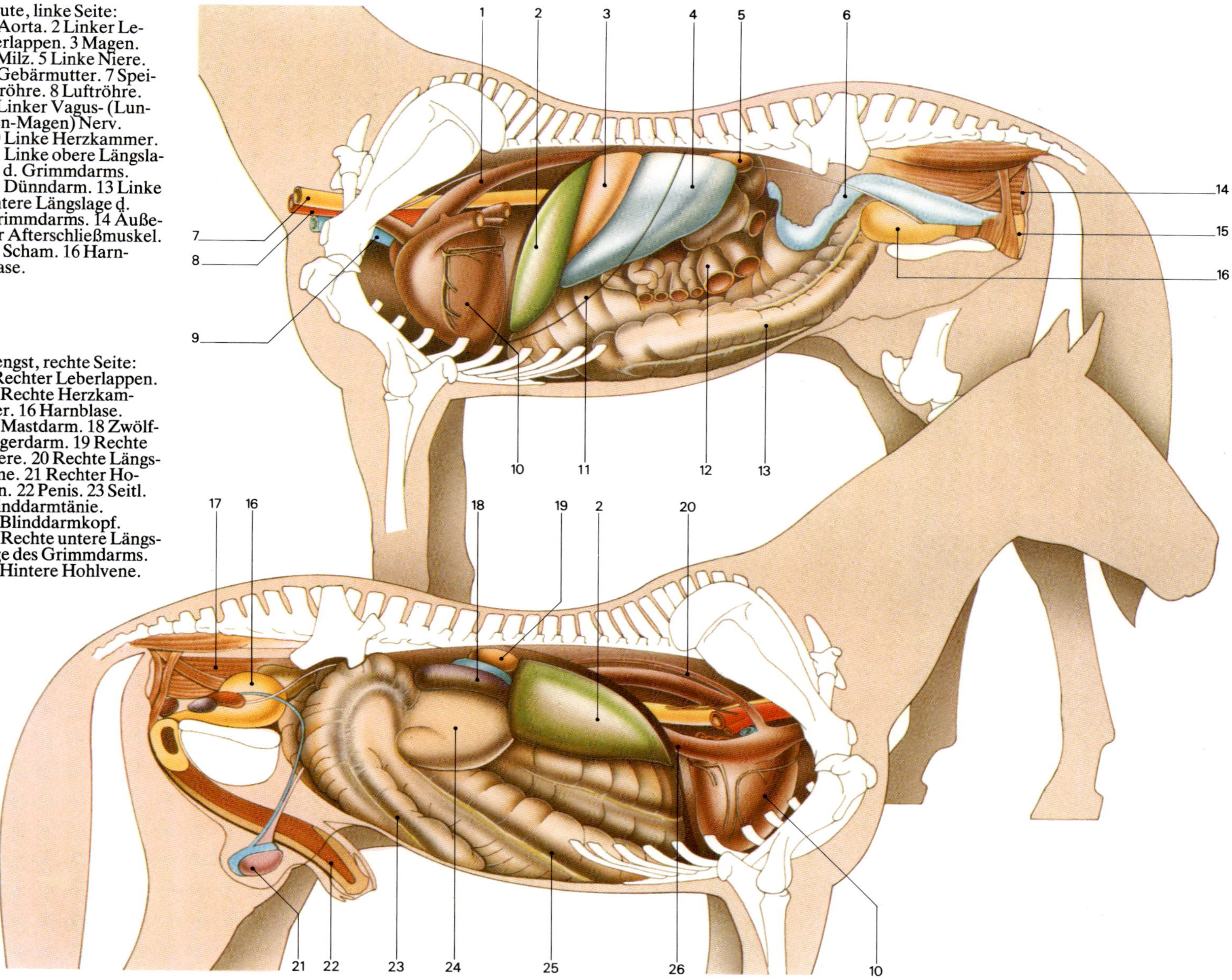

es reinweiß. Die Zähne verjüngen sich zur Wurzel zu.
Mit 3 Jahren werden die Zangen durch bleibende Zähne ersetzt. Mit 4 Jahren werden die Mittelzähne gewechselt; bei Hengsten und Wallachen bricht außerdem der Hakenzahn durch. Mit 5 Jahren werden die letzten Milchzähne, die Eckzähne, gewechselt. Die Schneidezähne haben in der Mitte der Kaufläche eine schwarzbraune Vertiefung – die Kunde – deren Größe und Form sich mit der Abnutzung verändern; mit etwa 15 Jahren ist auch die letzte Kundenspur verschwunden. Mit 6 Jahren sind die Eckzähne gerade, mit 7 Jahren hakenförmig. Mit 9 Jahren wird die strichförmige Kernspur und am Ansatz der oberen Eckzähne der «Einbiß», eine Längsrille, sichtbar. Mit 10 Jahren beginnt sich der Winkel der Zähne zueinander von stumpf zu spitz zu verändern, ein Prozeß, der seinen Höhepunkt im Alter zwischen 20 und 25 Jahren erreicht.
In dieser Zeit hat auch der «Einbiß» den unteren Zahnrand erreicht und beginnt nun mit gleicher Geschwindigkeit von oben her zu verschwinden. Die Kernspur, mit etwa 13 Jahren deutlich sichtbar, ist jetzt schmal und tief. All diese Faktoren und Formveränderungen, wie sie die Abbildungen Seite 60/61 zeigen, ermöglichen eine recht genaue Altersbestimmung. Nach dem achten Lebensjahr, wenn das Pferd «volljährig» ist, sind ganz genaue Angaben jedoch nicht mehr möglich.

Farben und Abzeichen

Die Abzeichen am Pferdekopf werden wie folgt benannt: Stern (weißer Fleck auf der Stirn), schmale Blesse oder Strichblesse (weiße Linie auf dem Nasenrücken), breite Blesse (weißer Streifen), Laterne (breiter weißer Streifen über Nasenrücken und Maul) und Schnippe (weißer Fleck zwischen den Nüstern) – dies alles je nach Größe und Form differenziert benannt. Weiße Abzeichen an den Beinen reichen von «weiße Krone» bis zum «hochweißen Fuß».
Nach den verschiedenen Fellfarben unterscheidet man Rappen, Dunkelbraune, Braune (hell- oder dunkelbraunes Fell mit schwarzem Langhaar und meist schwarzen Beinen), Füchse (verschiedene Rottöne, vom Hellfuchs bis zum Dunkelfuchs), Falben (cremefarben mit schwarzem Langhaar, schwarzen Beinen und Aalstrich), Isabellen (rötlich oder gelblich, mit hellem Langhaar und hellen Beinen), Palominos (verschiedene Goldtöne mit fast weißem Langhaar), Schimmel (je nach Tönung Fuchs-, Braun-, Grau- oder Rappschimmel) und Schecken (schwarz-weiß oder braun-weiß gefleckt).

Die Gangarten

Die drei Grundgangarten des Pferdes sind Schritt, Trab und Galopp. Hinzu kommt bei

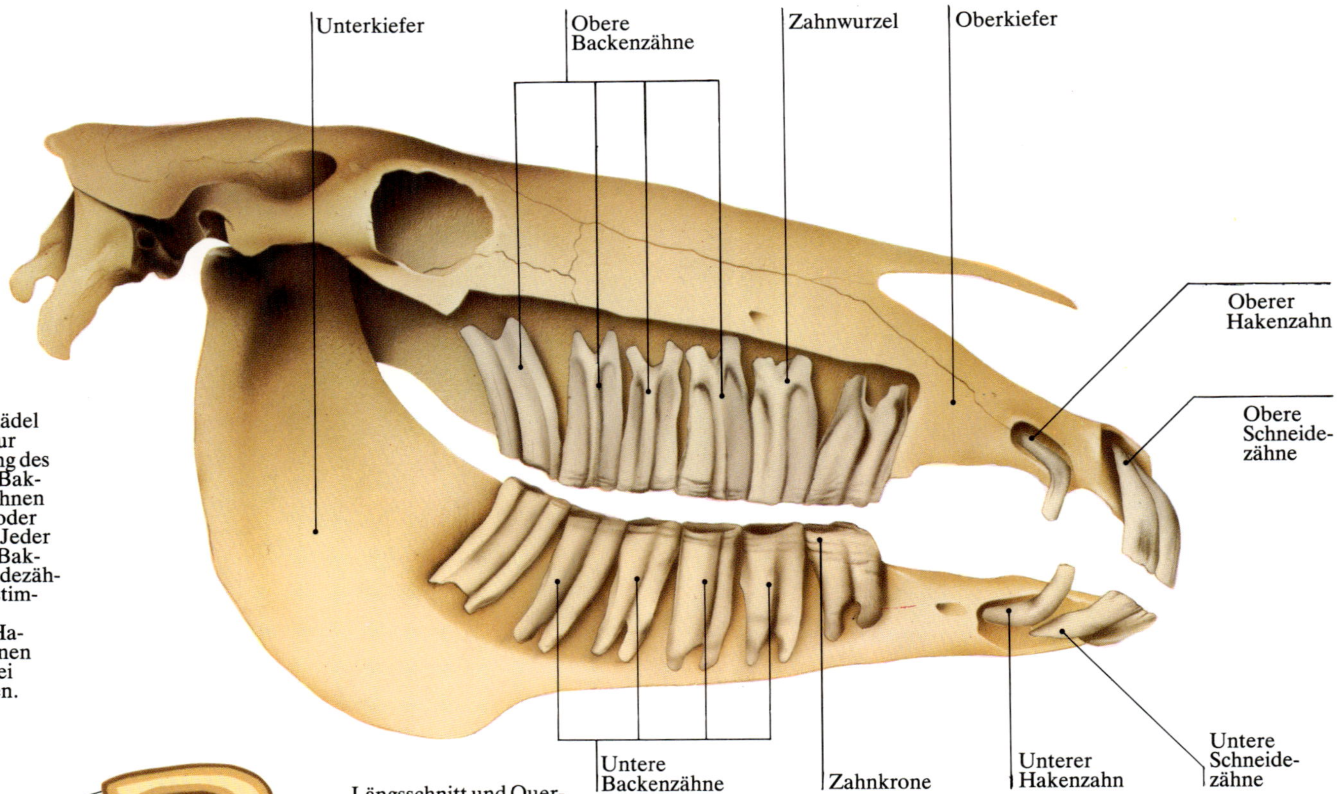

Rechts: Pferdeschädel im Längsschnitt zur Veranschaulichung des Gebisses mit den Backen- oder Mahlzähnen und den Vorder- oder Schneidezähnen. Jeder Kiefer enthält 12 Backen- und 6 Schneidezähne. Zur Altersbestimmung dienen die Schneidezähne. Hakenzähne erscheinen gewöhnlich nur bei männlichen Tieren.

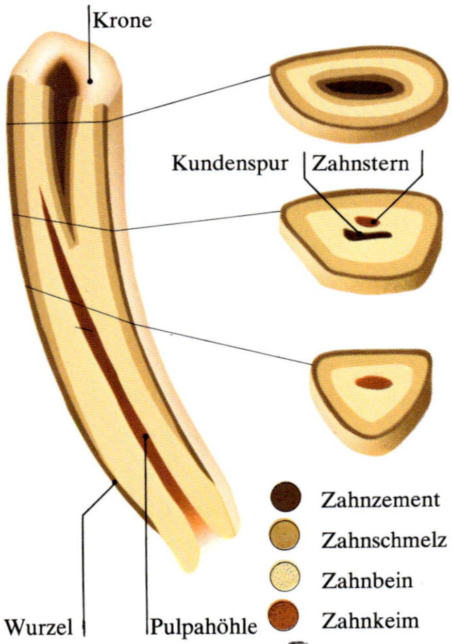

Längsschnitt und Querschnitt eines Zahnes zur Verdeutlichung der Struktur und des Abnützungseffekts in den verschiedenen Altersstufen.

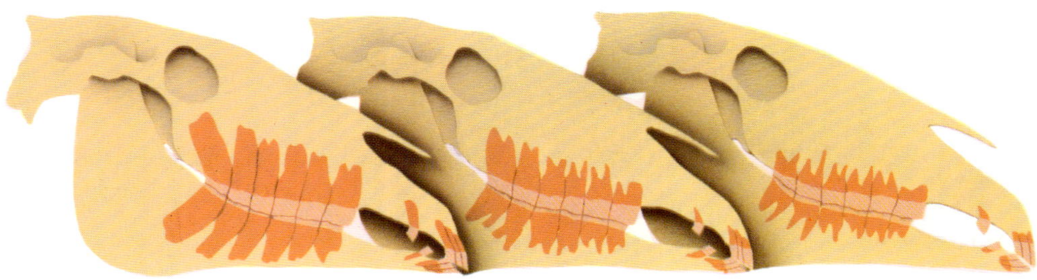

Das Pferd besitzt hochkronige Zähne; die Schneidezähne wachsen entsprechend der Abnutzung ständig nach. Die Abbildung zeigt, wie mit wachsendem Alter sich Kronen und Wurzeln verändern.

manchen Rassen (American Saddle Horse, Isländer) der Paß, der den Trab ergänzt oder an dessen Stelle tritt, mit verschiedenen Varianten (Rack, Tölt etc.).

Der Schritt ist eine schreitende Gangart im Viertakt. Fußfolge: hinten links, vorn links, hinten rechts, vorn rechts, vorn links, hinten rechts, vorn rechts und hinten links, wobei die Hinterbeine über die Spur der Vorderbeine hinaustreten sollen. Man unterscheidet Mittelschritt, versammelten Schritt und starken Schritt.

Der Trab ist eine Zweitakt-Fußfolge, das heißt es fußen jedesmal zwei Hufe fast zugleich auf, und zwar: hinten links/vorn rechts, hinten rechts/vorn links, also immer die diagonalen Beinpaare. Nach dem raumgreifenden Maß unterscheidet man: Arbeits-, versammelten, Mittel- und starken Trab.

Die Fußfolge im Galopp ist ein Dreitakt. Sie lautet im Rechtsgalopp: hinten links, diagonales Beinpaar hinten rechts/vorn links, vorn rechts, danach ein Schwebemoment, bei dem sich alle vier Beine in der Luft befinden, bevor der nächste Galoppsprung beginnt.

Im Renngalopp, der schnellsten Fortbewegungsart des Pferdes, sind nie mehr als zwei Beine gleichzeitig am Boden, sehr oft sogar nur ein Bein. Das Pferd stößt sich zum Vorwärtssprung ab und fliegt buchstäblich durch die Luft, wobei die Fußfolge entweder lautet: vorn links, vorn rechts, hinten links und hinten rechts oder vorn rechts, vorn links, hinten rechts und hinten links.

Der Paß ist ein Zweitakt. Die Beine der gleichen Seite greifen jeweils vor: hinten links/vorn links, hinten rechts/vorn rechts, woraus sich ein leicht schaukelnder Gang ergibt.

Verbreitete Fehler

Offensichtliche Gebäudemängel sieht der Kenner auf den ersten Blick. Charakterliche Mängel sind selten angeboren, sondern meist auf falsche Behandlung und Ausbildung zurückzuführen. Man darf nie vergessen, daß

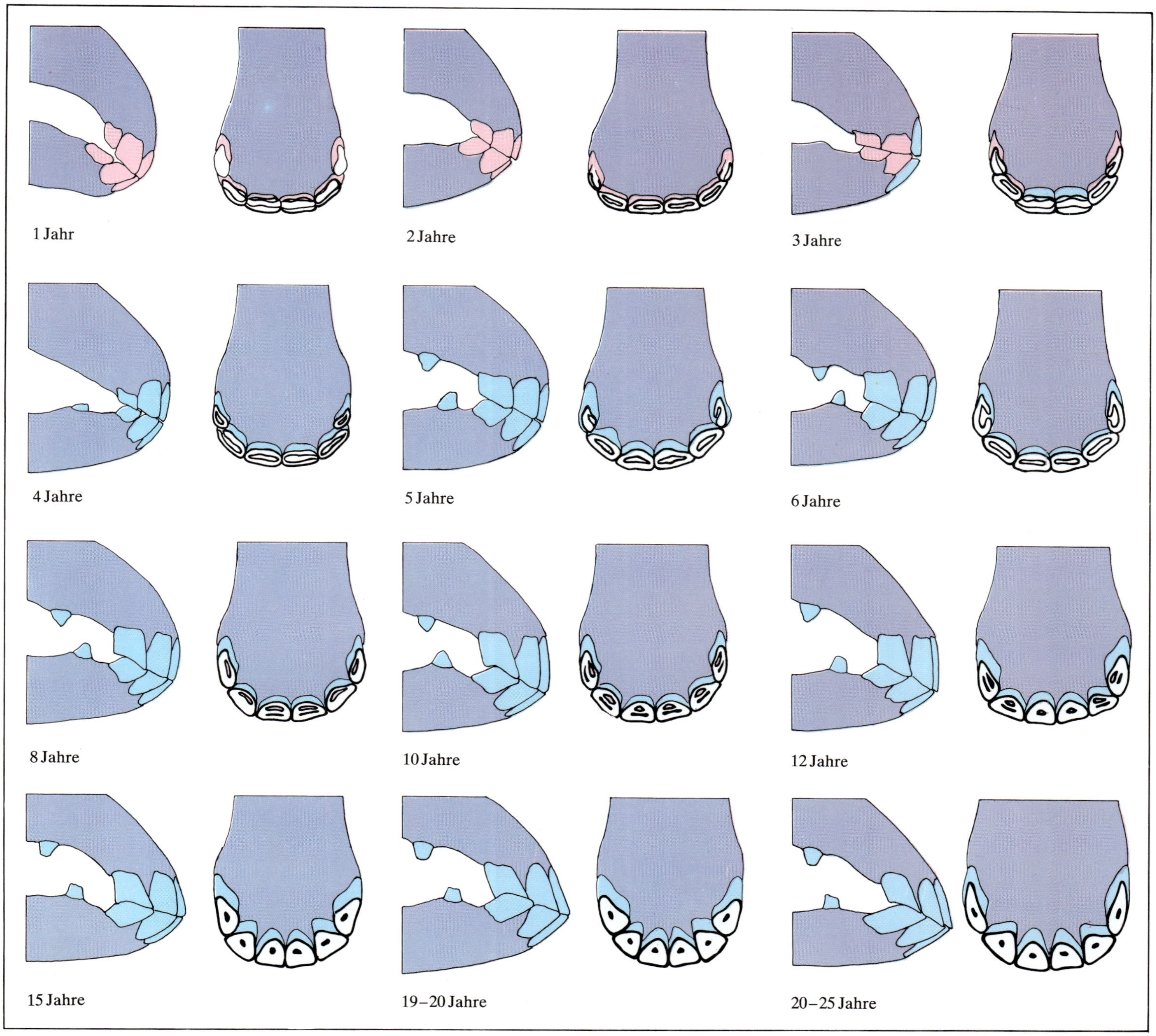

das Gehirn des Pferdes im Vergleich zu seiner Körpergröße klein ist, daß das Pferd nicht logisch denken kann und man von ihm keine Intelligenz nach menschlichem Maßstab erwarten darf. Mängel wie Streichen (seitliches Anschlagen des vorschwingenden Hufes an ein stützendes Bein) oder Greifen (mit dem Hinterhuf in den Vorderhuf treten) sind gewöhnlich durch nicht korrekten Gang (Gliedmaßenstellung, mangelhafter Beschlag) oder schlechte körperliche Verfassung verursacht. Ein gut trainiertes, gut gefüttertes, gesundes Pferd hat kaum mit solchen Problemen zu kämpfen.

Die Größe wird am unbeschlagenen Pferd vom höchsten Punkt des Widerrists gemessen, mehrheitlich in Stockmaß (Meßstock mit höhenverstellbarem Querstab gibt die lotrechte Höhe genau an); Bandmaß (kaum noch gebräuchlich) mißt entlang der Körperwölbung, gibt also ca. 8–12 cm mehr an.

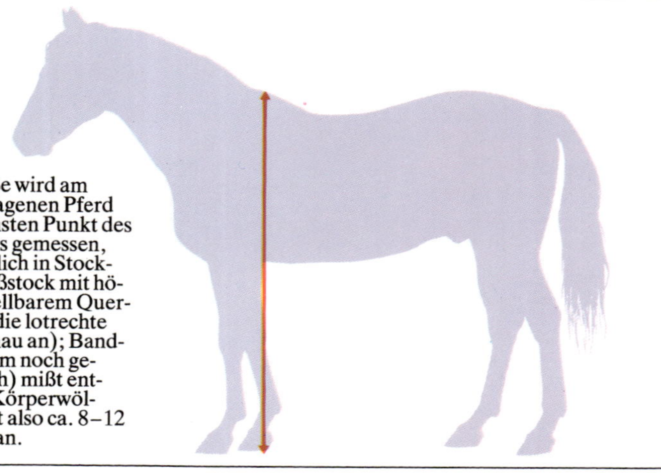

Oben: Veränderungen im Gebiß werden zur Altersbestimmung herangezogen. Der Wechsel der Milchzähne gegen bleibende Zähne erlaubt eine genaue Altersbestimmung bis 5 Jahre. Bis zum 8. Lebensjahr ist die Abnutzung der Kunden und der Eckzähne ein nützliches Anzeichen. Danach sind das Erscheinen des Einbisses am oberen Eckzahn, das Auftreten der Kernspuren, die Abnutzung der Kundenspuren und die wachsende Schrägstellung der Vorderzähne gute Anhaltspunkte.

Kapitel 4

Pferderassen und -typen

In den Rassebeschreibungen bedeuten: E = Eigenschaften; F = Farbe; G = Gebäude; U = Ursprung; V = Verwendung.

Von einer Pferderasse ist in diesem Kapitel die Rede, wenn die Rasse ein Stutbuch besitzt. Davon gibt es zwei Hauptarten. Viele Stutbücher sind offen, das heißt die Eintragung erfolgt unter der Bedingung, daß beide Elternteile selbst eingetragen und von dem jeweiligen Zuchtverband anerkannt sind. Sie müssen nicht unbedingt der gleichen Rasse angehören. In der Abstammung des Hannoveraners etwa tauchen oft Araber, Vollblüter oder Trakehner als Vorfahren auf. Bei den meisten älteren Rassen – wie den Arabern und Vollblütern – sind die Stutbücher jedoch geschlossen, es werden also nur Nachkommen von Eltern eingetragen, die beide dieser Rasse angehören.
Außerdem gibt es noch Pferde ohne schriftlichen Abstammungsnachweis, die man nach ihrem Typ definiert. Zu dieser Kategorie gehören der Hunter, der Hack und der Cob, obwohl es durchaus auch eingetragene Vollblut-Hunter oder -Hacks gibt.
Manche Pferde sind überhaupt schwierig einzuordnen, wie etwa der australische Brumby. Er ist der verwilderte Nachkomme von Pferden, die von europäischen Siedlern Ende des 18. Jahrhunderts ins Land gebracht wurden. Er ist also weder eine echte Rasse noch ein Typ. Kreuzungen mit domestizierten Pferden ergeben jedoch sehr harte, brauchbare Pferde.
Im folgenden ist jede Rasse nach ihrem Ursprungsland aufgeführt.

Nordamerika
Amerika ist nach heutiger Lehrmeinung das Land, in dem das moderne Pferd entstand. Bevor die Landbrücke zwischen Nordamerika und Asien unterging, wanderten die Pferde wahrscheinlich darüber nach Asien und verbreiteten sich allmählich bis nach Europa. In Amerika selbst starb – wie in Kapitel 1 näher berichtet – das Pferd aus. Es betrat amerikanischen Boden erst wieder 1511 mit den spanischen Eroberern Mexikos.
Die nordamerikanischen Indianer waren schlechte Pferdezüchter. Die einzige Ausnahme bildete der Stamm der Nez Percé. Ende des 18. Jahrhunderts hatten sie eine Rasse erstklassiger, gefleckter Pferde entwickelt, die sie Appaloosas nannten. Ansonsten ritten die Indianer Mustangs, verwilderte Nachkommen der den frühen Siedlern entlaufenen Pferde.
Auch die Siedler an der Atlantikküste brachten Pferde mit. Die erste wirklich einheimische Pferderasse, die sich aus diesen Importen entwickelte, war der Narranganset Pacer. Er wurde auf Rhode Island hauptsächlich auf der Grundlage von Norfolk Trotter-Blut gezüchtet. Durch Export und Kreuzung starb der reinrassige Narranganset jedoch schließlich wieder aus.
Mitte des 19. Jahrhunderts entstand aus Kreuzungen eine der berühmtesten amerikanischen Rassen, der Standardbred, ein Renntraber. Seinen Namen verdankt er den Standards, den Rennzeiten, die jedes Pferd erreichen mußte, das in die Zucht aufgenommen werden wollte. Heute sind die meisten amerikanischen Traber Standardbreds, und außerdem sind viele ausländische Traberrassen mit Standardbreds veredelt worden.
Die älteste noch existierende amerikanische Rasse ist das Quarter Horse. Sie ist auch zahlenmäßig die größte: 800 000 Quarter Horses sind in der ganzen Welt registriert. Das Pferd wurde im 17. Jahrhundert von Siedlern in Virginia und Carolina zur vielseitigen Verwendung entwickelt. Geprüft wurde es bei Rennen über eine Viertelmeile (quarter of a mile), die ihm schließlich den Namen gaben.
Als die Siedler westwärts wanderten, stellte sich heraus, daß sich das Quarter Horse hervorragend für die Arbeit mit Rindern eignete.
Eine weitere alte amerikanische Rasse ist der Morgan. Er ist das Produkt eines einzigen Stammvaters, der 1793 geboren wurde und entweder ein Welsh Cob oder ein Vollblüter war. Er gehörte einem Wirt namens Justin Morgan, daher der Name.
Zusammen mit Vollblut und Narranganset Pacer bildete er auch den Grundstock zur Zucht des American Saddle Horse, einer Rasse, die im 19. Jahrhundert von den großen Plantagenbesitzern im Süden entwickelt wurde, die Pferde von auffallendem Äußeren, aber bequem zu reiten wünschten. Saddle Horses gibt es mit drei, aber auch mit fünf Gängen. Sie sind sehr spektakulär und deshalb im Showring sehr beliebt. Dann wurde in Tennessee ein Pferd gezüchtet, das noch bequemere Gänge hatte als das Saddle Horse –

Galiceno

Pony
Stockmaß: 1,25 m
F: Braune/Rappen/Falben
G: Kurzer Rücken, schmale Brust
E: Vielseitig, angeborener Rennschritt
V: Ranch-Arbeit und Transport

Standardbred

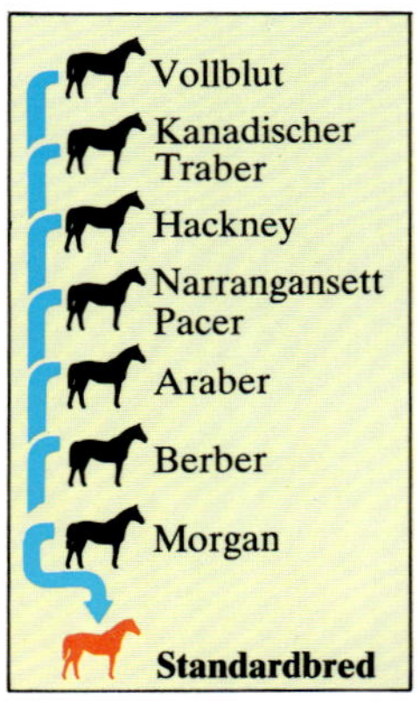

Warmblut
Stockmaß: 1,55 m
F: Grundfarben
G: Verschieden, da auf Schnelligkeit gezüchtet; gewöhnlich im muskulösen Vollbluttyp mit längerem Rücken, kurzen Beinen und kraftvoller Schulter
E: Ausdauernd, schnell
V: Fahr-/Trabrennsport

Pinto
Warmblut
Stockmaß: Verschieden
F: Schwarz mit Weiß oder Weiß mit beliebiger Farbe (außer Schwarz)
G: Verschieden
V: Ranch-Arbeit, Reit- oder Showpferd

Quarter Horse

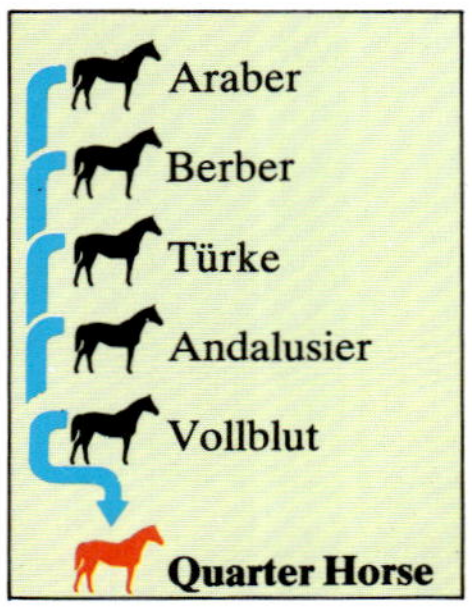

Warmblut
Stockmaß: 1,55 m
F: Grundfarben, meist Füchse
G: Kurzer Kopf, kurzer, kräftiger Rumpf, ausgeprägte, runde Hinterhand, trockene Beine
E: Schnell, vielseitig
V: Reit- u. Rennpferd, Ranch-Arbeit, Rodeos

Appaloosa

Warmblut
U: Westliche USA
Stockmaß: 1,52 m
F: Sechs Grundmuster, Flecken auf gewöhnlich rötlich-weißer oder weißer Grundfarbe, weiße Augenumrandung
G: Kurzer Rücken, dünnes Mähnen- und Schweifhaar, harte, oft gestreifte Hufe
V: Cowboy-, Freizeit-, Parade-, Zirkuspferd

Mustang

Warmblut
U: Westliche USA und Mexiko
Stockmaß: 1,45 m
F: Fast alle Farben
G: Stämmig, kleiner, aber kräftiger Rahmen, gute Knochen und harte Hufe
E: Hart, anspruchslos
V: Reit-, Turnier-, Showpferd, Trail-/Distanzritte, Ranch-Arbeit

Quarter Horse

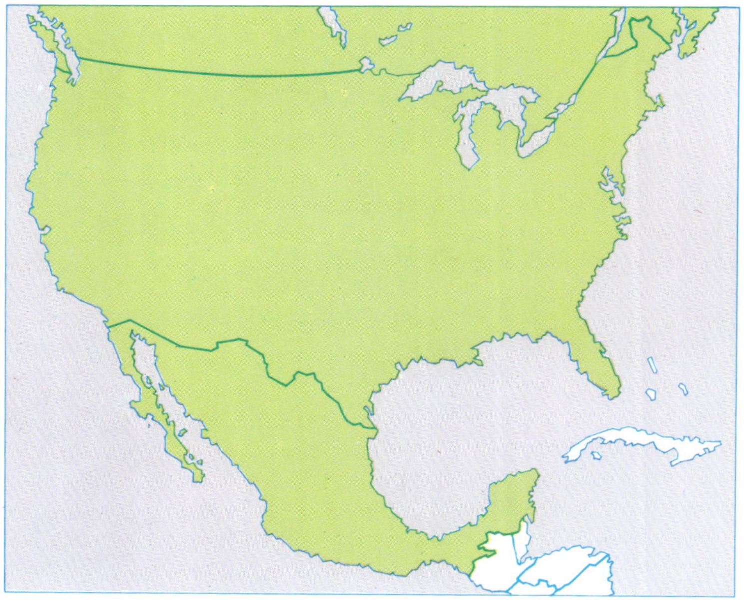

Appaloosa

Canadian Cutting Horse

Galiceno

Pinto

Standardbred,
Amerikanischer
Traber

das Tennessee Walking Horse. Offiziell als Rasse anerkannt wurde es 1935.
In den USA gibt es auch Register für Pferde mit bestimmten Fellfarben, deren Zucht aber noch nicht konsolidiert ist. Auffallendster Vertreter dieser Art ist der Palomino, der Hollywood-Star unter den Cow-Ponys. Der Albino ist dagegen eine neuere Züchtung. Ob es sich um eine echte Rasse mit konstanter Vererbung der Hauptmerkmale handelt, ist umstritten. Von den nicht einheimischen Rassen sind die Vollblüter am zahlreichsten vertreten, was auf die Beliebtheit des Rennsports in den USA zurückzuführen ist. An zweiter Stelle liegt das Shetland-Pony, das in Material- und Wagenpferdprüfungen vorgestellt wird, aber auch Trabrennen bestreitet. Weitere importierte Rassen mit eigenem Register sind Welsh, Hackney, Cleveland Bay, Percheron, Belgier, Trakehner, Clydesdale und Araber.
Die einzige einheimische amerikanische Ponyrasse ist neueren Ursprungs. Sie heißt «Pony of the Americas» und wurde um 1960 von einem Appaloosa-Hengst (mit Araber- und Quarter Horse-Blut) mit Shetland-Stuten begründet.
Kanada besitzt keine eigene Pferderasse. Das «Canadian Cutting Horse» wird als Typ, nicht als Rasse eingestuft. Trotzdem wurde und wird mit viel Erfolg gezüchtet, seit französische Siedler 1665 die ersten Pferde über den Atlantik brachten.

Palomino

American Saddle Horse

Tennessee Walking Horse

Morgan

Tennessee Walking Horse

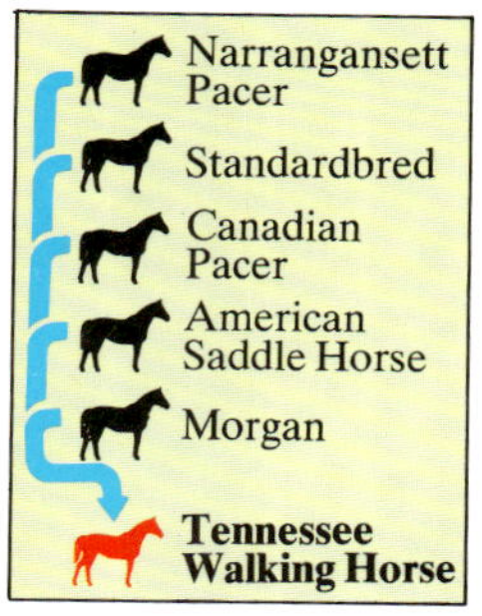

Warmblut
U: Tennessee
Stockmaß: 1,55 m
F: Grundfarben
G: Viel Hals, schräge, kräftige Schulter, kräftige Lenden und Hinterhand, trockene Beine, volles Mähnen- und Schweifhaar, Schweif künstlich hoch getragen
E: Gutmütig, geht im Running Walk mit hoher Aktion der Vorderbeine und lang ausgreifenden Hinterbeinen
V: Reit- und Showpferd

Canadian Cutting Horse

Warmblut
Stockmaß: 1,55–1,65 m
F: Fast alle Farben
G: Wie beim Quarter-Horse. Langer Körper, kurze Beine, kräftige Hinterhand
E: Intelligent, schnell und wendig
V: Turniere und Ranch-Arbeit

Albino

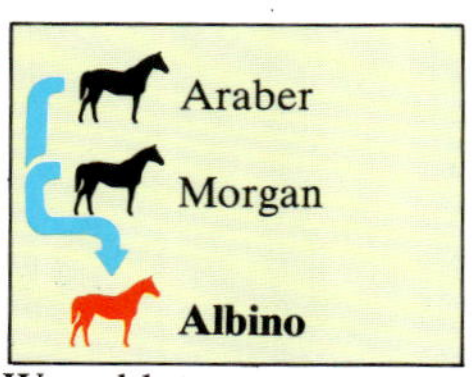

Warmblut
Stockmaß: kaum größer als 1,55 m
F: Weiß, fahlblaue oder fahlbraune Augen
G: Leicht im Rahmen, sonst verschieden
V: Reitpferd

Palomino

Warmblut
U: Kalifornien
Stockmaß: 1,42–1,65 m
F: Gold, Abzeichen nur im Gesicht oder bis zur Vorderfußwurzel. Langhaar weiß, silber oder elfenbein; dunkle Augen
G: Verschieden; eingetragen nach Farbe, keine typechte Vererbung
V: Reit- und Fahrpferd, Ranch-Arbeit

Pony of the Americas

Pony
Stockmaß: 1,23 m
F: Appaloosa-Fellmuster
G: Araberkopf, kurzer Rücken, runder Körper
V: Wanderritt, Turniere, Kinderpony

Missouri Foxtrotting Horse

Warmblut
U: Tennessee
Stockmaß: 1,55 m
F: Füchse
G: Kompakter, starker Körper, langer Hals, intelligenter, zum Maul sich verjüngender Kopf
E: Gebrochener Trab = «Foxtrott»-Gangart, erreichte Geschwindigkeit: 15–20 km/h
V: Reitpferd, Ranch-Arbeit

Morgan

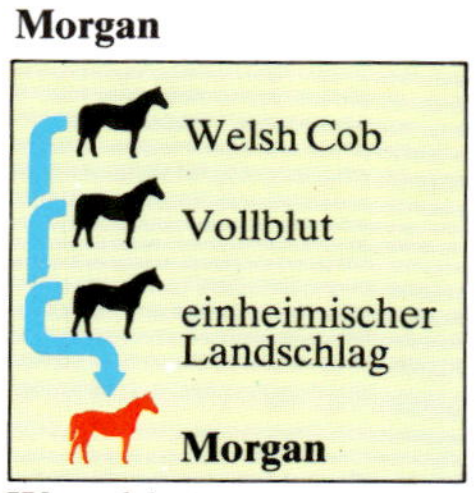

Warmblut
U: Massachusetts
Stockmaß: 1,52 m
F: Braune, Dunkelbraune, Rappen, Füchse
G: Kurzer, breiter Kopf, massiger Hals, Schulter, Rücken und Hinterhand stark, gute Knochen, volles Langhaar
E: vielseitig, hart, gutmütig, viel Knieaktion

American Saddle Horse

Warmblut
Stockmaß: 1,60 m
F: Rappen, Braune, Dunkelbraune, Schimmel, Füchse
G: kleiner Kopf mit geradem Profil
E: Zum Teil fünf Gangarten
V: Reit- und Showpferd

Skandinavien

Mittelpunkt der hippologischen Geschichte Dänemarks ist der Frederiksborger. Im 16. und 17. Jahrhundert galt er als *das* Pferd der Hohen Schule und als Veredler für andere Rassen. Heute gibt es nur noch ganz wenige Vertreter dieser Rasse. Ihren Namen verdankt sie Frederik II., der die Zucht im 1562 erbauten königlichen Gestüt Frederiksborg begründete.

Das bekannteste Pferd dänischer Zucht ist heute das Fjordpferd, gefolgt vom Jütländer. Seit den 60er Jahren gibt es in Dänemark ein Stutbuch für das dänische Sportpferd, das auf importierte Rassehengste aus Deutschland, Schweden, Frankreich und England und einheimische Stuten zurückgeht. Schon 1874 wurde das Stutbuch für das Schwedische Warmblut eröffnet. Es eignet sich besonders für Dressur und Vielseitigkeitssport und besitzt Blutanteile von Hannoveranern, Trakehnern, Arabern, französischen und englischen Pferden, die ihrerseits alle rein gezogen sein mußten. Hengste müssen überdies eine Leistungsprüfung ablegen, bevor sie zur Zucht zugelassen werden.

Für die Land- und Forstwirtschaft gibt es den schwedischen Ardenner, eine Rasse, die vor einem Jahrhundert aus der Kreuzung von belgischen Ardennern und Nordschweden entstand.

Auf Gotland ist das Gotland-Pony zu Hause, die einzige schwedische Ponyrasse. Es soll direkt vom Tarpan abstammen und lebt seit der Steinzeit wild auf dieser Insel.

Auch Norwegen besitzt einen Urtyp des Ponys, das norwegische Fjordpferd, das seit Jahrhunderten gezüchtet wird. Es diente schon den Wikingern und ist heute auf der ganzen Welt beliebt. Aufgrund seiner Kraft, Zähigkeit und Gutmütigkeit ist es für jede Art von Arbeit geeignet, zusätzlich zu Reiten und Fahren. Die zweite norwegische Rasse – das Døle-Pferd – ist international weniger bekannt, in Norwegen aber zahlreicher vertreten als das Fjordpferd. Im 19. Jahrhundert entwickelte sich aus einem Seitenzweig der Døle-Traber als schnelles Wagenpferd. Er bestreitet noch heute Trabrennen.

Das Finnische Kaltblut (entstanden aus einem Warm- und einem Kaltbluttyp) geht zahlenmäßig zurück, hauptsächlich aufgrund der Mechanisierung der Land- und Forstwirtschaft und des Transportwesens. Dafür steigt der Import an Warmblütern, als Reit- und Sportpferde sowie für Trabrennen.

Nach Island kamen die ersten Pferde vor über tausend Jahren, und das Island-Pony lebt dort heute noch wild. Für die isländische Wirtschaft besitzt es noch immer große Bedeutung.

Schweden

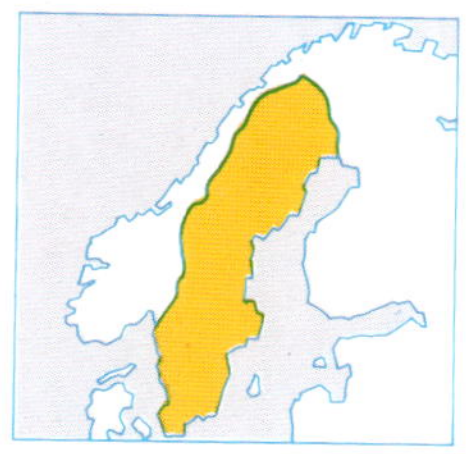

Schwed. Warmblut

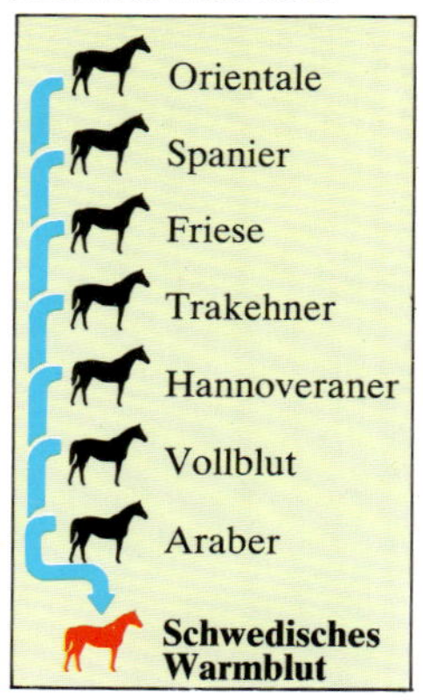

Warmblut
Stockmaß: 1,64 m
F: Alle Grundfarben
G: Eher kleiner, intelligenter Kopf, großes, ruhiges Auge, langer Hals, viel Gurtentiefe, gerader Rücken
E: Intelligent, weiträumiger Gang mit gestrecktem Vorderbein
V: Für alle Reit- und Turnierzwecke

Gotland-Pony

Pony
U: Insel Gotland
Stockmaß: 1,25 m
F: Falben, Rappen, Dunkelbraune, Füchse
G: Kleiner, gerader Kopf, langer Rücken, tiefangesetzter Schweif
E: Zäh, aktiv, manchmal widersetzlich
V: Leichte landwirtschaftliche Arbeit, Trabrennen, Kinderpferd

Schwed. Ardenner

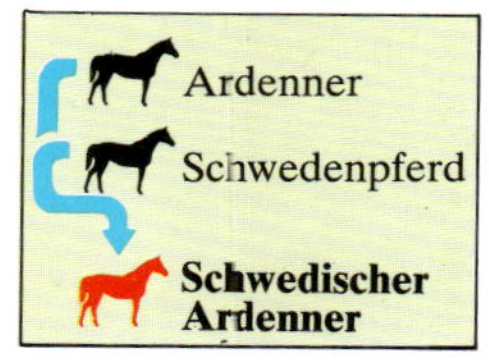

Kaltblut
Stockmaß: 1,60 m
F: Rappen, Braune, Dunkelbraune, Füchse
G: Ähnlich wie der Belgische Ardenner, aber kleiner
E: Aktiv, gutmütig
V: Land-/Forstwirtschaft

Dänemark

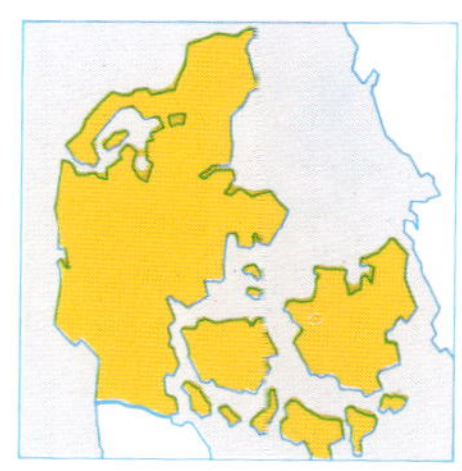

Frederiksborger

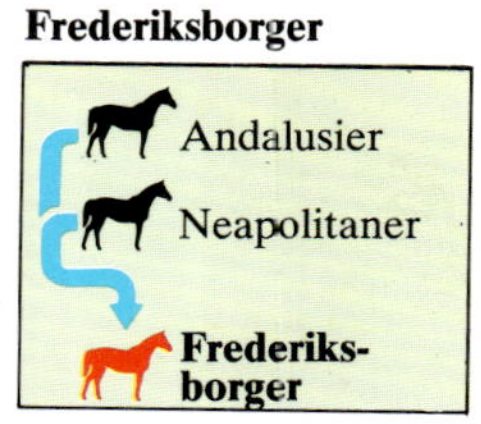

Warmblut
Stockmaß: 1,60 m
F: Füchse
G: Kräftiges, einfaches Wagenpferd, breite Brust, starker Rücken

E: Gutmütig, aktiv
V: Leichter Zug, Reiten

Jütländer

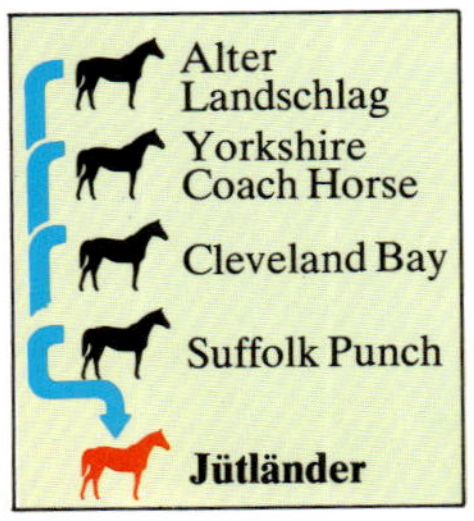

Kaltblut
U: Insel Jütland
Stockmaß: 1,60 m
F: Füchse, Fuchsschimmel
G: Massiges, kompaktes Pferd, grober Kopf, kurze Beine mit Behang
E: Gutmütig
V: Zugpferd

Dänisches Sportpferd

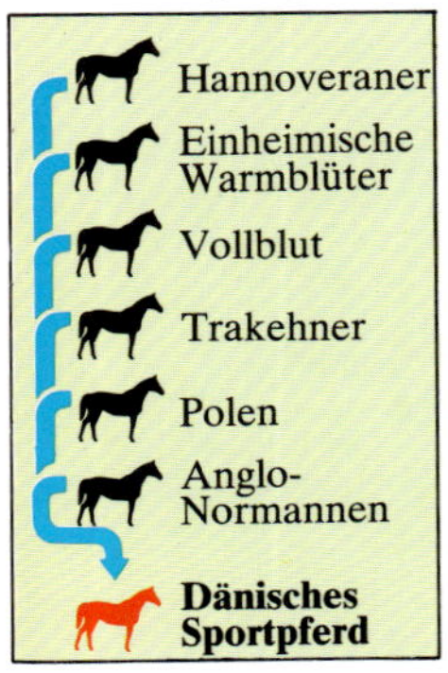

Warmblut
U: Dänemark, entstanden aus der Kreuzung verschiedener nordeuropäischer Rassen mit einheimischen Stuten
Stockmaß: 1,65 m
F: Alle Farben
G: Verschieden, mittlerer Rahmen
V: Alle Reitzwecke

Knabstruper

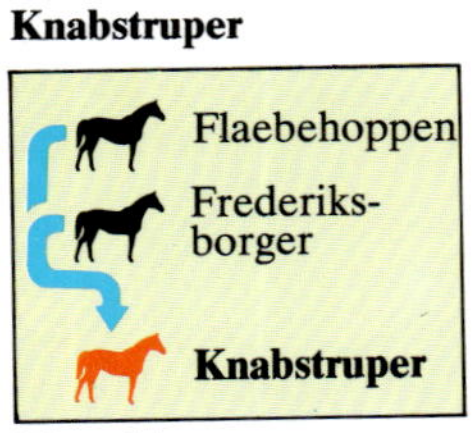

Warmblut
Stockmaß: 1,60 m
F: Gefleckt, Appaloosa-Muster auf Fuchsschimmelfell
G: Ähnlich wie der Frederiksborger, aber leichter
V: Zirkus

Norwegen

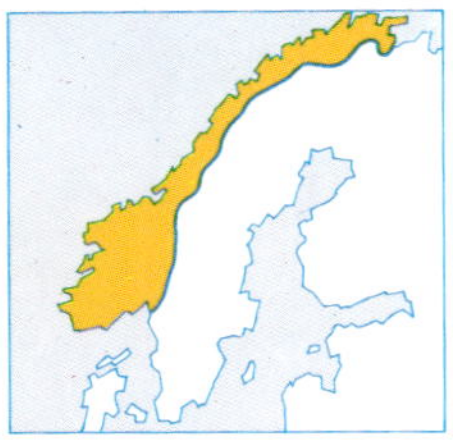

Fjordpferd

Pony
Stockmaß: 1,42 m
F: Falben, gelblich, oder cremefarben, aufrechte schwarz-weiße Mähne, Aalstrich
G: Kleiner Kopf, kurzer, dicker Hals, kräftiger, gedrungener Körper
V: Berg- und Landwirtschaft, Transport, Reiten und Fahren

Døle-Pferd

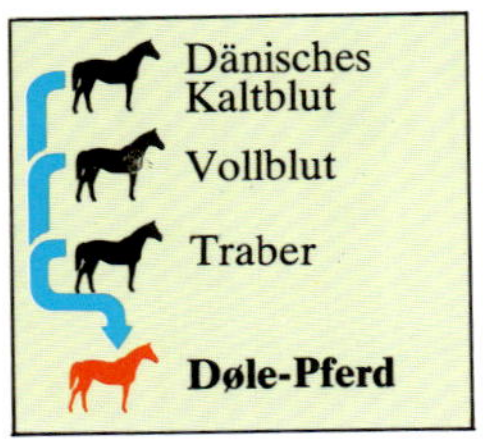

Warmblut
Stockmaß: 1,52 m
F: Rappen, Braune oder Dunkelbraune
G: Zwei Typen; schweres Zugpferd ähnlich Dales
oder Ponytyp: steile Schulter, viel Gurtentiefe, kurze Beine mit etwas Behang
E: Hart, vielseitig
V: Landwirtschaft, Reiten, Fahren

Døle-Traber

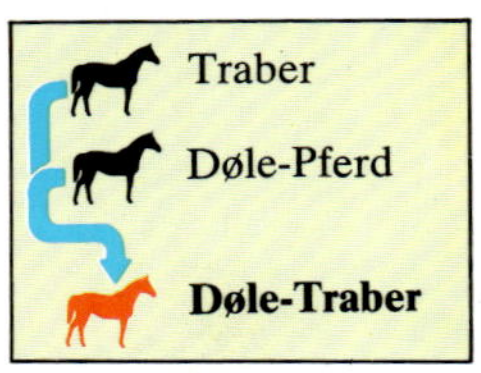

Warmblut
Stockmaß: 1,52 m
F: Rappen, Braune, Dunkelbraune
G: Leichtere Ausgabe des Døle-Pferdes ohne Behang
V: Trabrennen

Finnland

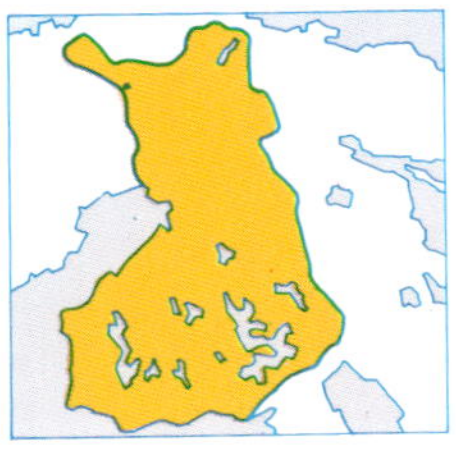

Finnisches Kaltblut

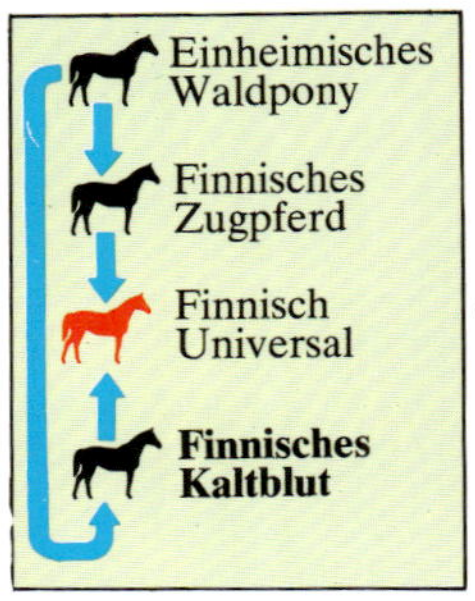

Kaltblut
Stockmaß: 1,57 m
F: Füchse, Braune und Dunkelbraune
G: Kurzer Hals, steile Schulter, kräftige, lange Beine, leichter Behang
E: Zäh, langlebig, ausgeglichen, schnell
V: Forst- u. Landwirtschaft, Trabrennen

Island

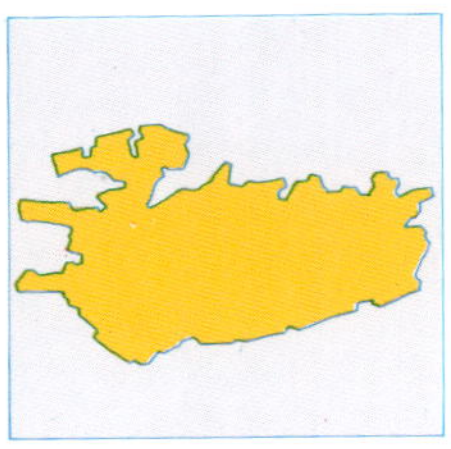

Isländer

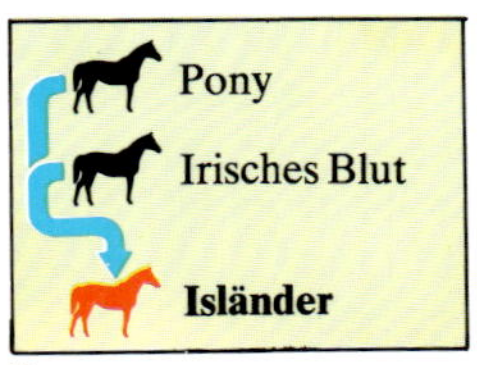

Pony
Stockmaß: 1,30 m
F: Schimmel, Falben
G: Starker, gedrungener Körper, volles Mähnen- und Schweifhaar
E: Anspruchslos, zäh, Spezialgangart Tölt
V: Packpferd, Freizeitpferd

Fjordpferd

Isländer

Finnisches Kaltblut

Knabstruper

Frederiksborger

Døle-Pferd

Schwedisches Warmblut

Der Mittlere Osten und Afrika

Die älteste und einflußreichste reingezogene Pferderasse der Welt ist der Araber, der von asiatischen Wildpferden abstammen soll, die schon vor 7000 Jahren die Wüsten- und Steppengebiete des Mittleren Ostens bewohnten. Einigen Experten zufolge lag die eigentliche Wüstenheimat in Persien, Syrien oder Ägypten, nach Meinung der Mehrheit aber stammt der Araber aus dem Jemen. Diesem Ursprung hat der Araber seine besonderen Eigenschaften – Schnelligkeit, Ausdauer, dünnes Fell und Härte – zu verdanken. Der Hauptgrund dafür, daß der Araber solchen Einfluß auf andere Rassen ausübte, lag darin begründet, daß er seine guten Eigenschaften durchschlagend weitervererbte. Diese Durchschlagskraft als Vererber verdankt er der jahrhundertelangen selektiven Inzucht durch die Beduinen. Heute gibt es Araber überall in der Welt. Seine Zucht ist zu einem blühenden Geschäft geworden. In seiner Heimat, dem Mittleren Osten, werden der Persische Araber – der älteste domestizierte Araber – und der Ägyptische Araber am meisten geschätzt. Sie sind begehrte Exportartikel. Im Iran gibt es auch noch andere Pferderassen. In Vollblüter (meist Importe) und Turkmenen für die Rennbahn wurde viel Geld investiert. Der Turkmene ist eine sehr alte Rasse, die im Nachbarland UdSSR bei der Entstehung des Achal-Tekkiners und des Jomud eine Rolle spielte. Die meisten anderen Linien sind heute in dem Stutbuch für den Plateau-Perser aufgegangen.

Unter den Ottomanen entwickelten sich vom 16. bis zum 20. Jahrhundert in der Türkei viele hervorragende Blutlinien. Bei der Entstehung des englischen Vollblüters spielte der Hengst Byerley Turk als einer der Stammväter eine Rolle. In diesem Jahrhundert ist ein Niedergang der einheimischen Zucht zu verzeichnen, der so weit geht, daß ungarische Nonius-Hengste zur Verbesserung eingeführt wurden. Heute züchtet man den Karacabey.

Die anderen Mitbegründer der Vollblutrasse waren die Berber aus Nordafrika. Sie werden oft mit dem Araber verwechselt, aber nach Meinung der Experten stammen sie eher von europäischen als von asiatischen Wildpferden ab. Vom Araber unterscheidet den Berber der gröbere Kopf, der tiefere Schweifansatz und ein ungebärdigeres Temperament, aber seitdem die Araber Nordafrika eroberten, ist es zu so vielen Kreuzungen gekommen, daß es kaum noch reingezogene Linien gibt.

Mit einer Ausnahme gibt es im übrigen Afrika keine einheimischen Pferderassen. Diese Ausnahme ist das südafrikanische Basuto-Pony, das von Mitte des 17. Jahrhunderts importierten Berbern und Arabern abstammt.

Arabische Halbinsel

Araber

Vollblut
Stockmaß: 1,50 m
F: Braune, Füchse, Schimmel
G: Kleiner, zu den Nüstern zu schmaler Hechtkopf, breite Stirn, große Augen, kleine Ohren, gewölbter Hals
E: Schneller, flüssiger Gang, Ausdauer, Härte
V: Veredelung anderer Rassen, Reiten

Ägypten

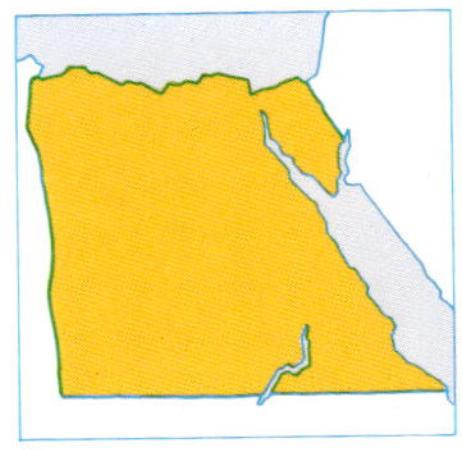

Ägyptischer Araber

Vollblut
Stockmaß: 1,50 m
F: Schimmel
G: Zwei Typen, der Kuheylan ist schlanker als der kompaktere Siglavy
E: Schnelligkeit
V: Rennen, alle Reitzwecke und Zucht

Araber

Berber

Iran

Kaspisches Pony
U: Iran
Stockmaß: 1–1,15 m
F: Schimmel, Braune, Dunkelbraune, Füchse
G: Araberkopf, feinknochig
E: Trittsicher
V: Transport, Reiten

Pahlavan
Warmblut
U: Iran. Entstanden aus Kreuzung von Plateau-Persern mit Arabern und Vollblut
Stockmaß: 1,55–1,62 m
F: Grundfarben
G: Stark, elegant
V: Reiten

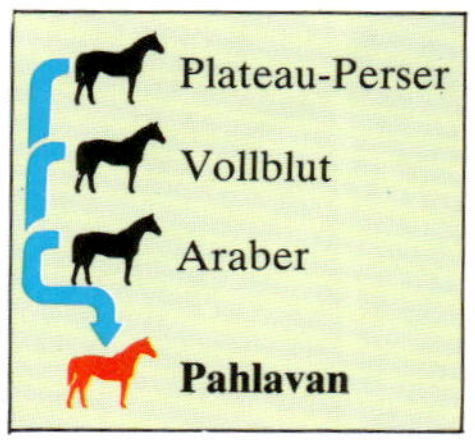

Persischer Araber

Vollblut
U: Möglicherweise älter als der Wüstenaraber
Stockmaß: 1,52 m
F: Schimmel, Braune
G: Eleganter, kompakter Körper, sonst wie Araber
V: Wie Araber

Plateau-Perser

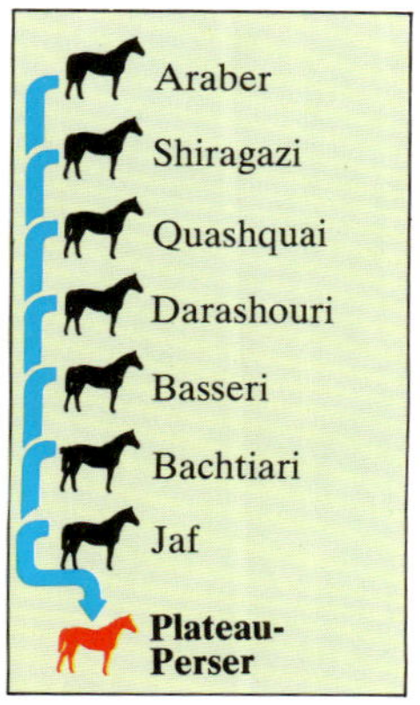

Warmblut
U: Zentralpersisches Plateau
Stockmaß: 1,52 m
F: Schimmel, Braune, Füchse
G: Arabischer Typ, aber Schwankungen unterworfen, da Mischrasse
E: Gute Gänge, stark und trittsicher
V: Reiten

Turkmene

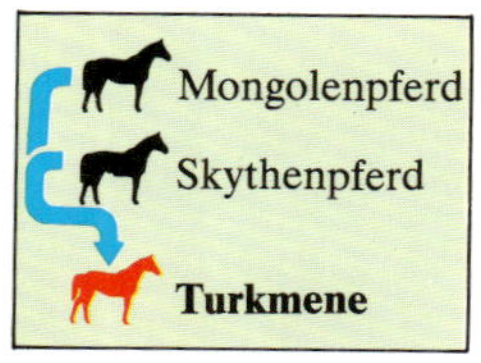

Warmblut
Stockmaß: 1,55 m
F: Grundfarben
G: Schmale Brust, leicht, aber kräftig
E: Flüssiger Gang, Schnelligkeit, Ausdauer
V: Zuchtbasis für andere Rassen, Reiten, Kavallerie und Rennen

Algerien/Marokko

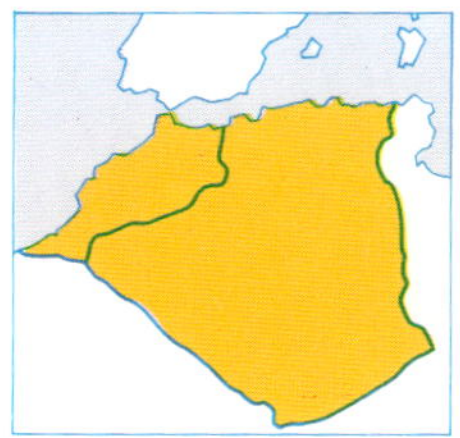

Berber

Warmblut
Stockmaß: 1,45 m
F: Braune, Dunkelbraune, Füchse, Rappen, Schimmel
G: Langer Kopf, gerades Profil, abfallende Kruppe, starke Beine
E: Genügsam und zäh
V: Veredelung anderer Rassen, Reiten, Transport

Südafrika

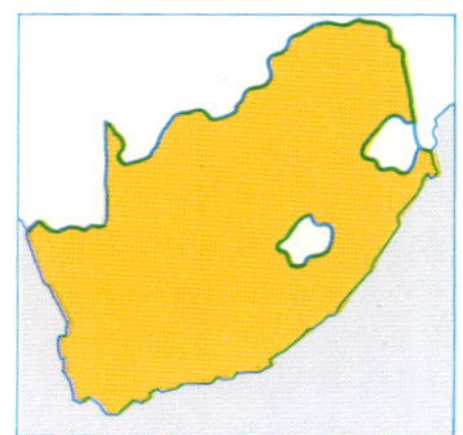

Basuto-Pony

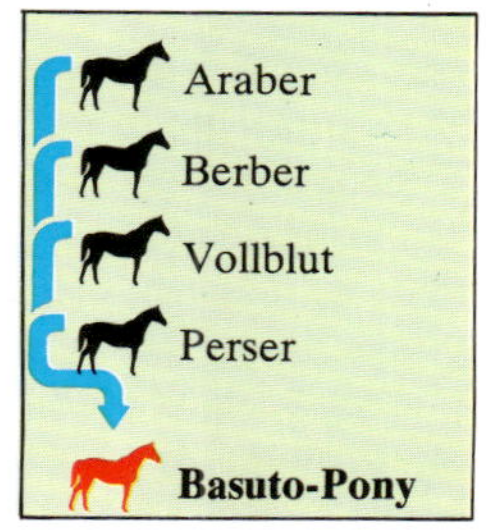

Pony
Stockmaß: 1,45 m
F: Füchse, Braune, Dunkelbraune, Schimmel
G: Edler Kopf, langer Hals und Rücken, steile Schulter, kurze Beine und harte Hufe
E: Trittsicher, zäh, sehr ausdauernd
V: Rennen, Polo, Reiten

Persischer Araber

Basuto-Pony

Kaspisches Pony

Ostasien und Australien

Die indischen Pferde gehören meist einem «Landschlag» an (d.h. sie sind nicht selektiv gezüchtet); trotzdem kann man verschiedene Typen unterscheiden. Unter ihnen hat der Manipur den meisten Anspruch auf Berühmtheit, denn diese Rasse lieferte die ersten Poloponys. Um 1850 entdeckten englische Teepflanzer dieses einheimische Spiel in Assam, nahmen es auf und verbreiteten es in der ganzen Welt.

China ist die Heimat der ältesten noch existierenden Pferderasse, des Mongolischen Wildpferdes. Ursprünglich wurde es von den Tataren gezüchtet und 1881 von Oberst Przewalski wiederentdeckt.

Zahlenmäßig am stärksten vertreten ist in China das Mongolische Pony, das zu allen Arbeiten herangezogen wird. Es ähnelt dem Hokaido, seinem japanischen Gegenstück.

Die 3000 Inseln Indonesiens sind kaum erschlossen, so daß Ponys für Transport und Landwirtschaft unentbehrlich sind. Ihr Beitrag zur Wirtschaft ist so groß, daß ihre Zucht staatlich gefördert wird, wobei die Batak-Rasse als die förderungswürdigste gilt. Auf Sumatra läßt man die besten Batak-Stuten zur Qualitätsverbesserung von arabischen Hengsten decken.

Einem recht ungewöhnlichen, romantischen Zweck dient eine andere indonesische Ponyrasse, das tanzende Sumba-Pony. Man befestigt ihm Glöckchen an den Beinen, und es «tanzt» zum Rhythmus von Tamtam-Trommeln.

Australien besitzt keine einheimische Pferderasse. Die ersten Pferde wurden vor etwa 200 Jahren importiert. Sie kamen zuerst von Südafrika und Südamerika, später aus Europa und den USA. Die Pferde gediehen bestens, ebenso später in Neuseeland, und vom ehemaligen Importeur wurde Australien inzwischen zu einem der Hauptexporteure von Pferden.

Die erste australische Rasse von einiger Bedeutung war der Waler. Zu Beginn kreuzte man Araber-, Vollblut- und Angloaraberhengste mit einheimischen Stuten und Cobs; die Produkte galten lange als «Landschlag». Erst 1971 wurde der Waler umgetauft in Australian Stock Horse und ein Stutbuch eröffnet. Das australische Pony-Stutbuch gibt es dagegen schon seit 1929. Eingetragen wurden Ponys, die nachweislich von dem Welsh-Mountain-Hengst Grey Light abstammten.

Australasien besitzt auch eine blühende Vollblutzucht. Auf den Nachkommen der aus Frankreich, England und den USA importierten Vollblütern beruht heute eine der umsatzträchtigsten Rennindustrien der Welt. Auch der Trabrennsport ist populär. Dazu wurden seit 1869 Standardbreds aus den USA eingeführt.

Burma-Pony

Manipur

Indien

Spiti-/Bhutan-Pony

Stockmaß: Spiti 1,22 m
Bhutia 1,32 m
F: Schimmel

G: Dickhalsig, kompakt
E: Trittsicher, zäh
V: Transport in Gebirge

Manipur

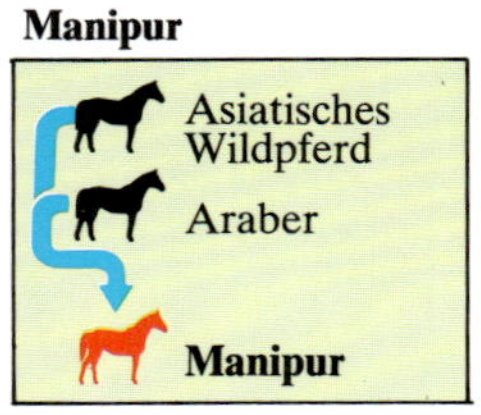

Pony
Stockmaß: 1,22 m
F: Fast alle Farben
G: Stämmig, hochangesetzter Schweif
E: Schnell, wendig
V: Reiten, Polo

Kathiawari/Marwari

Pony
U: Provinzen Kathiawar und Marwar
Stockmaß: 1,47 m
F: Fast alle Farben
G: Schmal, Arabereinschlag
E: Genügsam, zäh, ausdauernd
V: Pack- und Fuhrpferd, Reiten

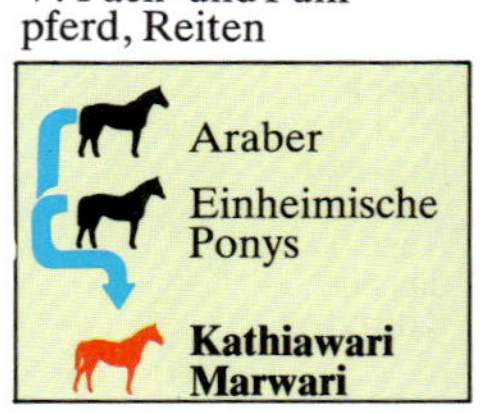

China

Mongol. Wildpferd
(Asiatisches Wildpferd, equus przewalski poliakov)
Pony
U: Mongolei
Stockmaß: 1,32 m
F: Rappen, Braune,

Mongolisches Wildpferd

Australian Stock Horse

Dunkelbraune, Falben
G: Stämmig, kurzer Rücken, gute Knochen
E: Zäh, genügsam, sehr ausdauernd; über Kurzstrecken auch schnell
V: Arbeitspferd der Nomadenstämme; aus der Stutenmilch wird Käse oder – vergoren – das Nationalgetränk Kumyß gewonnen.

Japan

Hokaido

Pony
Wie Mongol. Wildpferd

Burma

Burma-Pony

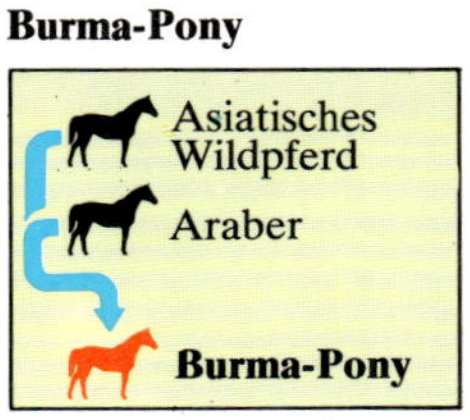

Pony
Stockmaß: 1,32 m
F: Alle Farben
G: Größere Ausgabe des Manipur
V: Polo und allgemein zur Arbeit

Tibet

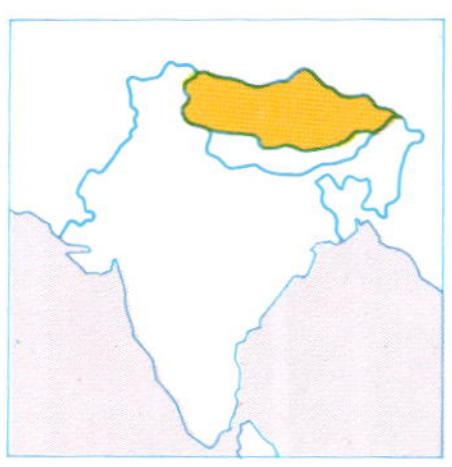

Tibet-Pony (Nanfan)

Pony
Stockmaß: 1,25 m
F: Alle Farben
G: Kräftig
E: Fleißig und zäh
V: Reit- und Arbeitspferd

Australien

Australisches Pony

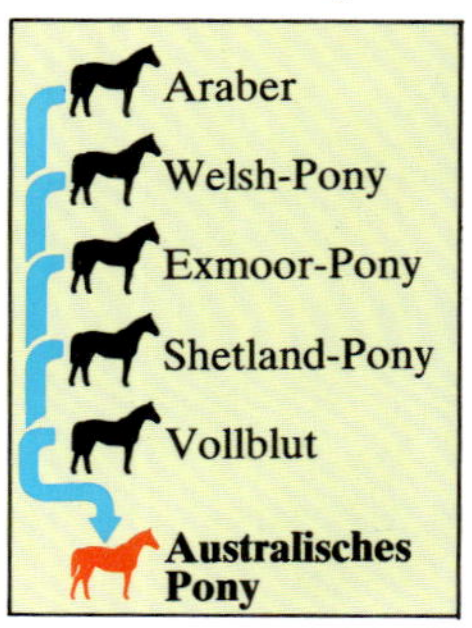

Stockmaß: 1,32 m
F: Fast alle Farben
G: Araberkopf, langer Hals, schräge Schulter, viel Gurtentiefe, runde Kruppe
V: Reitpony

Australian Stock Horse (früher Waler)

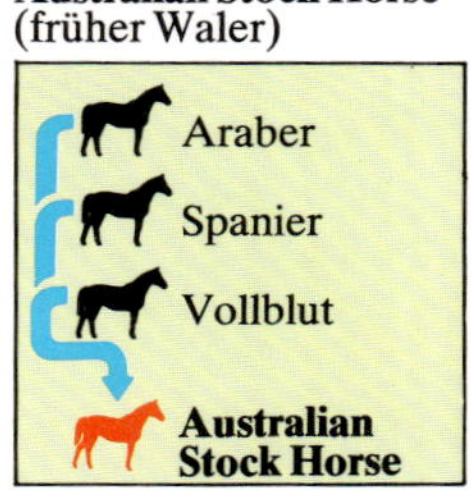

Warmblut
U: Neusüdwales
Stockmaß: 1,62 m
F: Alle Farben
G: Unterschiedlich, gewöhnlich lebhaft im Ausdruck, viel Gurtentiefe, starker Rücken
E: Hart, mit kräftiger Konstitution
V: Viehtrieb, Kavallerie

Indonesien

Timor-Pony

Pony
U: Timor
Stockmaß: 1,13 m
F: Dunkle Farben
G: Feinknochig, aber kräftig
E: Flink, gutmütig
V: Landwirtschaft, Transport

Java-Pony

Sumba-Pony

Sandalwood

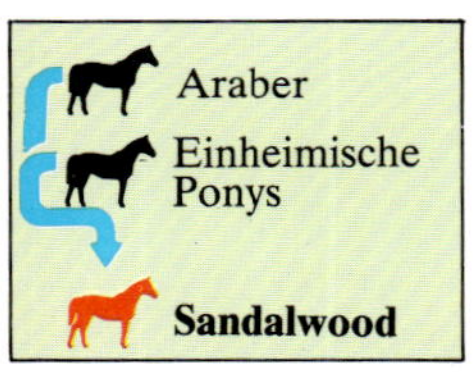

Pony
Stockmaß: 1,32 m
F: Falben mit Aalstrich und schwarzem Langhaar
G: Verglichen mit anderen indonesischen Ponys leichter gebaut, feiner behaart, eleganter
E: Schnell
V: Rennen ohne Sattel, allgemein zur Arbeit

Sumba-Pony

Pony
Stockmaß: 1,25 m
F: Falben mit Aalstrich, schwarzes Langhaar
G: Typ des Primitivpferdes
V: Arbeitspony, «Tanzendes Pferd»

Bali-Pony

Pony
U: Bali/Indonesien
Stockmaß: 1,25 m
F: Falben mit Aalstrich und schwarzem Langhaar
G: Untersetzt
E: Stark und genügsam
V: Reit- und Packpferd

Java-Pony

Pony
U: Java
Stockmaß: 1,25 m
F: Fast alle Farben

G: Starker Rahmen
V: Zugpferd vor dem «Sado» (zweirädriges Taxi)

Batak-Pony

Pony
U: Sumatra/Indonesien
Stockmaß: 1,25 m
F: Fast alle Farben
G: Recht edel, korrektes Gebäude
E: Genügsam, guter Charakter
V: Landwirtschaft und Transport

Südamerika

Die riesigen, fruchtbaren Ebenen Argentiniens wurden zur Heimat des Criollo, des Gauchopferdes. Grundstock soll eine Schiffsladung von 100 Andalusiern und leichten Zugpferden gewesen sein, die 1535 ankam. Bei einem Indio-Überfall auf Buenos Aires entkamen sie in die Pampas und verwilderten dort.

Verschiedene Versuche, den Criollo durch Einkreuzung fremder Rassen zu veredeln, schlugen fehl. Heute wird er selektiv gezüchtet. Potentielles Zuchtmaterial wird streng geprüft, unter anderem durch einen jährlichen 470 Meilen-Ritt, bei dem die Pferde ein bestimmtes Gewicht tragen müssen und nicht zusätzlich gefüttert werden dürfen.

Das weltberühmte argentinische Polopferd ist eine Kreuzung zwischen Criollo und Vollblut. Vom ersteren bekommt es Härte und Ausdauer, vom letzteren Schnelligkeit mit.

Argentinien besitzt auch eine der größten Vollblutzuchten der Welt. Die Nachfrage im Inland ist jedoch so groß, daß nur verhältnismäßig wenige exportiert werden.

In Brasilien gibt es 9 Millionen Pferde, eine der größten Populationen der Welt. Das einheimische Pferd ist der Crioulo, eine kleinere Version des Criollo.

Das ungeheure Reservoir an Arbeitskraft ist für die Armee in den rauhen Gebirgsgegenden des Landes unentbehrlich. Deckhengste stehen in eigenen Deckstationen zur Verfügung oder werden an größere Pferdezüchter ausgeliehen. Zur Produktion von Reitpferden werden Araber- und Vollbluthengste, zur Produktion von Zugpferden Bretonen verwendet.

Teilweise wurden Crioulos auch mit spanischen und portugiesischen Pferden veredelt, und im vorigen Jahrhundert entstand aus diesem Fremdblut der größere Mangalarga. Daraus wiederum züchtete Cassiano Campolino um 1840 durch selektive Zuchtwahl ein Pferd, das nach ihm Campolino genannt wurde.

Peru war ein Hauptstützpunkt der Spanier in Südamerika; nur wenige Pferde entkamen in die Freiheit und verwilderten. Am berühmtesten ist das peruanische Paso-Pferd, das sich vor etwa 300 Jahren aus Arabern und Berbern entwickelte. Es geht einen einzigartigen Paßgang, in dem es Geschwindigkeiten von über 20 km/h erreicht.

Peruanische Paso-Pferde wurden nach Puerto Rico exportiert und bildeten dort den Grundstock für die Zucht des Paso Fino, der heute in den USA zahlreich vertreten ist.

Venezuela besitzt wie die meisten südamerikanischen Länder seinen eigenen Criollo-Schlag aus spanischem und portugiesischem Blut, angepaßt an die Bedingungen einer heißen, rauhen Umwelt. Er wird Llanero genannt.

Puerto Rico

Paso Fino

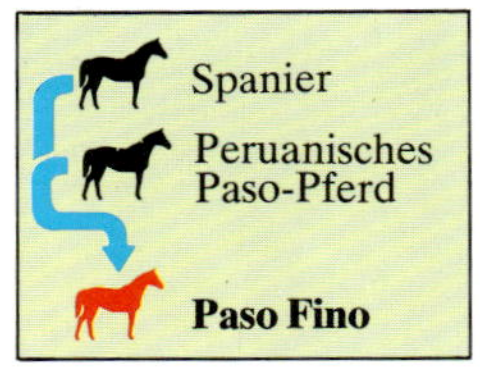

Warmblut
Stockmaß: 1,50 m
F: Fast alle Farben
G: Araberkopf, Rücken und Lendenpartie stark, kräftige Kruppe, feine, aber harte Beine
E: Temperamentvoll, spezielle Viertakt-Gänge: Paso fino (der langsamste), Paso corto und Paso largo

Brasilien

Crioulo

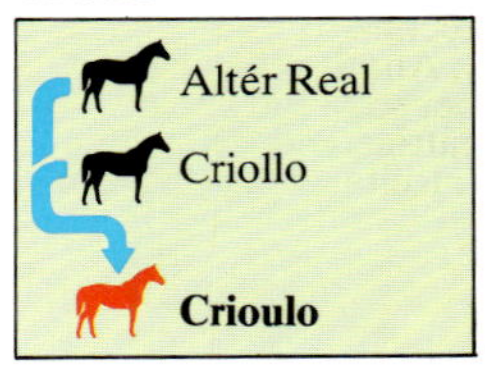

Warmblut
Stockmaß: 1,52 m
F: Wie Criollo, aber heller
G: Hoher Widerrist, hoher Schweifansatz, langer Hals
E: Genügsam und zäh
V: Reiten, Viehtrieb

Mangalarga

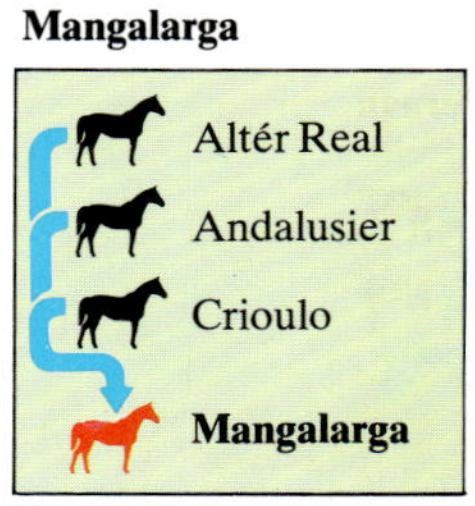

Warmblut
U: Minas Gerais
Stockmaß: 1,52 m
F: Schimmel, Fuchs-

schimmel, sehr helle Füchse, Braune
G: Langer Kopf, kurzer Rücken, kräftige Hinterhand, tiefangesetzter Schweif, lange Beine, leichter als der Criollo
E: Hart, Spezialgangart «Marcha» (zwischen Trab und Galopp)
V: Reiten, Viehtrieb

Campolino

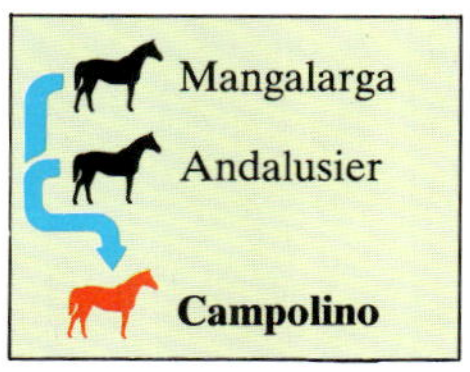

Warmblut
Stockmaß: 1,50–1,60 m
G: Ähnlich Mangalarga, aber schwerer und mit kräftigeren Knochen
V: Reiten, leichter Zug

Peru

Peruan. Paso-Pferd

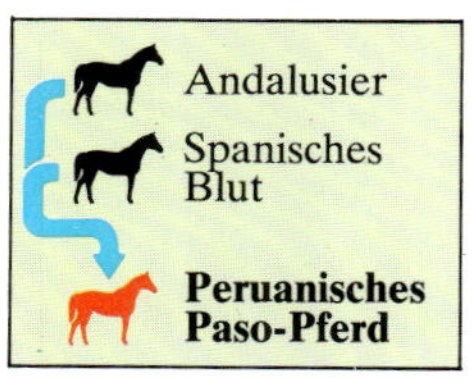

Warmblut
Stockmaß: 1,52 m
F: Braune oder Füchse
G: Breite Brust, kurzer Rücken, kräftige, runde Kruppe
E: Ausdauernd; Spezialgangart ähnlich Tölt
V: Reiten, Viehtrieb

Argentinien

Falabella

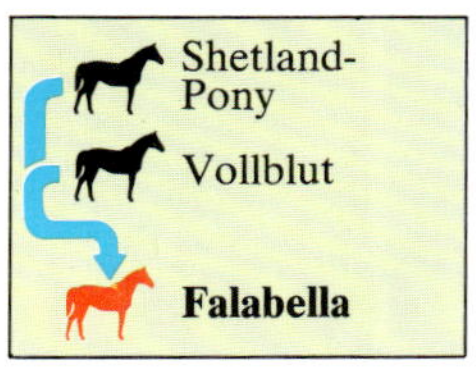

Pony
Stockmaß: 70 cm
F: Alle Farben
V: Wagenpony und Haustier

Criollo

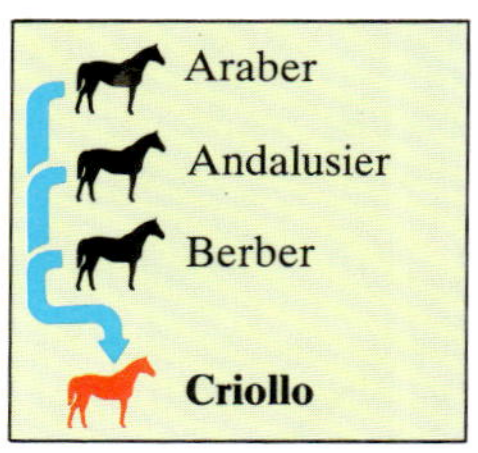

Warmblut
Stockmaß: 1,55 m
F: Falben mit schwarzen Beinen und Aalstrich, Fuchs-, Rappschimmel, Braunschecken
G: Kurzer Kopf, den Nüstern zu schmaler, kurzer Rücken, stämmiger Bau, starke, schräge Schulter, kurze Beine, kräftige Knochen, kleine, harte Hufe
E: Zäh und wendig
V: Distanzritte, Ranch-Arbeit

Venezuela

Llanero

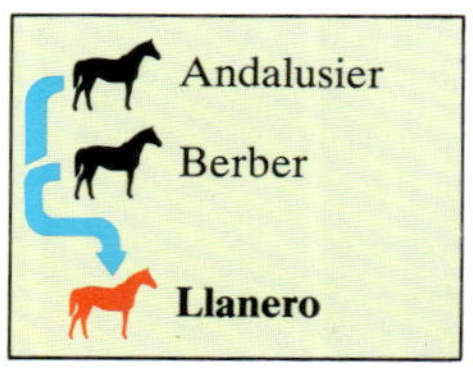

Warmblut
Stockmaß: 1,42 m
F: Falben, gelblich oder cremefarben, mit schwarzem Langhaar, Schecken
G: Leichter als der Criollo, Berberkopf
E: Hart
V: Ranch-Arbeit und Transport

Peruanisches Paso-Pferd

Falabella

Criollo

Mangalarga

Die Sowjetunion

Innerhalb der Grenzen der heutigen UdSSR vermutet man das Gebiet, in dem vor etwa 6000 Jahren das Pferd erstmals domestiziert wurde. Deshalb ist die Geschichte der russischen Pferdezucht auch besonders lang. Je nach Gebiet spielten verschiedene Rassen bei der Entstehung der heutigen Rassen eine Rolle, im Westen hauptsächlich der Araber, weiter im Osten mehr das Mongolische Wildpferd. Krasse Unterschiede in Geographie und Klima haben zur Entwicklung vieler verschiedener Pferdetypen geführt. Es ist daher kaum zu verwundern, daß es 40 anerkannte Rassen und Gruppen gibt. Seit der Zeit nach dem 2. Weltkrieg versucht die Regierung zu erreichen, daß jede Region zwei bis drei eigene Pferderassen hervorbringt, eine Aufgabe, für die ein überregionales Forschungsinstitut für Pferdezucht geschaffen wurde. Einige Rassen wurden zur Verbesserung mit Fremdrassen ausgewählt. Wo Veredelung erwünscht war, kreuzte man Araber- und Vollblut ein, so etwa beim Kosakenpferd, dem Don-Pferd und dem Kabardiner, einem harten Gebirgspferd. Wo mehr Härte gewünscht wurde, setzte man das Don-Pferd ein.

Neue Rassen wurden geschaffen, während man gleichzeitig einige der berühmten Rassen des 19. Jahrhunderts aussterben ließ – allerdings nicht ohne sie als Grundstock für die Neuzüchtungen zu verwenden. So wurde der Streletzker (ein großer Araber) zur Basis für den Tersker (begründet 1948) und der Estnische Klepper (ein hartes Pony von großer Erbtreue) zur Basis für das Torisk- und das Wjatsker-Pferd.

Den größten Einfluß auf die Entstehung der russischen Ponyrassen übte das asiatische Wildpferd aus, wenn auch manche zur Veredelung einen Tropfen Araberblut enthalten. Damit wird die Tradition der Verwendung von Araberblut in der russischen Pferdezucht weitergeführt.

In neuerer Zeit hat auch das Vollblut bei der Veredelung anderer Rassen eine Rolle gespielt, seinen wichtigsten Beitrag leistete es jedoch bei der Entwicklung des russischen Rennpferdes. Die Besten traten auch im Westen an, und Anilin war gut genug, 1966 im Washington International Zweiter zu werden.

Der Trabrennsport ist eine ebenso beliebte Art des Pferdesportes. 42 Gestüte ziehen Orlow-Traber und Russische Traber. Graf Orlow kreuzte einen 1775 erworbenen Araberhengst mit einer dänischen Stute und begründete damit die Zucht, die seinen Namen trägt. Die Orlow-Traber waren jedoch nicht so schnell wie ihre ausländischen Konkurrenten, so daß man sie mit amerikanischen Standardbreds kreuzte. Daraus entstand der Russische Traber.

Karabakh

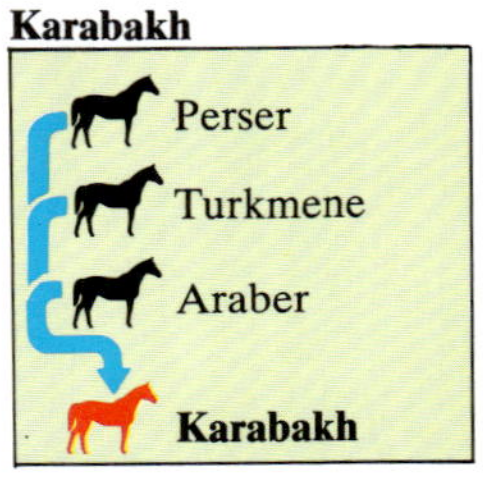

Warmblut
U: Bergland von Karabakh
Stockmaß: 1,45 m
F: Falben, Braune, Füchse mit Metallschimmer
G: Hartes Gebirgspferd mit kleinem, edlem Kopf, tiefangesetztem Schweif, guten Hufen
E: Eifrig und gutmütig
V: Reiten, Reiterspiele, Rennen

Russischer Traber

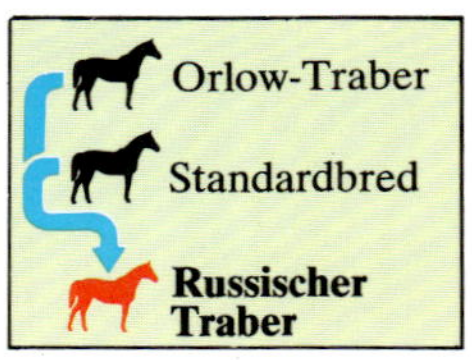

Warmblut
Stockmaß: 1,60 m
F: Rappen, Braune, Füchse
G: Kreuzung aus Orlow- und Amerikanischem Traber
E: Schneller als der Orlow-Traber
V: Trabrennen

Orlow-Traber

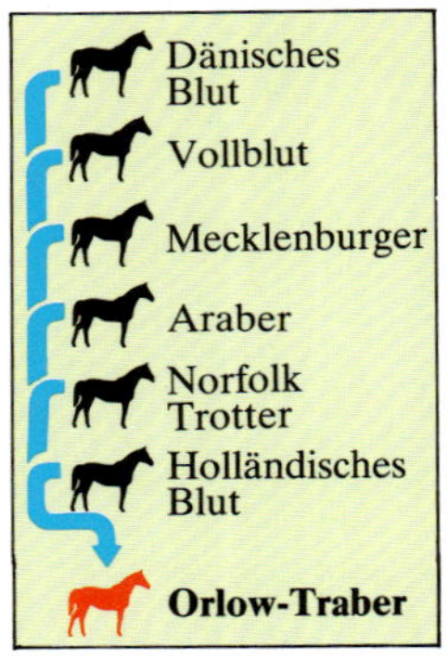

Warmblut
Stockmaß: 1,62 m
F: Schimmel, Braune, Rappen
G: Stämmig, steile Schulter, großer Rahmen, langer, gerader Rücken
E: Schnell und aktiv
V: Trabrennen, Reit- und Wagenpferd

Zemaituka (Pechora)

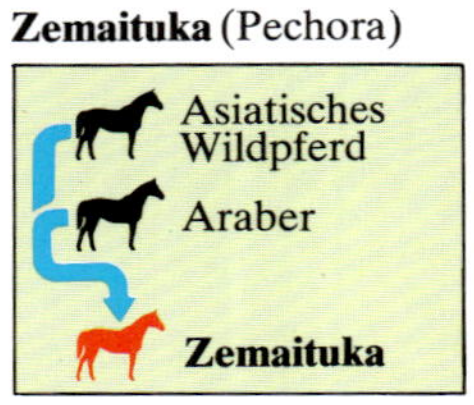

Pony
U: Baltikum
Stockmaß: 1,35 m
F: Braune, Palominos, Falben mit Aalstrich
G: Gerader Kopf, kurze Ohren, kurzer Hals, gerader Rücken
E: Hart, gutmütig, genügsam
V: Reit-, Arbeitspony

Achal-Tekkiner

Warmblut
U: Mittelasiat. Steppe
Stockmaß: 1,55 m
F: Braune, Füchse, Schimmel, Rappen, meist mit Metallschimmer
G: Langer, edler Kopf, gerades Profil, langer, dünner Hals, langer Rücken, lange Beine mit leichten, aber starken Knochen, dünnes, seidiges Langhaar
E: Hart, eigenwillig, schnell, vielseitig, manchmal Paßgänger
V: Reit-, Distanzpferd

Kabardiner

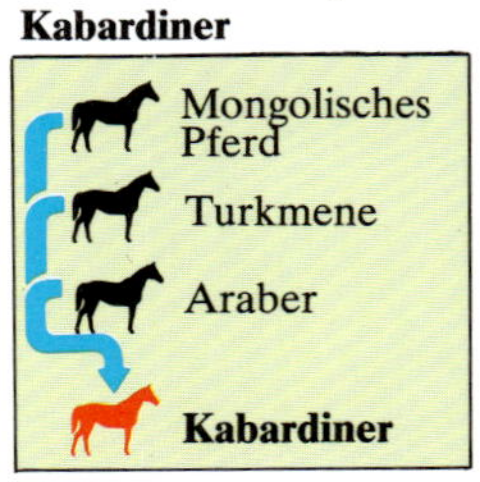

Warmblut
U: Nördl. Kaukasus
Stockmaß: 1,52 m
F: Braune, Rappen
G: Stämmig, kurze Beine, langer, gerader Rücken
E: Gutmütig, trittsicher, hart, langlebig
V: Reit- und Packpferd im Gebirge, Reiterspiele, Rennen

Don-Pferd

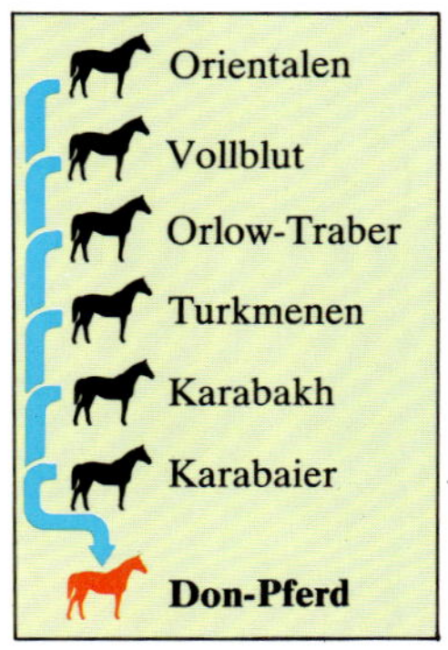

Warmblut
U: Zentralasien (Steppe)
Stockmaß: 1,55 m
F: Füchse, Braune, Schimmel
G: Tiefer Rumpf, langer, gerader Hals und Rücken, lange Beine
E: Vielseitig, genügsam, ausdauernd
V: Ursprünglich das Kosakenpferd, heute Reit-, Fahr- und Distanzpferd

Wjatsker

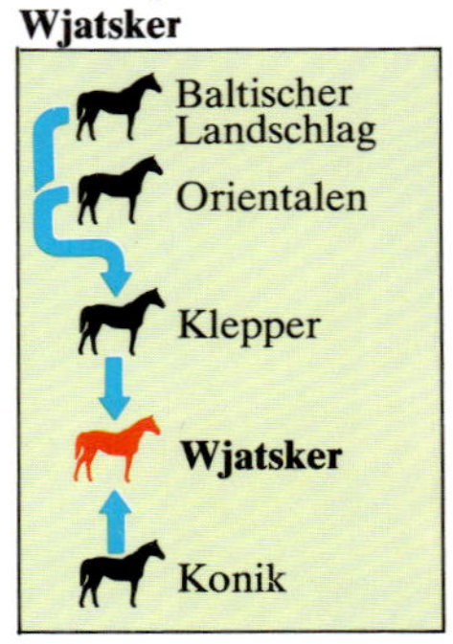

Pony
U: Wjatsky/Baltikum
Stockmaß: 1,35 m
F: Dunkel, manchmal mit Aalstrich
G: Grober Kopf, untersetzter Körper, breiter, gerader Rücken, kurze Beine mit kräftigen Knochen
E: Genügsam, hart, schnell
V: Vielzweckpony

Budjonny

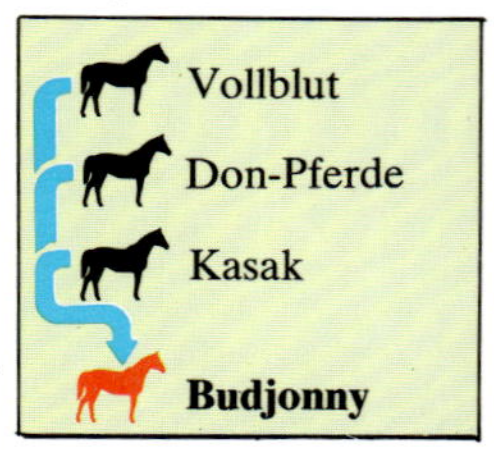

Warmblut
Stockmaß: 1,60 m
F: Füchse oder Braune mit Goldschimmer
G: Großer Rahmen, viel Hals, kurzer Rücken, tiefer Rumpf
E: Guter Charakter, schnell, ausdauernd
V: Reit- und Turnierpferd, Hindernisrennen

Karabakh

Orlow-Traber

Achal-Tekkiner

Don-Pferd

Budjonny

Tersker

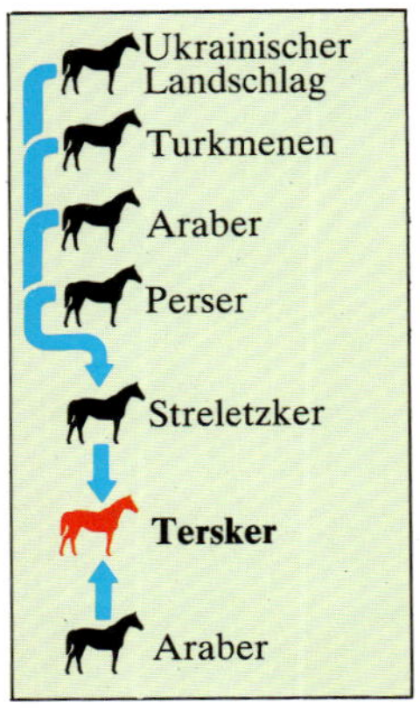

Warmblut
U: Gebiet um Stawropol
Stockmaß: 1,50 m
F: Schimmel
G: Arabertyp
V: Rennen, Turniere, Zirkus

Russisches Kaltblut

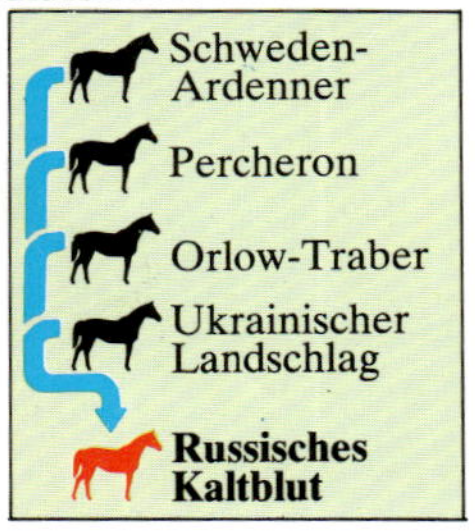

U: Ukraine
Stockmaß: 1,45 m
F: Füchse, Braune und Fuchsschimmel
G: Kleinste Kaltblutrasse; kurzer, massiger Hals, breiter Rücken, abfallende Kruppe
E: Stark, fleißig, schnell
V: Landwirtschaft

Nowokirgise

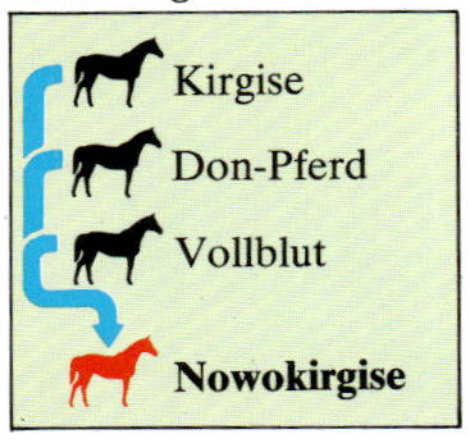

Warmblut
U: Kirgisische und Kasachische Sowjetrep.
Stockmaß: 1,50 m
F: Braune, Schimmel, Füchse
G: Langer Hals, langer Rücken, abfallende Kruppe, kurze Beine
E: Hart, trittsicher, genügsam
V: Arbeit im Gebirge, Reit- und Wagenpferd

Litauer und Lettländer Kaltblut

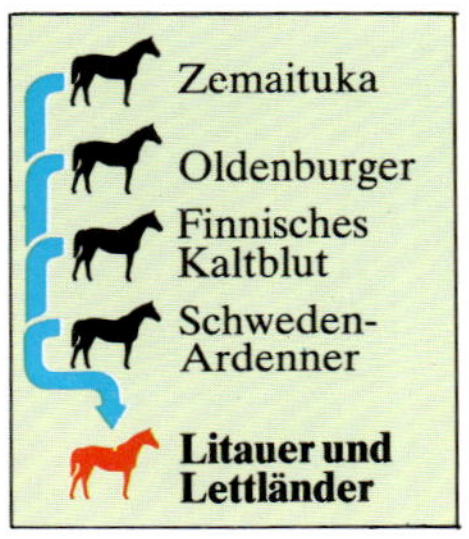

U: Litauen, Lettland
Stockmaß: 1,60 m
F: Braune, Rappen oder Füchse mit hellem Langhaar
G: Großer Kopf, langer, kräftiger Hals, abfallende, gespaltene Kruppe, wenig Behang
E: Gutmütig
V: Zugpferd

Jomud

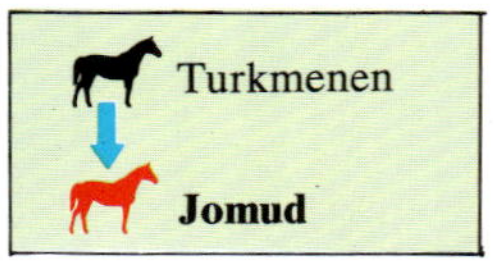

Warmblut
U: Zentralasien
Stockmaß: 1,42 m
F: Schimmel, Füchse, Braune
G: Ähnlich dem Achal-Tekkiner, kompakter
E: Sehr ausdauernd, aber nicht so schnell wie der Achal-Tekkiner
V: Reit- und Rennpferd

Lokaier

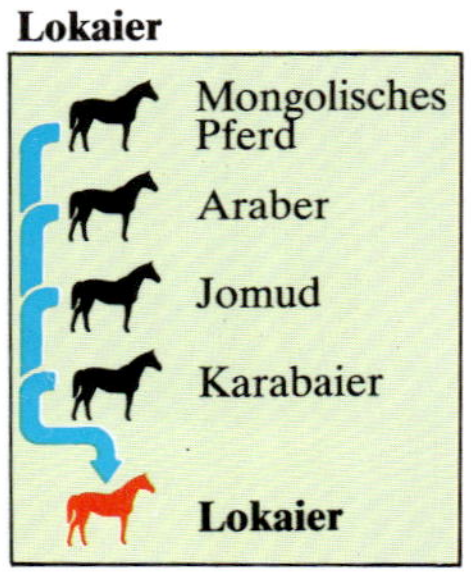

Warmblut
U: Usbekistan
Stockmaß: 1,50 m
F: Schimmel, Braune, Füchse, oft mit Goldschimmer
G: Unterschiedlich, meist stämmig mit harten Hufen; Haar kann gelockt sein
E: Starkes, trittsicheres Gebirgspferd
V: Reit-, Pack- und Rennpferd

Baschkire

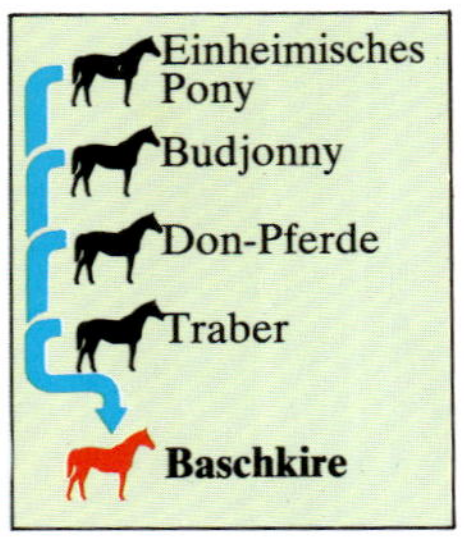

Pony
Stockmaß: 1,35 m
F: Braune, Falben, Füchse
G: Stämmig, hoher Widerrist, langer Rücken, tiefangesetzter Schweif, kurze Beine
E: Hart
V: Reit- und Schlittenpferd; aus der Stutenmilch wird Kumyß gewonnen

Wladimirer Kaltblut
U: Distrikt Wladimir
Stockmaß: 1,62 m
F: Alle Grundfarben
G: Großer Rahmen, korrektes Gebäude, Beine mit Behang
E: Fleißig, gutmütig, sehr stark

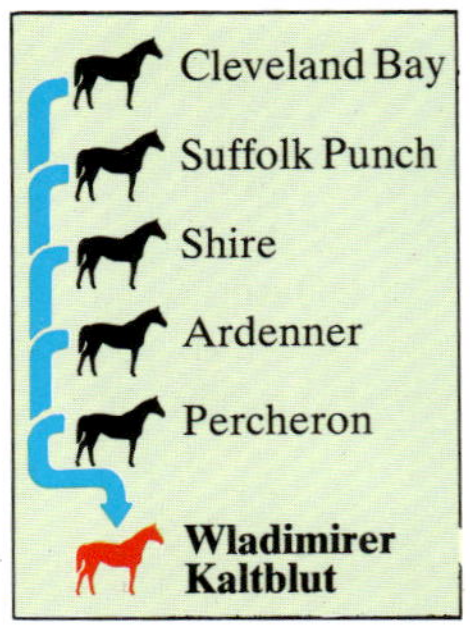

Torisker

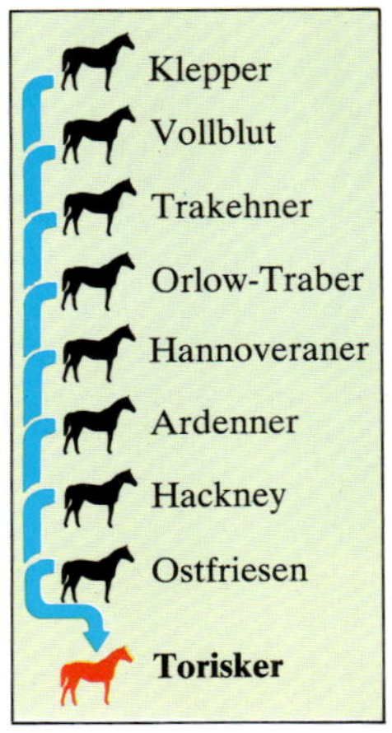

Warmblut
U: Estland
Stockmaß: 1,55 m
F: Füchse, Braune
G: Langer, muskulöser Körper, kurze, kräftige Beine, leichter Behang
E: Stark, gutmütig, sehr ausdauernd
V: Leichtes Zugpferd

Karabaier

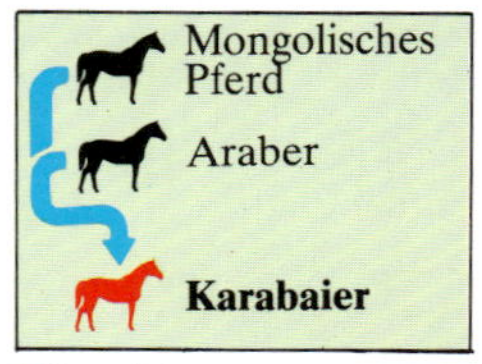

Warmblut
U: Usbekistan
Stockmaß: 1,55 m
F: Braune, Füchse, Schimmel
G: Im Arabertyp, aber stämmiger. Zwei Typen – Reit- und Zugpferd
E: Vielseitig
V: Landwirtschaft, Reit- und Wagenpferd, Reiterspiele

Kasak

Pony
U: Kasakstan
Stockmaß: 1,32 m
F: Braune, Füchse, Schimmel
G: Typ Mongol. Wildpferd
E: Hart
V: Reiten, Viehtrieb, Milch und Fleisch

Wladimirer Kaltblut

Tersker

Osteuropa

In Bulgarien fällt der Beginn einer systematischen Pferdezucht mit dem Ende der türkischen Herrschaft 1878 zusammen. Aus Ungarn und Rußland wurden Araber und Vollblüter zur Verbesserung des einheimischen Bestandes eingeführt, und Anfang des 20. Jahrhunderts gab es drei Warmblutrassen: den Pleven (der Araberähnlichste), das Donau-Pferd (vom Nonius geprägt) und den Ostbulgaren, der im Vollbluttyp stand. Außer diesen Warmblutrassen werden in den Staatsgestüten auch Russische Kaltblüter und Araber gezüchtet.

In Ungarn reicht die Geschichte der Pferdezucht zurück bis zu den Magyaren, die im 9. Jahrhundert ins Land kamen. Ihre harten Pferde gewannen durch die Kreuzung mit Arabern, die während der Türkeneinfälle im Mittelalter ins Land kamen. Seither blieb die Bedeutung des Arabers für die Zucht ungeschmälert. Auch aus England wurden Pferde importiert. Mit der wachsenden Beliebtheit des Rennsports kamen Vollblüter ins Land, und hier hat auch eine der beiden wichtigen Warmblutrassen Ungarns ihre Wurzel: Sie stammt vom Vollblüter Furioso ab und ist nach ihm benannt. Die andere Rasse ist die Nonius-Rasse.

Das ungarische Arbeitspferd – der Murakosi – ist halb Warmblut, halb Kaltblut. Die Zucht entstand in den 20er Jahren, als ein schnelles, starkes Pferd gefragt war, und basiert sowohl auf orientalischem wie auch auf Kaltblut.

In der Tschechoslowakei ist das älteste noch in Betrieb befindliche Gestüt der Welt zu Hause, Kladrub in der Nähe von Pardubitz, wo Kaiser Maximilian II. Mitte des 16. Jahrhunderts das ursprüngliche Gestüt gründete. Von den von ihm eingeführten spanischen Pferden stammen die heutigen Kladruber ab. Es werden auch Vollblüter, Furioso, Nonius und Araber gezüchtet.

Zentrum der Araberzucht ist Topolcianka, ein riesiges Gestüt in der Slowakei. Dort werden hauptsächlich Shagya- und Polnische Araber gezüchtet, von denen viele ins Ausland gehen.

In Polen werden seit Jahrhunderten Pferde gezüchtet. Heute gibt es 42 größere Gestüte mit einem Bestand zwischen 50 und 200 Hengsten. Infolgedessen hat das Land auch den größten Pferdebestand in ganz Europa – etwa 3 Millionen Pferde. Zahlenmäßig am stärksten vertreten sind Reitpferde (meist Trakehner Abstammung), gefolgt von Arabern.

In Polen ist auch der Tarpan zu Hause, ein Pony, dessen Ursprünge bis zur Eiszeit zurückreichen und das zu den Vorfahren der meisten Warmblutrassen gehört. In den Wäldern von Popielno gibt es noch wildlebende Tarpanherden, die aber nicht mehr reinrassig sind. Der letzte echte Tarpan starb 1887 in der Gefangenschaft. Der heutige polnische Tarpan ist das Produkt einer geschickten Rückzüchtung.

Natürlich sind die anderen polnischen Ponyrassen weitgehend vom Tarpan beeinflußt. Der Huzule, der jahrhundertelang wild in den Karpathen lebte, weist ebenso dessen primitive Züge auf wie der größere und umgänglichere Konik, von dem viele osteuropäische Rassen abstammen.

Im jugoslawischen Bergland spielt das Arbeitspferd noch immer eine große Rolle für den Transport und die Landwirtschaft. Der Staat fördert die Zucht in eigenen Gestüten, in denen Nonius, Belgier, Noriker, Araber und Lipizzaner gezogen werden. Ein Drittel des Pferdebestandes stellt jedoch das Bosnische Pony, ein Abkömmling des Tarpans, das in Staatsgestüten gezielt gezüchtet wird.

Shagya-Araber

Murakosi

Polen

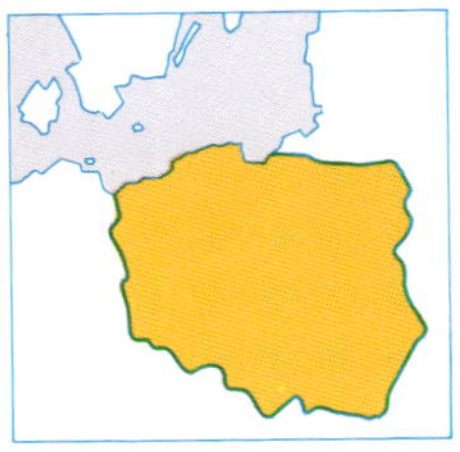

Tarpan

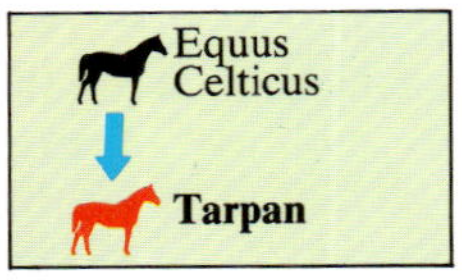

Pony
Stockmaß: 1,32 m
F: Braune oder Falben mit Aalstrich, schwarzem Langhaar, Schrägstreifen an den Vorderbeinen und Schenkelinnenseiten.
Fell kann im Winter weiß werden.
G: Langer Kopf, kurzer Hals, langer Rücken, feine Beine
E: Hart, fruchtbar
V: Lebt in Freiheit und im Zoo

Konik

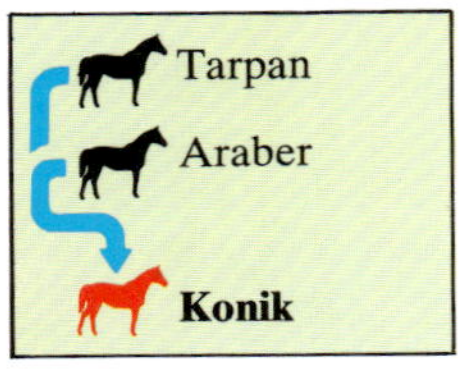

Pony
Stockmaß: 1,35 m
F: Falben verschiedener Farbschläge, gewöhnlich mit Aalstrich
G: Wie der Huzule
E: Langlebig, genügsam, hart, gutmütig; Ausgangsbasis für viele polnische und russische Pferderassen
V: Landwirtschaft

Huzule
Pony
U: Karpathen
Stockmaß: 1,37 m
F: Falben, Braune
G: Tarpankopf und robuster Körperbau
E: Gutmütig, hart, genügsam
V: Landwirtschaft

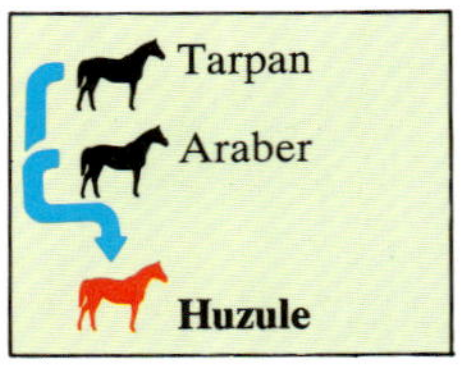

Sokólsk-Pferd

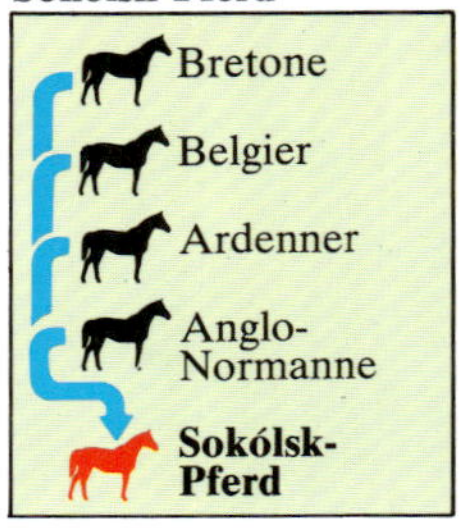

Warmblut
Stockmaß: 1,55 m
F: Füchse, Braune, Dunkelbraune
G: Großer Kopf, kompakt, kurzer, gerader Rücken, kurze Beine, weite Hufe, etwas Behang
E: Gutmütig, genügsam
V: Landwirtschaft

Wielkopolski

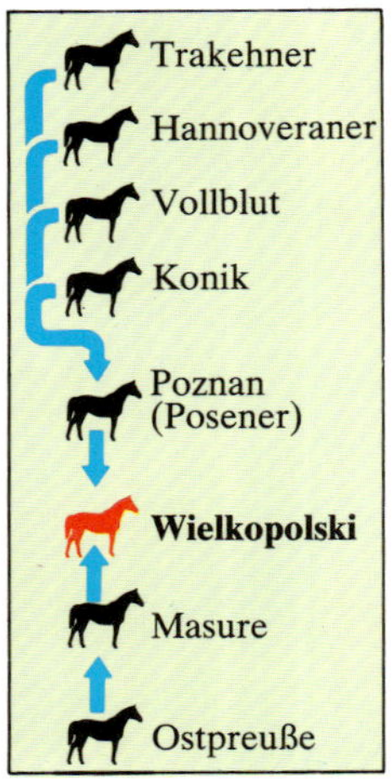

Warmblut
Stockmaß: 1,62 m
F: Füchse, Braune
G: Ein kompaktes, gut proportioniertes Pferd
E: Gutmütig, durch Kreuzung des Masuren-Pferdes mit dem Poznan entstanden
V: Reitsport, leichter Zug

Polnischer Araber
Warmblut
Stockmaß: 1,50 m
F: Schimmel, Füchse, Braune
G: Im Arabertyp, aber mit abfallenderer Kruppe und weniger stolz getragenem Schweif
V: Rennen, Zucht, Reiten

Ungarn

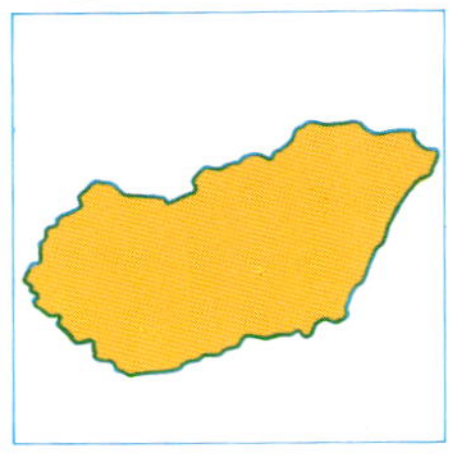

Shagya-Araber

Warmblut
Stockmaß: 1,52 m
F: Schimmel
G: Im Arabertyp, kleiner Kopf
E: Hart, genügsam, aktiv
V: Kavallerie, Reit- und Wagenpferd

Murakosi

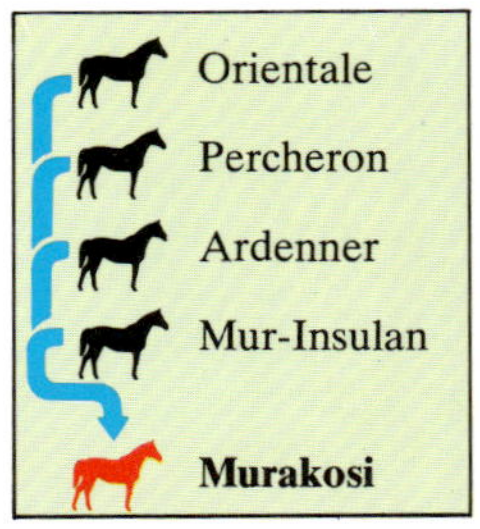

Kaltblut
Stockmaß: 1,62 m
F: Füchse mit hellem Langhaar
G: Großer Rahmen, verschliffener Widerrist, Senkrücken, runde Kruppe, wenig Behang
E: Stark, fleißig
V: In Zug und Landwirtschaft

Nonius
Warmblut
Stockmaß: Großer No-

Tarpan

Konik

Kladruber

nius über 1,60, kleiner Nonius unter 1,60 m
G: Edler Kopf, langer Hals, starker Rücken
E: Vielseitig, fleißig, langlebig
V: Reit- und Landwirtschaftspferd

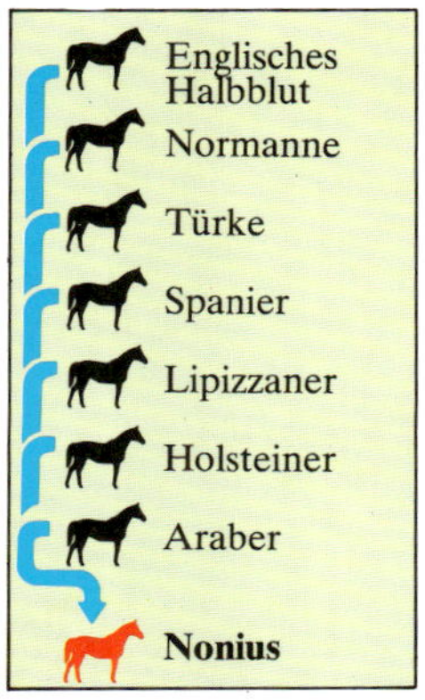

Furioso
Warmblut
Stockmaß: 1,62 m
F: Dunkelbraune
G: Muskulös, ziemlich gerader Rücken, abfallende Kruppe, tiefange-

setzter Schweif
E: Robust
V: Reiten, Fahren

Tschechoslowakei

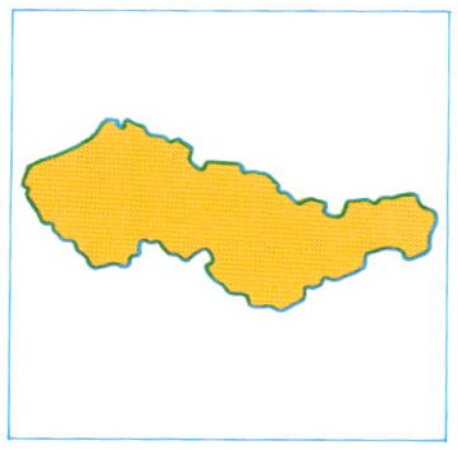

Kladruber
Warmblut
U: Kladruby/Böhmen
Stockmaß: 1,70 m
F: Schimmel
G: Ein größerer Andalusier
V: Landwirtschaft und vor dem Wagen

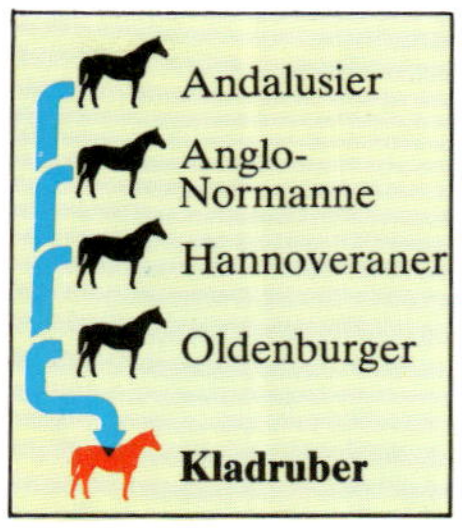

Bulgarien

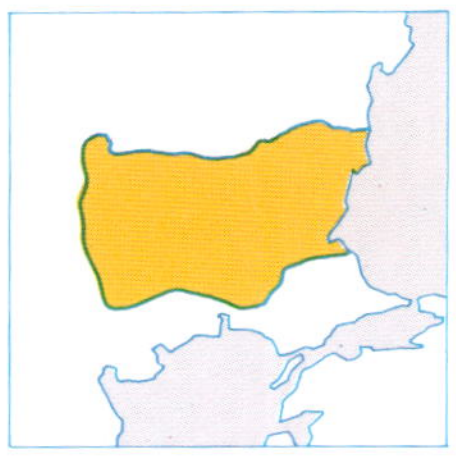

Donau-Pferd

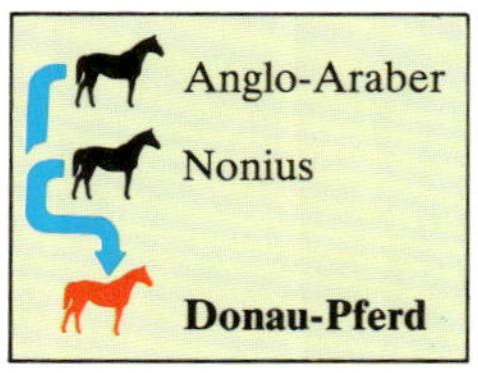

Warmblut
Stockmaß: 1,57 m
F: Rappen oder Dunkelfüchse
G: Kurzer Rücken, viel Gurtentiefe, hochangesetzter Schweif und starke, trockene Beine
E: Kraft
V: Leichter Zug, Reit- und Sportpferd

Ostbulgare

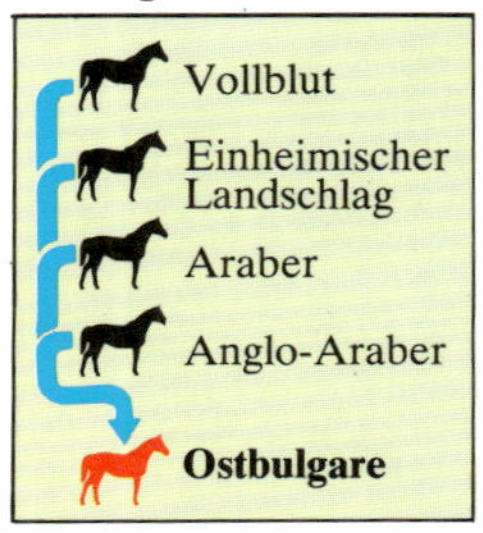

Warmblut
Stockmaß: 1,60 m
F: Füchse, Rappen
G: Eher kleiner Kopf, gerades Profil, viel Gurtentiefe, langer, gerader Rücken
E: Eifrig, hart, schnell, vielseitig
V: Reit-, Sport- und Hindernisrennpferd und in der Landwirtschaft

Pleven

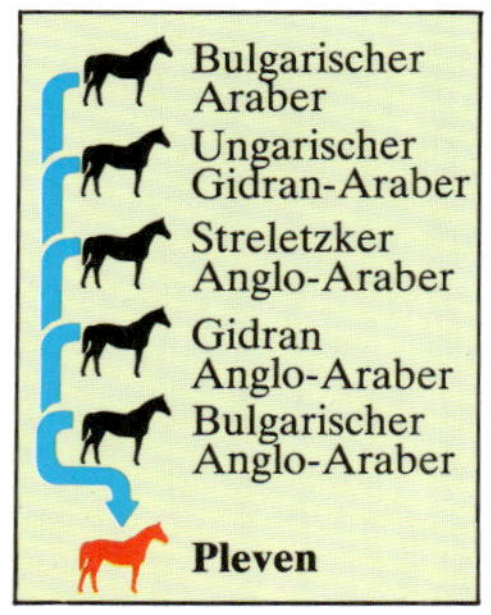

Warmblut
Stockmaß: 1,55 m
F: Füchse
G: Rahmigere Ausgabe des Arabers
E: Robust
V: Vielzweckpferd

Jugoslawien

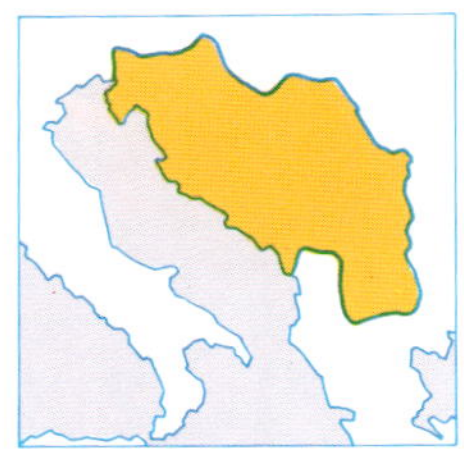

Bosniake

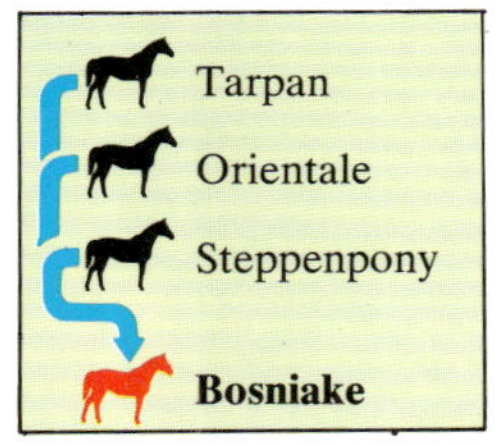

Pony
Stockmaß: 1,30 m
F: Falben, Braune, Füchse, Schimmel, Rappen
G: Kompaktes Gebirgspony ähnlich dem Huzulen
E: Ausdauer
V: Landwirtschaft

Bosniake

Wielkopolski

Furioso

Frankreich

Mehr als alle anderen westeuropäischen Regierungen kümmert sich die französische aktiv um die Pferdezucht. Diese Tradition reicht zurück bis zu den Tagen Ludwigs XIV., der eine staatliche Stelle schuf, die französischen Pferdezüchtern staatlich anerkannte Hengste zur Verfügung stellte. Daraus entwickelte sich der Service des Haras, der heute für die französische Pferdezucht verantwortlich ist.

Von ihm werden 23 Hengstdepots in ganz Frankreich unterhalten. In den besten Zuchtgebieten wie zum Beispiel der Normandie beherbergen die Depots bis zu 200 Hengste. In jedem Depot sind so verschiedene Hengste aufgestellt, daß für die verschiedenen Zuchtrichtungen – Rennen, Turniersport, Freizeit, Arbeit – immer die richtigen Hengste zur Verfügung stehen, selbst für die Fleischproduktion. Jeder Hengst ist nach strengen Kriterien – bezüglich Gebäude, sportliche Fähigkeiten, Abstammung, erfolgreiche Nachzucht – ausgewählt. Als Sportpferd findet hauptsächlich der Selle Français Verwendung. Als eingetragene Rasse gibt es ihn erst seit 1965; das Zuchtbuch faßte 45 verschiedene Rassen zusammen, von denen allerdings der Anglo-Normanne (im letzten Jahrhundert veredelt mit Norfolk Trotter und Vollblut) und der Anglo-Araber (eine Kreuzung zwischen Vollblut, Arabern und orientalischen Pferden aus dem Südwesten Frankreichs) am zahlreichsten und erfolgreichsten waren.

Der Araber hat in der französischen Pferdezucht eine bedeutende Rolle gespielt, seit er vor 1200 Jahren von den maurischen Eroberern ins Land gebracht wurde. Er taucht in der Ahnenreihe aller heutigen Pferderassen auf und wird noch immer weitgehend für Kreuzungsprodukte verwendet.

Auch der französische Vollblüter wurde aus englischen Importen gezogen, aber seit Gladiateur 1865 den Kanal in der anderen Richtung überquerte und das Derby gewann, konnten es in Frankreich gezogene Vollblüter mit den besten der Welt aufnehmen. Auch die französischen Traber sind international erfolgreich. Ihre Heimat ist die Normandie, wo die Rasse aus Kreuzungen zwischen Norfolk Trotters, Vollblütern und normannischen Stuten entstand. Sie finden auch in der Kreuzungszucht Verwendung.

Von den französischen Kaltblütern ist der Percheron im In- und Ausland am zahlreichsten vertreten. Das bekannteste Pony ist das aus der Camargue, das wild im Sumpfgebiet des Rhônedeltas lebt. Die Kopfform verrät den Einfluß von Berberblut. Das baskische Pony kommt ebenfalls wild in den Pyrenäen und an der Atlantikküste vor. Am zahmsten von diesen einheimischen Rassen ist der Landais.

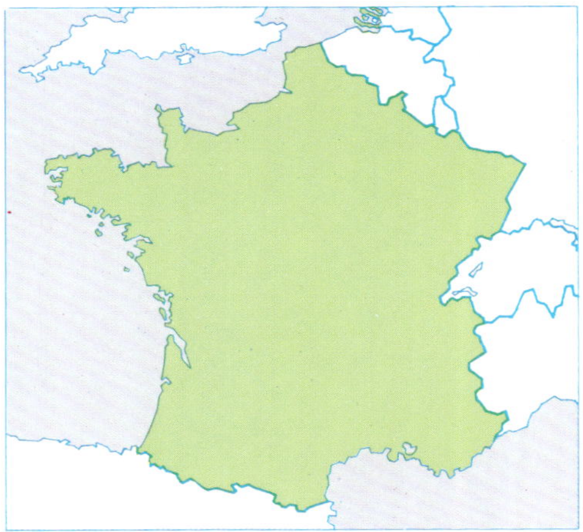

Landais

Pony
U: Region Landes
Stockmaß: 1,35 m
F: Dunkel
G: Verschieden, meist aber feingliedrig mit Araberkopf
E: Genügsam
V: Reit- und Fahrpony

Anglo-Araber

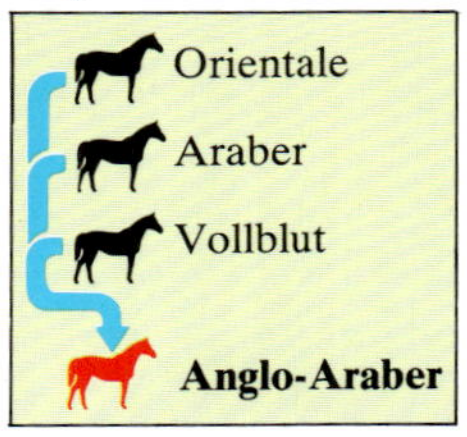

Warmblut
Stockmaß: 1,62 m
F: Grundfarben
G: Gute Schulter, wohlproportionierte, kräftige Hinterhand
E: Ausdauer, viel Gang
V: Reit-, Turnier- und Rennpferd

Comtois

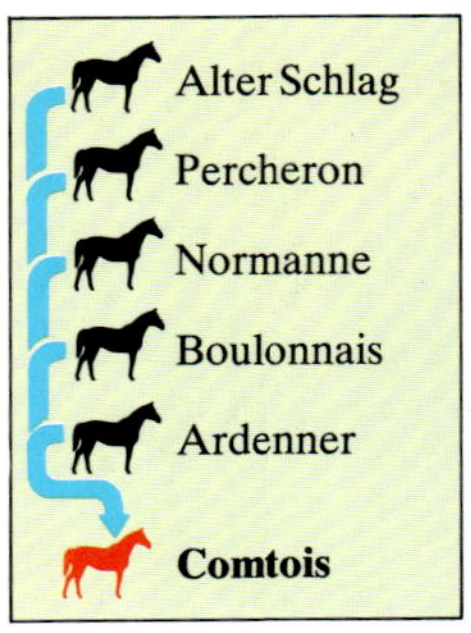

Kaltblut
U: Franche-Comté
Stockmaß: 1,55 m
F: Braune, Füchse
G: Ziemlich großer Kopf, gerader Hals, langer, gerader Rücken, wenig Behang
E: Fleißig, trittsicher
V: Landwirtschaft

Bretone

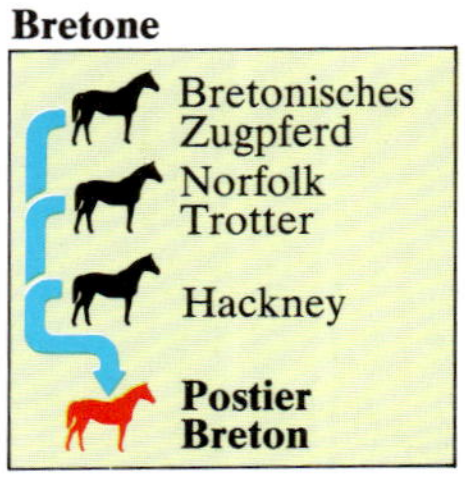

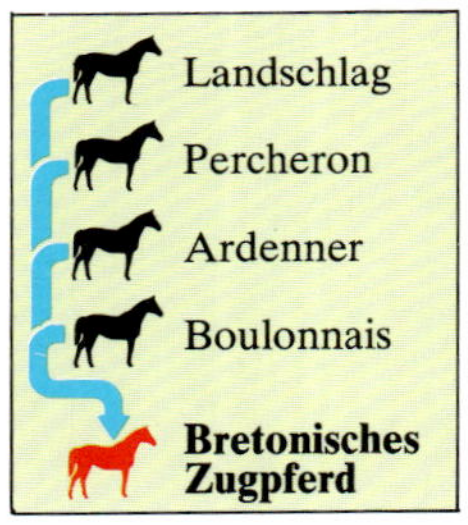

Kaltblut
Stockmaß: 1,65 m
F: Schimmel, Füchse, Braune
G: Postier Breton: Gut geschlossener Körper, edler Kopf, kurze Beine mit wenig Behang. – Bretonisches Zugpferd: Größer, länger
E: Stark und fleißig, das Zugpferd etwas phlegmatischer
V: Landwirtschaft

Boulonnais

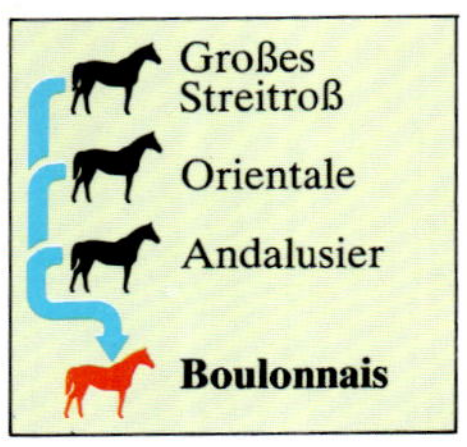

Kaltblut
U: Nordfrankreich
Stockmaß: 1,65 m
F: Schimmel, Füchse, Braune
G: Ähnlich Percheron, seidiges Fell
E: Fleißig, gutmütig
V: Zugpferd

Baskisches Pony

Stockmaß: 1,32 m
F: Fast alle Farben
G: Im Urpferdtyp, leichte Ramsnase, kleine Ohren, kurzer Hals, langer Rücken
E: Ausdauer und Härte
V: Bergbau, Reiten; kommt auch freilebend vor

Camargue-Pferd

Pony
Stockmaß: 1,45 m
F: Schimmel
G: Orientalischer Kopf, ziemlich steile Schulter, kurzer Körper, zierliche, aber starkknochige Beine
E: Hart
V: Viehtrieb, Wanderreiten; kommt auch freilebend vor

Französischer Traber

Warmblut
U: Calvados
Stockmaß: 1,65 m
F: Alle Grundfarben
G: Großes Pferd im leichten Rahmen, hoher Widerrist, starker Rücken
E: Schnell, stark
V: Trabrenn-/Reitsport, Kreuzungszucht

Selle Français
Französisches Reitpferd

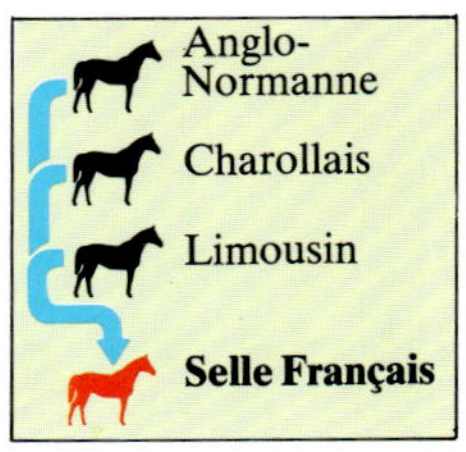

Warmblut
U: Nordfrankreich
Stockmaß: 1,62 m
F: Grundfarben
G: Großer Rahmen, mächtige Schulter, starker, ziemlich langer Rücken, viel Gurtentiefe, kräftige Hinterhand
E: Gutmütig, leistungsfähig
V: Reit-/Turnierpferd

Poitevin

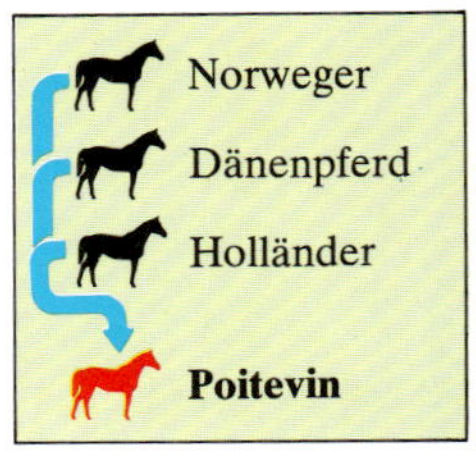

Kaltblut
Stockmaß: 1,70 m
F: Falben
G: Grober Körperbau, großer Kopf, langer Körper, breite Hufe, viel Behang
E: gutmütig
V: Kreuzung Poitevin-Stuten/Baudet Poitevin (Eselhengste von 1,62 m Stockmaß) ergibt speziell große Maultiere

Percheron

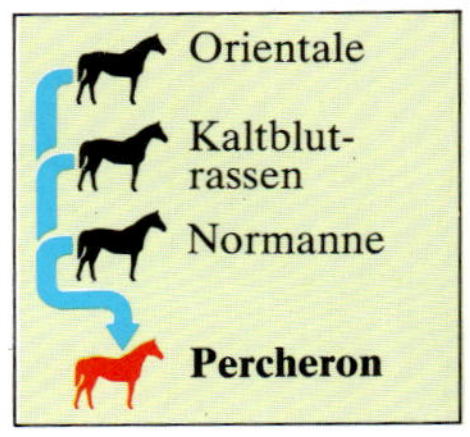

Kaltblut
Stockmaß: 1,65 m
F: Schimmel, Rappen
G: Kopf mit oriental. Einschlag, starker wohlproportionierter Körper, üppiges Langhaar, harte, trockene Beine ohne Behang
E: Guter Gang, viel Persönlichkeit
V: Zugpferd

Ardenner

Kaltblut
U: Lothringen, Champagne, Vogesenvorland
Stockmaß: 1,60–1,65 m
F: Braune, Fuchsschimmel
G: Kurz, stämmiger als die anderen Wagenpferde, untersetzt, kompakt, schwer, sehr muskulös und im großen Rahmen stehend, starker Kopf und breites Gesicht
E: Gutartig und freundlich, hart
V: Landwirtschaft – «das Wagenpferd des Nordens»

Bretone

Camargue-Pferd

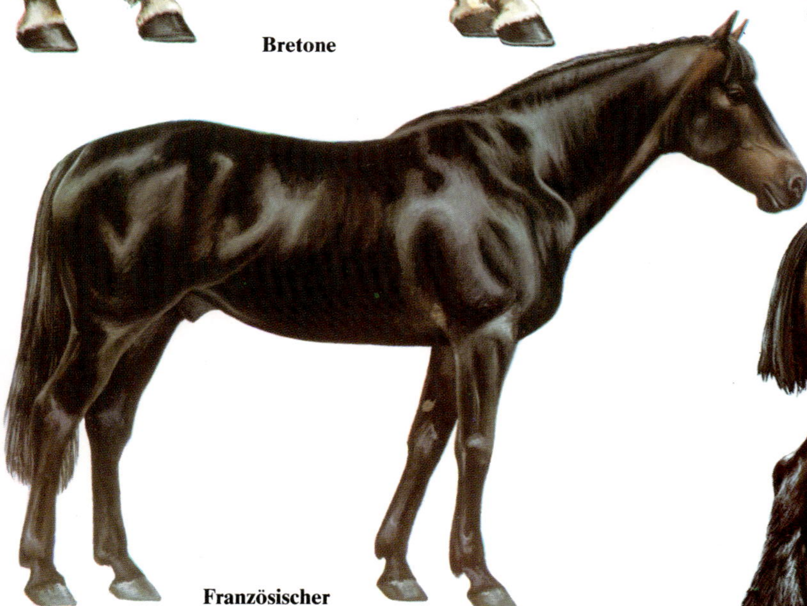

Französischer Traber

Ardenner

Percheron

Anglo-Araber

Westeuropa
Belgien war die Heimat eines der berühmtesten Pferde des Mittelalters: des Flandrischen Pferdes, eines Kaltblüters, der zum Vorfahren vieler moderner Kaltblutrassen wurde. Von ihm stammt direkt der Belgier ab, eine Rasse, die heute über die ganze Welt verbreitet ist. Die zweite Kaltblutrasse, den Ardenner, gibt es wie das Bergland, das ihr den Namen gibt, in zwei Versionen, einer belgischen und einer französischen. Er soll vom «Großen Pferd» des Mittelalters abstammen.
In den Niederlanden gibt es Zuchtbücher für Araber, Hackneys, fünf Ponyrassen, Traber, Rennpferde, Niederländisches Warmblut und drei einheimische Pferderassen: den Gelderländer, ein beliebtes Wagenpferd, den immer seltener werdenden Groninger und den Friesen, eine der ältesten europäischen Rassen.
Österreichs berühmteste Pferderasse ist der Lipizzaner, berühmt vor allem durch die «weißen Hengste» der weltbekannten Wiener Hofreitschule. Seinen Namen verdankt er seiner ursprünglichen Zuchtstätte Lipizza bei Triest. Heute wird er jedoch in Piber, im südlichen Österreich gezüchtet. Die Rasse entstand 1580, als der Habsburger Erzherzog Karl spanische Pferde (mit arabischen, berberischen und andalusischen Vorfahren) von den Pyrenäen holte. Im 18. Jahrhundert wurde italienisches, deutsches und dänisches Blut eingekreuzt. Heute verzichtet man auf Fremdblut und greift gelegentlich sogar zu Inzucht.
Im Lande gezogene Warmblüter mit Hannoveraner und Trakehner Abstammung bilden die Grundlage zur Zucht des österreichischen Reitpferdes. Vom Staat gefördert wird auch die zweite bekannte österreichische Pferderasse, der Haflinger, der ursprünglich in Hafling in der Nähe von Meran gezüchtet wurde. Der Noriker verdankt seinen Namen der römischen Provinz Noricum, wo er schon von den Römern gezüchtet wurde. Heute gibt es ihn sowohl in Österreich wie in Deutschland.
Das staatliche Gestüt der Schweiz hat seit der Jahrhundertwende Pferde für die Landwirtschaft und die Armee hervorgebracht. Es standen zwei einheimische Rassen zur Verfügung: der Einsiedler, im 11. Jahrhundert von den Mönchen der Abtei Einsiedeln gezüchtet, und der Freiberger, ein leichtes Zugpferd aus den Jura-Bergen. Als die Nachfrage nach Arbeitspferden zurückging, verlegte man sich stärker darauf, ein «Schweizer Pferd» als Reitpferd zu züchten. Aus Deutschland, Frankreich, Schweden und England wurden Hengste und Stuten eingeführt, die strenge Leistungsprüfungen zu bestehen hatten, bevor sie in die Zucht aufgenommen wurden. Das Ziel, ein Rückgang der hohen Importzahlen für Reitpferde, wurde erreicht, und die Zucht beginnt zu beweisen, daß sie es mit den anderen europäischen Warmblutrassen aufnehmen kann.

Österreich

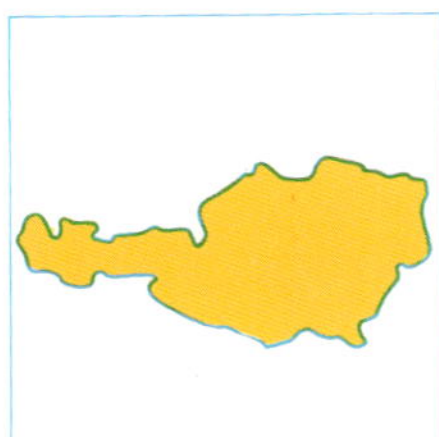

Noriker

Kaltblut
Stockmaß: 1,65 m
F: Füchse, Braune, manchmal gefleckt
G: Ziemlich großer Kopf, kurzer, dicker Hals, steile Schulter, breiter Rücken, kurze Beine
E: Trittsicher
V: In der Landwirtschaft und im Gebirge

Lipizzaner

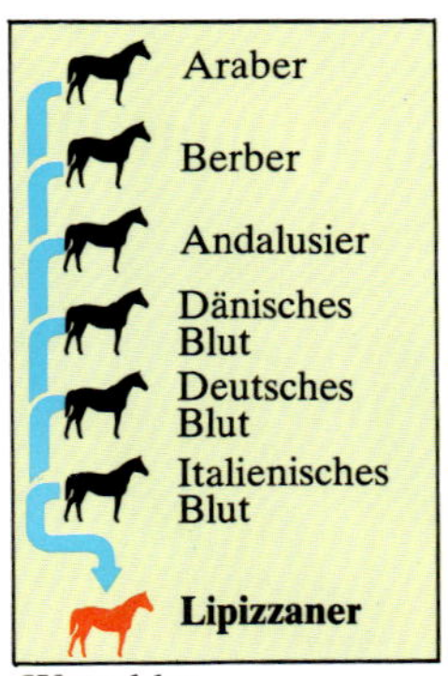

Warmblut
Stockmaß: 1,55 m
F: Schimmel
G: Recht großer Kopf, kleine Ohren, viel Hals, kompakter Körper, kurze, kräftige Beine, üppiges, feines Langhaar
E: Intelligent, leistungsstark
V: Hohe Schule und vor dem Wagen

Haflinger

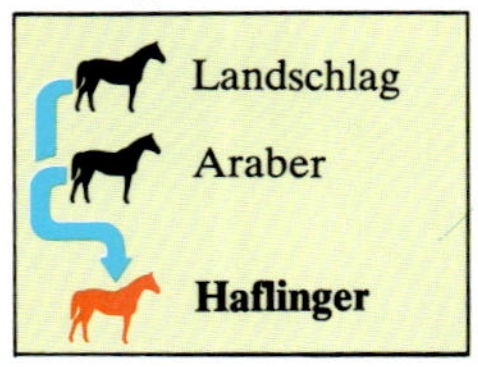

Pony
U: Tirol
Stockmaß: 1,40 m
F: Füchse mit hellem Langhaar
G: Schmal zulaufender Kopf, breite Brust, viel Gurtentiefe, langer, breiter Rücken, kurze Beine
E: Gutmütig, genügsam, hart, trittsicher
V: Arbeit im Gebirge

Belgien

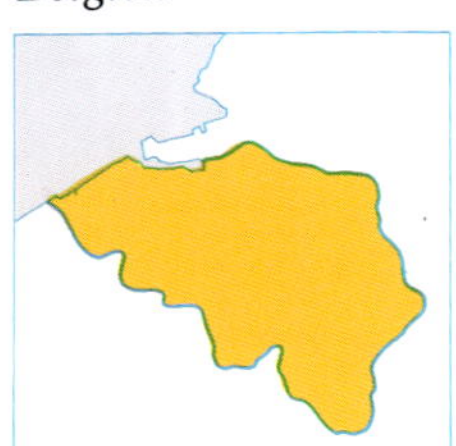

Ardenner

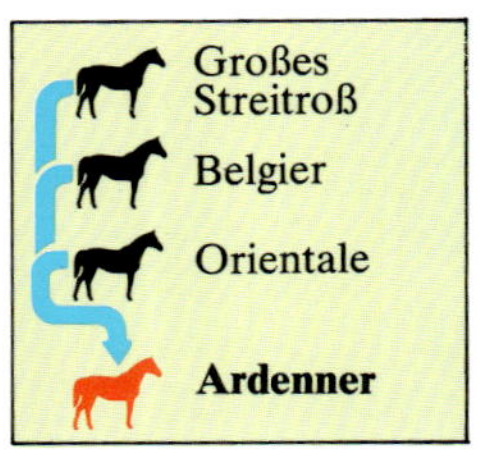

Kaltblut
Stockmaß: 1,55 m
F: Braune, Füchse, Fuchsschimmel
G: Muskulös und geschlossen, viel Hals, breite Brust, kurze Beine mit Behang
E: Stark, fleißig, gutmütig
V: Landwirtschaft

Belgier
Brabanter

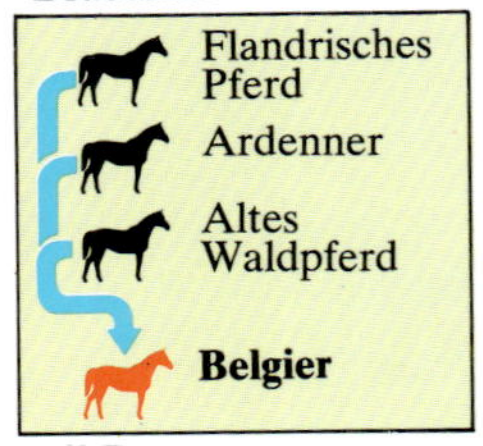

Kaltblut
Stockmaß: 1,68 m
F: Fuchsschimmel mit schwarzen Beinen, Füchse
G: Großer, schwerer Rahmen, kurzer Rükken, kurze Beine mit Behang
E: Kraft, Persönlichkeit, guter Gang
V: Zugpferd

Niederlande

Gelderländer

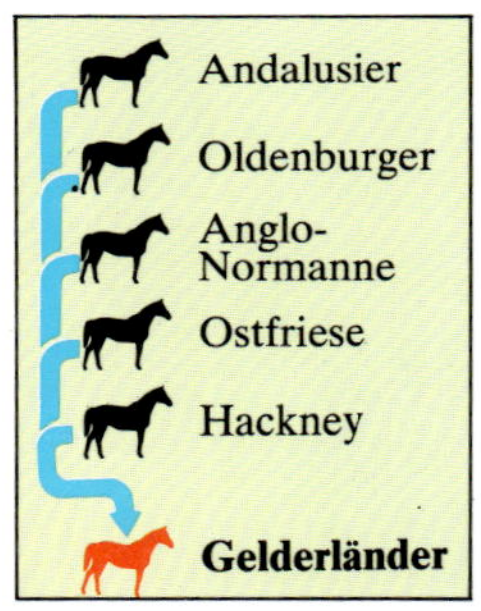

Warmblut
Stockmaß: 1,55 m
F: Füchse, Schimmel
G: Grober Kopf, viel Hals, kurzer Rücken, hoher Schweifansatz
E: Spektakulärer Gang, viel Ausstrahlung
V: Reit- und Fahrpferd

Groninger

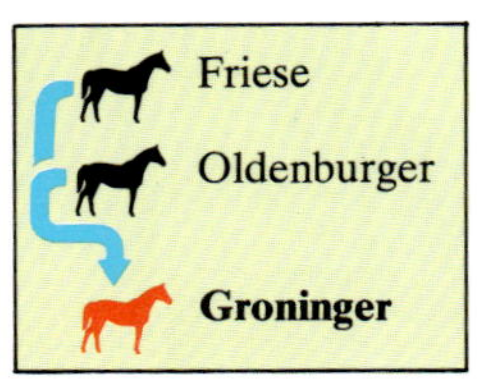

Warmblut
Stockmaß: 1,60 m
F: Dunkel
G: Gerades Profil, lange Ohren, starker, rumpfiger Körper, hoher Schweifansatz
E: Auffallender Gang, genügsam
V: Leichter Zug, Reit- und Wagenpferd

Friesenpferd

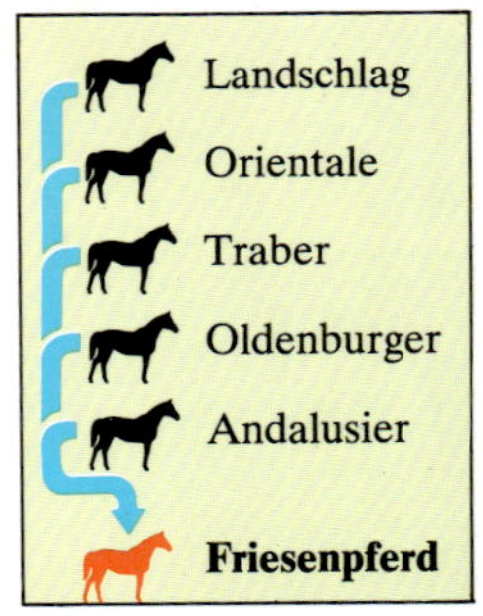

Warmblut
Stockmaß: 1,52 m
F: Nur Rappen
G: Länglicher Kopf, viel Hals, runde Hinterhand, gute Knochen, Behang und üppiges Langhaar
E: Guter Charakter
V: Im Zirkus, als Reit- und Wagenpferd

Niederländisches Zugpferd

Kaltblut
Stockmaß: 1,65 m
F: Braune, Füchse, Rappen
G: Groß mit mächtiger Vorhand und starkem, rumpfigem Körper
E: Kraft, Ausdauer, lebhaftes, aber gutmütiges Temperament
V: Zugpferd

Schweiz

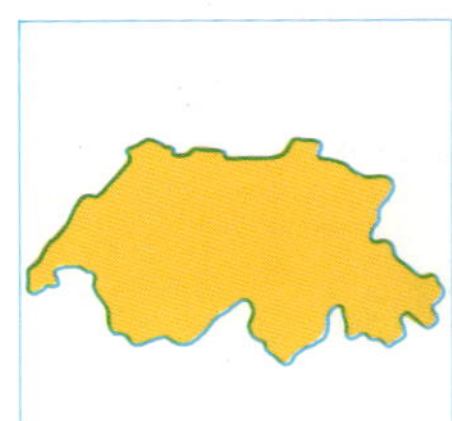

Freiberger
Warmblut
U: Schweizer Jura
Stockmaß: 1,55 m
F: Füchse, Braune
G: Großer Rahmen, kompakt
E: Ausdauer, Kraft und Fleiß

Lipizzaner

Gelderländer

Friesenpferd

Freiberger

Belgier

Freiberger Kaltblut
Englisches Halbblut
Freiberger

V: Landwirtschaft, Militär-Trainpferd

Einsiedler

Alter Schlag
Hackney
Anglo-Normanne
Einsiedler

Warmblut
Stockmaß: 1,62 m
F: Braune, Füchse
G: Harmonisch, in gutem Rahmen
E: Freie Gänge, eifrig und gutmütig
V: Reit- und Wagenpferd

Schweizer Pferd

Vollblut
Anglo-Normanne
Holsteiner
Trakehner
Hannoveraner
Schwedisches Warmblut
Schweizer Pferd

Warmblut
Stockmaß: 1,65 m
F: Alle Grundfarben
G: Kräftiges, gut gemachtes Pferd
E: Leistungsfähig, mit guten Gängen und ruhigem Temperament
V: Reit- und Wagenpferd

Großbritannien und Irland

Großbritannien und Irland haben die gleiche lange Tradition als Pferdezuchtländer. Gerade Irland hat ein paar der besten Pferde der Welt hervorgebracht. Der große englische Beitrag zur Pferdezucht war die Entwicklung der wertvollsten und schnellsten Pferderasse der Welt, des Vollblüters. An der Westküste von Irland lebt seit Jahrhunderten wild das zähe, aber hübsche Connemara-Pony, das von den gleichen Vorfahren abstammen soll wie das Highland-Pony. Der Unterschied ist darauf zurückzuführen, daß sich einheimische Ponys und spanische Ponys sowie Araber, die im 16. Jahrhundert beim Untergang der Armada an Land schwammen, in unterschiedlichem Ausmaß miteinander kreuzten.

Ein echtes irisches Kaltblut gibt es nicht, denn das Irish Draught ist halb Warmblut, halb Kaltblut. Seine Abstammung ist nicht ganz geklärt; es soll von mittelalterlichen Streitrössern und einigen europäischen Warmblütern abstammen. Ursprünglich diente es einem doppelten Zweck: die Farmer brauchten es für die Landwirtschaft, ritten aber auch darauf zur Jagd. Mit fortschreitender Mechanisierung wurde es als Arbeitstier immer überflüssiger. Aus Kreuzungen mit Vollblütern entstanden erstklassige Reitpferde.

Der Grundstock für die englische Vollblutzucht wurde in dem Jahrhundert nach 1660, als die Stuarts wieder auf den Thron kamen, gelegt. In dieser Zeit wurden mehr als 200 Araber, Türken und Berber zur Verbesserung der britischen Rennpferde importiert. Es ist nicht ganz sicher, ob diese Importe mit den einheimischen Stuten – den heute ausgestorbenen Galloway-Ponys – gekreuzt wurden oder ob die Abstammung rein orientalisch war. Sicher ist dagegen, daß die drei wichtigsten Stempelhengste der Darley Arabian (Begründer der Blutlinien Blandford, Phalaris, Gainsborough, Son in Law und St. Simon) der Byerley Turk (Herod-Linie) und der Godolphin Barb (Matcham-Linie) waren.

Die ersten Vollblüter waren unter 1,50 m groß, mit der Zeit aber wuchsen sie bis zu ihrer heutigen Durchschnittshöhe von 1,62 m. Im Verlauf dieses Formungsprozesses veränderte sich das Pferd auch in anderer Hinsicht. Anfangs wurde Ausdauer mehr geschätzt als reine Schnelligkeit, aber im 19. Jahrhundert wurden Schnelligkeit und Frühreife entscheidend. Inzwischen war das englische Vollblut auch in der ganzen Welt ein Begriff geworden. Da kein Land schnellere Pferde hervorzubringen vermochte, kauften alle Vollblüter aus England.

Der zweite große Exportartikel Englands waren seine Ponys. Es hatten sich neun verschiedene Typen entwickelt, von denen das Exmoor-Pony als das älteste gilt. Seine Ursprünge sollen bis in prähistorische Zeiten zurückreichen, als seine Vorfahren die Landbrücke überquerten, die England damals noch mit

Vollblut

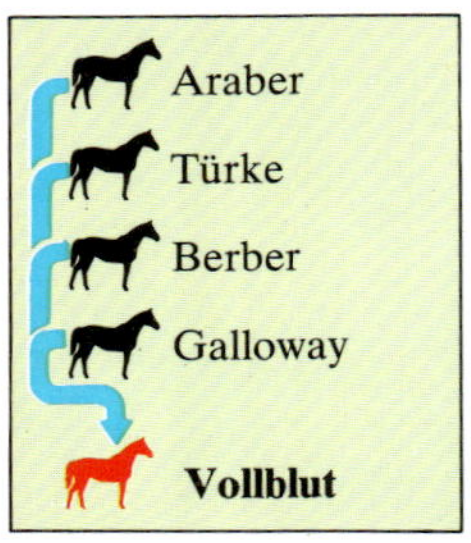

Stockmaß: 1,62 m
F: Grundfarben
G: Vom gut geschlossenen Sprinter mit großer, kräftiger Hinterhand bis zum großrahmigen Hindernisrenner mit längerem Rücken und stärkerem Knochenbau. Kopf immer elegant, Hals lang, Schulter schräg, Widerrist hoch, Fell seidig.
E: Schnell, feurig
V: Renn-/Reitsport, Veredelung anderer Rassen

Suffolk Punch

Kaltblut
U: Ostanglien
Stockmaß: 1,65 m
F: Füchse ohne Abzeichen
G: Kurze, trockene Beine, massiger Hals, mächtige Schulter, quadratischer Körper
E: Guter Gang, langlebig, genügsam, gutmütig
V: Zugpferd

Hackney

Pony und Warmblut
Stockmaß: Pferd 1,55 m; Pony unter 1,47 m
F: Dunkel
G: Kleiner Kopf, lange, steile Schuler, kräftige Hinterhand, hoch angesetzter, stolz getragener Schweif
E: Feurig, Trab mit auffallender Knieaktion
V: Fahrpferd

Fell-Pony

U: Cumbrien (Westmoreland und Cumberland)
Stockmaß: 1,35 m
F: Rappen, Braune, Dunkelbraune
G: Viel Kaliber, Röhrbeinumfang min. 20 cm, seidiger Behang, langes, lockiges Langhaar
E: Kräftig, ausdauernd, schneller Traber
V: Vielseitig; als

Wagenpferd, in der Landwirtschaft, als Packpferd und zum Wanderreiten

Irish Draught

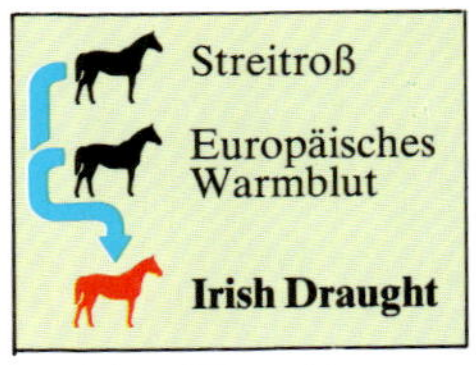

Kaltblut/Warmblut
Stockmaß: 1,62 m
F: Braune, Dunkelbraune, Schimmel
G: Gerader Kopf, kurzer, muskulöser Hals, starke, abfallende Hinterhand, kräftiger Knochenbau, etwas Behang, große, runde Hufe
E: Gutmütig, springveranlagt
V: Vielseitig, hauptsächlich aber zur Reitpferdezucht (Hunter)

New Forest-Pony

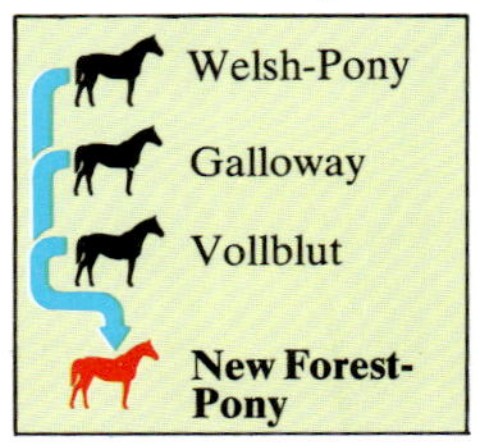

U: New Forest/Hampshire
F: Grundfarben
G: Sehr verschieden; Typ A (leichter) unter 1,37 m; Typ B (schwerer) zwischen 1,37 und 1,47 m
E: Hart, genügsam und freundlich
V: Reitpony

Welsh Cob (Section D)

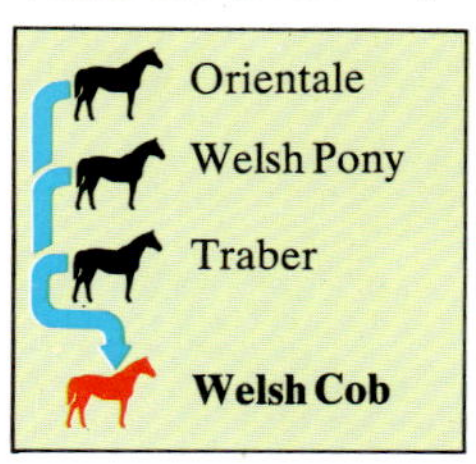

Warmblut
Stockmaß: 1,42–1,55 m
F: Grundfarben
G: Kompakt, kalibrig, mit edlem Kopf, starker Schulter, tiefem, kräftigem Rücken und seidigem Behang
E: Hohe Knieaktion, Ausdauer, Kraft und Vielseitigkeit
V: Allzweck-, Reit- und Fahrpferd

Irisches Warmblut

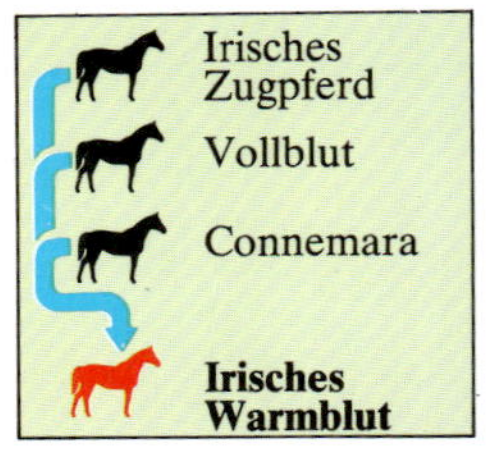

Stockmaß: 1,65 m
F: Fast alle Farben
G: Unterschiedlich
E: Stark, gutmütig, leistungsfähig
V: Reitpferd

Welsh Pony (Section B)

Stockmaß: 1,22–1,37 m
F: Grundfarben
G: Größere Ausgabe des Section A
E: Gute Gänge, freundlicher Charakter
V: Reitpony

Welsh Pony (Section C)

Stockmaß: unter 1,37 m
F: Grundfarben
G: Im Cobtyp, mit seidigem Behang
E: Hart, eifrig und genügsam
V: Fahren, Wanderreiten

Welsh Mountain-Pony (Section A)

Stockmaß: Unter 1,22 m
F: Schimmel, Braune, Füchse
G: Araberkopf, langer Hals, schräge Schulter, kurzer Rücken, hochangesetzter Schweif
E: Temperamentvoll, intelligent, sehr ausdauernd
V: Reitpony; Ausgangsbasis für die Zucht von Kinderponys

Welsh Pony

Suffolk Punch

Shire

Vollblut

Irish Draught

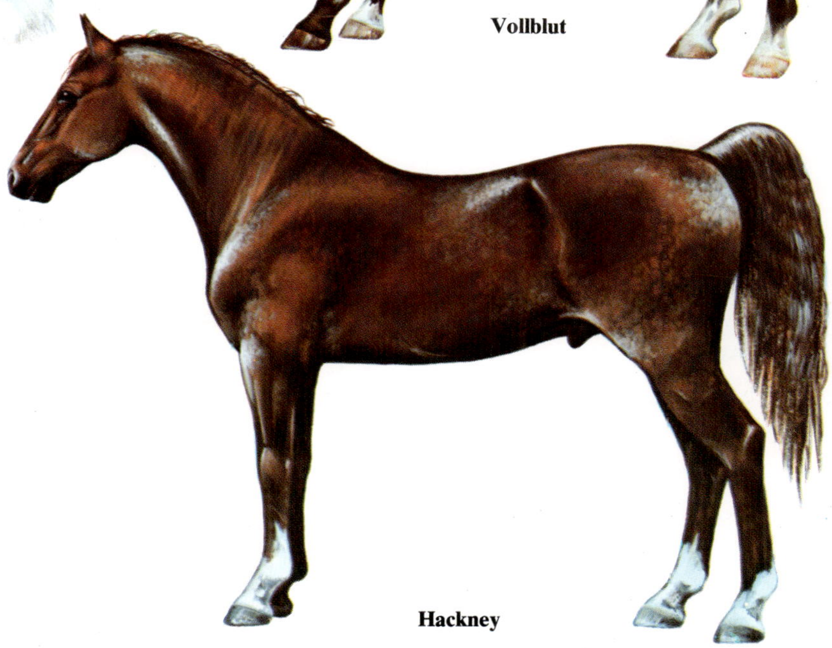
Hackney

Europa verband. – Das Dartmoor-Pony, ein naher Nachbar des Exmoor, ist größer und nicht so reinrassig. Es besitzt aber noch weniger Fremdblut als das New Forest-Pony, das – vermutlich weil es in bewohnteren Gegenden lebt – immer wieder Einkreuzungen von Arabern, Vollblütern und Galloway-Ponys erlebte. – Orientalischen Einfluß verrät auch das elegante Äußere des Welsh Mountain Ponys. – Der Welsh Cob konsolidierte sich bis zum 15. Jahrhundert. Seither leistet er den walisischen Farmern gute Dienste: Cobs arbeiten auf dem Feld, ziehen Wagen, gehen Jagen und laufen in Trabrennen. – Die Heimat des Fell-Ponys sind die Penninen-Berge. Es stammt vom Keltenpony ab und wurde hauptsächlich geprägt durch die Einkreuzung von friesischem Blut in römischer Zeit. – Abstammungsmäßig verwandt ist sein östlicher Nachbar, das Dales-Pony, das aber mehr angespannt als geritten wird. Diese Entwicklung setzte im 19. Jahrhundert ein, als ein Welsh Cob-Hengst Größe und Stärke in die Rasse einbrachte, die heute die größte der britischen Ponyrassen ist. – Das Highland-Pony hat die gleiche Abstammung wie das Fell- und das Dales-Pony. Beimischungen von arabischem und französischem sowie Clydesdale-Blut haben der Rasse jedoch ein unverwechselbares Eigenbild verliehen. – Noch weiter nördlich liegt die Heimat der Shetland-Ponys. Die Geschichte dieser kleinen, harten Pferdchen – ein Hauptexportartikel – reicht bis 500 Jahre v. Chr. zurück.

Aus den einheimischen britischen Ponys entstand auch eine sehr einflußreiche, heute ausgestorbene Rasse – der Norfolk Trotter oder Roadster. Er wurde früher viel exportiert und war Mitbegründer der meisten Traberrassen und einiger Reitpferderassen. Der nächste überlebende Verwandte ist der spektakuläre Hackney mit seiner auffallenden Knieaktion. Seit über 200 Jahren wurde in Yorkshire der Cleveland Bay gezüchtet und wie das Irish Draught doppelt genutzt. Heute wird er hauptsächlich als Wagenpferd und als Zuchtmaterial geschätzt, das, gekreuzt mit Vollblut, gute Sport- und Jagdpferde hervorbringt.

Das größte Pferd der Inseln ist der Shire. Er soll vom mittelalterlichen «Großen Pferd» abstammen. Gesicherter ist die Abstammung des kleineren, kompakteren Suffolk Punch. Jeder Vertreter dieser Rasse geht auf ein Pferd zurück, das 1760 geboren wurde. Der Clydesdale, eine schottische Kaltblutrasse, hat vermutlich eine ähnliche Abstammung wie der Shire.

Dales-Pony

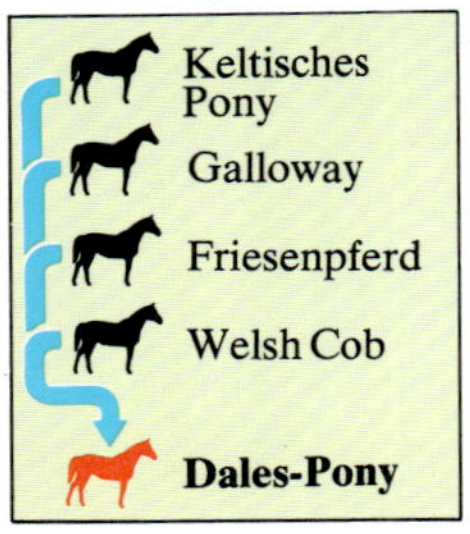

U: Östliche Penninen
Stockmaß: 1,45 m
F: Dunkel ohne Abzeichen außer gelegentlich Stern
G: Kräftiger Rahmen, steile Schulter, seidiger Behang, dickes Mähnen- und Schweifhaar
E: Stark, gutmütig, trittsicher
V: Packpferd, Landwirtschaft, Reitpferd

Exmoor-Pony

U: Exmoor, Somerset und Devon
Stockmaß: 1,22 m
F: Braune, Dunkelbraune, Falben mit schwarzen Beinen und Mehlmaul, keine Abzeichen
G: Auffallende «Froschaugen», breite Brust, starke Hinterhand, dichter, elastischer Pelz, im Winter hart und drahtig
E: Kraft und Ausdauer
V: Reitpony

Clydesdale

Kaltblut
U: Lanarkshire
Stockmaß: 1,68 m
F: Braune und Rappen mit weißen Abzeichen an Kopf und Beinen
G: Langer, schön gebogener Hals, hoher Widerrist, ausgezeichnetes Fundament, viel Behang
E: Fleißig
V: Zug

Connemara-Pony

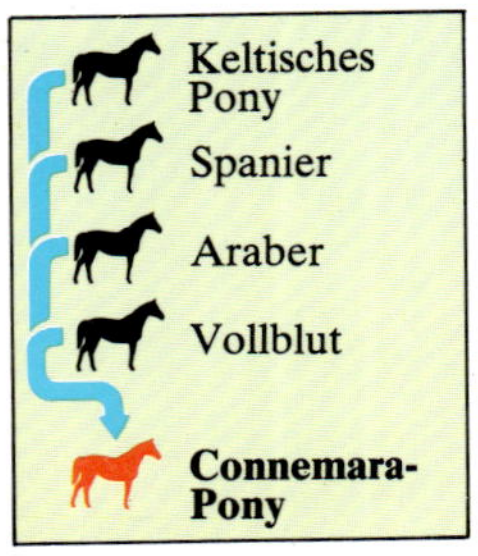

U: Grafsch. Connaught
Stockmaß: 1,40 m
F: Schimmel, Rappen, Braune
G: Kompakt, intelligenter Kopf, viel Hals, schräge Schulter, starke, abfallende Kruppe
E: Intelligent, trittsicher, hart, gutes Springvermögen
V: Reit- und Fahrpony

Cleveland Bay

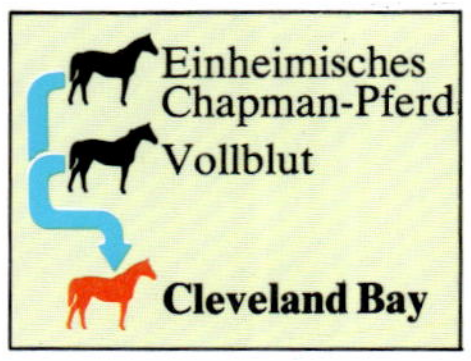

Warmblut
U: Yorkshire
Stockmaß: 1,62 m
F: Braune oder Dunkelbraune, Abzeichen unerwünscht
G: Großer Kopf mit Ramsnase, langer Rücken, hoch angesetzter Schweif, gute Knochen
E: Vielseitig, langlebig, stark
V: Reit-/Wagenpferd

Shetland-Pony

U: Shetland- und Orkney-Inseln
Stockmaß: 95 cm (geringste verzeichnete Höhe war 65 cm)
F: Rappen, Braune, Schecken
G: Kleiner Kopf, gewöhnlich Araberprofil, kleine Ohren, kurzer, kräftiger Rükken, üppiges Langhaar; Winterfell sehr dick.
E: Hart und stark
V: Vielseitig

Dartmoor-Pony

Stockmaß: 1,25 m
F: Braune, Rappen, Dunkelbraune
G: Kleiner Kopf, starke Schulter-, Nieren- und Rückenpartie, hochangesetzter Schweif, volles Mähnen- und Schweifhaar
E: Langlebig, zäh, trittsicher
V: Reitpony

Highland-Pony

U: Western Isles und Festland
Stockmaß: Festländer (Garron) 1,47 m; Inselpferd 1,37 m
F: Festland: Rappen oder Dunkelbraune mit Schattierungen zu Falben oder Schimmeln; Inseln: Falben mit Aalstrich
G: Festland: kurze Ohren, starke Nierenpartie, kurze kräftige Beine; Inseln: kleiner
E: Stark
V: Festland: Hirschjagd, Arbeit bei Kleinbauern; Inseln: Kinderpony

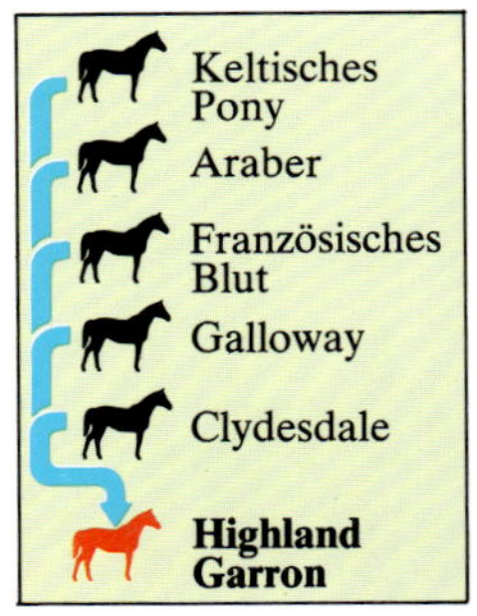

Shire

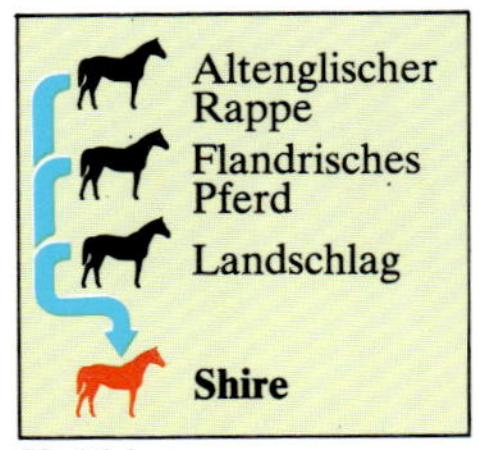

Kaltblut
U: Zentralengland
Stockmaß: 1,72 m
F: Dunkel mit weißen Abzeichen
G: Fast Ramskopf, breite Stirn, viel Hals, breiter Rücken, abfallende Kruppe, üppiger, seidiger Behang
E: Stark; die größte Pferderasse der Welt
V: Zugpferd

Dales-Pony

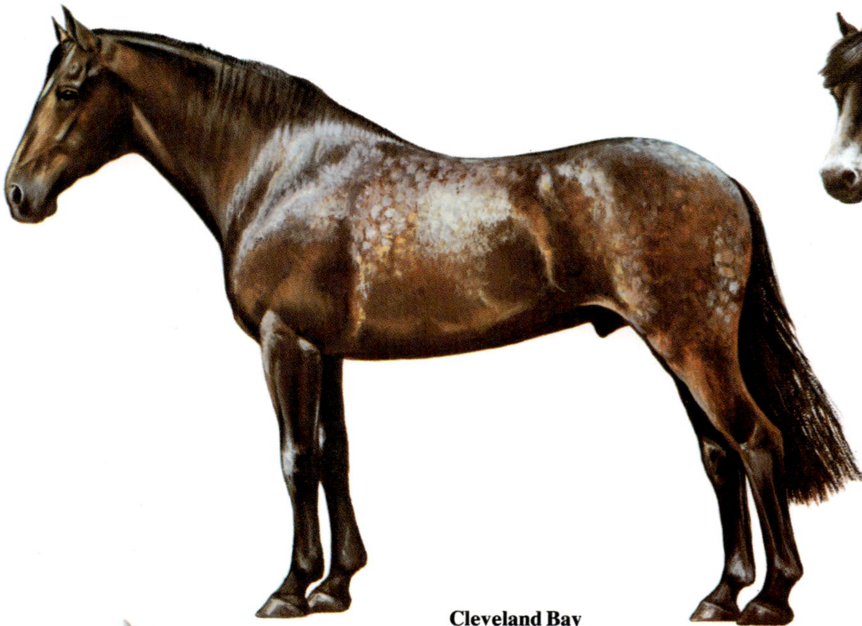
Cleveland Bay

Exmoor

Shetland

Highland

Connemara

Irisches Warmblut

Dartmoor

Südeuropa
Italien war eines der ersten europäischen Länder, das Pferdezucht in größerem Maßstab betrieb. Schon die Etrusker züchteten vor 2500 Jahren Pferde. Am berühmtesten wurde jedoch ein Produkt des Mittelalters – der Neapolitaner. In ihm vereinigte sich das Blut von Berbern, Arabern und Spaniern, und im 16. und 17. Jahrhundert war er an allen Höfen Europas das Schulpferd par excellence. Viele heutige Rassen weisen Neapolitaner unter den Vorfahren auf.
Heute schätzen die Italiener vorwiegend importierte Rassen. Von den einheimischen Rassen ist der Avelignese bei der Bergarbeit beliebt, Reitpferde wie der Murgeser, Salerner oder Kalabreser sind jedoch immer weniger gefragt. Die meisten Reitpferde kommen derzeit aus Deutschland, Frankreich und Irland.
Die spanischen Pferde können das orientalische Blut der Araber und Berber nicht verleugnen. Die berühmteste spanische Rasse, der Andalusier, führt wahrscheinlich das Blut von Orientalen ebenso wie von Norikern und dem Garrano. Daß die Rasse überhaupt überlebte, ist hauptsächlich den Kartäusermönchen zu verdanken, die sie weiterzüchtete, als im 17. Jahrhundert am spanischen Hof die schwereren Neapolitaner in Mode kamen; ferner der Familie Zapata, die ihre Herde vor der Requirierung durch die napoleonische Armee rettete. Diese beiden Blutlinien haben sich bis heute relativ rein erhalten.
Der portugiesische Altér Real hat eine ähnliche Abstammung wie der Andalusier, und auch die zweite portugiesische Rasse, der Lusitano, hat Verbindungen nach Andalusien. Er ist etwas härter als der Altér Real.
In der Gebirgsgegend Nordportugals wird der Minho oder Garrano gezogen, eine Ponyrasse mit arabischem Blut, die sich über Jahrtausende fast rein erhalten hat. Nahe der spanischen Grenze, in den Ebenen zwischen den Flüssen Sor und Raio, lebt das zähe Sorraia-Pony. Es gehört zu einer Rasse, die mit als erste domestiziert wurde. Es ist stark genug für den Viehtrieb und die Landwirtschaft.
In der Antike war Griechenland berühmt für seine Pferde und Reiter, aber heute besitzt es nur noch einige einheimische Ponyrassen. Die Bauern auf dem Peloponnes verwenden den Peneia, im gebirgigen Thessalien und Epirus wird mit dem Pindos gearbeitet, und der Skyros ist ein Kinderpony. Als Reitpferde werden meist Araber oder Lipizzaner gehalten, aber auch immer mehr andere Rassen werden importiert.

Italien

Italienisches Kaltblut

Stockmaß: 1,57 m
F: Füchse, Fuchsschimmel
G: Trockener, langer Kopf, kurzer Hals, flacher Rücken
E: Schnell, stark
V: Fleischlieferant, Landwirtschaft

Salerner

Warmblut
U: Maremma und Salerno
Stockmaß: 1,62 m
F: Grundfarben
G: Langer, edler Kopf
V: Reitpferd

Murgese

Warmblut
Stockmaß: 1,57 m
G: Im orientalischen Typ, aber schwerer im Rahmen
E: Vielseitig
V: Als Reitpferd und in der Landwirtschaft

Avelignese

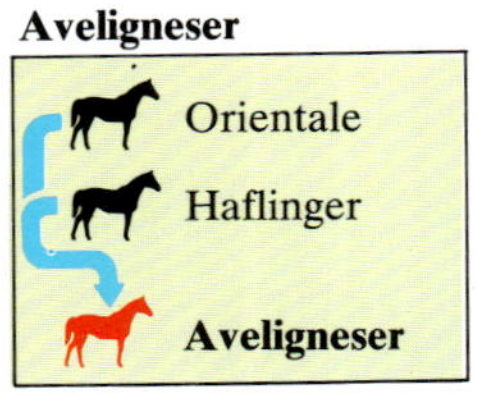

Pony
U: Alpen und Apenninen
Stockmaß: 1,42 m
F: Füchse
G: Schwer
E: Trittsicher
V: Packpferd, Landwirtschaft

Kalabreser

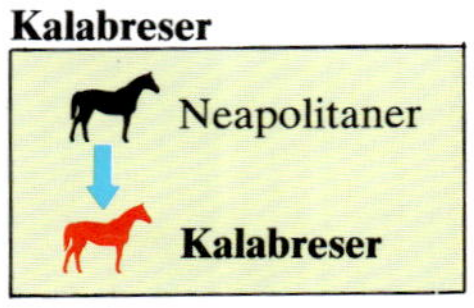

Warmblut
U: Kalabrien
F: Grundfarben
G: Mittelschwer, gut geschlossen
V: Reitpferd

Griechenland

Skyros-Pony

U: Insel Skyros
Stockmaß: 1 m
F: Falben, Braune, Schimmel
G: Leichtknochig, steile Schulter, Hinterhand oft kuhhessig
V: Pack-, Landwirtschafts- und Reitpferd

Peneia-Pony

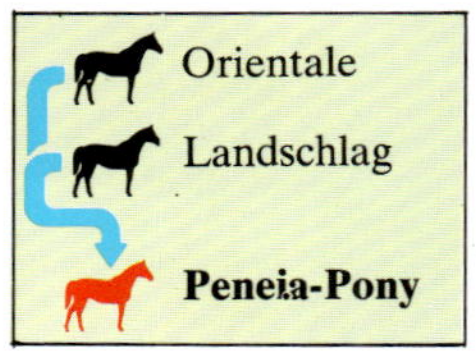

U: Peneia, Peloponnes
Stockmaß: 1–1,40 m
F: Fast alle Farben
G: Orientalisch
E: Hart, genügsam
V: Pack- und Wirtschaftspferd

Pindos-Pony

U: Bergland von Thessalien und Epirus
Stockmaß: 1,25 m
F: Dunkel, Schimmel
E: Zäh
V: Reiten, leichte landwirtschaftliche Arbeit

Spanien

Andalusier

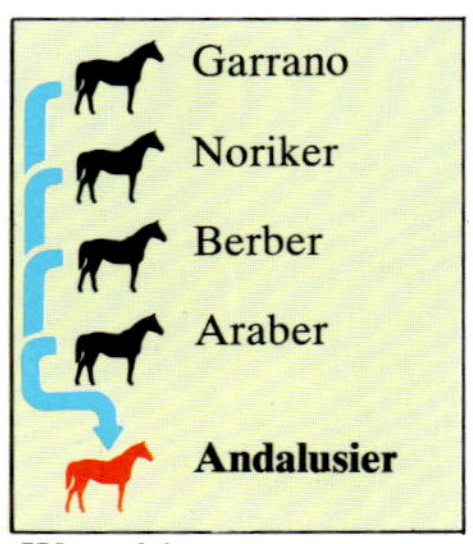

Warmblut
Stockmaß: 1,55 m
F: Schimmel, Hellbraunschimmel
G: Recht großer Kopf mit etwas Ramsnase, kräftiger, gewölbter Hals
E: Intelligent und leistungsfähig
V: Reitpferd

Hispano-Anglo-Araber

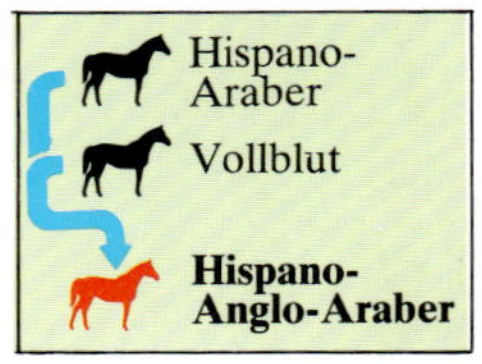

Warmblut
U: Estremadura und Andalusien
Stockmaß: 1,60 m
F: Braune, Füchse, Schimmel
V: Reit- und Sportpferd, Testen der Jungstiere

Türkei

Karacabey

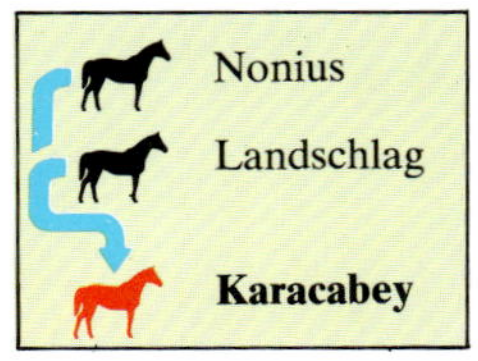

Warmblut
Stockmaß: 1,62 m
F: Grundfarben
E: Zäh
V: Reit- und leichtes Zugpferd, Landwirtschaft, Pack- u. Kavalleriepferd

Mallorca

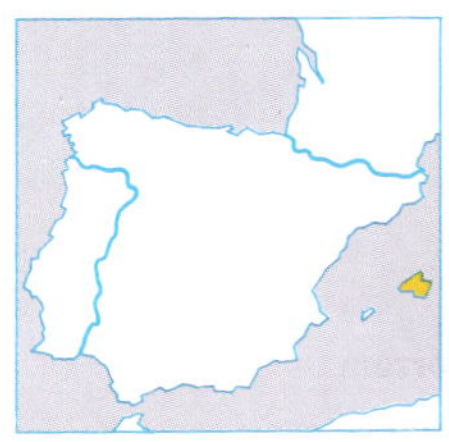

Balearisches Pony

F: Braune, Dunkelbraune
G: Trockener Kopf, gewöhnlich mit Ramsnase
E: Gutmütig
V: Landwirtschaft und vor dem Wagen

Portugal

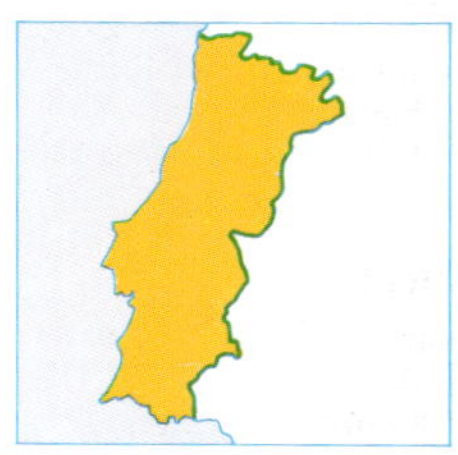

Skyros

Altér Real

Italienisches Kaltblut

Lusitano

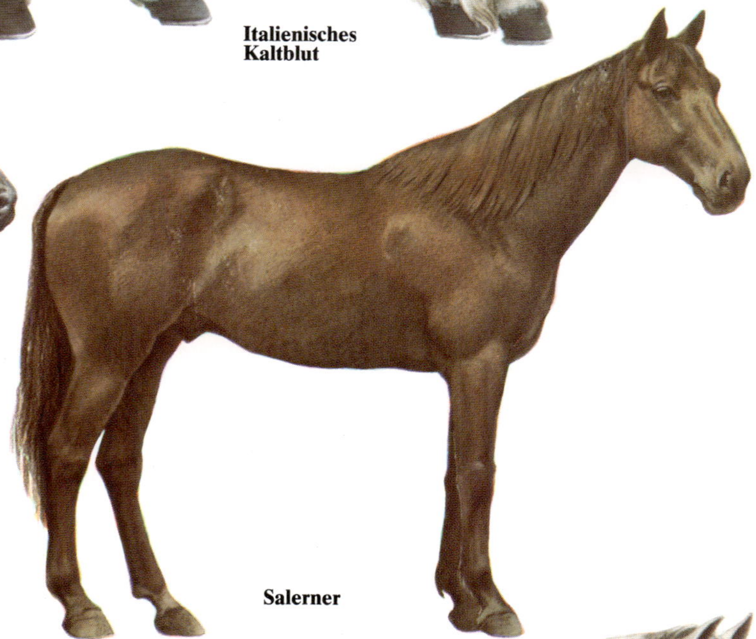

Salerner

Sorraia

Tarpan
↓
Sorraia

Pony
U: Sorraia-Flußgebiet
Stockmaß: 1,32 m
F: Falben mit Aalstrich und Streifen an den Beinen
G: Im Primitivtyp, langer Kopf mit geradem Profil, lange Ohren
E: Hart, genügsam
V: Lebt wild

Altér Real

Andalusier
Araber
Vollblut
Normanne
Hannoveraner
↓
Altér Real

Warmblut
U: Alentejo
Stockmaß: 1,57 m
F: Füchse, Braune, Rappschecken
G: Kleiner Kopf mit geradem Profil
E: Temperamentvoll
V: Reitpferd

Garrano (Minho)

Araber
↓
Garrano

Pony
U: Garranho do Minho, Traz dos Montes
Stockmaß: 1,10–1,30 m
F: Dunkelfüchse
G: Kleiner Rahmen
E: Stark
V: Reit- und Packpferd

Lusitano

Warmblut
U: Süd- und Zentralportugal
Stockmaß: 1,55 m
F: meist Schimmel, auch andere Grundfarben
G: Kleiner Kopf, massiger Hals
E: Genügsam
V: Stierkampf

Andalusier

West- und Ostdeutschland

Westdeutschland hat sich in der Zucht von Reitpferden einen Namen gemacht. Ihr Erfolg ist zu einem Großteil der großzügigen finanziellen Unterstützung durch Bund und Länder zu verdanken, aber auch der sorgfältigen und gewissenhaften Planung und Leitung aller Zuchtbemühungen. Beinahe jedes Bundesland hat seine eigene Pferdezucht; so wird z.B. der Hannoveraner in Hannover, der Holsteiner in Schleswig-Holstein gezogen. Auf nationaler Basis organisiert sind lediglich die importierten Rassen wie Vollblüter, Traber, einige Ponyrassen und Trakehner.

Nach Zahl und Erfolg die bedeutendste Warmblutrasse sind die Hannoveraner. Vom früheren schweren Streitroß wurde es im Verlauf der Jahrhunderte immer mehr verfeinert und immer vielseitiger verwendbar.

Vor dem Krieg galt der Trakehner als dem Hannoveraner überlegen. Das Gestüt wurde 1732 gegründet und 1944 vor der anrückenden russischen Armee aufgegeben. Einige wenige Hengste und 700 Stuten erreichten den Westen und bildeten den Grundstock für das heutige «Warmblut Trakehner Abstammung».

Auch der Holsteiner ist international sehr gefragt. Er wird seit dem 14. Jahrhundert auf dem Marschboden Schleswig-Holsteins gezogen; damals wurden erstmals Neapolitaner und Spanier zur Verbesserung des einheimischen Marschpferdes eingeführt. In neuerer Zeit wurde die Rasse mit Cleveland Bays und Vollblütern weiter veredelt.

Die anderen Bundesländer sind Nachzuchtgebiete, das heißt ihre Zucht baut auf diesen drei Rassen auf und wird auch heute noch durch weitere Blutzufuhr aus diesen Gebieten sowie durch Araber und Vollblüter verbessert. Keine der deutschen Warmblutrassen ist reingezogen. Wenn nötig wurde immer Fremdblut (ausschließlich mit anerkannter Abstammung) zur Verbesserung zugeführt. Fast alle Warmblutzuchten arbeiten heute auf einen Standard-Sportpferdtyp hin: das «Deutsche Reitpferd».

Auch reine eigene Ponyrassen besitzt Deutschland nicht. Es gibt nur eine einzige einheimische Rasse, den Dülmener, der in Freiheit auf dem Besitz des Herzogs von Croy zu Hause ist.

Auch die deutschen Kaltblutschläge entwickelten sich hauptsächlich unter Verwendung von importiertem Material. Das Rheinische Kaltblut und das Schleswiger Kaltblut entstanden im 19. Jahrhundert durch die Vermischung fremder Rassen.

Ostdeutschland, die DDR, ist als Pferdezuchtland recht isoliert und macht auch, im Gegensatz zu anderen Ostblockstaaten, wenig Anstrengungen, Pferde nach dem Westen zu exportieren. Der dort gezüchtete Mecklenburger geht auf Hannoveraner Blut zurück.

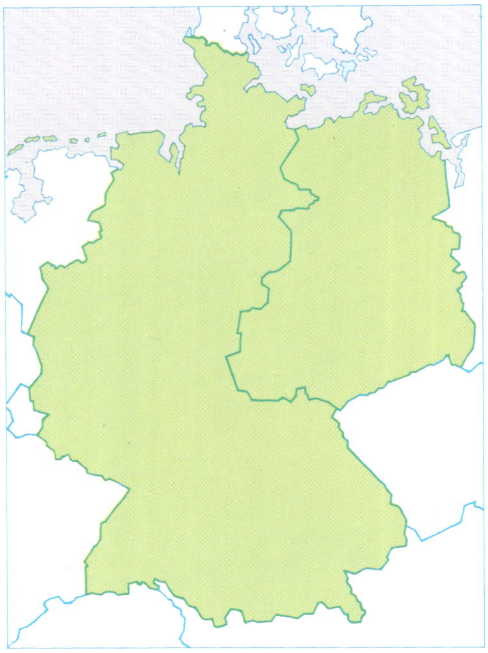

Hannoveraner

- Großes Streitroß
- Trakehner
- Araber
- Vollblut
- Yorkshire Coach Horse
- → **Hannoveraner**

Warmblut
Stockmaß: 1,65–1,70 m
F: Grundfarben
G: Kraftvoll
E: Leistungsfähig
V: Reit-/Turnierpferd

Hesse Rheinland-Pfälzer

- Deutsches Warmblut
- Araber
- Vollblut
- → **Hesse, Rheinl.-Pfälzer**

Warmblut
Stockmaß: 1,65 m
G: Großlinig, harmonisch
E: Guter Charakter
V: Reit-/Turnierpferd

Ostfriese

- Altes Friesenpferd
- Hannoveraner
- Oldenburger
- → **Ostfriese**

Existiert als eigenständige Rasse nicht mehr. Ursprünglich schweres Wagenpferd. 1975 Übernahme der Ostfriesen-Stuten in das Hannoversche Stutbuch.

Dülmener

Pony
Stockmaß: 1,30 m
F: Dunkelbraune, Falben
G: Unterschiedlich
V: Lebt frei im Wildgestüt nahe Dülmen; Reitpony

Württemberger

- Araber
- Anglo-Normanne
- Nonius
- Oldenburger
- Trakehner
- Suffolk Punch
- → **Württemberger**

Warmblut
Stockmaß: 1,62 m
F: Rappen, Dunkelbraune, Braune, Füchse
G: Alter Schlag: Stämmiger Cob-Typ; neuere Zucht: Modernes Reitpferd
E: Hart
V: Reit- und Wagenpferd

Schleswiger Kaltblut

F: Füchse mit hellem Langhaar

- Alter Landschlag
- Jütländer
- Suffolk Punch
- Boulonnais
- Bretone
- → **Schleswiger**

G: Wie Jütländer, S. 66
V: Zugpferd

Holsteiner

- Marschpferd
- Orientale
- Andalusier
- Cleveland Bay
- Vollblut
- → **Holsteiner**

Warmblut
Stockmaß: 1,65 m
F: Überwiegend Braune, Hellbraune
G: Etwas schwerer als der Hannoveraner
E: Hohe Gänge
V: Für alle Zwecke

Trakehner

- Orientale
- Schweiken
- Vollblut
- → **Trakehner**

Jetzt «Warmblutpferd Trakehner Abstammung»
Stockmaß: 1,65 m
F: Meist dunkel, aber auch Schimmel, Füchse
E: Intelligent, viel Gang
V: Reit-/Turnierpferd

Bayerisches Warmblut

- Cleveland Bay
- Zweibrücker
- Normanne
- Oldenburger
- → Rottaler
- → **Bayerisches Warmblut**

U: Niederbayern
Stockmaß: 1,62 m
F: Grundfarben
G: Mittlerer Rahmen, viel Gurtentiefe
V: Reitpferd

Rheinisch-deutsches Kaltblut

- Ardenner
- Altes Waldpferd
- Flandrisches Pferd
- → **Rhein.-dtsch. Kaltblut**

Stockmaß: 1,65 m
G: Schwer und kompakt
E: Frühreif, stark
V: Zugpferd

Mecklenburger (DDR)

- Hannoveraner
- → **Mecklenburger**

Warmblut
Stockmaß: 1,62 m
F: Grundfarben
G: Kleinere Ausgabe des Hannoveraners
V: Reitpferd

Westfale

- Hannoveraner
- Araber
- Vollblut
- → **Westfale**

Warmblut
Stockmaß: 1,65 m
F: Grundfarben
G, E, V: Wie Hannoveraner

Oldenburger

- Andalusier
- Berber
- Hannoveraner
- Cleveland Bay
- Vollblut
- Anglo-Normanne
- → **Oldenburger**

Warmblut
Stockmaß: 1,70 m
G: Größter deutscher Warmblüter
V: Reit- und Wagenpferd

Trakehner

Ostfriese

Oldenburger

Holsteiner

Schleswiger Kaltblut

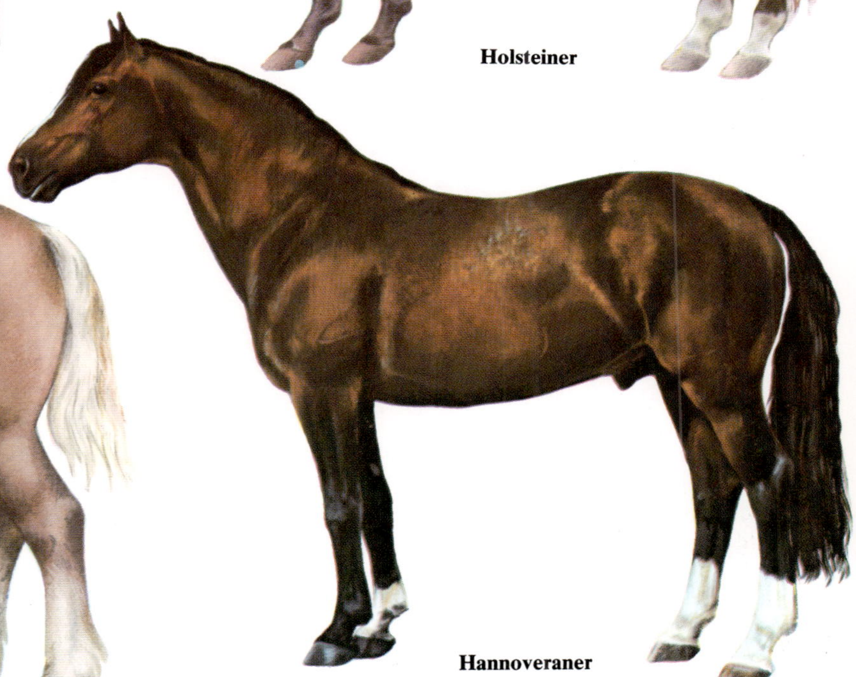

Hannoveraner

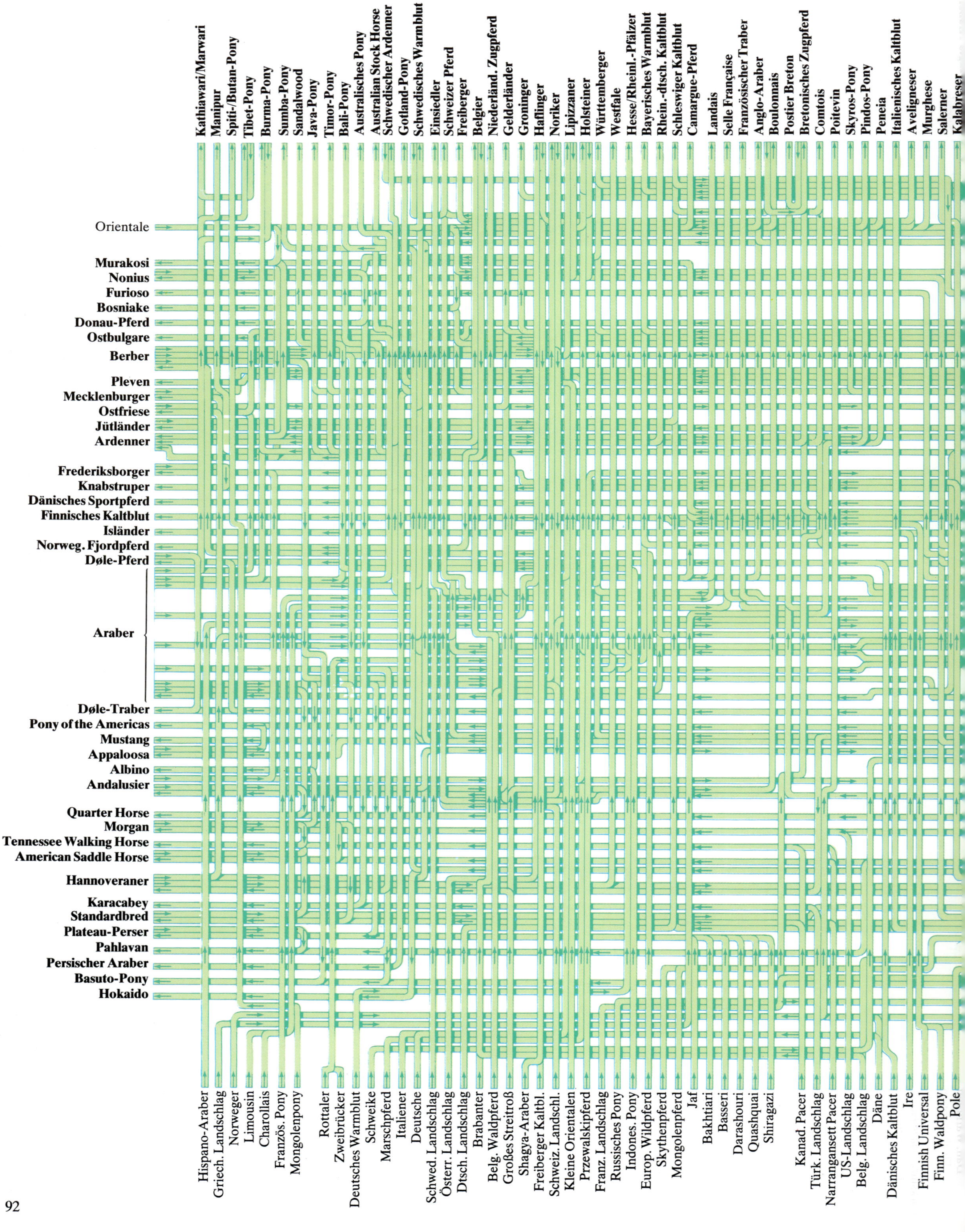
Kathiawari/Marwari
Manipur
Spiti-/Butan-Pony
Tibet-Pony
Burma-Pony
Sumba-Pony
Sandalwood
Java-Pony
Timor-Pony
Bali-Pony
Australisches Pony
Australian Stock Horse
Schwedischer Ardenner
Gotland-Pony
Schwedisches Warmblut
Einsiedler
Schweizer Pferd
Freiberger
Belgier
Niederländ. Zugpferd
Gelderländer
Groninger
Haflinger
Noriker
Lipizzaner
Holsteiner
Württemberger
Westfale
Hesse/Rheinl.-Pfälzer
Bayerisches Warmblut
Rhein.-dtsch. Kaltblut
Schleswiger Kaltblut
Camargue-Pferd
Landais
Selle Française
Französischer Traber
Anglo-Araber
Boulonnais
Postier Breton
Bretonisches Zugpferd
Comtois
Poitevin
Skyros-Pony
Pindos-Pony
Peneia
Italienisches Kaltblut
Aveligneser
Murghese
Salerner
Kalabreser
Orientale
Murakosi
Nonius
Furioso
Bosniake
Donau-Pferd
Ostbulgare
Berber
Pleven
Mecklenburger
Ostfriese
Jütländer
Ardenner
Frederiksborger
Knabstruper
Dänisches Sportpferd
Finnisches Kaltblut
Isländer
Norweg. Fjordpferd
Døle-Pferd
Araber
Døle-Traber
Pony of the Americas
Mustang
Appaloosa
Albino
Andalusier
Quarter Horse
Morgan
Tennessee Walking Horse
American Saddle Horse
Hannoveraner
Karacabey
Standardbred
Plateau-Perser
Pahlavan
Persischer Araber
Basuto-Pony
Hokaido
Hispano-Araber
Griech. Landschlag
Norweger
Limousin
Charollais
Französ. Pony
Mongolenpony
Rottaler
Zweibrücker
Deutsches Warmblut
Schweike
Marschpferd
Italiener
Deutsche
Schwed. Landschlag
Österr. Landschlag
Dtsch. Landschlag
Brabanter
Belg. Waldpferd
Großes Streitroß
Shagya-Araber
Freiberger Kaltbl.
Schweiz. Landschl.
Kleine Orientalen
Przewalskipferd
Franz. Landschlag
Russisches Pony
Indones. Pony
Europ. Wildpferd
Skythenpferd
Mongolenpferd
Jaf
Bakhtiari
Basseri
Darashouri
Quashquai
Shiragazi
Kanad. Pacer
Türk. Landschlag
Narragansett Pacer
US-Landschlag
Belg. Landschlag
Däne
Dänisches Kaltblut
Ire
Finnish Universal
Finn. Waldpony
Pole

Die Verbindung zwischen den wichtigsten Pferderassen der Welt (fettgedruckt die in diesem Kapitel behandelten Rassen). Wenn man die Pfeile zurückverfolgt, kann man Ursprung und Querverbindungen der einzelnen Rassen feststellen.

Fünftes Kapitel

Pferdekauf

Selbst für einen erfahrenen Reiter ist der Pferdekauf mit vielen Risiken belastet. Es kann sich zum Beispiel später herausstellen, daß das Pferd nicht gesund ist, an anderen Pferden klebt, steigt oder durchgeht, nicht verkehrssicher oder bösartig ist. Es kann auch ein Ausbund an Tugend sein, aber trotzdem nicht das Pferd, das er haben wollte. Ein Freizeitpferd muß anderen Anforderungen genügen als ein Militarypferd. Der Pferdekauf ist eine ebenso persönliche Entscheidung wie eine Heirat.

Man kann auf manche Arten zu einem Pferd kommen. Viele werden in Reiter- und Tageszeitungen angeboten. Aber wenn man zum erstenmal ein Pferd kauft, sucht man sich besser einen vertrauenswürdigen, möglichst von erfahrenen Freunden empfohlenen Händler und verläßt sich auf sein Urteil. Damit fährt man viel besser, als wenn man auf einem Pferdemarkt kauft. Hier wird oftmals versucht, schwer verkäufliche Ware an den Mann zu bringen, chronisch kranke Pferde etwa, die nur unter Drogen gesund erscheinen, oder bösartige Tiere. Wenn man ein Pferd als garantiert gesund erworben hat, das aber nicht stimmt, kann man wohl den Kauf anfechten oder rückgängig machen; aber es ist empfehlenswert, es gar nicht erst darauf ankommen zu lassen. Die Begleitung eines befreundeten Fachmannes ist für den Anfänger in jedem Fall ein nicht zu unterschätzender Vorteil.

Worauf man achten muß

In England sagt man, daß ein gutes Pferd «in eine Schachtel passen» muß. Damit ist gemeint, daß ein Pferd mit klassischem Gebäude – abgesehen von Kopf und Hals – in ein Rechteck passen sollte. Dieser Pferdetyp ist und bleibt am ehesten gesund.

Natürlich sind gute Extremitäten sehr wichtig. Die Vorderbeine sollten insgesamt lieber etwas vor- als rückbiegig erscheinen. Wichtig ist auch der Schwerpunkt des Pferdes – er kann je nach Gebäude mehr vorn (langgestreckt) oder mehr hinten (kurzgebaut) liegen und beeinflußt Schnelligkeit oder Wendigkeit. Ein normal gut gebautes Pferd bietet als sogenanntes «Gleichgewichtspferd» da keine Probleme.

Den Charakter eines Pferdes erkennt man am besten am Auge. Ein mutiges, aber gutmütiges und nicht zu kleines Auge deutet auf ein zuverlässiges, sympathisches Temperament hin. Kleine Schweinsaugen dagegen sind, besonders wenn die Stirn dazwischen vorgewölbt ist und in eine Ramsnase übergeht, ein sicheres Zeichen für Unzuverlässigkeit.

Die Rolle des Tierarztes

Vor Kaufabschluß sollte das Pferd immer von einem Tierarzt untersucht werden. Die Untersuchung beginnt mit der Vorführung an der

Links oben: Gebot bei einer Pferde-Versteigerung. – *Rechts oben:* Ein Pferd wird Interessenten im Verkaufsring vorgeführt. *Links Mitte:* Ein erfolgreicher Kauf. – *Links unten:* Die tierärztliche Untersuchung – eine wichtige Phase bei jedem Kauf.
Rechts unten: Ausprobieren vor dem Kauf. Wichtig beim Pferdekauf: Gebäude, Gänge, Gesundheit und Eignung für den zukünftigen Reiter, sowohl temperaments- als auch leistungsmäßig. Bei den ersten drei Punkten soll der Tierarzt helfen, die beiden letzten muß der Reiter – ehrlich vor sich selbst – beurteilen. Man sollte das Pferd möglichst gründlich ausprobieren. Gut ist eine große Wiese, auf der sich zeigt, ob das Pferd korrekte und reine Gänge hat; als Gehorsamsprobe reitet man am Stall vorbei und ein Stück die Straße entlang, ob es auch verkehrssicher ist.

Hand, bei der sich zeigt, ob die Gliedmaßen gesund sind und das Pferd korrekt geht. Das kann man sehen und auch am gleichmäßigen Auffußen hören. Ein krankes Pferd schont das lahme Bein und setzt es so kurz wie möglich auf. Bei ausgeprägter Lahmheit «nickt» es mit dem Kopf nach der gesunden Seite, auf die es das Gewicht verlagert. Danach werden Beine und Hufe untersucht. Der Tierarzt fühlt sie ab nach Hitze, Schwellungen, Knochenauswüchsen wie Überbeinen, Spat oder Schale oder Anzeichen für Gallen, Hasenhacken oder verdickte Sehnen. Fällt diese Untersuchung zufriedenstellend aus, werden Augen, Maul, Nüstern und Zähne untersucht.
Danach wird das Pferd ausgiebig bewegt, um Herz und Lunge auf ihre Funktionstüchtigkeit überprüfen zu können. Etwaige Atemschwierigkeiten verraten sich durch ein pfeifendes oder rohrendes Geräusch beim Galoppieren. Pferde mit Atembeschwerden leiden oft auch unter Herzschwierigkeiten. Deshalb wird auch das Herz nach der Bewegung abgehört. Abschließend wird die allgemeine Verfassung des Pferdes beurteilt, möglicherweise auch

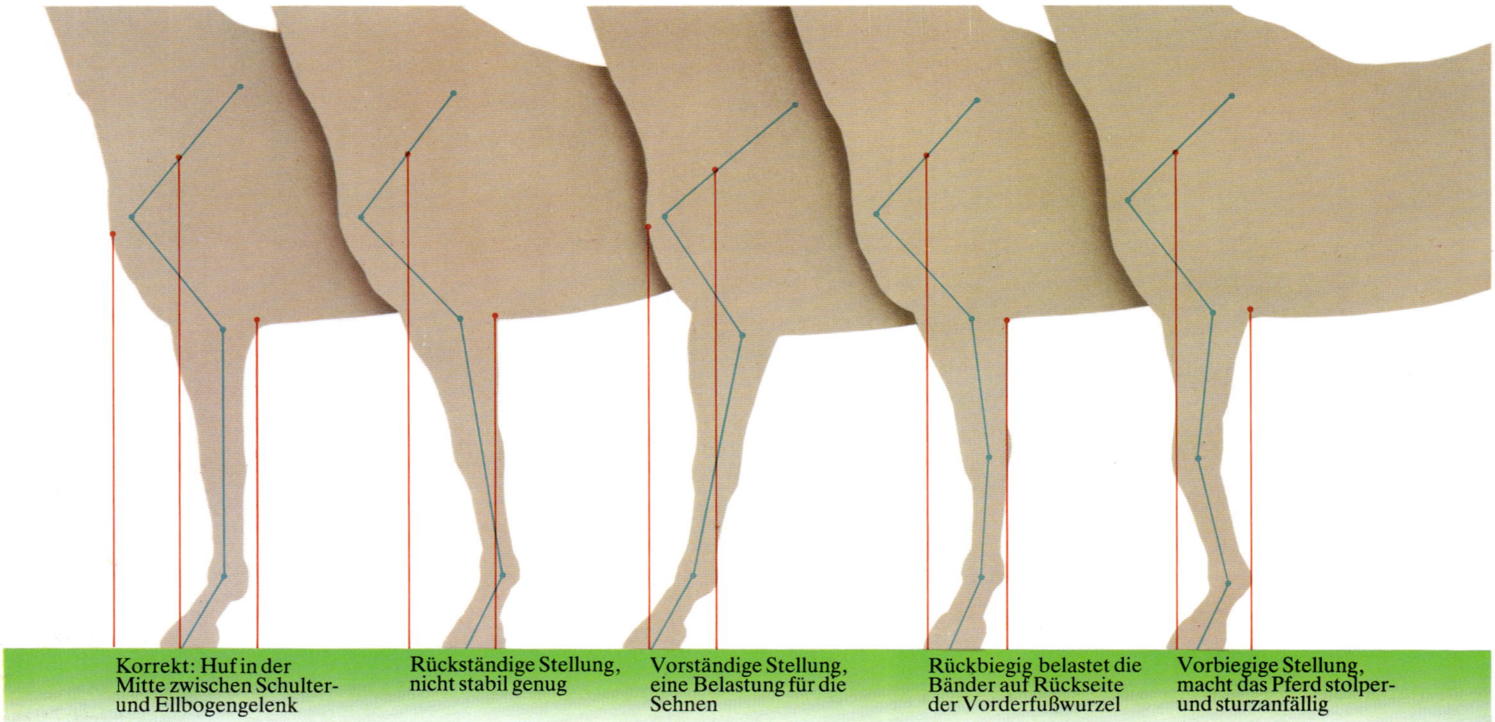

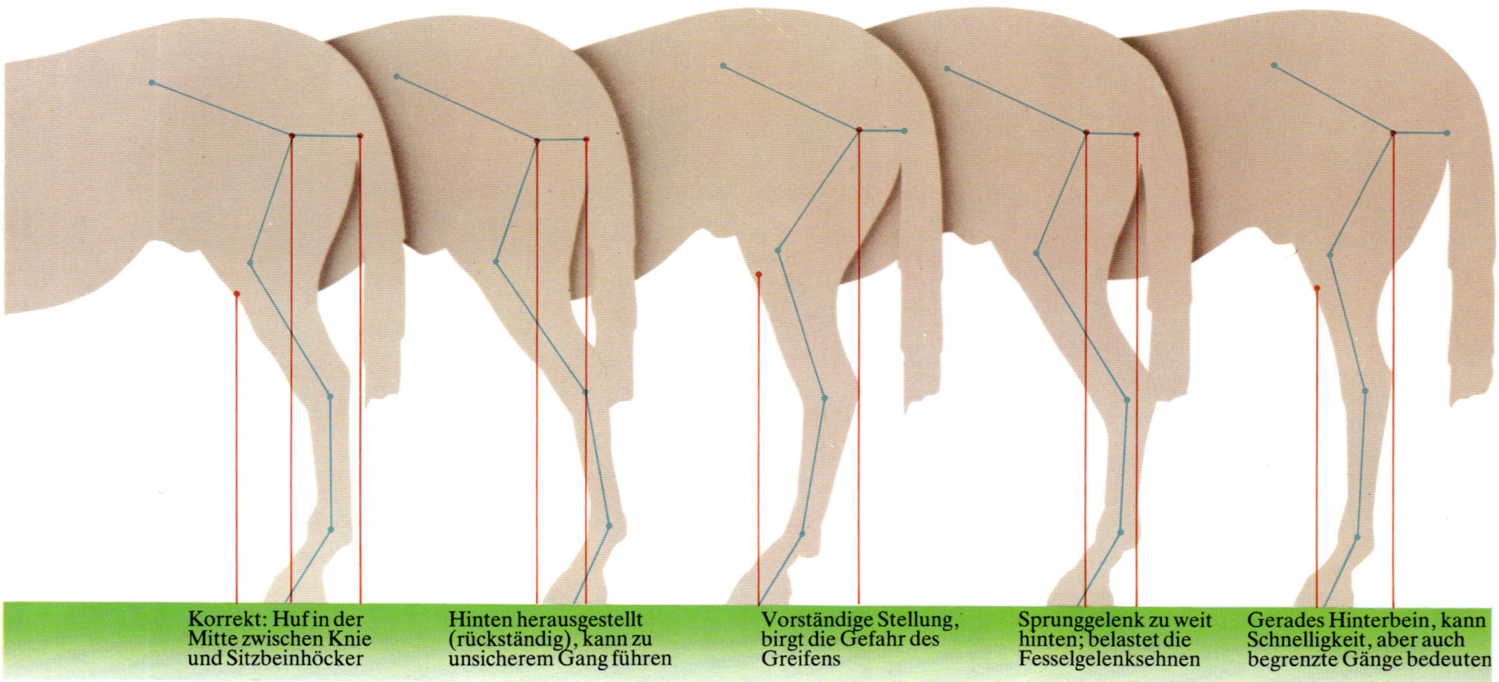

eine Untersuchung auf Würmer und andere Parasiten veranlaßt.
Die Beurteilung durch den Tierarzt sollte ausschlaggebend für die Kaufentscheidung sein.

Pferdekauf auf Probe

Manchmal darf man ein Pferd eine gewisse Zeit ausprobieren. Meist setzt dies aber voraus, daß der Käufer dem Verkäufer persönlich bekannt ist. Man kann von keinem Händler erwarten, daß er einem unerfahrenen Kunden ein Pferd anvertraut.
Besonders wertvoll ist eine Probezeit, wenn man ein Pony für ein Kind kaufen will. Hier kommt zu den normalen Problemen hinzu, daß das Kind nicht viel Kraft und – wahrscheinlich – nicht viel Erfahrung hat. Der wichtigste Punkt ist die Sicherheit des Kindes. Es ist deshalb absolut notwendig, nur von unbedingt vertrauenswürdigen Leuten zu kaufen, die für die Straßensicherheit und den Gehorsam des Ponys garantieren.
Machen Sie nicht den Fehler, als erstes Pferd ein zu junges Tier zu kaufen. Ein gutausgebildetes Pferd, das weiß, was man von ihm erwartet und willig mitarbeitet, ist ein weit besserer Kauf als ein junges, unerfahrenes Tier. Zwei Anfänger zusammen sind eine schlechte Kombination. Höchstwahrscheinlich gewinnt das Pferd die Oberhand über den unerfahre-

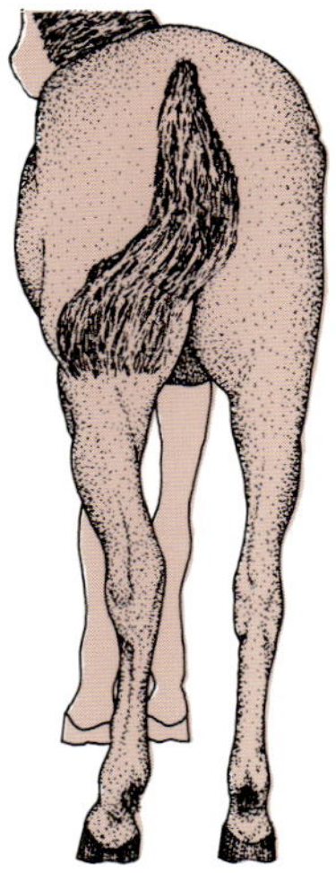

Korrekte Stellung. Sitzbeinhöcker, Sprunggelenk und Huf in einer Linie

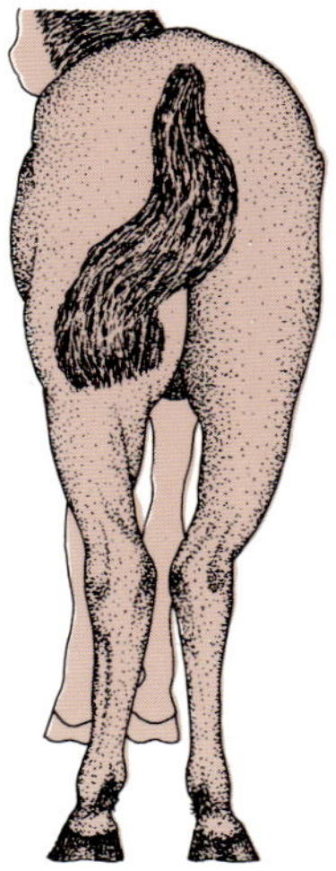

Kuhhessig gestellte Pferde wirken ungeschickt, haben aber keine Probleme, wenn die Beine stark genug sind

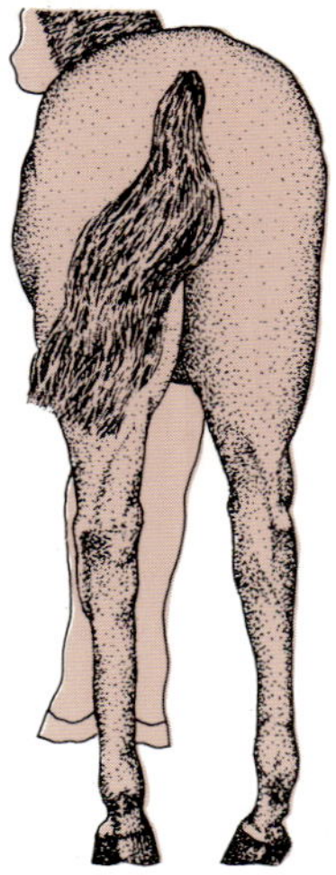

Faßbeinige Stellung = Belastung der Sprunggelenke und Bänder

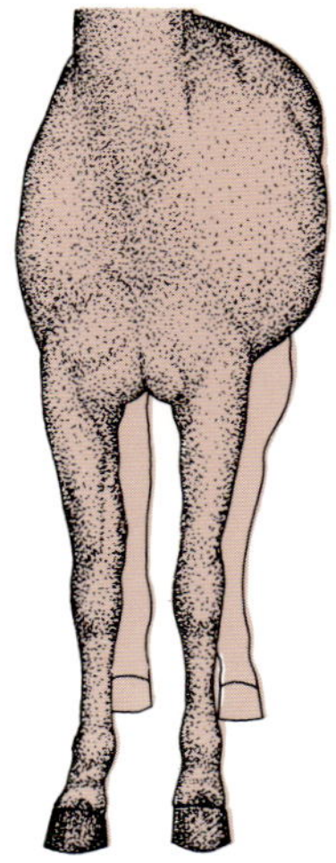

Korrekt: Schultergelenk, Vorderfußwurzel und Huf in einer Linie

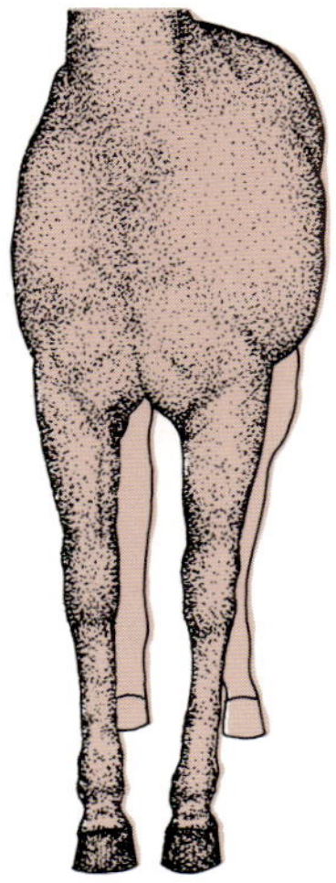

Zeheneng: Belastet die Vorderfußwurzeln = Neigung zum Stolpern

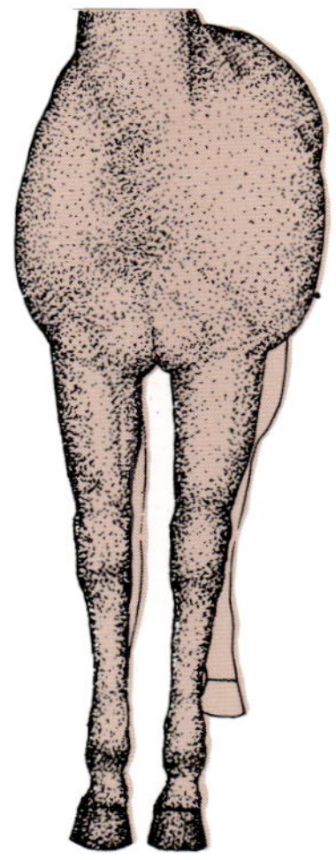

Bodenenge Stellung: Herz hat weniger Platz. Pferd streift sich leicht.

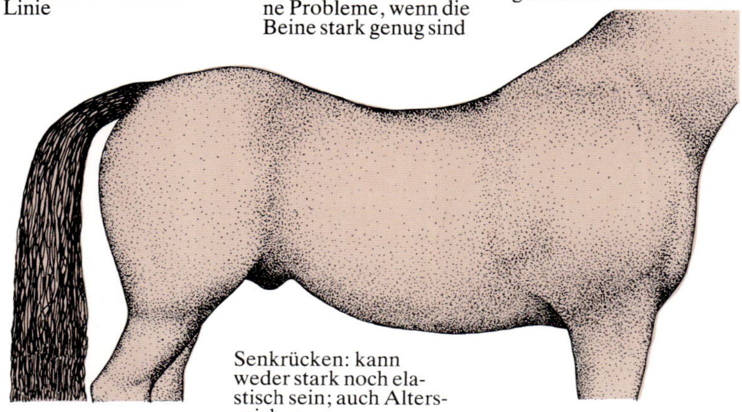

Senkrücken: kann weder stark noch elastisch sein; auch Alterszeichen

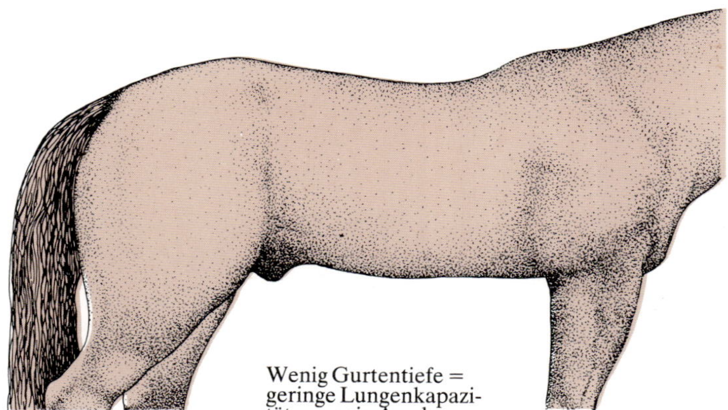

Wenig Gurtentiefe = geringe Lungenkapazität = wenig Ausdauer

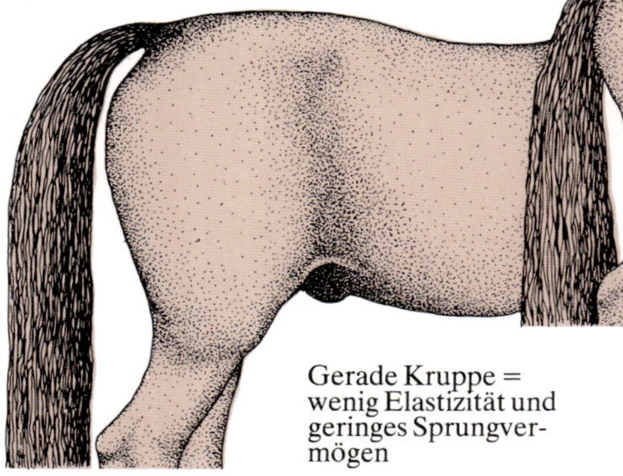

Gerade Kruppe = wenig Elastizität und geringes Sprungvermögen

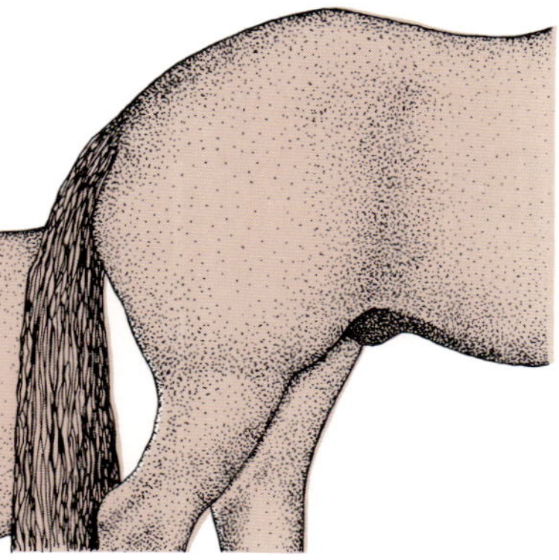

Steil abfallende Kruppe: die Hinterhand besitzt nicht viel Kraft

Gerader Rücken begrenzt die Bewegung. Dem Pferd fehlt es an Kraft.

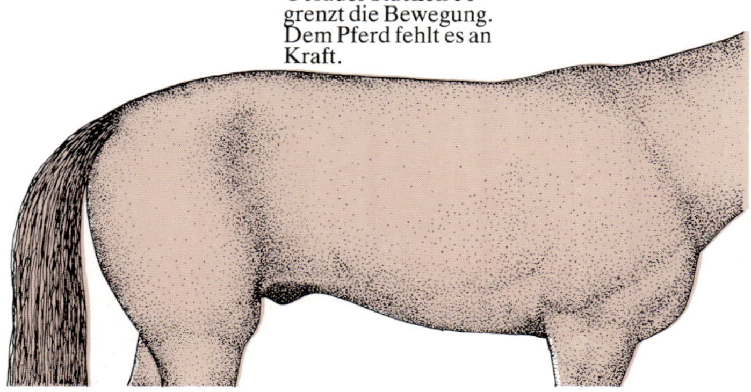

nen Reiter. Je nervöser der Reiter ist, desto ruhiger sollte das Pferd sein. Ein Pferd von vier, fünf oder sechs Jahren ist nichts für einen Anfänger. Mit acht Jahren ist es volljährig, und es kann – vorausgesetzt es ist gesund – bis über zwanzig voll tauglich und aktiv bleiben.

Mit wachsender Erfahrung möchte ein Reiter vielleicht lieber ein temperamentvolleres Pferd haben. Das ist eine natürliche und richtige Entwicklung; aber man muß der Versuchung widerstehen, ein für das eigene Können allzu feuriges Pferd zu kaufen. Zu bedenken ist auch, daß Rassepferde meist sehr viel kostspieliger zu halten sind als zum Beispiel ein Robustpferd, allein schon deshalb, weil sie mindestens im Winter einen Stall brauchen. Robustpferde dagegen überstehen auch den Winter gesund und glücklich im Freien, wenn man ihnen einen Unterstand zur Verfügung stellt und ihnen ein- oder zweimal am Tag Futter und Heu gibt.

Pferdezucht

Pferde zu züchten und aufzuziehen gehört zu den befriedigendsten Dingen, die es in Verbindung mit Pferden gibt. Es ist aber auch eine sehr komplexe Angelegenheit, auf die man sich nur in Kenntnis aller damit verbundenen Probleme einlassen sollte. So etwa kostet es mehr als nur die Deckgebühr, eine Stute decken zu lassen. Hinzu kommen Tierarztkosten, der Transport zur Deckstation, der Unterhalt für die Stute dort. Der Tierarzt muß bestätigen, daß die Stute keine erblichen Mängel aufweist und gesund ist. Die meisten Deckstellen verlangen eine Tupferprobe, einen Abstrich aus der Scheidenschleimhaut. Wer nicht über die erforderlichen Möglichkeiten und nicht über ausreichend Zeit und Geld verfügt, sollte es sich besser zweimal überlegen, bevor er sich als Pferdezüchter versucht.

Die Rolle der Stute

Eine Stute wird regelmäßig alle 18–21 Tage rossig; in dieser Zeit kann sie «gedeckt», das heißt von einem Hengst befruchtet werden. Es kommt aber vor, daß eine Stute anscheinend «aufgenommen» hat, nach sechs Wochen aber wieder rossig wird. Es kann auch zur Fruchtresorption kommen. Um sicher zu gehen, läßt man daher nach 45, 100 und 120 Tagen jeweils vom Tierarzt bei der Stute eine Blutuntersuchung vornehmen.

Am besten wird die Stute ein paar Wochen nicht geritten, bis feststeht, daß sie aufgenommen hat. Die meisten Gestüte behalten die Stute sowieso am liebsten sechs Wochen und schicken sie erst zurück, wenn sie mit Sicherheit tragend ist. Außer nahrhafterem Futter braucht die tragende Stute keine besondere Pflege. Wird sie mit gepreßtem Futter (Pellets o.ä.) gefüttert, kauft man statt der normalen Ausführung für Reitpferde am besten die für Zuchtstuten. Andernfalls fügt man dem Futter ein Vitaminpräparat und etwas Lebertran bei, der speziell für die Tierfütterung angereichert ist. Eine tragende Stute sollte nur, wenn es gar nicht anders geht, mit Wallachen auf die Koppel gehen. Wenn sie von diesen geneckt oder geärgert wird, kann sie das Fohlen verlieren.

Sexualorgane der Stute

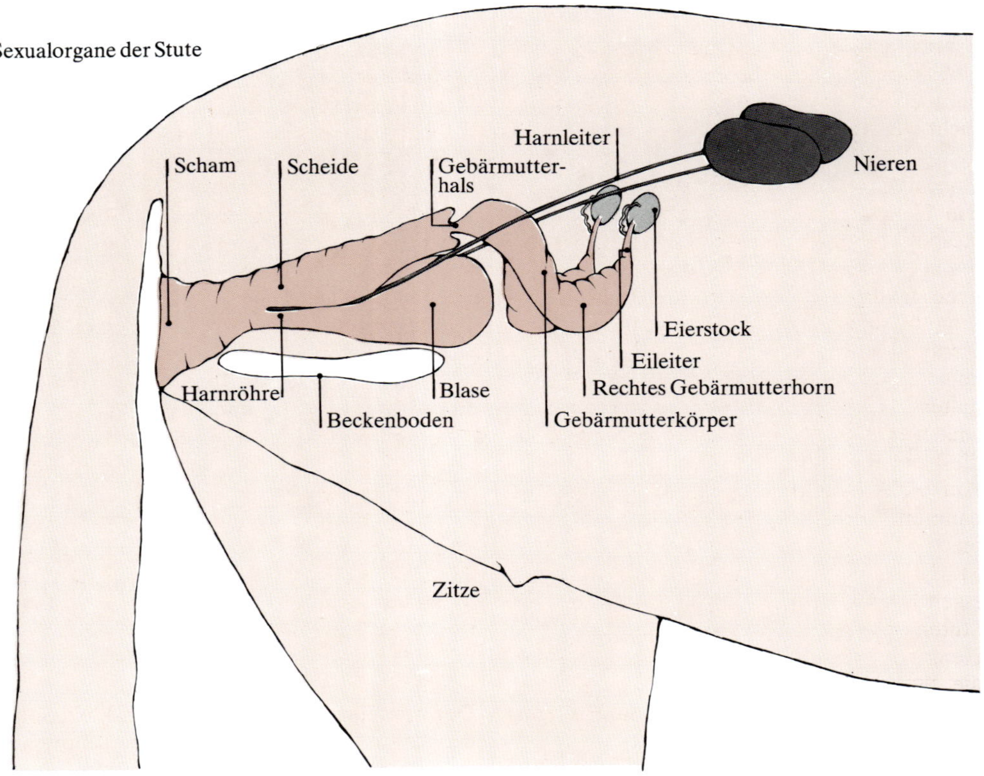

Die Sexualorgane der Stute umfassen Eierstöcke, Eileiter, Gebärmutter, Gebärmutterhals, Scheide und Scham. Die Eierstöcke enthalten Tausende Eier, von denen einige während jeder Rosse in den Eileiter wandern, wo sie befruchtet werden können. Die Sexualorgane des Hengstes umfassen zwei Hoden im Hodensack, Samenleiter, Vorsteher- und Harnröhrenzwiebeldrüse, Samenblase und das vom Schlauch umschlossene Glied. Die Samen werden in den Hoden gebildet.

Sexualorgane des Hengstes

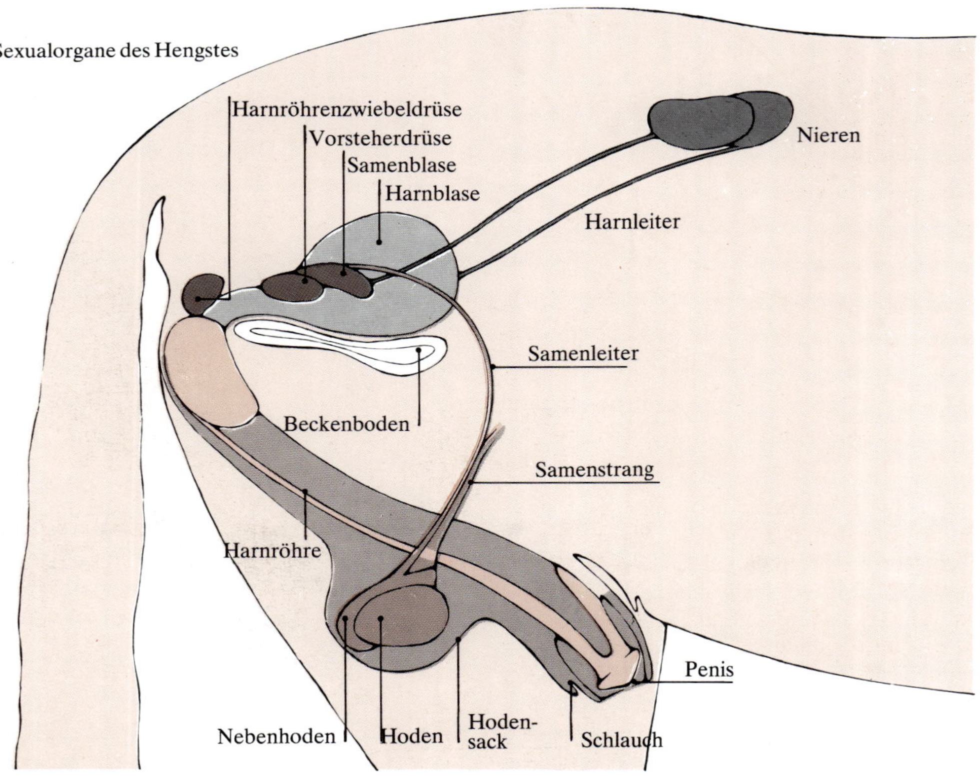

Die Wahl des Deckhengstes

Von welchem Hengst man die Stute decken läßt, hängt davon ab, was für ein Pferd man züchten will. Denken Sie daran, daß ein qualitätvolles großes Pferd eher «ins Geld wächst» als ein kleines.

Selbst bestenfalls ist das Züchten ein Wagnis mit ungewissem Ausgang. Zu groß sind die Risiken von Erbkrankheiten. Deshalb dürfen in Deutschland, Österreich und der Schweiz auch nur gekörte Hengste zur Zucht verwendet werden, das heißt Hengste, die auf Abstammung, Gebäude und Temperament geprüft und offiziell für zuchttauglich befunden wurden.

Im allgemeinen bieten Hengsthalter die Dienste ihrer Hengste im Frühjahr an. Außer den privaten Hengsthaltern gibt es die staatlichen Landgestüte, in denen die Hauptbeschäler aufgestellt sind, und die Deckstellen bei privaten Züchtern, die staatlicherseits mit sogenannten Landbeschälern beschickt werden. Neulinge in der Pferdezucht machen oft den Fehler, einen Hengst nur nach der bequemen

Erreichbarkeit auszusuchen. Nichts könnte kurzsichtiger gedacht sein, denn der Hengst muß unbedingt nach dem Zuchtziel ausgesucht werden.

Hengsthaltung und Deckgeschäft

Ein Hengst muß zwar gut erzogen sein und Respekt vor dem Menschen haben, man darf ihn aber auch nicht behandeln wie ein gefährliches wildes Tier. Experten in der Hengsthaltung bewegen ihre Hengste täglich an der Hand oder unter dem Sattel, so daß die Tiere entspannt und zufrieden sind. Manche Hengsthalter reiten sie auch im Gelände, andere wiederum lassen sie mit Stuten zusammen auf die Koppel gehen.

Auf vielen Deckstellen gibt es einen sogenannten Probierhengst, mit dem man ausprobiert, ob die Stute wirklich bereit zum Decken ist. Er dient hauptsächlich zum Schutz des eigentlichen Deckhengstes, denn unwillige Stuten schlagen nur zu gern aus, wenn der Hengst in die Nähe kommt. Häufig werden die Stuten daher von vornherein gefesselt. Auf jeden Fall sollte man vorher die Hintereisen entfernen.

Wenn die Reaktion der Stute auf den Probierhengst zeigt, daß sie «bereit» ist – die normalen Anzeichen sind, daß sie stillsteht und «blitzt», das heißt, daß sich die Scheide für Augenblicke krampfartig öffnet und außerdem reichlich Sekret absondert –, wird der Deckhengst aus der Box geholt. Bei dieser Art des Deckens spricht man von einem «Sprung aus der Hand», weil sowohl Stute wie auch Hengst aus Sicherheitsgründen am Führzügel gehalten werden. Der Deckakt dauert normalerweise ein bis zwei Minuten. In dieser Zeit sollte die Stute so ruhig wie möglich gehalten werden, besonders während der Ejakulation. Der Kopf der Stute wird möglichst hoch gehalten, Fußfesseln werden während des Deckens gelöst.

Trotzdem muß das Decken nicht immer sofort klappen. Wie die Menschen haben auch die Pferde ihre Vorlieben und Abneigungen. Es hat Stuten gegeben, die gegen den ausgewählten Hengst sofort die heftigste Abneigung faßten, aber auch Hengste können einen eigenen Geschmack haben.

Der prämiierte Hengst Little Cloud, ein Sohn des Derbysiegers Nimbus, nahm Schimmelstuten nur an, wenn sie eine Stalldecke trugen.

Wenn eine Stute den Hengst nicht willig annimmt, kann es aber auch sein, daß sie an einer inneren Erkrankung leidet, etwa an einer Zyste in den Eierstöcken. Man sollte sie sorgfältig untersuchen lassen, denn oft ist Unwille beim Decken ein Anzeichen für Unfruchtbarkeit. Vielleicht ist es auch nur nicht die richtige Zeit – entweder ist die Zeitspanne, in der das Ei zur Befruchtung bereit ist, schon vorüber oder noch nicht eingetreten. Gesunde Stuten lassen sich im allgemeinen willig decken und werden auch tragend. Übergewicht allerdings ist nicht gerade eine Hilfe. Die Trächtigkeit dauert im allgemeinen bei Hengstfohlen durchschnittlich 334, bei Stutfohlen 332 Tage, mit einer möglichen Abweichung von 10 bis 14 Tagen nach oben oder unten. Manchmal übertragen Stuten weitere zwei Wochen, doch eine Tragzeit von 365 Tagen muß noch nicht Gefahr bedeuten. Eine tragende Stute kann ohne weiteres bis zum 7. Trächtigkeitsmonat geritten werden, solange sie nicht überanstrengt wird. Bewegung tut jedem gesunden trächtigen Tier nur gut.

Hengst mit Gestütswärter. Deckhengste sind besonders wertvoll und müssen mit viel Sorgfalt gehalten werden. Der Gestütswärter spielt dabei und beim Durchführen des Deckaktes eine wichtige Rolle. Wie bei allen Pferden sind Sauberkeit, richtige Pflege, Bewegung und Fütterung wichtig. Ein Vollbluthengst beispielsweise braucht eine proteinreiche Fütterung, das heißt bis zu 7 kg gequetschten Hafer am Tag zusätzlich zu erstklassigem Heu. Bewegt werden Hengste meist an der Longe oder an der Hand; kleinere Hengste können auch gefahrlos geritten werden.

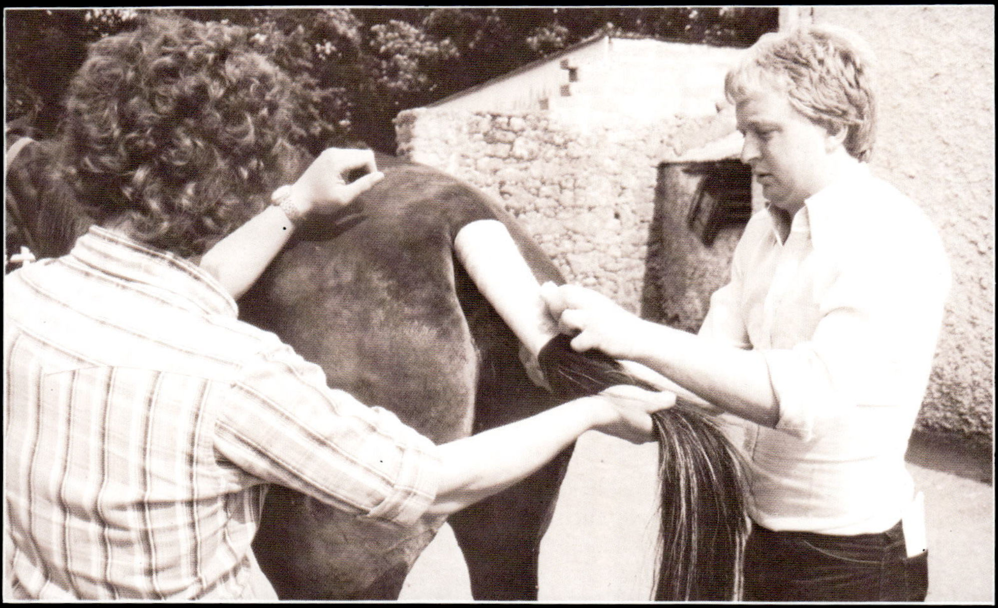

Oben links: Vor dem Decken wird der Schweif der Stute einbandagiert. – *Oben rechts:* Nach dem Decken wird die Stute saubergespritzt. – *Unten links:* Das Glied des Hengstes wird gesäubert. – *Unten rechts:* Die Hufe der Stute werden «entschärft». – *Rechte Seite oben:* Mit dem Probierhengst wird festgestellt, ob die Stute deckwillig ist. – *Rechte Seite unten:* Der eigentliche Deckakt. Hygiene und sorgfältige Haltung sind Vorbedingungen für erfolgreiches Dekken. Mit Hilfe des Probierhengstes wird auch festgestellt, wie sich die Stute beim Decken wahrscheinlich verhält, so daß man gegebenenfalls entsprechende Sicherheitsmaßnahmen ergreifen kann. Reagiert sie aggressiv, legt man ihr gepolsterte Hufschuhe oder Fesseln an, um die Verletzungsgefahr für den Hengst zu mindern. Während des Deckens, besonders aber in der Phase des Eindringens, muß die Stute gut festgehalten werden. Der gesamte Vorgang dauert meist nicht länger als zwei Minuten.

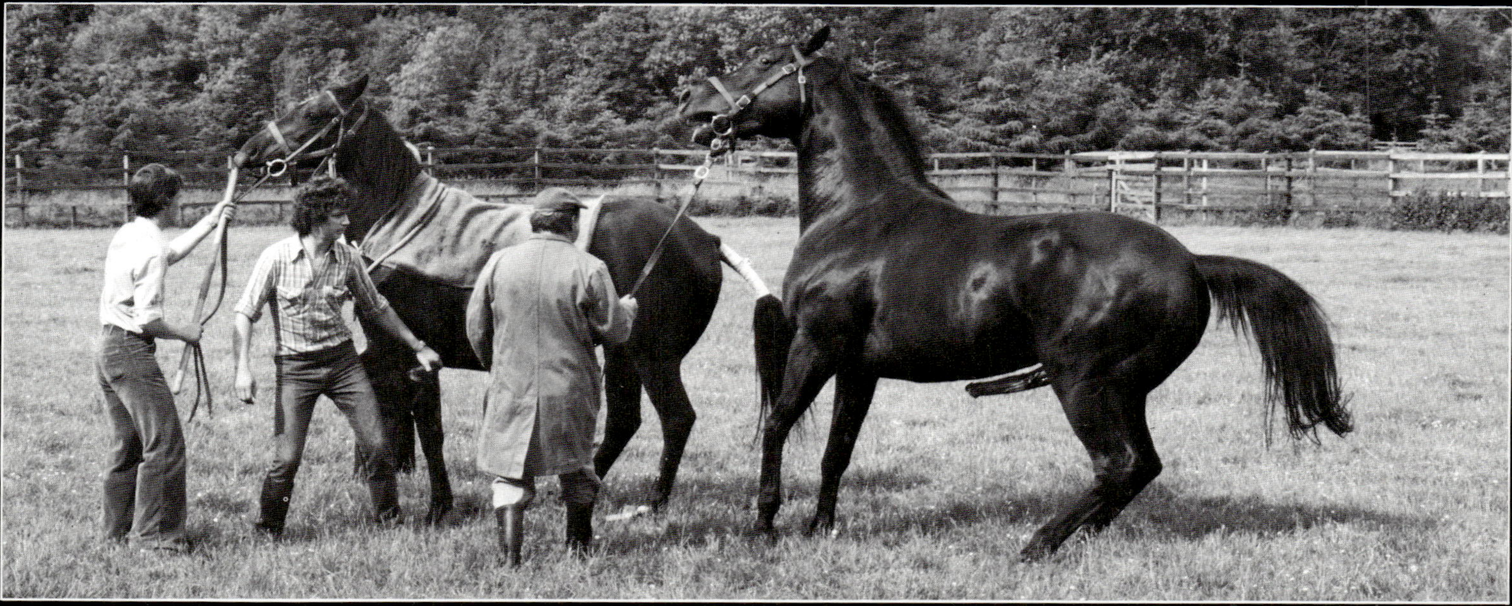

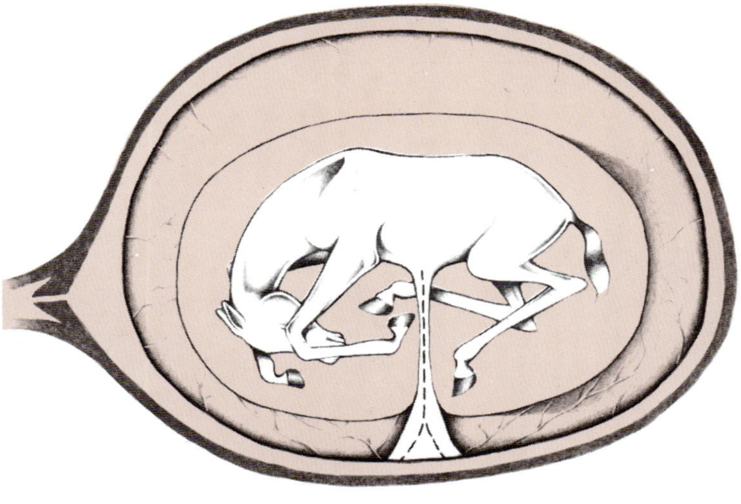

Der Fötus eines Fohlens ist durch eine äußere Hülle, die Wasserblase, und eine innere Hülle, die Fußblase, geschützt. Beide enthalten Flüssigkeit und haben so stoßdämpfende Wirkung. Seine Nahrung erhält der Fötus aus dem Blut der Mutter. Die Nährstoffe treten aus der Gebärmutterwand in die Wasserblasenwand über und erreichen über deren Gefäße das Fohlen.

Das Abfohlen

Ponystuten läßt man zum Abfohlen am besten auf der Koppel. Sie fohlen schnell ab und scheinen genügend natürlichen Instinkt zu besitzen, um selbst dafür zu sorgen, daß das Fohlen sauber und trocken ist. In Freiheit müssen Stute und Fohlen ja bald nach der Geburt bereit und fähig sein, mit der Herde weiterzuziehen. Je hochgezüchteter eine Stute ist, desto mehr Aufsicht braucht sie beim Abfohlen. Auf großen Gestüten werden die Abfohlboxen mit Monitoren überwacht. So hat die Stute das Gefühl, allein zu sein, während doch jede Bewegung überwacht und im Notfall sofort Hilfe geleistet werden kann. Für die letzten zwei Wochen vor der Geburt muß unbedingt eine nächtliche Stallwache organisiert werden. Falls einem privaten Stuten-

Eine hochtragende Stute

Links: Eine tragende Stute mit Fohlen bei Fuß auf der Koppel. Frische Luft und Bewegung sind besonders gesund; bei kalter, nasser Witterung sollte die Stute allerdings eingedeckt werden. Nachts und bei schlechtem Wetter kommt sie in den Stall. Vor allem die Robustrassen sind hart genug, um im Freien abfohlen zu können.

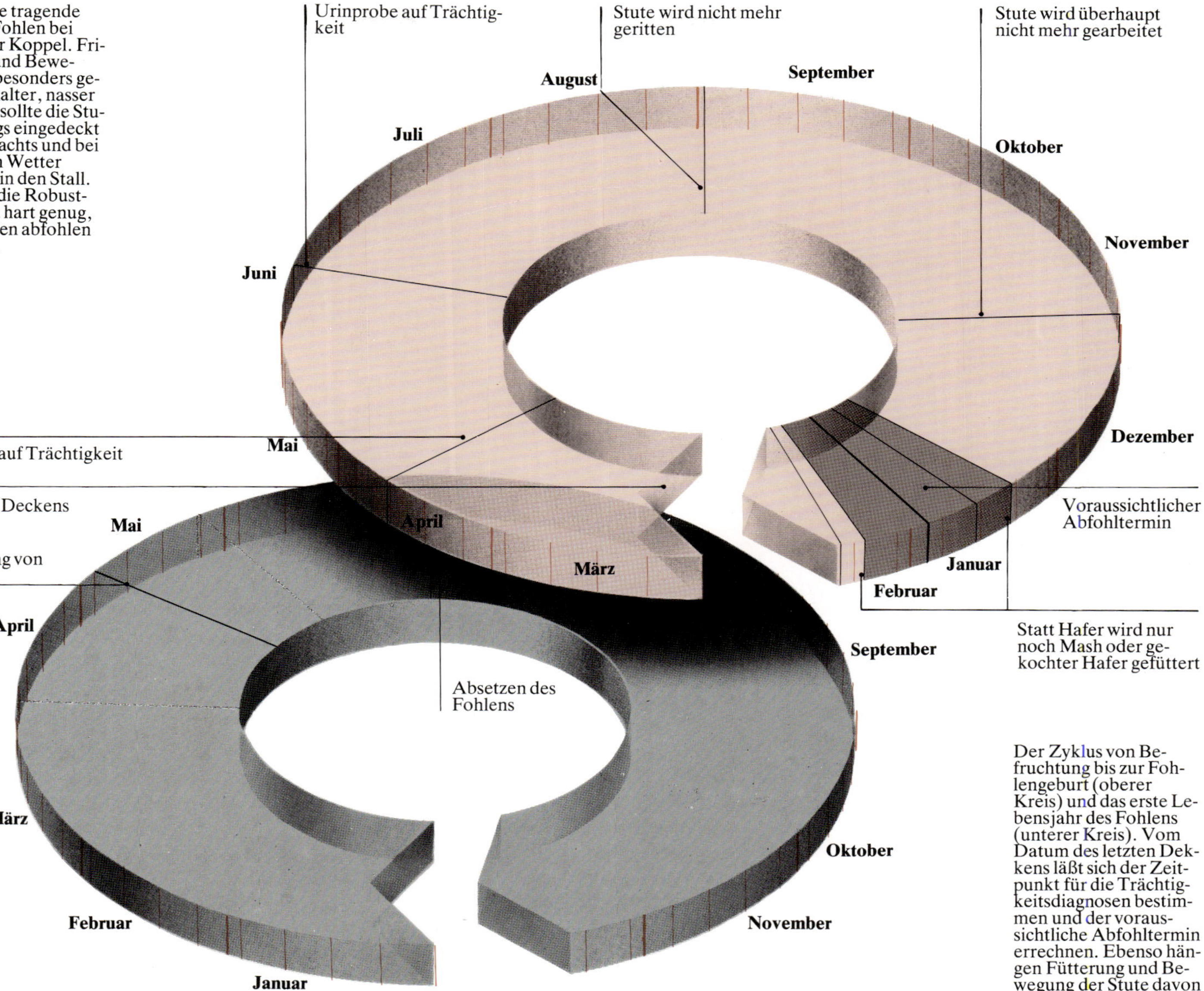

Der Zyklus von Befruchtung bis zur Fohlengeburt (oberer Kreis) und das erste Lebensjahr des Fohlens (unterer Kreis). Vom Datum des letzten Deckens läßt sich der Zeitpunkt für die Trächtigkeitsdiagnosen bestimmen und der voraussichtliche Abfohltermin errechnen. Ebenso hängen Fütterung und Bewegung der Stute davon ab. – Im unteren Diagram sind die wichtigen Termine: das Absetzen und die Zufütterung von Lebertran.

besitzer das allein mit der Familie nicht möglich ist, sollte er eine zuverlässige Hilfskraft anstellen.

Die Geburt

Die ersten Anzeichen der bevorstehenden Geburt sind Unruhe, in regelmäßigen Abständen wiederkehrende Äußerungen von Schmerz mit Schweifschlagen und Umschauen nach den Flanken. Das Harz, das sich am Euter gebildet hat, tropft von den Zitzen. Wenn die Wehen stark einsetzen, legt sich die Stute nieder. Die Geburt steht unmittelbar bevor, wenn die Wasserblase austritt und platzt.

Verzögert sich die Geburt und zeigt die Stute Anzeichen von Erschöpfung, muß sofort der Tierarzt zu Hilfe geholt werden. Möglicherweise liegt das Fohlen falsch, und das kann zu gefährlichen Komplikationen führen. Bei normaler Lage treten zuerst die Vorderfüße aus, gefolgt vom Kopf und dem übrigen Körper. Ist das Fohlen auf der Welt, fangen die meisten Stuten instinktiv an, es abzulecken. Sobald es schwankend auf die Füße kommt, schieben sie es in Richtung Euter, wo es zu saugen beginnt. Dieses erste Saugen ist lebenswichtig, denn die erste Milch, die sogenannte Kolostralmilch, enthält natürliche Abwehrstoffe gegen diverse Fohlenerkrankungen und regt die Verdauung an.

Die Nachgeburt wird von selbst ausgestoßen. Sie wird aufgehoben, damit der Tierarzt sie auf Vollständigkeit überprüfen kann. Verzögert sich die Ausstoßung der Nachgeburt aus irgendeinem Grund, muß sie durch den Tierarzt entfernt werden, weil es sonst zu Infektionen kommt.

Ein oder zwei Tage nach der Geburt, bei starken und gesunden Fohlen sogar schon einige Stunden danach, kann man dem Fohlen ein Fohlenhalfter aus Gurten oder weichem Leder anlegen. Das ist immer mit Kampf verbunden und sollte deshalb vorgenommen werden, bevor das Fohlen zu stark geworden ist. Damit gewöhnt man das Fohlen leichter daran, angefaßt und geführt zu werden; das kann wichtig werden, wenn man dem Fohlen Medikamente oder Injektionen verabreichen muß.

Angefeuchtete Kleie und gequetschter Hafer, aus einem Trog am Boden gefüttert, verbessern die Kondition der Stute, und bald wird auch das Fohlen davon fressen.

Fohlenpflege
Im Herbst muß das Fohlen abgesetzt werden; es kostet die Mutter sonst zuviel Kraft. Wenn sie wieder tragend ist, wird ihr zuviel Kalzium entzogen, so daß das nächste Fohlen womöglich deformierte Gliedmaßen aufweist. Durch das Absetzen vergrößert sich jedoch die Verantwortung des Besitzers. Die von ihrem Fohlen getrennte Stute ruft Tag und Nacht, und das Fohlen antwortet mit schrillem Geschrei – bis sich beide an die Trennung gewöhnt haben. Das Fohlen wird am besten zwei Wochen lang in einer Box gehalten, in der es sich mit der Mutter zusammen an hartes Futter gewöhnt hat. Dort macht es am wenigsten Schwierigkeiten. Freudig wird es das Futter annehmen, das zum Ausgleich für die fehlende Muttermilch reichlich bemessen sein sollte. Wenn es trotzdem an Kondition verlieren sollte, kann man Milchpellets zufüttern.
Erst am Ende dieser zwei Wochen, wenn das Fohlen tagsüber draußen und nachts in der Box ist, fangen die Schwierigkeiten richtig an. Zuerst muß ein Gefährte für das Fohlen gefunden werden, der ihm die Mutter ersetzt. Ein anderes Fohlen ist natürlich der beste Gefährte.
Man kann die beiden Fohlen aber sehr gut nachts in getrennten Boxen halten. Wenn sie

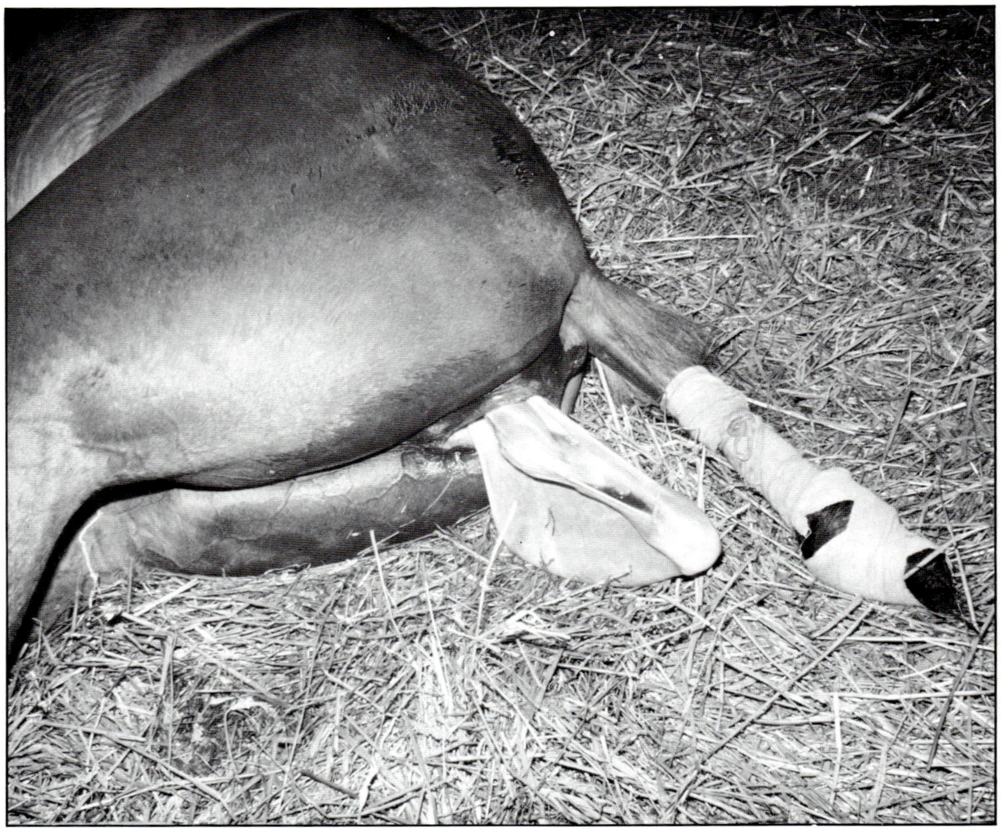

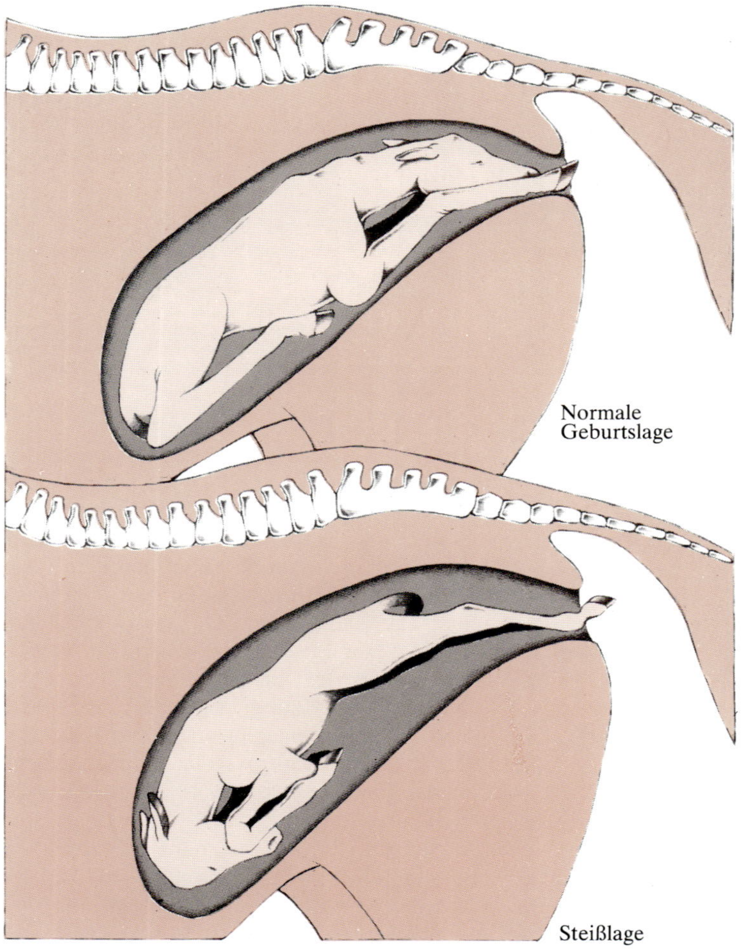

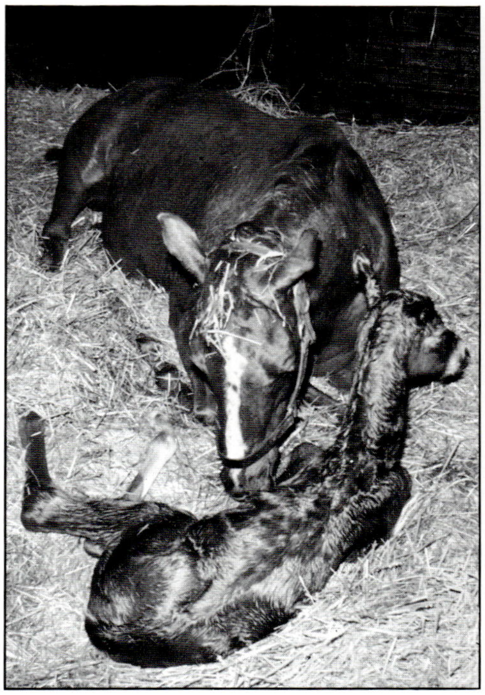

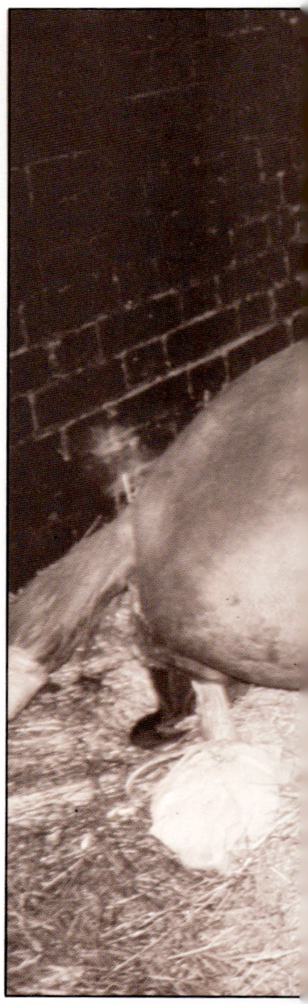

Links: Normale Geburtslage im Gegensatz zur Steißlage, bei der das Fohlen mit den Hinterbeinen voraus geboren wird. Es gibt auch dabei kaum Schwierigkeiten, wenn ein geschickter Helfer dafür sorgt, daß beide Hinterbeine im Geburtskanal sind. Die größte Gefahr besteht darin, daß sich die Nabelschnur verfängt und das Fohlen erstickt. Es muß deshalb schnell gehen, damit das Fohlen nicht in der in den Eihäuten enthaltenen Flüssigkeit erstickt.

Linke Seite oben: In der Austreibungsphase erscheinen die Vorderbeine des Fohlens. – *Rechts:* Die Geburt ist beendet. – *Linke Seite unten:* Die Stute leckt das Fohlen sauber. – *Unten:* Zwanzig Minuten nach dem Abfohlen. Die Geburt beginnt mit dem Platzen der Wasserblase; danach tritt meist eine kurze Pause ein.
Dann erscheinen (bei Normallage) die Vorderbeine, noch von der Fruchtblase umschlossen.
Beendet ist die Geburt mit dem Ausstoßen der Frucht. Hilfestellung kann man leisten, indem man ein Tuch um die Fesseln des Fohlens legt und bei Wehen vorsichtig zieht. – Durch das Ablecken nach der Geburt wird das Fohlen zum Aufstehen angeregt, dabei reißt die Nabelschnur meist von selbst. Sonst wird sie mit steriler Schere durchgeschnitten. Die Nabelschnur wird abgetrocknet und desinfiziert. Kommt die Nachgeburt nicht in sechs Stunden nach der Geburt, muß der Tierarzt sie holen.

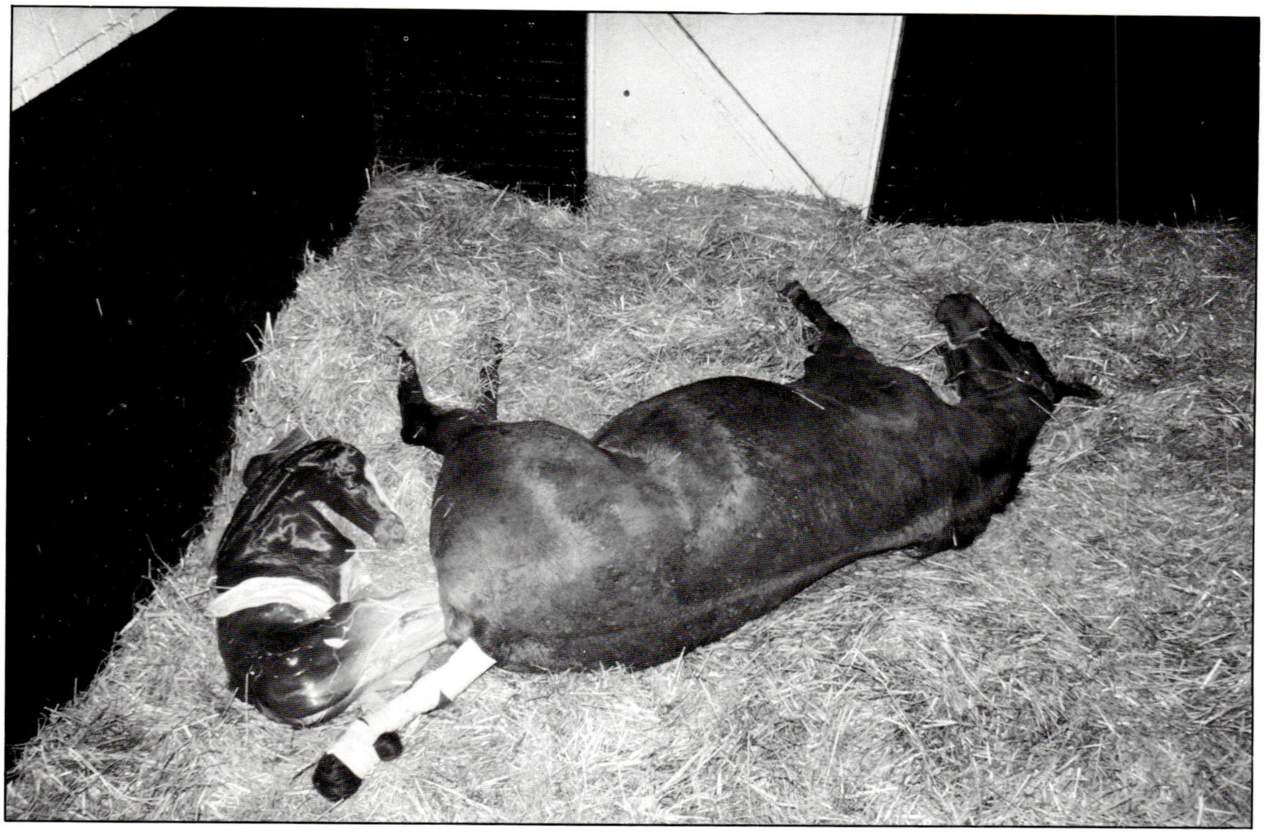

ständig zusammen sind, übernimmt immer eines die dominierende Rolle und frißt dem anderen das Futter weg. Außerdem werden sie so unzertrennlich, daß eine spätere Trennung noch einmal fast die gleiche Prozedur wie das Absetzen bedingt. Wird es wieder warm, können sie auch nachts draußen bleiben, und wenn es richtig heiß ist, bringt man sie zum Schutz vor den Fliegen vielleicht sogar besser tagsüber herein und läßt sie nur nachts draußen.
So sollte ihre Jugend aussehen, bevor es nach drei bis vier Jahren Zeit zum Einreiten ist. Im zweiten Winter kann man sie schon Tag und Nacht draußen lassen, was natürlich eine Menge Arbeit spart. Wenn ihnen für feuchte, kalte Nächte ein Unterstand zur Verfügung steht, dürfte es ihnen nicht viel ausmachen.
In diesen ersten Jahren sollten die Hufe, besonders bei trockenem Wetter, in regelmäßigen Abständen – etwa alle sechs Wochen – vom Hufschmied nachgesehen werden. Wenn das Gras auf den Koppeln gut ist, braucht man vom späten Frühjahr bis zum späten Sommer nicht zuzufüttern. Sobald aber der Regen einsetzt, müssen Hafer und soviel Heu zugefüttert werden, wie die jungen Pferde fressen wollen.

So hebt man ein Fohlen zum Wiegen hoch. Das Gewicht muß zur Kontrolle regelmäßig überprüft werden.

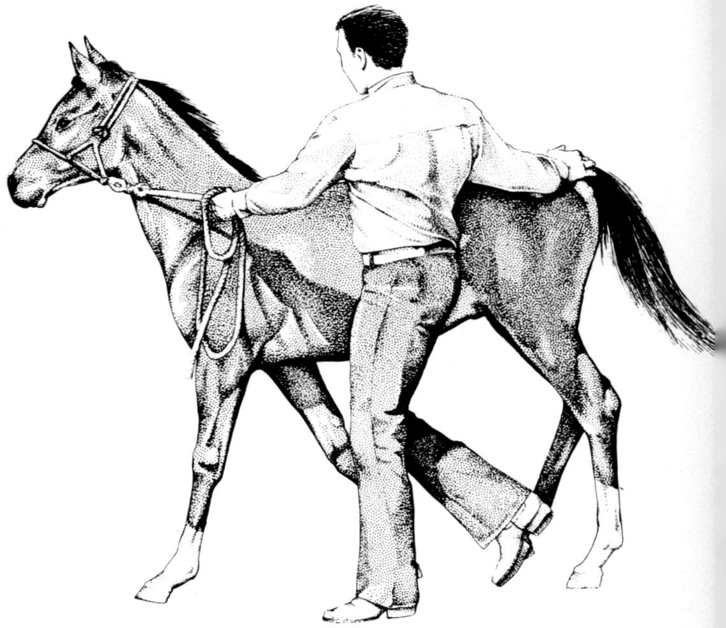

Das Fohlen wird täglich geführt. Das Halfter sorgt für Einhalten der Richtung, die Hand für Ermutigung.

Rechte Seite: Die Belohnung für ein Jahr Geduld – ein gesundes Fohlen.

Das Einreiten
Wenn Sie selbst nicht die Erfahrung oder die Zeit haben, Ihr junges Pferd einzureiten, müssen Sie viel Sorgfalt darauf verwenden, einen guten Ausbilder zu finden. Fragen Sie die Fachleute, den Tierarzt, den Züchterverband, den Besitzer der nächsten Reitschule oder den Hufschmied nach dem Ausbilder mit dem besten Ruf. Hören Sie sich im Bekanntenkreis um. Achten Sie darauf, Ihr Fohlen nur zu jemandem zu schicken, der allgemein anerkannt ist. Es dauert lange, ein Pferd zu «machen», verdorben aber ist es in kürzester Zeit.
Bei solchen sehr jungen Pferden handelt es sich meist weniger darum, ein Pferd fertig auszubilden, sondern mehr oder weniger darum, die Ecken und Kanten zu glätten. Die meisten Ausbilder nehmen die Pferde am liebsten ein paar Wochen im Frühling des dritten Lebensjahres in Arbeit. Sie sind dann kräftig genug, leichte Arbeit auszuhalten, aber noch nicht stark genug, viel Widerstand zu leisten. Auf diese Weise lassen sich viele Kämpfe vermeiden.

Der rechte Zeitpunkt zum Verkauf
Es kann immer vorkommen, daß Sie sich nach dem Absetzen des Fohlens oder sogar nach einigen Jahren doch dazu entschließen, sich von ihm zu trennen. Vielleicht kommen Sie mit seinem Temperament nicht zurecht, vielleicht wird es nicht so groß oder bleibt nicht so klein, wie Sie gehofft haben, oder es wird sonstwie Ihren persönlichen Wünschen nicht gerecht. Junge Pferde entwickeln sich nicht gleichmäßig fort. Ein gutes Fohlen kann als Jährling fürchterlich aussehen und als Zweijähriger hervorragend sein. Andererseits kann aus einem guten Jährling ein unscheinbarer Zweijähriger werden, der sich lange vor seinem vierten Geburtstag zum großen Star mausert. Es ist jedoch ein Fehler, Pferde in der Hoffnung zu behalten, daß sie mit der Zeit besser werden. Das geht nur, wenn Ihnen unbegrenzte Weidemöglichkeiten und reichlich finanzielle Mittel zur Verfügung stehen.
Eine Art, sich Enttäuschungen zu ersparen, besteht darin, nicht mit der eigenen alten Stute zu züchten, die lahm geworden ist und nicht mehr geritten werden kann. Wenn das Zuchtmaterial nicht gesund ist, ist auch bei den Nachkommen eine Tendenz dazu zu erwarten, meist infolge von Gebäudemängeln. Kaufen Sie die gesündeste Stute, die Sie sich leisten können, schicken Sie sie zu dem geeignetsten Hengst, und sehen Sie sich vorher nach Möglichkeit die Nachzucht beider an. Ein wirklich schlechtes Pferd wird wahrscheinlich schon bald als unbrauchbar geschlachtet. Jeder Züchter muß deshalb Zuchtwahl betreiben – es hat keinen Sinn, Pferde für den Metzger zu produzieren. Am Anfang muß Klarheit darüber bestehen, wofür Sie das Pferd später verwenden wollen: Wenn Sie eine kleine Stute zu einem kleinen Hengst schicken, bekommen Sie auf jeden Fall auch ein kleines Fohlen.

Kapitel 7

Einreiten und Ausbilden

In jedem Pferd, sei es ein nach höchsten wissenschaftlichen Gesichtspunkten gezüchtetes Vollblut oder das bescheidenste Pony, sind die natürlichen Instinkte seiner Vorfahren noch immer tief verankert.
Als vielleicht wichtigste Tatsache darf man nicht vergessen, daß das Pferd von Natur aus als Teil der Herde lebt. Die Herde wird vom Leitpferd, dem körperlich kraftvollsten und charakterlich überlegenen Hengst geführt. Heute erwartet das Pferd vom Menschen die Entscheidungen und den Schutz, für die das Leitpferd zuständig war, und ein guter Ausbilder muß diese Verantwortung als wichtigen Teil seiner Aufgabe verstehen. So muß man ein Pferd von starker Persönlichkeit mit Takt und Festigkeit behandeln, während ein nervöses oder weniger intelligentes Pferd Geduld und Mitgefühl erfordert. Ein Erbe der Vergangenheit sind Zähigkeit, aber auch Sensibilität und Furchtsamkeit. Eine weitere wichtige Regel im Umgang mit Pferden lautet daher, sie nie durch plötzliche Bewegungen oder Geräusche zu erschrecken. Es kann Wochen oder sogar Monate dauern, bis ein Pferd solch einen Schrecken überwunden hat. Wenn ein Pferd Angst hat, muß der Ausbilder gelassen bleiben und es mit der Stimme beruhigen. Am besten macht man so wenig Aufhebens wie möglich von der Sache. Pferde haben hervorragende Antennen für die Gefühlslage ihrer Umgebung. Aufgeregtheit verwirrt sie nur und kann sie so aus dem Konzept bringen, daß sie außer Rand und Band geraten.
Der Ausbildungsfortschritt des Pferdes hängt also weitgehend von der Haltung ab, die der Ausbilder dem Pferd gegenüber einnimmt. Pferde werden nicht böse und schlecht geboren, sondern dazu gemacht. Das Verhalten einem bestimmten Pferd gegenüber muß sich auf Beobachtung gründen. Wenn ein Ausbilder ein Pferd in Freiheit, in Ruhe, beim Fressen beobachtet und sich genau ansieht, wie es sich bewegt und wie es auf seine Umgebung reagiert, kann er recht genau erkennen, was in dem Pferd vorgeht und wie er am besten vorgehen muß.

Gewöhnung an den Menschen

Die Ausbildung beginnt damit, daß das Fohlen an den Umgang mit Menschen gewöhnt wird. Das ist ebenso wichtig, wenn nicht wichtiger als das erste Anreiten und die Ausbildung. Um dem Pferd Zeit zur physischen Reifung zu lassen, muß zwischen dieser ersten Gewöhnungsphase und einer konzentrierten Ausbildung ein Zeitraum von ein bis zwei Jahren liegen. Mit anderen Worten: Man kann dem Jährling schon etwas beibringen, wenn auch erst das Dreijährige geritten wird. In der ersten Zeit besucht man das Fohlen nur auf der Koppel, streichelt es, spricht mit ihm, hebt ihm die Füße auf, legt ihm ein Fohlenhalfter an, nimmt es wieder ab. Man kann das Fohlen auch schon an das Führen an der

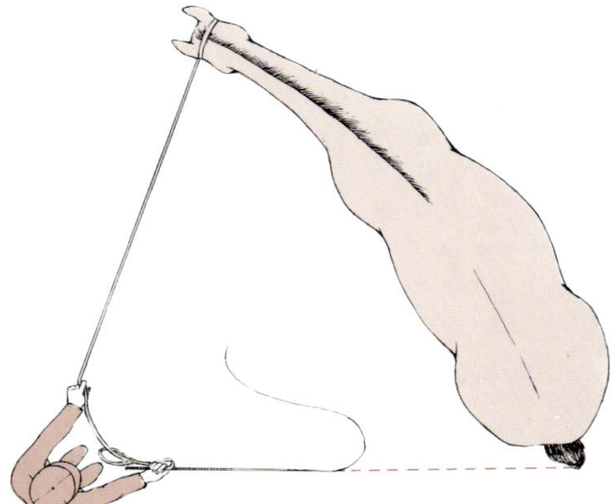

Auf der linken Hand auf dem Zirkel: Der Trainer steht etwas hinter dem Schultergelenk und vergrößert allmählich den Zirkel. Die linke Hand kontrolliert die Kopfstellung, die rechte mit der Longierpeitsche die Hinterhand. Auf der rechten Hand entsprechend umgekehrt. Das Pferd soll lernen, Schritt, Trab, Galopp korrekt auf dem Zirkel zu gehen, auf Stimmkommandos zu hören.

Oben: Junges Pferd mit Kappzaum; darüber: der Kappzaum in Aktion, während das Pferd im Schritt geführt wird. *Rechts:* Longieren mit Sattel; darüber: Longieren mit Helfer, der das Pferd anführt. Wann man mit Anreiten und Ausbilden beginnen kann, hängt vom Typ und Temperament ab. Manche Experten sind dafür, Halbblüter erst mit 3 Jahren anzureiten. Vollblüter dagegen können schon mit 1 und 2 Jahren gearbeitet werden. Das eigentliche Anreiten sollte ungefähr 6 Wochen dauern. – Zwei wichtige Ausrüstungsgegenstände sind Kappzaum und Longe.

Der Kappzaum ist eine Art Halfter mit weich gepolstertem Nasenriemen, der durch eine Metallplatte verstärkt ist. Daran sind drehbar drei Ringe befestigt, worin Führleine oder Longe eingeklinkt werden. Der Nasenriemen muß so fest sitzen, daß er nicht herumrutschen kann, weil die Kontrolle sonst verloren geht. Seine richtige Lage ist etwa vier Fingerbreit oberhalb der Nüstern; so wird die Atmung nicht beeinträchtigt. Die Longe muß mindestens 6 m lang sein und aus einem leichten, aber kräftigen Material bestehen, z.B. Baumwollgurt oder Perlon.

Hand gewöhnen, am besten als Teil der täglichen Routine, wenn es abends in den Stall geholt wird.
Durch all dies wird das Fohlen mit dem Ausbilder durch physischen Kontakt, Geruch und «Gefühl» vertraut. Es gewinnt die Sicherheit, daß es nichts zu fürchten hat und daß die Aufgaben, die der Ausbilder ihm stellt, ohne Schaden zu erledigen sind.
Wenn das Fohlen sich an den Umgang mit Menschen gewöhnt hat und sich führen läßt, ist der Grundstein für seine Beziehung zum Menschen gelegt.
Der nächste Schritt besteht bereits in einer ersten Erziehung: daß es ein paar einfache Signale beachten lernt. Man kann ihm zum Beispiel beibringen, die Füße zu heben, damit man die Hufe säubern kann. Mit der Zeit lernt es, auf bloße Berührung mit der Hand den Fuß herzugeben.
Als nächstes lernt es, in der Box herumzutreten. Anfangs hält der Ausbilder das Pferd am Kopf und veranlaßt es durch Deuten mit der Reitgerte, mit der Hinterhand nach rechts oder links zu treten. Bald tritt das Pferd allein auf Zuruf in der Box zur Seite.
Das ist schon der Anfang einer einfachen Art von Dressur. Dabei spielt die Gerte eine wichtige Rolle, doch nur als Hilfsmittel zur Verständigung. Der Ausbilder macht damit Befehle und Signale für das Pferd sichtbar und verständlich, darf den Stock aber niemals zum Strafen einsetzen oder dem Pferd damit seinen Willen aufzwingen. Das junge Pferd muß völliges Vertrauen zur Gerte, wie später zur Longierpeitsche haben und darf sich nicht davor fürchten.

Das Führen an der Hand

Die ernsthafte Arbeit beginnt damit, daß das Pferd lernt, sich führen zu lassen. Damit kann man, wie oben gesagt, sehr früh beginnen – noch vor dem Absetzen des Fohlens. Wirklicher Gehorsam auf die Führleine kann aber diesem späteren Zeitraum vorbehalten bleiben. Es ist dies eine Phase der Ausbildung, in der viele junge Pferde für immer verdorben werden. Hauptziel der ganzen Ausbildung muß es sein, das Pferd dazu zu bringen, sich in allen Gangarten willig und ruhig zu bewegen und auch unter dem Reitergewicht weder Schwung noch Gleichgewicht zu verlieren.
Der Ausbilder geht in Schulterhöhe neben dem Pferd, er darf auf keinen Fall die freie Vorwärtsbewegung behindern. Die einfachste Übung ist das Stehenbleiben. Man kann etwa das Pferd im Hof herumführen und ab und zu stehen bleiben, wobei man das Kommando «Halt» oder «Steh» gibt. Die Vorwärtsbewegung wird dadurch gestoppt, daß der Ausbilder stehen bleibt, nicht aber durch Rückwärtsziehen am Führstrick.
Anfangs hält das Pferd meist mit der Vorhand an, während die Hinterhand sich weiterbewegt und einen Viertelkreis beschreibt. Bald

aber wird das Tier – falls man es anfänglich nicht am Kopf herumgezogen hat – von selbst lernen, den Bewegungsschwung abzubremsen und richtig anzuhalten.
Diese frühen Lektionen dürfen nicht länger als 10–15 Minuten am Tag dauern. Das Pferd hat jetzt Disziplin gelernt, das Schlüsselwort bleibt aber: Zusammenarbeit. Das Tier leistet keinen körperlichen Widerstand, und der Ausbilder vermeidet Gewaltanwendung, die dem erstrebten Ziel nur entgegenstehen würde.

Das Longieren

Mit dem Longieren kann begonnen werden, wenn das Pferd körperlich fit genug ist, ein umfangreicheres Arbeitsprogramm durchzustehen. An die Stelle des Halfters tritt der Kappzaum. Die Longe wird im mittleren Ring befestigt. Anfangs ergreift ein Helfer das Pferd leicht am Kappzaum und geht mit ihm bei straffer Longe im Kreis. Im Mittelpunkt des Kreises steht der Ausbilder als Spitze eines Dreiecks, dessen Seiten von Longe, Longierpeitsche und Pferd gebildet werden.
Um das Pferd zum Anhalten beziehungsweise Antreten zu bringen, geht man genauso vor wie vorher im Hof, nur daß der Ausbilder jetzt das Signal jeweils mit der Longierpeitsche und der Stimme – der wichtigsten Hilfe beim Longieren – gibt.
Begriffen hat das Pferd die Lektion, wenn es, ohne daß ein Helfer es führt, am Ende der straffen Longe willig um den Leinenführer herumgeht. Es weiß jetzt, daß die Hilfen vom Mittelpunkt ausgehen, und hört auf die Kommandos.

Der Longiergurt

Der Longiergurt hat als erstes den Zweck, das Pferd an das Gefühl des Bauchgurtes zu gewöhnen. Später kann man auch Ausbindezügel daran befestigen. Anfangs wird er am besten von einem Vorderzeug am Platz gehalten, damit man ihn nicht zu eng schnallen muß. Sobald man den Gurt anziehen kann, ohne daß das Pferd bockt, kann man es wieder weglassen.

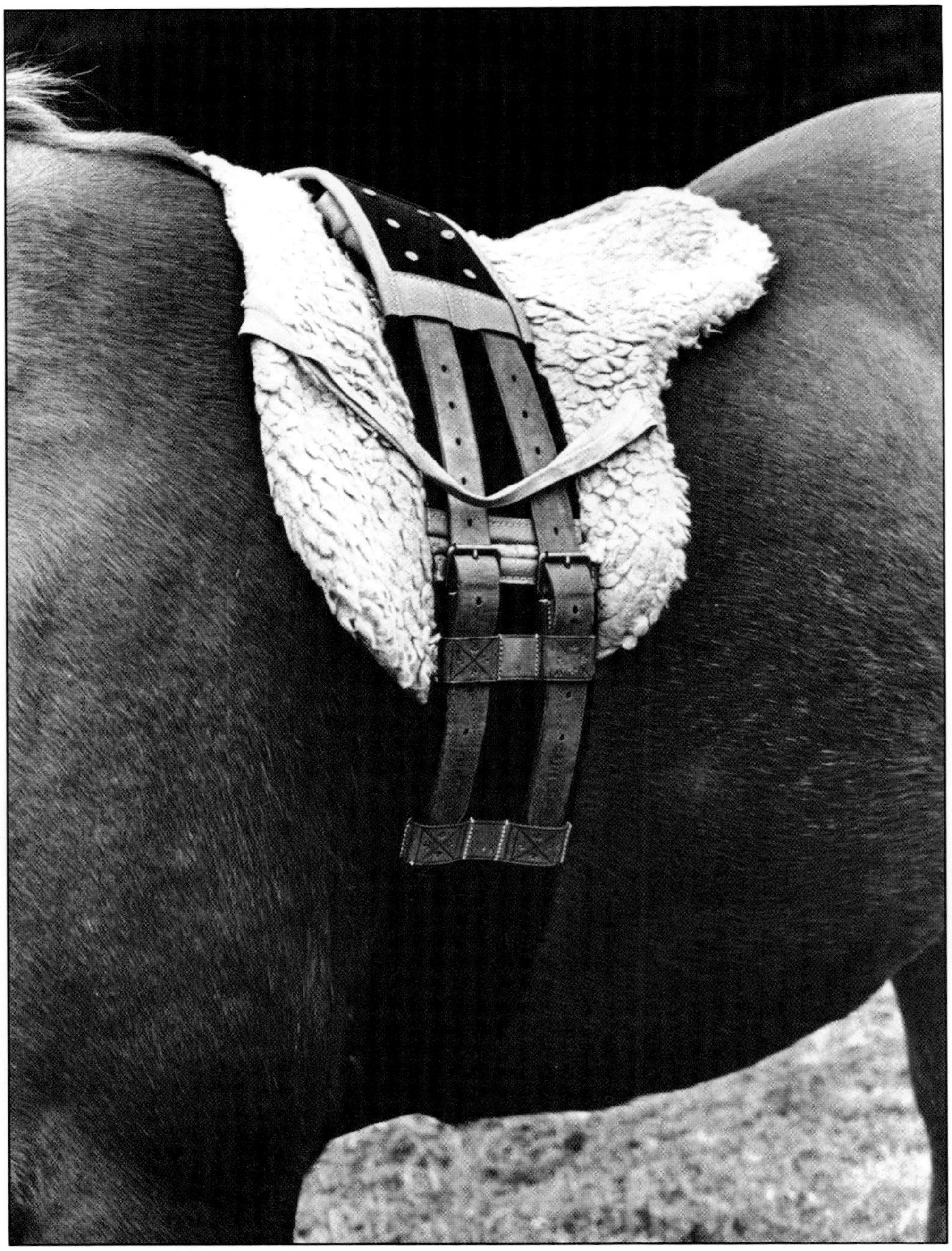

Trensengebiß mit Spielanhänger, in England beliebt zum Anreiten. *Unten:* Das Pferd gewöhnt sich an das Gebiß.
Es ist sehr wichtig, daß das Kopfzeug richtig verschnallt ist. Ein zu hoch verschnalltes Gebiß kann die Laden beschädigen, ein zu niedrig im Maul hängendes das Pferd verleiten, die Zunge über das Gebiß zu nehmen, eine schlimme Untugend, die schwer wieder abzugewöhnen ist. Man läßt das Pferd eine Weile mit Zaumzeug und Gebiß stehen, hält es aber dabei fest. Geduld und Vorsicht sind nötig, um das Pferd nicht zu erschrecken oder zu verletzen.

Links: Longiergurt. *Rechts:* Trensenzaum mit Gebiß, über den ein Kappzaum geschnallt ist. Zu Anfang wird die Longe an den Ringen des Kappzaums, später auch unmittelbar am Trensenring befestigt. Das Pferd lernt, Druck auf die Maulwinkel mit den Signalen durch den Kappzaum in Verbindung zu bringen. Mit dem Longiergurt gewöhnt man es schon an das Auflegen des Sattels. Damit der Gurt weder zu eng noch zu lose ist – was beides das Pferd zum Buckeln veranlassen würde –, sichert man ihn zuerst mit einem Vorderzeug. Einmal angelegt beläßt man ihn am besten einige Tage am Pferd.

Es hilft Pferd und Ausbilder, wenn man unter dem Gurt ein weiches Tuch befestigt und an die seitlichen Ringe ebenfalls Tücher hängt. Das ist eine gute Vorbereitung auf das Gefühl von Sattel und Reiter. Wenn das Pferd vertrauensvoll und ruhig eingewöhnt worden ist, hat es nichts dagegen. Wirkt es aber nervös, läßt man es am besten mit Kappzaum und Longiergurt samt Tüchern frei in der Reithalle laufen. Ein geschickter Ausbilder, der wirklich gute Pferde hervorbringen will, nutzt jede Gelegenheit, das Pferd für sich allein lernen zu lassen.

Gewöhnung ans Gebiß

Das Geheimnis der Weichmäuligkeit besteht darin, daß man das Pferd dazu bringen muß, das Gebiß willig anzunehmen. Das erfordert Zeit und Geduld. Ein Pferd kann das Gebiß nur annehmen, wenn es lernt, damit zu schlucken und normal Speichel zu produzieren. Ein feuchtes Maul ist ein Zeichen für ein empfindliches Maul, ein trockenes Maul für Hartmäuligkeit. Zur Gewöhnung ans Gebiß läßt man es jeden Tag einige Zeit im Maul. Zeigt das Pferd Zeichen von Unwillen, wird das Gebiß sofort entfernt. Erst am nächsten Tag wird ein neuer Versuch unternommen, und so fort, bis das Pferd das Gebiß willig annimmt. Vorsicht ist geboten, daß es keine Untugenden entwickelt und etwa die Zunge über das Gebiß nimmt.

Bis die Gewöhnung abgeschlossen ist, trägt das Pferd zum Longieren die Trense unter dem Kappzaum, die Longe bleibt jedoch im mittleren Ring eingeschnallt.

Gewöhnung an den Sattel

Jetzt kann man den Longiergurt durch den Sattel ersetzen. Dies geschieht am besten innerhalb eines geschlossenen Raumes oder einer Umzäunung. Man entfernt Bügel und Bügelriemen und läßt das Pferd den Sattel zuerst beschnuppern, etwa im Anschluß an eine Longierstunde. Ein Helfer hält das Pferd am Kopf, während der Ausbilder den Sattel über dem Pferderücken auf- und abbewegt, bis das Pferd ganz ruhig steht und keine Anzeichen

von Furcht vor dem Sattel mehr erkennen läßt. Dann legt er den Sattel vorsichtig auf den Rücken. Nun wird das Pferd ausgiebig geklopft und gelobt. Das gleiche wiederholt sich am nächsten Tag; jetzt wird auch der Gurt befestigt. Wenn das Pferd mit Sattel ruhig an der Longe geht, schnallt man Bügelriemen und Steigbügel ein und arbeitet nun immer mit dem so ausgerüsteten Pferd.

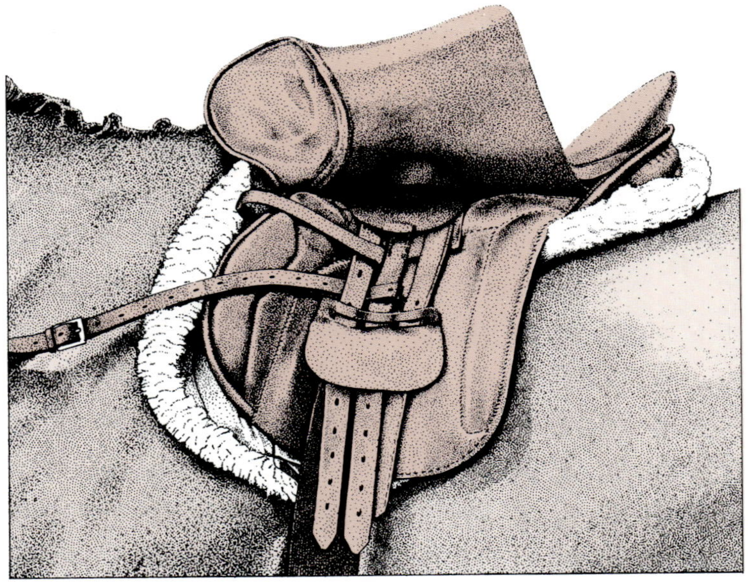

Links: Ausbindezügel zum Longieren eingeschnallt.
Unten: Zur Arbeit am langen Zügel befestigt man Ausbindezügel am besten oberhalb der Gurtschnallen, nie so eng, daß sie dem Pferd den Kopf herunterziehen. Die langen Zügel werden vom Kappzaum und Gebiß durch die Steigbügel in die Hand des Ausbilders geführt, die Steigbügel unter dem Bauch durch zusammengebunden, damit sie nicht gegen das Pferd schlagen. Die Arbeit am langen Zügel ist eine gute Vorbereitung auf das Anreiten. Das Pferd geht dann auch unter dem Reiter sofort frei vorwärts, statt in Schlangenlinien. Es lernt so frühzeitig, an das Gebiß heranzutreten. Die Hinterhand wird zum Untertreten angeregt, was die Vorhand entlastet und die Hals-Rückenlinie verlängert.

Lange Zügel und Ausbindezügel

Eine Ausbildungsstufe fehlt noch, bevor der Reiter aufsitzt – die Bekanntschaft mit dem Zügel. Es gibt zwei Methoden – die Arbeit am langen Zügel und die Ausbindezügel –, doch erstere sollte den Fachleuten überlassen bleiben.

Ausbindezügel sollten in Verbindung mit einem Hannoverschen Reithalfter verwendet werden. Über eine einfache Trense mit Hannoverschem Reithalfter wird wieder der Kappzaum geschnallt und die Longe wie immer im mittleren Ring befestigt. Nun werden die Ausbindezügel in die Trensenringe eingehakt und an den Gurtstrupfen eingeschnallt. Man läßt das Pferd im ruhigen Schritt an der Longe herumgehen und gibt ihm Zeit, sich zu entspannen. Schließlich wird es sich strecken und Kontakt zum Gebiß aufnehmen, und nun kann die Longenarbeit – mit Sattel und Ausbindezügeln – im Trab beginnen. Mit Ausbindezügeln sollte nur im Trab longiert werden, der einzigen Gangart, in der das Pferd aktiv sein und trotzdem den Kopf ruhighalten kann. Im Schritt und im Galopp bewegt sich der Pferdekopf leicht von einer Seite zur anderen; um Druck auf das Maul, gar mögliche Verletzungen zu vermeiden, bindet man das Pferd in diesen Gangarten nicht aus.

Longiert man auf einem großen Zirkel, schnallt man die beiden Ausbindezügel fast gleich lang. Auf einem engeren Zirkel wird der innere Zügel leicht verkürzt. Schnallt man ihn allerdings zu kurz, verlagert das Pferd sein Gewicht auf die innere Schulter, schwingt mit der Hinterhand nach außen heraus und geht auf der Vorhand, ein Fehler, der unbedingt zu vermeiden ist. Der Ausbilder muß in der Lage sein festzustellen, wann er die Ausbindezügel soweit verkürzen kann, daß sie dem Zügel in einer Reiterhand entsprechen. Die Kunst dabei wie bei der ganzen Ausbildung besteht darin, das Pferd aus Erfahrung lernen zu lassen.

Das Aufsitzen

Zum Thema des ersten Aufsitzens gibt es viele Theorien, das wichtigste dabei aber ist, daß die Bekanntschaft mit dem Reiter wie die mit dem Sattel stufenweise erfolgen muß. Aufgabe des Ausbilders ist es, das Pferd am Kopf zu halten und es zu beruhigen, während ein Helfer aufsitzt.

Zuerst stellt sich der Helfer neben das junge Pferd und läßt das Gewicht seiner Hand auf

Arbeit am langen Zügel. Das Pferd lernt so, mit den Zügeln als Schenkelersatz, nach links und rechts abzuwenden und anzuhalten. Hat es dies begriffen, kann es sicher am langen Zügel gearbeitet werden.

dem Sattel ruhen. Dann wird er von einem zweiten Helfer soweit hochgehoben, daß der Oberkörper über dem Sattel liegt, und schließlich schwingt er ein Bein über den Sattel und nimmt im Sattel Platz. Er verhält sich zunächst ganz still, nimmt nicht die Bügel auf und greift sicherheitshalber leicht ins Mähnenhaar oder hält sich am Vorderzwiesel. Während der ganzen Zeit spricht der Ausbilder mit dem Pferd, und wenn das Aufsitzen geklappt hat, wird es ausgiebig geklopft und gelobt.

Die Ausbildung unter dem Sattel

Die wichtigsten Ausbildungsziele sind nun: 1. ein Pferd, das frei und im Takt vorwärtsgeht; 2. ein Pferd mit ruhiger Kopfhaltung; 3. Gleichgewicht in allen Gangarten; 4. ein Pferd, das geradeaus geht; 5. ein Pferd, das sich geschmeidig und im Vertrauen auf seine körperlichen Fähigkeiten bewegt und das 6. die Hilfen des Reiters willig befolgt. Noch einmal sei daran erinnert, daß all diese Lernvorgänge Zeit brauchen. Pferde lernen durch Routine, Wiederholung und Belohnung.

Freies Vorwärtsgehen

Das Pferd muß lernen, die Hilfen des Reiters abzuwarten. Die erste Lektion besteht darin, daß es beim Aufsitzen ruhig zu stehen hat. Man kann es dazu von einem Helfer am Kopf halten lassen und einige Male auf- und absitzen. Das Pferd merkt bald, daß es still stehen und das Kommando zum Vorwärtsgehen abwarten muß. Es lohnt sich, das von beiden Seiten zu üben, da dies zum Ruhigverhalten des Pferdes beiträgt und ihm hilft, unter dem Reitergewicht das Gleichgewicht zu wahren.
Damit ist der Zeitpunkt gekommen, dem Pferd die erste vorwärtstreibende Schenkelhilfe beizubringen. Der Ausbilder fordert das Pferd mit dem Schenkel zum Antreten auf und verleiht der Aufforderung wenn nötig Nachdruck durch leichtes Antippen mit der Gerte an der Hinterhand. Sobald das Pferd das Zeichen versteht, kann man die Gerte weglassen. Ebenso geht man beim Trab vor. Mit dem Galopp wartet man, bis das Pferd soweit ist, daß man Gleichgewicht und leichtes Aufnehmen üben kann.
Richtungswechsel müssen in diesem Stadium noch ganz einfach sein, und auch hier darf vom Pferd keine Versammlung gefordert werden, sondern nur freie Vorwärtsbewegung. Ziel ist es, das Pferd an den Zügeldruck zu gewöhnen und es zu veranlassen, sich in der Bewegungsrichtung zu biegen. Damit das Pferd im Schritt aus der Ecke heraus und diagonal durch die Bahn geht, genügt es anfangs, die innere Zügelfaust leicht anzuheben und den Zügel vermehrt anzunehmen; der innere Schenkel wirkt am Gurt vortreibend, der äußere wird leicht zurückgelegt.

Zurückführen des Tempos

Sich aufzunehmen und langsamer zu werden, bringt man dem Pferd am besten im Schritt auf gerader Linie bei. Nach etwa einem Drittel der Strecke schließt der Ausbilder die Finger und hält das Pferd etwas zurück, wobei er gleichzeitig mit der Stimme auf das Pferd einwirkt. Nach ein paar Metern öffnet er die Finger wieder, legt die Schenkel fest an und treibt das Pferd wieder zu aktivem Schritt an. Das Pferd mag anfangs Widerstand zeigen, aber wenn der Ausbilder Geduld aufbringt, versteht es bald, was von ihm verlangt wird. Hat das Pferd die Hilfen im Schritt verstanden, wird das gleiche im Trab geübt. Damit erreicht man in kurzer Zeit, daß das junge Pferd sich aktiv und frei vorwärtsbewegt.

Kopfhaltung, Gleichgewicht und Anlehnung

Der Hauptgrund dafür, warum ein Pferd die korrekte Kopfhaltung lernen muß, ist der Reiter auf seinem Rücken mit seinem Gewicht und seiner Bewegung. Ein freilaufendes Pferd ändert Kopf- und Halshaltung entsprechend seiner Gangart oder Richtung. Unter dem Reiter aber muß es ein neues Gleichgewicht finden.
Zwei Gefahren gilt es in dieser Ausbildungsphase zu vermeiden. Erstens darf das Pferd den Kopf nicht zu hoch nehmen. Eine hohe Kopfhaltung führt dazu, daß der Rücken weggedrückt wird, was das Gleichgewicht beeinträchtigt sowie Aktivität und Raumgriff der Hinterhand vermindert. Wenn diese Haltung zur Gewohnheit wird, merkt das Pferd außerdem bald, daß es sich auf diese Weise der Einwirkung von Gebiß und Zügeln entziehen kann. Aus den gleichen Gründen darf der Kopf aber auch nicht zu tief genommen werden. Das Pferd wölbt sonst den Rücken auf und kann leichter den Unterkiefer versteifen und den Druck des Gebisses mit den Halsmuskeln auffangen.
Ein weiteres Problem kann in diesem Stadium durch die «gute» oder «schlechte» Seite des Pferdes entstehen. Wie es bei uns Rechts- und Linkshänder gibt, haben auch die meisten Pferde eine Seite, die ihnen lieber ist. Die dem Pferd angenehmere Seite nennen wir die «gute», und die, auf der das Pferd mehr Widerstand leistet, die «schlechte». Diesen Unterschied muß der Ausbilder ausgleichen, damit der Körper im Gleichgewicht ist und das Pferd «geradegerichtet» wird. So bringt man dem Pferd gleichzeitig das Nachgeben in Hals und Maul bei.

Um die gute und die schlechte Seite herauszufinden, läßt man das Pferd zuerst am hingegebenen Zügel vorwärtsgehen, nimmt dann ruhig nur den linken Zügel auf und versucht, nach links abzuwenden. Geht das Pferd sofort darauf ein, wendet es also Kopf, Hals und Körper in die gewünschte Richtung, ist dies die «gute» Seite. Zur Bestätigung versucht man das gleiche nach rechts. Hier müßte sich das Pferd nun widersetzen.

Damit kann man daran gehen, das Pferd geradezurichten und Anlehnung herzustellen. Man läßt das Pferd antraben, und wenn es gleichmäßig und gelöst geht, stellt man auf der «guten» Seite leichten, aber festen Zügelkontakt her. Ist die linke Seite die gute, reitet man auf der rechten Hand, also im Uhrzeigersinn. Dann schließt man die Finger der rechten Zügelhand – als ob man einen Schwamm ausdrücken wollte – und hebt sie leicht an, so daß auf die rechte Maulseite ein beständiger Druck ausgeübt wird. Das ist eine Aufforderung an das Pferd, auf der rechten, der «schlechten» Seite, nachzugeben. Spürbar wird dies dadurch, daß man weniger Gewicht in der rechten Hand hat. Die Signale an das Pferd werden durch vortreibende Schenkelhilfen unterstützt, die es ans Gebiß heranbringen und den Schwung aufrechterhalten. Man macht diese Übung nur kurz, beispielsweise zu Beginn einer Stunde, aber jeden Tag wieder, bis das Pferd versteht, was von ihm verlangt wird. Das Ziel ist es, das Pferd «in Anlehnung» zu reiten, wobei sein Nasenrücken mehr oder weniger an der Senkrechten stehen sollte. Ist dies erreicht, können fortgeschrittenere Lektionen wie Arbeit auf dem Zirkel und Übergänge in Angriff genommen werden.

Arbeit im Galopp

Die Arbeit im Galopp gehört zu den letzten Stufen der Ausbildung zu ebener Erde. Wichtig ist, daß das Pferd die richtige Fußfolge im Galoppsprung beibehält und so im Gleichgewicht bleibt.

Im Linksgalopp greift das Pferd mit dem linken Vorderbein aus, im Rechtsgalopp mit dem rechten. Schwung und Kopfhaltung dürfen sich nicht verändern, der Körper muß leicht in die Bewegungsrichtung gebogen sein. Auf der linken Hand ist das Pferd etwas nach links gestellt, so daß es von sich aus im Linksgalopp anspringt und taktmäßig und im Gleichgewicht geloppiert. Auf keinen Fall darf es mit der Schulter voraus und nach außen gestelltem Kopf in die Wendung gehen, es muß von Nase bis Schweif in die Bewegungsrichtung gebogen sein.

Dazu läßt man das Pferd in gleichmäßigem Takt, am Zügel, die lange Seite hinuntertraben. Vor der Ecke schließt man die linke Hand und stellt das Pferd nach links. Der linke Schenkel liegt am Gurt. Gleichzeitig setzt man sich tief in den Sattel, nimmt den rechten, den äußeren Schenkel eine Handbreit hinter den Gurt und legt beide Schenkel fest an den Pferdeleib. Mit dem Sitz wird die Hilfe zum Angaloppieren gegeben. Galoppiert das Pferd falsch an, pariert man durch zum Trab und fängt neu an. Dies wird solange wiederholt, bis das Pferd korrekt angaloppiert.

Danach kann man mit der Zirkelarbeit beginnen. Viel später, im fortgeschrittenen Stadium, folgt der fliegende Galoppwechsel. Die erste Übungsphase erfolgt auf zwei Zirkeln: Man galoppiert zunächst auf der linken Hand auf dem Zirkel, pariert auf der offenen Zirkelseite durch zum Trab, stellt das Pferd nach rechts und läßt es im Rechtsgalopp auf der rechten Hand wieder anspringen. Die Trabphase verkürzt man allmählich immer mehr, bis das Pferd fliegend den Galopp wechselt.

Weitere Übungen

In diesem Stadium können Übungen wie Vorhandwendung, Schulterherein und Schenkelweichen eingeführt werden. Erstere dient dazu, das Pferd schenkelgehorsam zu machen, die beiden anderen sind lösende Übungen, die das Pferd geschmeidig machen.

Die Tritte zu verlängern oder zu verkürzen, ohne Schwung und Gleichgewicht zu verlieren, lernt das Pferd am besten mit Hilfe von Cavaletti. Sie dienen auch der Muskelbildung, fördern die Aufmerksamkeit des Pferdes und machen es unter der konzentrierten Kontrolle des Reiters ruhiger, eine gute Vorbereitung auf das Springen.

Am besten legt man zwei Folgen von Cavaletti in die Bahn, eine im Abstand von 1 m, zum Verkürzen der Tritte, und eine im Abstand von 1,40–1,60 m, zum Verlängern der Tritte. Für den Anfang legt man die Stangen auf den Boden auf und läßt das Pferd einfach im Schritt darüber gehen, damit es Vertrauen dazu gewinnt. Darauf folgt die Arbeit im Trab. Das Pferd soll selbst lernen, wie es seine Tritte verlängern oder verkürzen muß; der Reiter muß darauf achten, daß dabei Schwung und Anlehnung nicht verloren gehen. Allmählich kann man die Cavaletti dann auch höher einstellen, eine gute Übung für Muskeln und Gelenke.

Von links nach rechts: Drei wichtige Phasen beim ersten Aufsitzen. Der Reiter legt sich mit dem ganzen Gewicht über den Sattel und klopft das Pferd mit der rechten Hand. Nun kann das Pferd herumgeführt werden, bis es sich an das Gewicht auf seinem Rücken gewöhnt hat. Es wird sich dann nicht widersetzen, wenn der Reiter sich richtig in den Sattel setzt, wobei er ruhig mit ihm spricht und es klopft. Schließlich wird das Pferd mit dem Reiter im Sattel herumgeführt. Es bleibt solange am Führzügel bzw. an der Longe, bis es ganz vertraut damit ist. Beim ersten Aufsitzen hält der Ausbilder das Pferd am Kopf, während der Helfer aufsitzt. Zunächst wird er hochgehoben, bis er sich über den Sattel legen kann. Ein paar Augenblicke bleibt er ruhig liegen, damit das Pferd sich an das Gewicht gewöhnen kann. Dann wird das Pferd langsam angeführt, gewendet und zurückgeführt. Das dauert nicht mehr als eine Minute und wird einige Tage wiederholt, bis das Pferd ganz entspannt ist. Die nächste Stufe: Der Reiter nimmt im Sattel Platz – erst ohne, später mit Bügelaufnahme – und wird so wieder am Führzügel herumgeführt. Ist die Vorbereitungsarbeit richtig gemacht worden, hat das Pferd volles Vertrauen und weiß, was von ihm verlangt wird.

Das Springen
Für das Springen gelten dieselben Grundsätze wie für die Ausbildung zu ebener Erde – das Pferd soll sich unter dem Gewicht und der Einwirkung des Reiters so natürlich wie möglich bewegen.
Das junge Pferd hat während der Grundausbildung schon gelernt, über Cavaletti zu traben, so daß man diese sehr gut zur ersten Springausbildung heranziehen kann. Wieder baut man zwei Folgen Cavaletti auf, aber diesmal werden die jeweils letzten zum Sprung ausgebaut, und zwar sollte am Ende einer Folge ein Steilsprung, am Ende der anderen ein Hochweitsprung stehen. Nun läßt man das junge Pferd an der Longe im Trab über die Cavaletti und den anschließenden Sprung gehen, möglichst auf beiden Händen. Auch unter dem Reiter bleibt die Technik genau die gleiche. Der Reiter läßt die Zügel locker, so daß das Pferd auf sich selbst aufpassen muß. Je besser es dem Reiter gelingt, das Pferd zum selbständigen Mitdenken zu erziehen, desto besser wird es später wahrscheinlich in Springprüfungen gehen.
Als nächstes läßt man das Pferd über kleine Sprungfolgen und dann über einzelne Übungshindernisse gehen.

Das Geheimnis des Erfolgs
Das Geheimnis der erfolgreichen Ausbildung heißt Arbeit, Ausdauer und Geduld. Die Bahnfiguren – Zirkel, Volte usw. – gehören zum Handwerkszeug und sind nicht etwa Selbstzweck. Das Ziel ist, das Pferd so gefühlvoll zu kontrollieren, daß es aussieht, als führe es alles von selbst aus – anmutig und selbständig, mit so wenig Einmischung des Reiters wie möglich.
Einen Künstler im Sattel erkennt man daran, daß er die Reaktionen des Pferdes immer vorauszuahnen scheint. Und Disziplin, die jede erfolgreiche Ausbildung voraussetzt, führt zu besserem Verständnis zwischen Reiter und Pferd und damit zu der Partnerschaft, die die Grundlage der Reiterei auf allen Ebenen bildet.

Arbeit mit Bodenstangen.
Kleine Fotos: Reiten an der Longe; im Schritt ohne Führer. Bis zu dieser letzten Stufe dauert es ungefähr sechs Wochen. In der ersten Stufe wird das Pferd mit Reiter longiert, erhält seine Hilfen aber nach wie vor vom Longenführer, nicht vom Reiter. Die Zügel werden nur angenommen, wenn das Pferd den Kopf zum Buckeln herunternehmen will. Danach kann der Reiter allein weiterarbeiten, dem Pferd die verschiedenen Hilfen beibringen und es mit weiteren Übungen wie der hier abgebildeten bekannt machen. Die Arbeit soll so abwechslungsreich wie möglich sein und viele Richtungswechsel und Übergänge von einer Gangart zur anderen enthalten, um das Interesse des Pferdes wachzuhalten.

Kapitel 8

Reiten lernen

Das Schlüsselwort beim Reitenlernen heißt Vertrauen. Der Reiter muß Vertrauen zu seiner Fähigkeit haben, sich mit dem Pferd zu verständigen und mit ihm zu arbeiten, und das Pferd muß seinerseits Vertrauen zum Reiter haben. Dies erreicht man nur mit Hilfe eines guten Reitlehrers, der es versteht, seine Schüler ruhig und unverkrampft an neue Übungen heranzuführen. Reiten soll Spaß machen, und darum sollte man schnauzenden Reitlehrern, die aus diesem herrlichen Sport einen Alptraum machen, aus dem Weg gehen. Ein guter Anhaltspunkt für die Suche sind die Buchstaben «FN» hinter dem Reitlehrertitel. Sie besagen, daß der Reitlehrer das vorgeschriebene Examen der FN (Fédération Nationale = Nationale [Reiterliche] Vereinigung) bestanden hat.

Die Reitkleidung

Man braucht anfangs nicht das Geld für eine vollständige Reitausstattung aufzubringen, aber manche Dinge sind wichtig für die Sicherheit und die Bequemlichkeit. Dazu gehört eine stabile Reitkappe, noch besser eine splittersichere Sturzkappe. Auch Stiefel sind wichtig, ob es nun Jodhpur-Stiefeletten, Western- oder Gummireitstiefel (weit billiger als solche aus Leder) sind. Turnschuhe sind bei jeder Arbeit mit Pferden und beim Reiten unsinnig, ja gefährlich, und normale Gummistiefel haben nicht die richtige Form. Im übrigen kann sich die Kleidung nach Geldbeutel und Notwendigkeit richten. Ein Paar kräftige, gut anliegende Jeans können anfangs die Reithose ersetzen. Dazu trägt man im Winter einen dicken Pullover oder einen Anorak und im Sommer ein Sporthemd oder ein T-Shirt. Gut angelegt ist das Geld für einen Reit-Regenmantel und ein Paar Reithandschuhe aus Baumwolle. Nasse Zügel, die womöglich auch noch schweißnaß sind, rutschen nämlich fast unhaltbar durch die Finger.

Umgang, Auf- und Absitzen

Der Anfänger bekommt sein Pferd gewöhnlich gesattelt und gezäumt vorgeführt, aber es ist keine schlechte Idee, um die Erlaubnis zu bitten, es selbst aus der Box und in den Hof führen zu dürfen, damit man sich an die Nähe eines so großen Tieres gewöhnt. Begrüßen Sie das Pferd ruhig und gehen Sie unter ständigem Sprechen bis auf Schulterhöhe. Fahren Sie ihm über die Schulter und klopfen Sie es leicht. Nehmen Sie das Halfter ab und führen Sie das Pferd an der Trense (die es darunter tragen sollte) aus der Box.

Nun kommt das Aufsitzen, entweder selbständig oder bei den ersten Malen mit Unterstützung eines Helfers. Bei Anfängern sollte immer jemand das Pferd am Kopf halten, damit es ruhig steht. Aufgesessen wird immer von links. Vor dem Aufsitzen überprüft man den Gurt und zieht ihn notfalls nach. Man

Die Prinzipien der klassischen Reitkunst wurden 1550 von dem neapolitanischen Reitmeister Federico Grisone niedergelegt: Man ritt mit gestrecktem Bein und festgestellter Hand und lenkte und beherrschte das Pferd vermittels eines scharfen Stangengebisses und der Sporen. Der Reiter zwang das Pferd durch komplizierte Dressurlektionen ganz unter seinen Willen. Grisones Einfluß reichte weit und hielt lange an, besonders an den europäischen Fürstenhöfen. Eine Erinnerung an diese Zeit ist die Spanische Hofreitschule in Wien (links).
Anfang des 20. Jahrhunderts kam es zu einer Revolution in der Reitkunst. Der leichte Sitz, eine Erfindung des italienischen Rittmeisters Federico Caprilli (1868–1907), veränderte sie von Grund auf. Sein System basierte auf der Partnerschaft mit dem Pferd, mit dem Ziel, es so wenig wie möglich zu stören, damit es sich frei bewegen und natürlich ausbalancieren konnte.

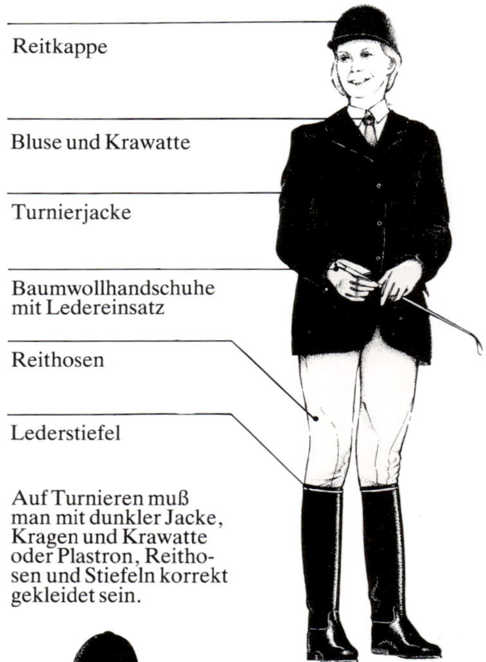

Auf Turnieren muß man mit dunkler Jacke, Kragen und Krawatte oder Plastron, Reithosen und Stiefeln korrekt gekleidet sein.

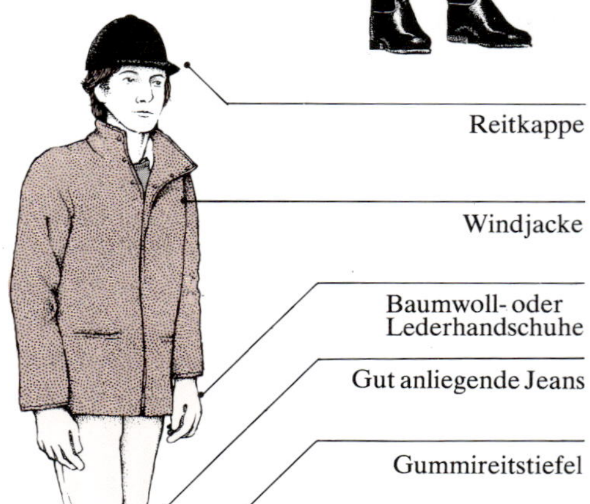

Reitkleidung muß praktisch sein wie z.B. diese mit warmer Jacke, eng anliegenden Hosen, Stiefeln und Kappe.

Wehende Kleidung ist ungeeignet – kann das Pferd ablenken, überall hängenbleiben.

Man hält das Zaumzeug in der linken Hand und streift dem Pferd die Zügel über den Hals, damit es sich beim Auftrensen nicht selbständig machen kann. Vorsicht, daß die Trense nicht auf den Boden hängt!

Mit der rechten Hand nimmt man das Zaumzeug hoch und schiebt mit der linken das Gebiß ins Maul. Falls nötig drückt man zum Öffnen des Mauls mit dem Daumen auf die Lade.

Jetzt zieht man das Genickstück mit beiden Händen über die Ohren. Der Schopf wird über den Stirnriemen gezogen, der so verpaßt sein muß, daß er den Ohransatz nicht berührt. Es darf nichts verdreht sein.

Nun wird der Kehlriemen geschlossen. Zwischen ihm und der Kehle muß für die Faust Platz sein, zwischen Nasenriemen und Kinn für vier Finger. Das Gebiß liegt auf den Laden, weder zu tief noch zu hoch im Maul, es darf die Maulwinkel nicht nach oben ziehen.

Die Sattellage wird vor dem Satteln nochmals glattgestrichen. Man faßt den Sattel an Kammer und Hinterzwiesel, legt ihn leicht, aber fest auf den Widerrist, und zieht ihn gleitend soweit nach hinten, daß sich die Schultern frei bewegen können.

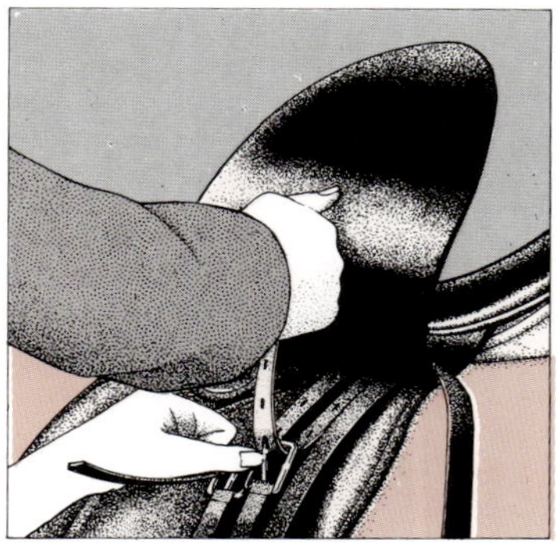

Sehen Sie, daß unter dem Sattelblatt alles glatt ist, gehen Sie auf die rechte Seite, lassen Sie den Gurt herunter. Gehen Sie wieder auf die linke Seite und schnallen den Gurt so fest, daß noch eine Hand zwischen Gurt und Bauch Platz hat.

Rechts: Wenn man ein paar Minuten geritten ist, muß der Sattelgurt gewöhnlich nachgezogen werden. Nehmen Sie den linken Fuß aus dem Bügel und legen Sie das Bein nach vorn, so daß Sie das Sattelblatt hochheben können. Ziehen Sie die Gurtstrippen 1–2 Loch höher, halten Sie dabei einen Finger auf den Dorn in der Schnalle. Wenn Sie das Sattelblatt stört, schieben Sie es unter den Oberschenkel. Ist der Gurt fest, lassen Sie es wieder herunter und setzen den Fuß wieder in den Bügel.

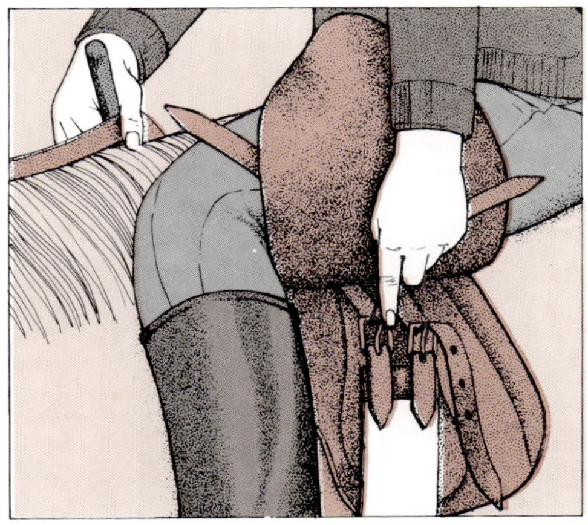

nimmt die Zügel so in die linke Hand, daß man leichten Kontakt zum Pferdemaul hat. Der linke Zügel darf nicht zu kurz genommen werden, damit das Pferd sich beim Aufsitzen nicht nach links dreht. Man legt die linke Hand auf den Vorderzwiesel und steht mit der linken Schulter parallel zur linken Schulter des Pferdes, ergreift den linken Steigbügel mit der rechten Hand, gibt ihm eine halbe Drehung im Uhrzeigersinn und setzt den linken Fuß bis zum Ballen in den Bügel, wobei man die Zehenspitze so tief wie möglich hält. Wenn man sie dem Pferd in die Flanke drückt, wird dies als Zeichen zum Vorwärtsgehen mißverstanden. Nun legt man die rechte Hand auf die Sitzfläche des Sattels und drückt sich gleichzeitig mit dem rechten Fuß kräftig vom Boden ab. Das rechte Bein wird über den Sattel geschwungen, und man nimmt möglichst weich im Sattel Platz. Dann nimmt man den rechten Bügel und mit beiden Händen die Zügel auf.

Zum Absitzen zieht man beide Füße aus den Bügeln und nimmt die Zügel in eine Hand. Dann schwingt man das rechte Bein über den Hinterzwiesel und springt zu Boden.

Steigbügel verpassen

Vom Sattel aus wird noch einmal der Gurt nachgezogen, und die Steigbügel werden auf die richtige Länge gebracht. Zu Beginn der Stunde ist die Versuchung groß, sie zu kurz zu schnallen. Wenn man nach einiger Zeit die Beine lang macht und sich richtig in den Sattel setzt, muß man sie dann wieder länger machen. Um sie auf die richtige Länge zu verschnallen, nimmt man die Füße aus den Bügeln und läßt sie natürlich am Pferd herabhängen. Der Bügel sollte gerade den inneren Knöchel berühren. Beide Bügel müssen gleich lang verschnallt werden.

Der Sitz

Der korrekte Sitz ist der Fels, auf den sich jedes gute Reiten gründet. Ein korrekter Sitz bedeutet, daß der Reiter im Gleichgewicht ist – sicher, leicht und mit jeder Bewegung des Pferdes mitgehend. Er wird im Gleichklang mit den Bewegungen des Pferdes eingesetzt. Das «Einsitzen», das Eindrücken der Gesäßknochen in den Sattel, wirkt vortreibend auf das Pferd.

Der Reiter sitzt mit aufrechtem Oberkörper, geradem Rücken also, aber ohne Steifheit – besonders um die Hüftpartie – im tiefsten Punkt des Sattels. Genau genommen sitzt er auf einem Dreieck, gebildet aus den Gesäßknochen und dem Spalt. Wenn Sie richtig sitzen, müssen Sie zwischen Gesäß und Hinterzwiesel noch die flache Hand auf den Sattel legen können. Die Schultern werden zurückgenommen. Der Kopf ist erhoben, der Blick nach vorn gerichtet. Wenn man nach unten sieht, macht man den Rücken rund und die Brust hohl.

Geben Sie der Versuchung nicht nach, sich mit Knien und Unterschenkeln festzuklammern. Das führt dazu, daß Sie sich versteifen und mit dem Gesäß aus dem Sattel kommen. Sie müssen das Pferd mit den Beinen umschließen, sie an den Pferdekörper anschmiegen. Dies erreicht man unter anderem dadurch, daß man die Beine kurz vom Pferd wegstreckt und die Oberschenkel dann von hinten nach vorn in die richtige Lage zieht. Dadurch verschiebt sich der dicke Muskelstrang an der Schenkelinnenseite nach hinten, so daß das Bein flach wird und sich gut an Sattel und Pferd anlegen läßt. Wenn man dann noch das Gewicht auf die Fußknöchel verlagert, spürt man, wie man tiefer in den Sattel kommt. Der Unterschenkel liegt in leichter Fühlung mit dem Pferdeleib direkt hinter dem Gurt an. An dieser Stelle wird das Reitergewicht ausbalanciert. Der Unterschenkel darf nicht nach vorn oder hinten rutschen, weil dies Auswirkungen auf den Sitz hat und eine korrekte Hilfengebung unmöglich macht. Der Absatz wird hinuntergetreten. Nur der Fußballen wird im Bügel abge-

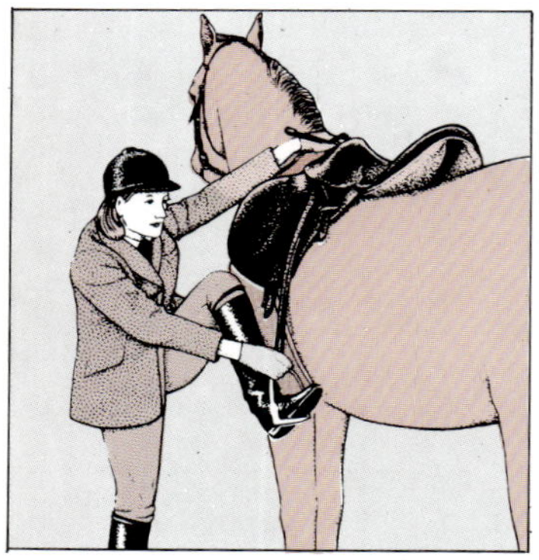

Aufsitzen: Linke an Vorderzwiesel, Rechte hält Bügel. Linken Fuß hineinsetzen, Spitze weg vom Pferd.

Nun legt man die rechte Hand auf die Sitzfläche, drückt sich vom Boden ab und springt leicht hoch.

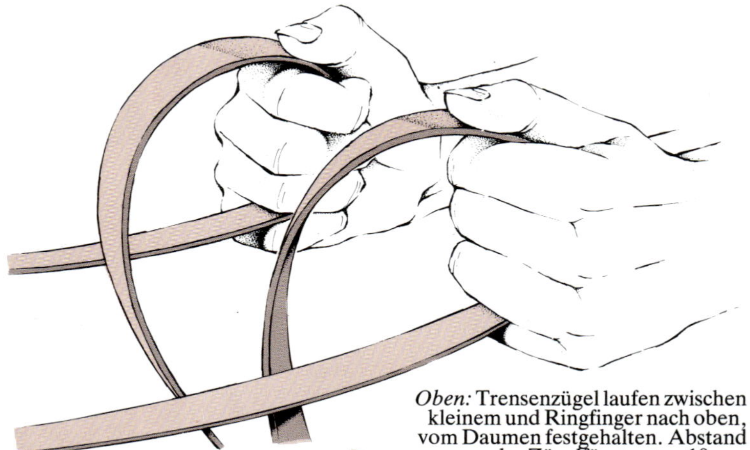

Oben: Trensenzügel laufen zwischen kleinem und Ringfinger nach oben, vom Daumen festgehalten. Abstand der Zügelfäuste etwa 10 cm.

In flüssiger Bewegung rechtes Bein über Sattel schwingen, ohne ihn oder Pferderücken zu berühren.

Absitzen. Füße aus Bügeln ziehen, Zügel in linke Hand nehmen. Rechte Hand auf Vorderzwiesel legen.

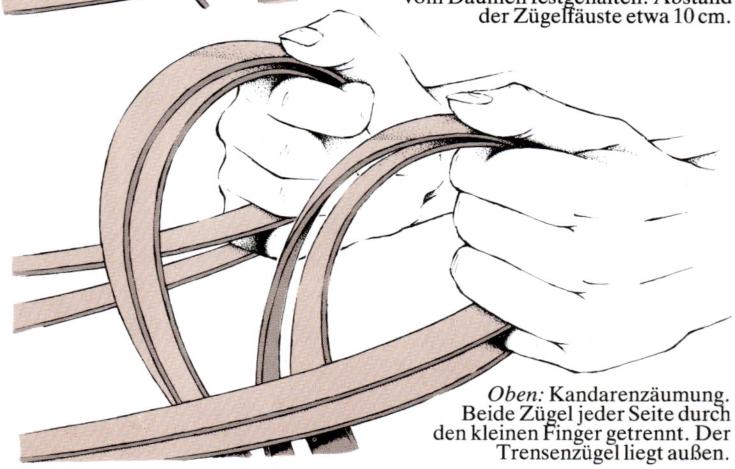

Oben: Kandarenzäumung. Beide Zügel jeder Seite durch den kleinen Finger getrennt. Der Trensenzügel liegt außen.

Nach vorn geneigt, Beine hinten links über Sattel schwingen. Rechte Hand stützt, linke hält Zügel.

Leichtfüßig landen, Gesicht zum Sattel. Zügel halten leichten Kontakt zum Pferdemaul aufrecht.

Links: Vom Sattel aus werden die Steigbügel verpaßt. Man zieht den Bügelriemen aus der Schnalle unter der Schutztasche nach oben. Mit dem einen Finger auf dem Dorn ist der Riemen leicht nach oben oder unten zu verstellen.
Unten: Korrekt hängt der Bügel auf Höhe des Knöchels. – Der Bügelriemen wird durch die Schlaufe auf dem Sattelblatt gezogen.

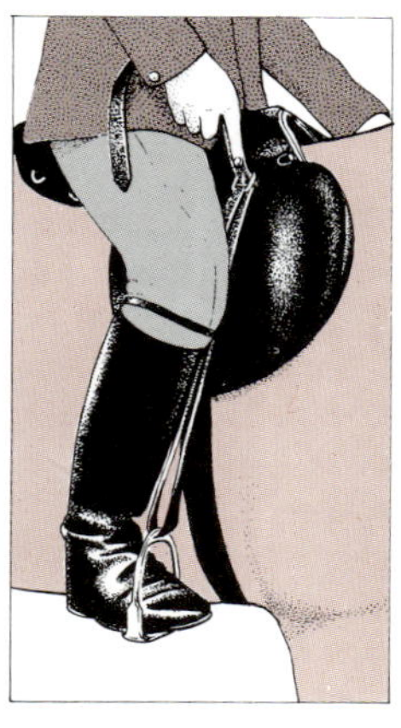

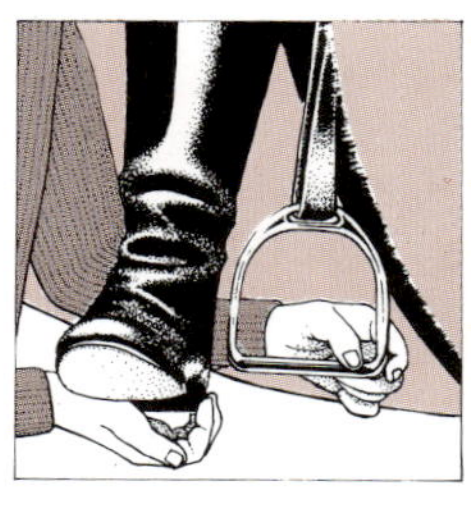

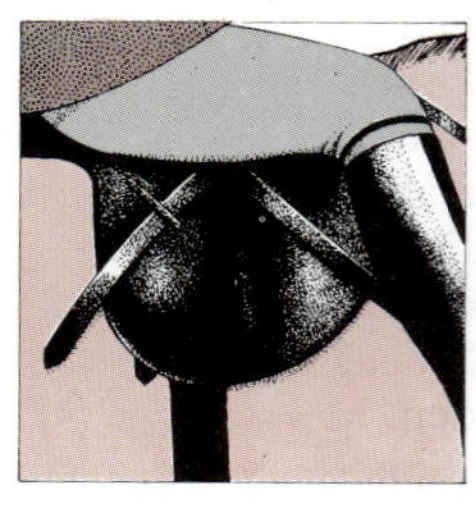

stützt; die Füße werden parallel zum Pferdeleib gehalten.

Bei korrektem Sitz liegen die Ohren des Reiters mit Schultern und Hüften auf einer Senkrechten. Bei aufgenommenem Bügel bilden die Bügelriemen zum Boden einen rechten Winkel.

Die Arme hängen bis zum Ellbogen natürlich herab. Die Hände werden leicht zur Faust geschlossen, mit den Daumen nach oben getragen. Die Fäuste dürfen nicht nach innen gedreht werden, die Handknöchel nicht nach oben zeigen. Ellbogen, Hand und Zügel sollen eine gerade Linie bilden.

An seinem Sitz arbeiten kann man am besten im Sattel des longierten Pferdes, wie es für die allererste Ausbildung überhaupt empfehlenswert ist. Der Reiter sollte sich dabei an einem Halsriemen halten, nicht die Zügel gebrauchen. Das Pferd gehorcht dem Longenführer. Es kommt nur durcheinander, wenn zwei Leute versuchen, es zu dirigieren, einer mit der Longe und der andere mit der Trense.

Einen sicheren, unabhängigen Sitz erreicht man nur durch regelmäßiges aktives Reiten, unterstützt von gymnastischen Übungen und Reiten ohne Bügel. Das trägt sehr dazu bei, daß der Reiter Gleichgewicht und Selbstvertrauen lernt.

Die Hilfen

Als Hilfen bezeichnet man eine Reihe von Signalen, mit deren Hilfe man das Pferd lenkt. Es gibt zwei Kategorien: die natürlichen Hilfen (Hände, Schenkel, Sitz und Stimme) und die künstlichen Hilfen (Gerte, Sporen, Hilfszügel usw.). Die einzige künstliche Hilfe, die dem Anfänger erlaubt ist, ist die Gerte.

Die gesamte Reiterei beruht auf der Ausnutzung des natürlichen Schwungs des Pferdes. Kontrolliert wird er mit Hilfe von Sitz und Schenkeln. Ziel ist es, daß das Pferd sich frei und aktiv in die gewünschte Richtung bewegt und nicht versucht, den Hilfen auszuweichen.

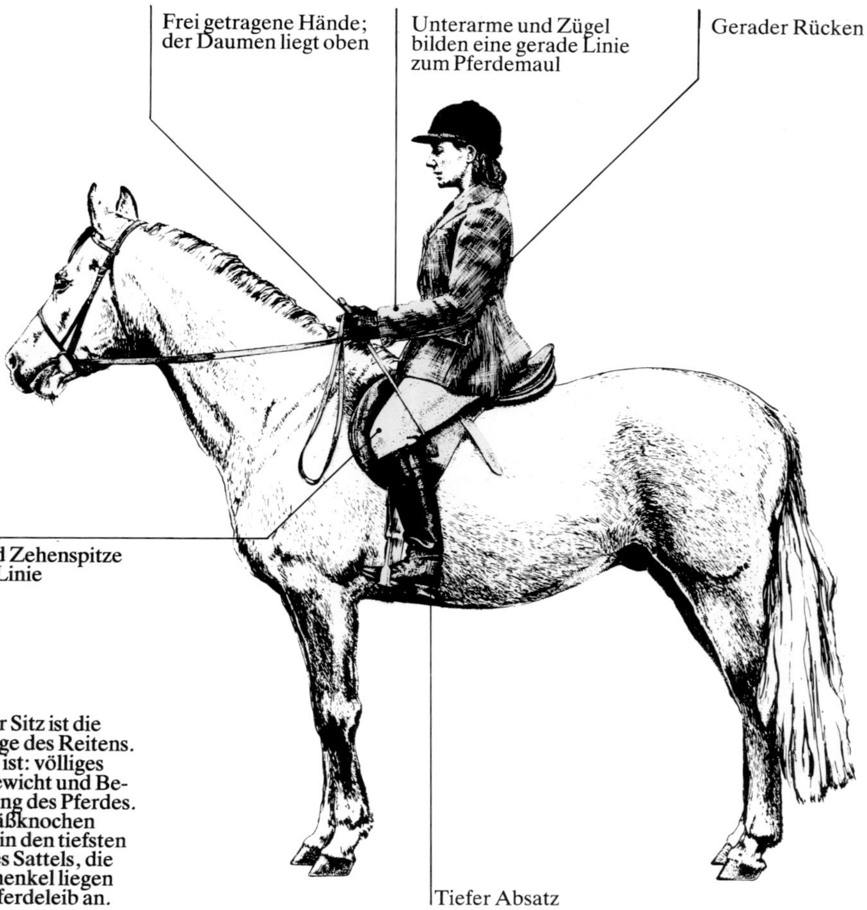

Ein guter Sitz ist die Grundlage des Reitens. Das Ziel ist: völliges Gleichgewicht und Beherrschung des Pferdes. Die Gesäßknochen drücken in den tiefsten Punkt des Sattels, die Unterschenkel liegen gut am Pferdeleib an.

Gewöhnlich spürt der Reiter das in den Händen. Bei einem widersetzlichen Pferd hat er «wenig in der Hand», wenn er es zum Vorwärtsgehen auffordert, und braucht Kraft, wenn er es zurückhalten will.
Die Unterschenkel werden mit leichtem Druck hinter dem Gurt eingesetzt. Ein schnelles, leichtes Zudrücken, notfalls mehrmals, ist wirksamer als länger anhaltender Druck. Die Absätze werden möglichst nicht eingesetzt. Reagiert ein Pferd nicht auf den Schenkel, kann man die Gertenhilfe anwenden. Meist genügt ein kurzes Antippen an die Rippen, unmittelbar hinter dem Unterschenkel. Denken Sie daran, daß die Gerte nur zur Verstärkung der Hilfe dient, nicht zum Strafen.

Die Reiterhand

Tempo und Richtung werden mit Hilfe der Zügel kontrolliert, niemals aber ausschließlich bewirkt. Der Kontakt zum Pferdemaul soll also leicht und beständig sein. Durch Ziehen am Zügel tut man dem Pferd nur weh und macht es widerspenstig. Das Handgelenk muß so biegsam und geschmeidig sein, daß es sich der natürlichen Bewegung des Pferdes anpassen kann. Das Ziel ist die passive Hand, nicht die starre, bei der die Handgelenke unbeweglich eingerastet sind.

Vorbedingung dazu ist die korrekte Zügelhaltung. Bei der Zäumung auf Trense läuft der Zügel zwischen kleinem Finger und Ringfinger nach oben durch die Hand und wird vom Daumen festgehalten. Kandarenzügel können auf verschiedene Art gehalten werden. Man kann Trensen- und Kandarenzügel etwa mit dem kleinen Finger trennen, und zwar so, daß der Kandarenzügel zwischen kleinem Finger und Ringfinger durchläuft und der Trensenzügel an der Handaußenseite anliegt. Wie beim Trensenzügel werden beide Zügel vom Daumen festgehalten.

Der Schritt

Zu Beginn werden alle Übungen im Schritt ausgeführt, bis der Reitschüler das Grundvertrauen erworben hat, ohne das der Übergang zu den höheren Gangarten unmöglich ist. Der Kontakt zum Pferdemaul wird aufgenommen, und die Hilfen zum Antreten im Schritt werden gegeben. Geht das Pferd vorwärts, muß die Hand weich nachgeben, damit es nicht etwa in Trab fällt. Geht das Pferd schneller, ohne daß man dies will, hemmt man die Vorwärtsbewegung durch Schließen der Fäuste, legt die Schenkel an und setzt sich tief in den Sattel. Daraufhin wird das Pferd langsamer. Nach einigen Tritten gibt man mit der Hand nach, treibt vermehrt mit Sitz und Schenkeln und bringt das Pferd wieder in die gewünschte Gangart.
Zum Anhalten setzt der Reiter wieder Sitz und Schenkel ein, begrenzt aber gleichzeitig die Vorwärtsbewegung durch Stehenlassen der Hand. Das Pferd sollte gleichmäßig auf allen vier Beinen zum Halten kommen.
Zur Richtungsänderung leiten innerer Zügel und Schenkel die Wendung ein, während die äußeren verwahrend wirken. Will man nach rechts abwenden, nimmt man den rechten Zügel an; der linke bleibt passiv. Beide Schenkel liegen am Pferd, damit es vorwärtsgeht, aber der linke Schenkel liegt etwas zurück und hindert das Pferd, mit der Hinterhand herumzuschwingen. Das gleiche gilt umgekehrt für die Wendung nach links.
Der Reiter sollte konzentriert «rechts» oder «links» auch denken. Das kann wie eine Verstärkung der physischen Hilfen wirken.

Der Trab

Der Trab ist eine Bewegung im Zweitakt mit abwechselnd diagonaler Fußfolge (s. S. 56/57). Der Reiter kann im Sattel sitzen bleiben und dem natürlichen Trabrhythmus folgen (Aussitzen) oder jeweils einen Takt lang aufstehen (Leichttraben).
Um aus dem Schritt anzutraben, setzt man sich tief in den Sattel, legt die Schenkel vermehrt an und nimmt den inneren Zügel etwas an. Trabt das Pferd an, sitzt man einige Tritte aus und treibt mit den Schenkeln, damit das Pferd nicht wieder in Schritt fällt.
Im Leichttraben erhebt sich der Reiter beim Abfußen eines diagonalen Beinpaares aus dem Sattel und läßt sich beim folgenden Tritt wieder im Sattel nieder, wobei sich das Körpergewicht auf Fuß und Steigbügel stützt, nicht auf das Knie – dieses dient allein als Scharnier. Aufgestanden wird aus der Hüfte; der Unterschenkel bleibt ruhig. Der Winkel Körper/Schenkel soll sich nicht verändern. Der Reiter muß dafür sorgen, daß das Pferd weiter vorwärtsgeht, und leichten, beständigen Kontakt zum Pferdemaul halten.
Das Gesäß wird nie vollständig aus dem Sattel genommen. Die Zügel dürfen nicht als Hebel benutzt werden. Man soll nie zu lange auf demselben Beinpaar leichttraben. Wie wir, bevorzugen auch die Pferde eine Seite, so daß es leicht geschehen kann, daß man längere Zeit etwa nur auf dem linken Hinterfuß trabt. Das kann zur Überbeanspruchung dieses Beinpaares und zu einseitiger Steifheit führen. Auf jeden Fall wird bei jedem Handwechsel auch der Fuß gewechselt, auf dem man trabt. Statt sofort wieder aufzustehen, sitzt man eine volle Fußfolge aus und steht wieder auf, wenn das andere Beinpaar vorschwingt. Treibende Schenkelhilfen sorgen dafür, daß der Schwung erhalten bleibt. Beim Reiten im Gelände muß in regelmäßigen Abständen der Fuß gewechselt werden.
Um wieder zum Schritt durchzuparieren, setzt

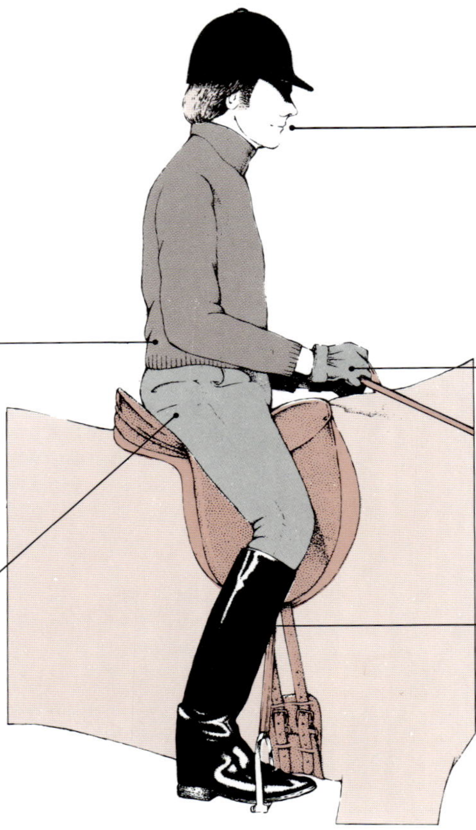

Unter den natürlichen Hilfen versteht man die Bewegungen, mit denen der Reiter dem Pferd seine Wünsche mitteilt. Körper, Schenkel und Hände arbeiten harmonisch zusammen. Einem richtig vorbereiteten und gestellten Pferd fällt es leichter, die Hilfen des Reiters zu befolgen.

Die Rückenmuskeln beeinflussen den Sitz. Der Reiter sitzt fester und kann sich ausbalancieren. Durch Kreuzanspannen (Anziehen der Rückenmuskulatur), mit entsprechenden Schenkel- und Zügelhilfen, macht er sich dem Pferd verständlich.

Vermehrtes Einsitzen im Sattel regt das Pferd zum vermehrten Vorwärtsgehen aus der Hinterhand an. Ein fester, tiefer Sitz ist die Voraussetzung für korrekte Schenkelhilfen.

Mit der Stimme kann man das Pferd beruhigen oder unter Kontrolle halten.

Die Hand muß weich und elastisch sein und ständig im Wechsel annehmen und nachgeben. Sie reguliert den durch Schenkeldruck erzeugten Schwung und kontrolliert die Vorhand.

Der Unterschenkel ist für Schwung und Energie der Hinterhand zuständig und dient als seitliche Begrenzung.

man sich tief in den Sattel, schließt fest die Fäuste und treibt mit dem Schenkel, bis das Pferd in freiem Schritt vorwärtsgeht. Dann gibt man mit der Hand nach, treibt aber weiter, bis dieser Impuls sich gefestigt hat.

Der Galopp

Der Galopp ist ein Dreitakt, im Linksgalopp: rechter Hinterfuß/linker Hinterfuß und rechter Vorderfuß/linker Vorderfuß, gefolgt von der Schwebephase. Der Reiter geht rhythmisch mit und hält den ständigen Kontakt zum Pferdemaul aufrecht. Er sitzt tief im Sattel und schwingt aus den Hüften heraus mit. Lassen Sie sich nicht dazu verleiten, sich vornüber kippen zu lassen! Aufgeregte Bewegungen im Sattel und besonders heftiges Kicken mit den Absätzen führen nur dazu, daß das Pferd immer schneller trabt, nicht zum Angaloppieren.

Das Pferd muß im Galopp stets mit dem richtigen Fuß anspringen. Die Sprungfolge beginnt immer mit einem Hinterfuß – dem rechten auf der linken, dem linken auf der rechten Hand. Je nachdem, ob der linke oder der rechte Vorderfuß ausgreift, spricht man vom Links- oder Rechtsgalopp. Geht ein Pferd auf der rechten Hand im Linksgalopp, spricht man vom Außengalopp, beziehungsweise – ist er ungewollt – vom falschen Galopp.

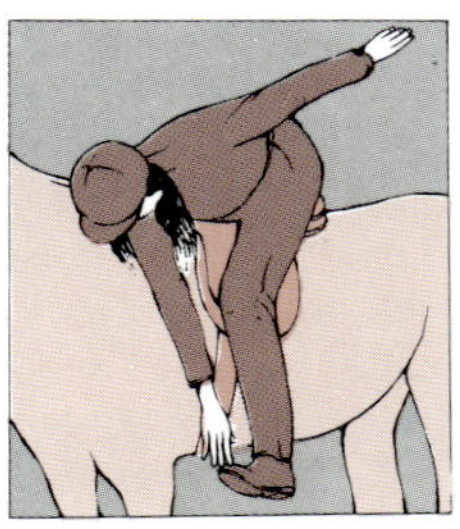

Gymnastik kräftigt die Muskeln und verbessert den Sitz. Der Anfänger gewinnt damit schneller Vertrauen. Nach vorn auf den Pferdehals beugen; mit der rechten Hand linken Steigbügel berühren; aufrichten und mit linker Hand rechten Bügel berühren.

Mit erhobenem Kopf, geradem Rücken und ausgestreckten Armen dreht der Reiter sich aus der Hüfte heraus so weit wie möglich nach links und rechts. Das macht Rücken und Hüften gelenkiger. Die Übung kann im Halten, aber auch im Schritt ausgeführt werden.

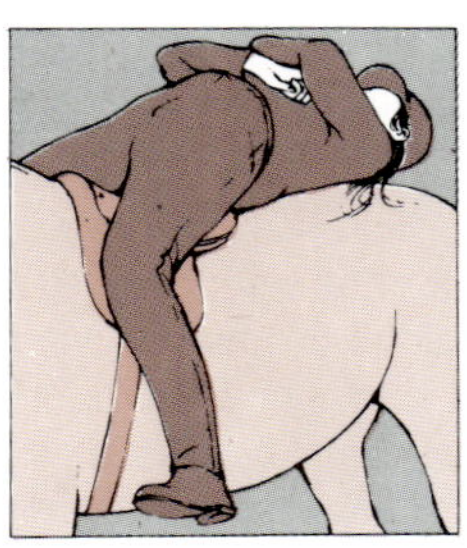

Mit untergeschlagenen Armen sich nach hinten bis auf den Pferderükken lehnen und wieder aufrichten. Die Schenkel bleiben in der korrekten Lage am Pferd. Gymnastik nicht auf einem unerfahrenen Pferd ausführen, das erschrecken könnte.

Dem Pferd fällt das richtige Angaloppieren leichter, wenn die Galopphilfen in der Biegung gegeben werden, wenn also das Pferd bereits in die geforderte Richtung gestellt ist. So balanciert es sich meist von selbst aus und springt mit dem richtigen Fuß an. Am besten übt man deshalb auf einem großen Zirkel. Das Pferd bewegt sich in aktivem, taktmäßigem Trab auf der Zirkellinie und ist mit Hals und Körper auf sie eingestellt. Der Reiter setzt sich nun tief in den Sattel, nimmt – auf der linken Hand – den linken Zügel etwas an, treibt mit dem inneren Schenkel am Gurt und legt den äußeren verwahrend eine Handbreit zurück. Galoppiert das Pferd nicht an, gibt man die Hilfen noch einmal und tippt es zur Bekräftigung leicht mit der Gerte an der inneren Schulter an.

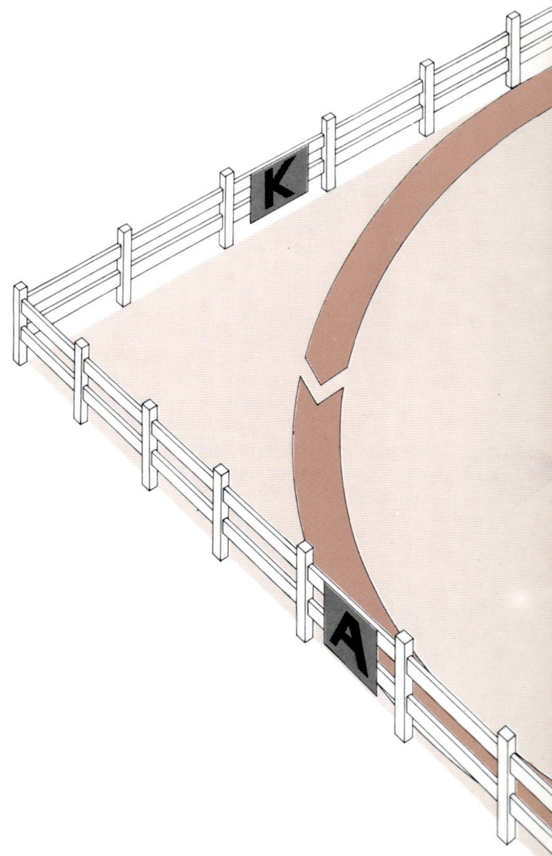

Der Reitunterricht findet meist in einer Reithalle oder auf einem umgrenzten Reitplatz statt. Die international festgelegten Markierungspunkte dienen der Orientierung bei den verschiedenen Bahnfiguren bzw. Dressurübungen. Während der Reitstunde steht der Reitlehrer meist in der Mitte und gibt der ganzen Gruppe oder einzelnen Reitern seine Anweisungen. Reitbahn bzw. Reitplatz eignen sich für fast alle Übungen und zum Springen.

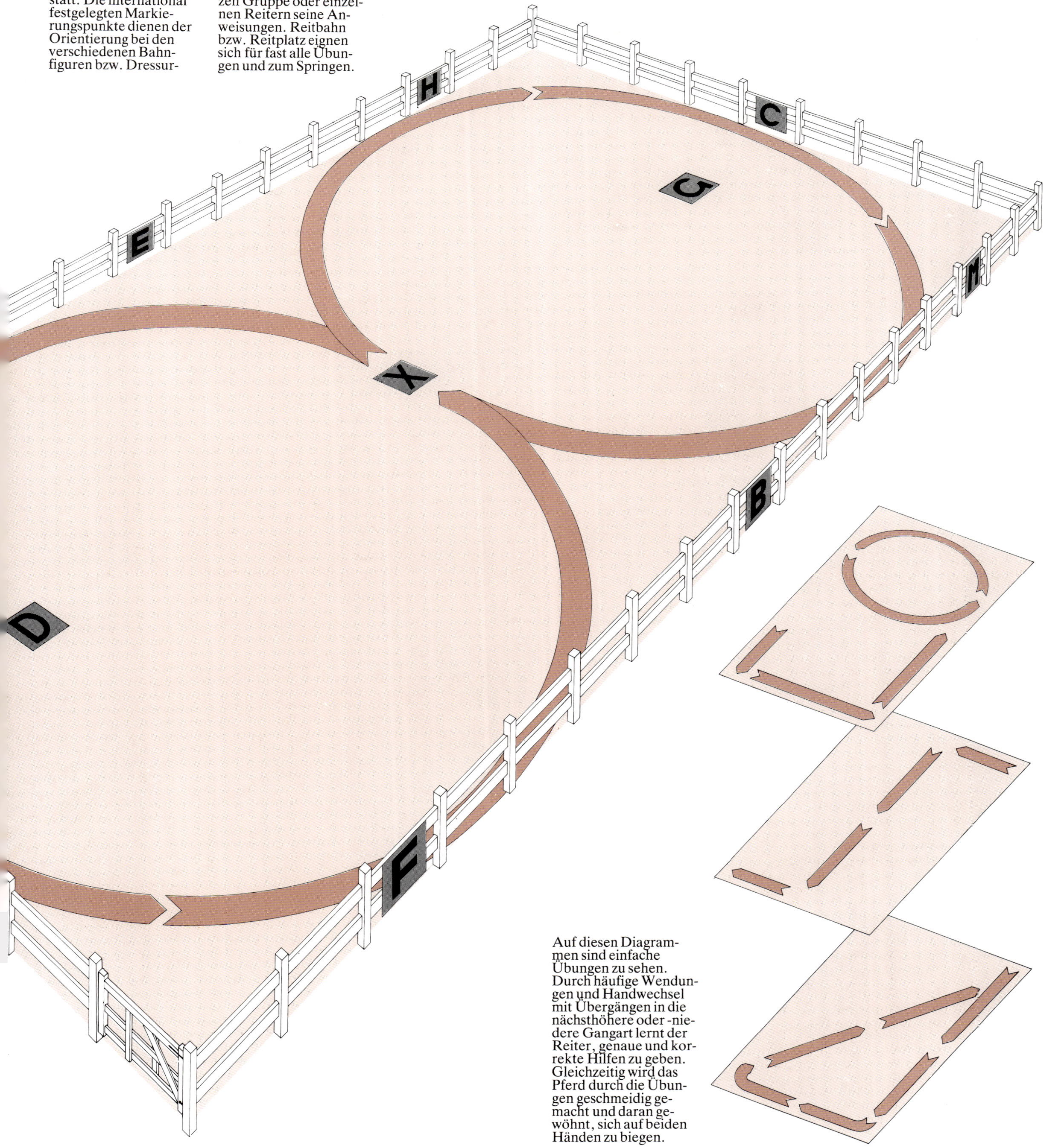

Auf diesen Diagrammen sind einfache Übungen zu sehen. Durch häufige Wendungen und Handwechsel mit Übergängen in die nächsthöhere oder -niedere Gangart lernt der Reiter, genaue und korrekte Hilfen zu geben. Gleichzeitig wird das Pferd durch die Übungen geschmeidig gemacht und daran gewöhnt, sich auf beiden Händen zu biegen.

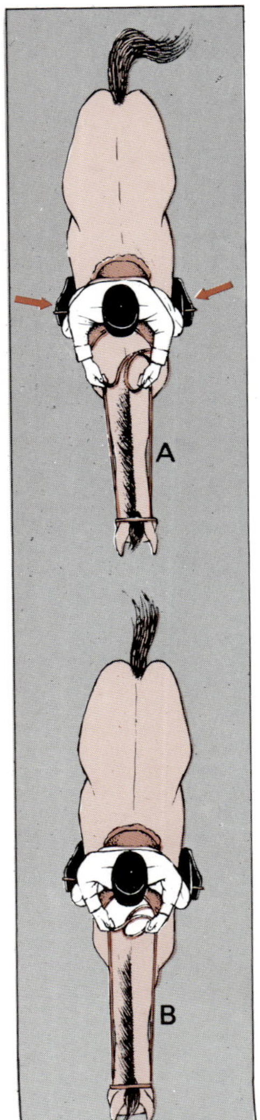

Vor der Arbeit wird das Pferd «abgeritten», um Rücken und Gelenke zu lockern. Gleichzeitig kann sich der Reiter an das Pferd gewöhnen und sich in den Sattel «einsitzen». Der angelegte Schenkel sorgt für Schwung und freie Vorwärtsbewegung. Zügel nicht zu kurz, so daß das Pferd Hals und Kopf herunternehmen und strecken kann. Mit leichtem Zügelkontakt kontrollieren, aber nicht einengen. Keine plötzlichen Aktionen; das Pferd wird davon nur nervös.

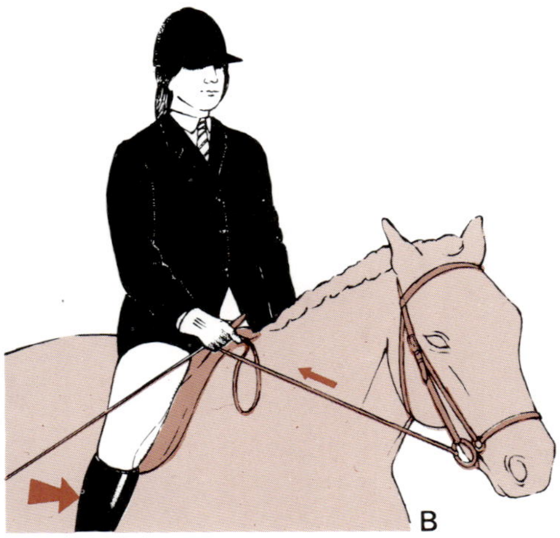

Wenn das Pferd gelöst ist, Zügel vermehrt annehmen. Die Verbindung zum Pferdemaul soll gleichmäßig, beständig, darf kein Ziehen sein. Man muß die Aufmerksamkeit des Pferdes wachhalten, ständig dafür sorgen, daß es im gewünschten Tempo gleichmäßig vorwärtsgeht. Es würde sonst immer langsamer werden, schließlich stehen bleiben. Es kann aber auch immer schneller werden. Ziel ist es jedoch, den Gang selbst schwung- und energievoll zu gestalten, nicht einfach immer schneller zu werden.

Der Renn- oder Jagdgalopp

Es ist dies die schnellste Gangart des Pferdes und gehört wie der Schritt zu den natürlichsten Fortbewegungsarten des Pferdes. Die Steigbügel sind kürzer zu schnallen, weil dieser Galopp einen besonderen Sitz verlangt: Das Gesäß wird aus dem Sattel genommen, der Oberkörper in der Hüfte abgeknickt und nach vorn gebeugt, wobei der Rücken aber gerade bleiben muß. Das Reitergewicht wird durch Oberschenkel und Knie mehr auf die Seiten des Pferdes übertragen. Knie und Unterschenkel bleiben dicht am Sattel.

Je schneller das Pferd geloppiert, desto weiter verlagert sich auch sein Schwerpunkt nach vorn und desto weiter muß infolgedessen der Reiter seinen Oberkörper nach vorn neigen. Er muß so ruhig wie möglich sitzen, um das Gleichgewicht des Pferdes nicht zu stören. Die Hand geht weich mit, um dem Pferd genügend Halsfreiheit zu lassen, der Kontakt zum Pferdemaul darf aber nicht verloren gehen.

Will man abwenden, setzt man sich in den Sattel, fängt das Tempo etwas ein und gibt wie in den anderen Gangarten die entsprechenden Hilfen. Läßt sich das Pferd nicht aufnehmen, setzt man sich am besten aufrecht und wendet das Pferd auf einen Zirkel ab. Vor allem aber: Nie ziehen – das Pferd zieht sonst nur dagegen.

Rechts: Vor einer Ecke oder Wendung muß das Pferd so vorbereitet werden, daß es mit dem ganzen Körper in die Wendung geht. Auf der linken Hand liegt der linke Schenkel vermehrt am Gurt und

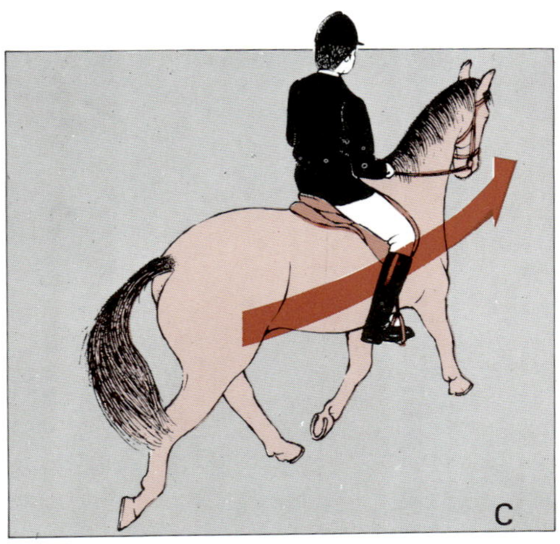

drückt das Pferd nach außen in die Wendung hinein. Die linke Hand stellt es leicht nach innen, die rechte gibt etwas nach. Der rechte Schenkel liegt hinter dem Gurt und verhindert, daß die Hinterhand zu weit nach außen schwingt. Mit dem Oberkörper geht der Reiter mit in die Wendung.

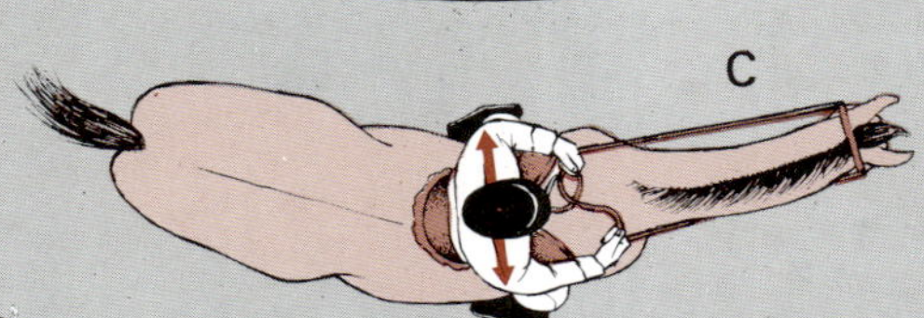

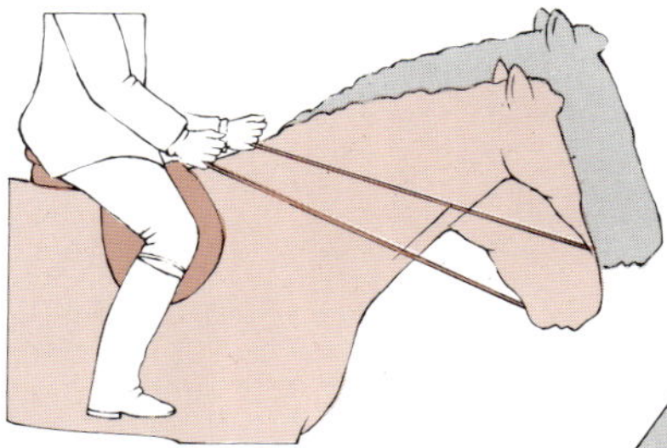

Die Reiterhand muß den Bewegungen des Pferdes stets elastisch folgen, so daß es Hals und Kopf immer natürlich bewegen kann.

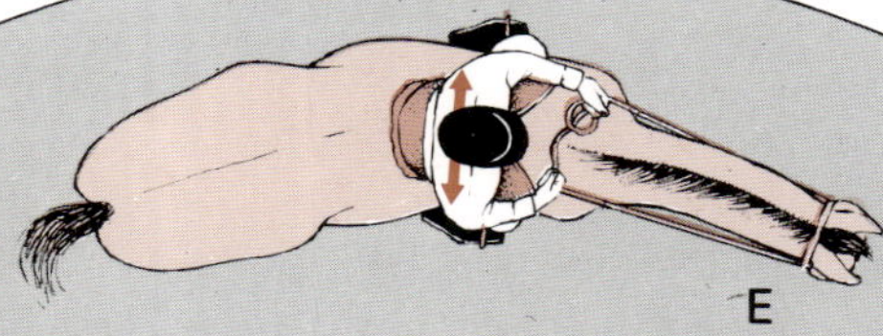

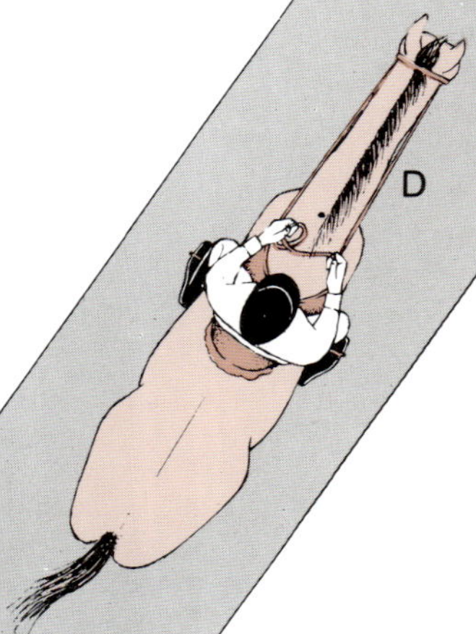

Unten: Beim Geradeausreiten kann der Reiter üben, sein Pferd gerade zu halten, indem er zwischen den Pferdeohren hindurch auf einen festen Punkt schaut und diesen anreitet.

Oben: Bei einer Wendung nach rechts wird der rechte Zügel leicht angenommen und der rechte Schenkel fest an den Gurt gedrückt. Der linke Schenkel liegt verwahrend hinter dem Gurt, d.h. er begrenzt das Hinausschwingen der Hinterhand. Rechter Hand auf dem Zirkel muß das Pferd so gestellt sein, daß der Reiter das rechte Auge des Pferdes schimmern sieht.

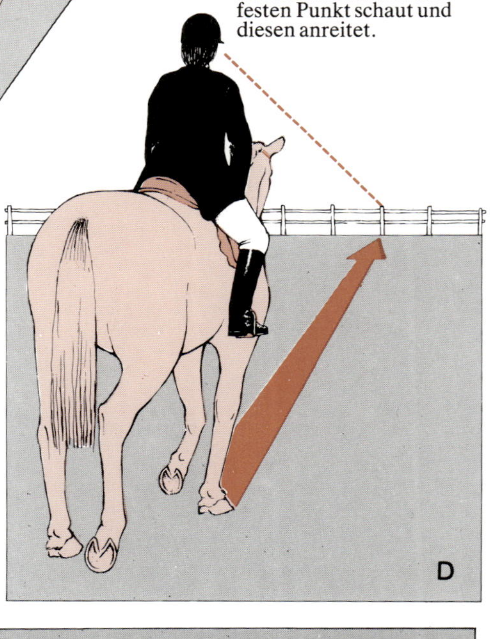

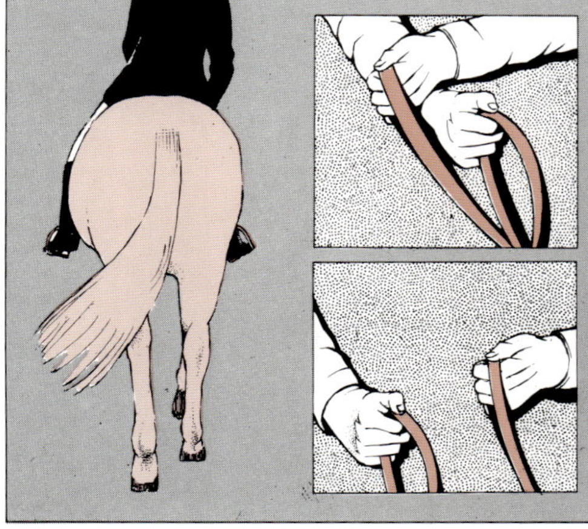

Drei verbreitete Fehler bei Wendungen. Man darf sich nicht nach innen legen. Das Pferd kommt aus dem Gleichgewicht, es drängt nach innen, geht den Zirkel nicht mehr richtig aus. Die Zügelfäuste müssen gleich hoch getragen werden. Nimmt man eine Zügelfaust über die andere oder hängt ein Zügel durch, wird die Verbindung ungleichmäßig, das Pferd ist nicht mehr völlig an den Hilfen.

Links und rechts: Soll das Pferd langsamer werden oder anhalten, sitzt man tief in den Sattel, legt beide Schenkel fest an und nimmt die Zügel mehrmals kurz an und gibt wieder nach. Eine vorhergehende leichte halbe Parade bereitet das Pferd auf das Anhalten vor und macht es aufmerksam.

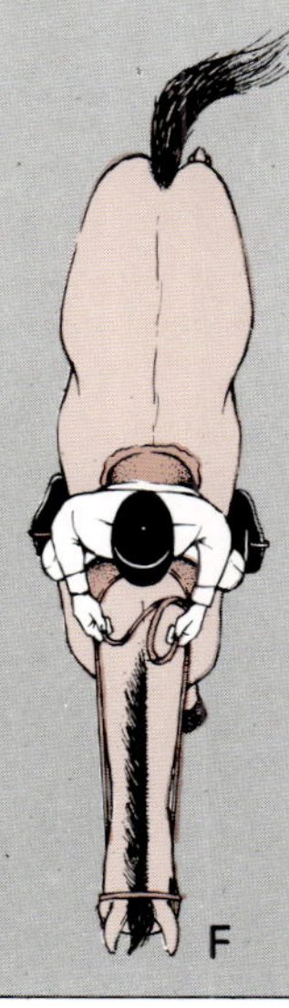

Das Springen

Das Reiten über Hindernisse ist ebenso sehr eine Sache des Vertrauens wie das Reitenlernen überhaupt. Deshalb sollten alle elementaren Springtechniken zuerst im Trab geübt werden, bevor man zu einem gemäßigten Galopp übergeht.

Die Grundregel lautet, das Pferd nach Möglichkeit zu unterstützen und es nicht zu behindern. Zum Springen werden die Bügel zwei bis vier Loch kürzer geschnallt.

Es gibt viele Übungen, die dem Anfänger helfen, das Springen richtig zu erlernen. In den ersten Stunden empfiehlt sich ein Halsriemen. Damit wird vermieden, daß ein Schüler aus Nervosität am Zügel zieht und dem Pferd im Maul wehtut. Auch das Springen ohne Bügel ist eine ausgezeichnete Methode zur Entwicklung des Gleichgewichts und zur Muskelbildung.

Als erstes wird das Anreiten geübt. Der Reiter setzt sich tief in den Sattel, hält Oberschenkel, Knie und Waden dicht am Pferd und sorgt mit Sitz und Schenkeln dafür, daß es in Richtung auf den Sprung Geschwindigkeit zulegt. Er neigt den Oberkörper leicht nach vorn und stützt sein Gewicht dabei mit Oberschenkeln und Fußgelenken ab, nicht durch die Hände. Er muß immer nach vorn, auf den Sprung, sehen, niemals nach unten, und den Sprung in der Mitte anreiten. Der leichte, beständige Kontakt zum Pferdemaul darf nicht verlorengehen, dabei Kopf- und Halsfreiheit des Pferdes nicht beeinträchtigt werden.

Beim Absprung liegen die Hände rechts und links vom Pferdehals, bereit, in Richtung Pferdemaul nachzugeben, wenn das Pferd sich strecken will. Der Oberkörper wird aus der Hüfte heraus nach vorn über den Schwerpunkt des Pferdes abgewinkelt, so daß das Körpergewicht leicht aus dem Sattel herauskommt. Die Schenkel bleiben so dicht wie möglich am Pferd, der Unterschenkel darf nicht nach hinten verrutschen oder weggestreckt werden.

Über dem Sprung muß das Pferd völlige Freiheit haben. Die Hände folgen dem Pferdemaul, ohne aber den Kontakt aufzugeben. Der Oberkörper ist aus der Hüfte heraus nach vorn geneigt und dicht am Pferd. In der absteigenden Phase des Sprungs beginnt der Reiter, wieder den normalen Sitz einzunehmen, damit das Pferd sich besser ausbalancieren kann.

Nützlich für einen guten Springstil ist die Arbeit mit Cavaletti in der Halle oder auf dem Platz. Sie sollen keine richtigen Hindernisse darstellen, sondern diese nur andeuten, so daß der Reiter sich auf seinen Sitz konzentrieren und lernen kann, die Galoppsprünge des Pferdes einzuteilen und es zu lenken. Man kann die Cavaletti im Viereck in der Mitte der Bahn oder eine lange Seite entlang aufstellen.

Rechts: Im Leichttraben Oberkörper etwas nach vorn, Gesäß aus dem Sattel, in der Bewegung des Pferdes mitgehen.

Unten: Häufige Fehler beim Traben: Übertriebenes Aufstehen (links), als Folgen Steifheit, mangelndes Gleichgewicht. – Hohlkreuz (Mitte) im Leichttraben, Schultern zu weit vorn, Gesäß zu weit hinten. – Gleich falsch der krumme Rücken (rechts), er muß gerade sein.

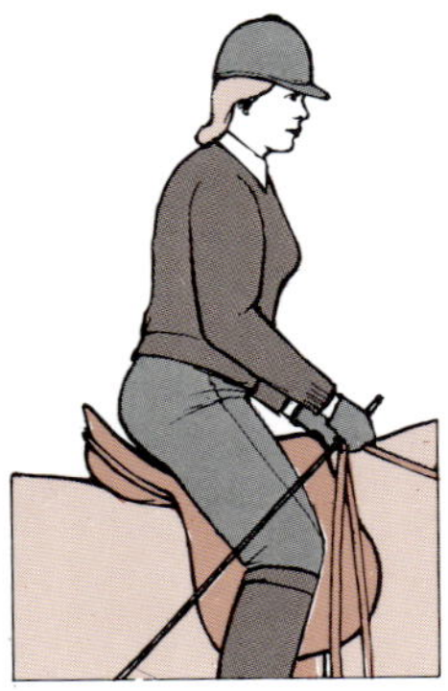

Rechts: Ausgesessener Trab dient besonders der Ausbildung. Nicht aufstehen, sondern tief im Sattel bleiben, die Bewegungen des Pferdes im Kreuz abfedern.

Beim Übergang vom Trab zum Galopp muß das Pferd auf der gewünschten Hand anspringen. Nur dann entsteht eine fließende Bewegung im Gleichgewicht. Der Reiter sitzt tief im Sattel und stellt das Pferd leicht in die Richtung, in die es galoppieren soll. Die Schenkel liegen fest an. Der äußere liegt hinter dem Gurt und sagt dem Pferd damit, daß sein äußeres Hinterbein zum korrekten Anspringen als erstes abfußen muß. Der innere Schenkel liegt am Gurt und sorgt für Schwung. Der Reiter muß ruhig im Sattel sitzen und mit Kreuz und Hüften in der Galoppbewegung mitgehen. Der Sitz soll entspannt, aber nicht lose sein. Im Galopp muß ein gleichbleibender Takt aufrechterhalten werden.

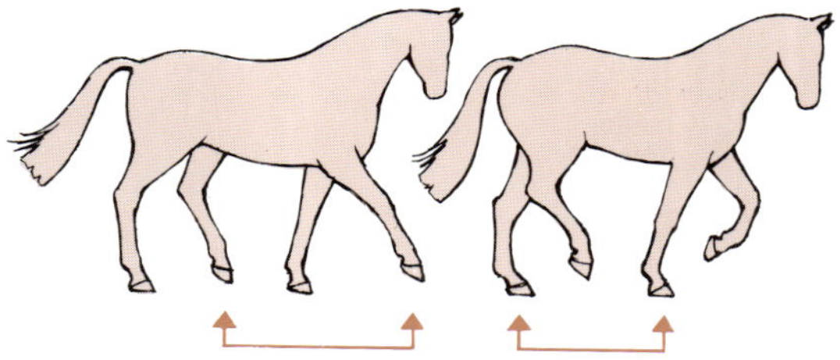

Oben: Im Trab schwingt jeweils ein diagonales Beinpaar gleichzeitig vor: hier rechtes Vorder-/linkes Hinterbein, gefolgt vom linken Vorder-/rechten Hinterbein.

Rechts: In einer Wendung steht man auf, wenn äußerer Vorder- und innerer Hinterfuß aufgesetzt werden, und setzt sich in den Sattel, wenn das andere Beinpaar vorschwingt. Bei jedem Handwechsel wird auch der Fuß, auf dem getrabt wird, gewechselt, indem man eine volle Fußfolge sitzenbleibt. Auf welchem Fuß man trabt, kann man daran sehen, welche Schulter sich beim Aufstehen nach vorn bewegt.

Oben: Zum Durchparieren aus dem Jagdgalopp zum Schritt setzt sich der Reiter aufrecht, wirkt mit Kreuz und Gesäß der Vorwärtsbewegung des Pferdes entgegen, macht beide Beine zu und nimmt die Zügel abwechselnd an und gibt wieder nach.

Der Jagdgalopp darf nicht dazu führen, daß das Pferd auseinanderfällt oder dem Reiter von der Hand kommt. Er wird im leichten Sitz geritten, d.h. das Reitergewicht stützt sich vermehrt auf Absätze und Knie, so daß der Pferderücken entlastet wird. Das Pferd kann so freier ausgreifen. Die Zügel sollten nicht ganz so kurz gehalten werden wie von dieser Reiterin, damit das Pferd den Hals strecken kann. Der Renn- oder Jagdgalopp wird nur im Freien geritten, wo genügend Platz ist und der Boden gefahrloses Galoppieren erlaubt.

Der Reiter trabt im Reit-Springsitz um die Bahn, d.h. er sitzt wie beim normalen Reiten, aber mit leicht nach vorn geneigtem Oberkörper. Dann macht er aus irgendeiner Ecke kehrt und reitet das aus den Cavaletti gebildete Viereck an, wobei er bereits die Springhaltung einnimmt, also sein Gewicht in Oberschenkel, Fußgelenk und Absatz abstützt und das Gesäß etwas aus dem Sattel nimmt. Die Zügel dürfen nicht als Halt dienen. Mit dem Blick nach vorn läßt er das Pferd durch das Viereck traben, geht nach Erreichen des Hufschlags auf die andere Hand (entsprechend einem Wechsel durch die Länge der Bahn) und nimmt wieder die bereits beschriebene Reit-Springhaltung ein.
Mit dieser Übung lernt der Reiter, ein Hindernis aus verschiedenen Winkeln anzureiten, das Tempo des Pferdes zu regulieren und sich gleichzeitig auf den richtigen Sitz zu konzentrieren. Eine etwas fortgeschrittenere Übung dient der Verbesserung des Rhythmus und der Einteilung. Man stellt an der langen Seite in verschiedenen Abständen Cavaletti auf und baut ein Element zu einem kleinen Hochweitsprung aus. Der Reiter lernt bald, die Tritte des Pferdes mit Sitz und Schenkel je nach Bedarf zu verlängern oder zu verkürzen.
So kann man sich eine gute elementare Technik aneignen, Vorbedingung für jede fortgeschrittenere Art von Springen.

Den korrekten Springsitz kann man im Halten oder in der Bewegung üben. Der Reiter sitzt bereits ähnlich wie über dem Sprung, damit er sich ausbalancieren und in der Bewegung mitgehen kann.

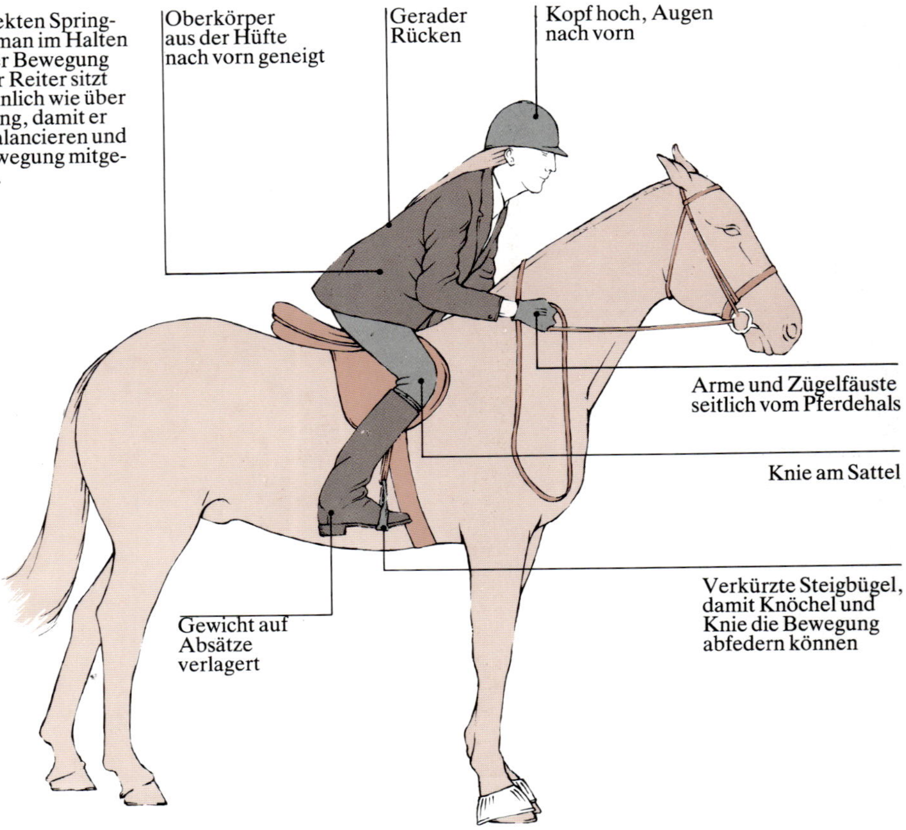

Rechts: Traben über Cavaletti hilft bei der Erlernung des leichten Sitzes.

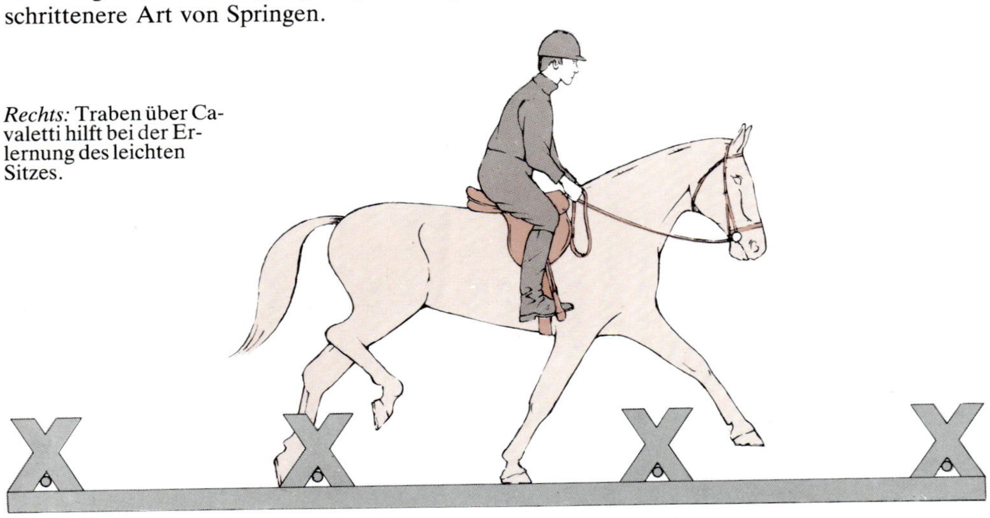

Das Reiten über Cavaletti ist eine gute Vorbereitung auf das Springen, aber auch auf das Reiten allgemein.

Rechts: Etwas schwieriger – verschieden weite Abstände zwischen den Stangen, kleine Sprünge. Pferd und Reiter lernen dadurch, Entfernungen abzuschätzen und den Galoppsprung einzuteilen. Der Reiter sollte über die ersten beiden Stangen traben, dann galoppieren.

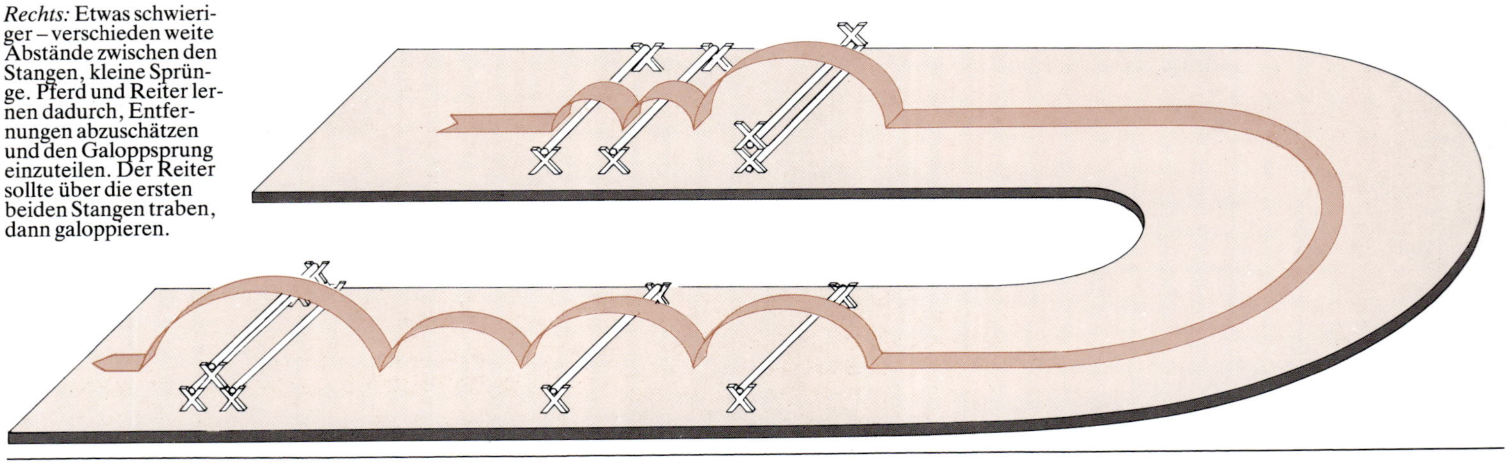

Der Reiter muß die Mitte des Hindernisses anreiten und dafür sorgen, daß das Pferd gerade darauf zugeht. Der treibende Schenkel und der leicht gegenhaltende Zügel sorgen dafür, daß die Hinterhand genügend Kraft entwickelt.

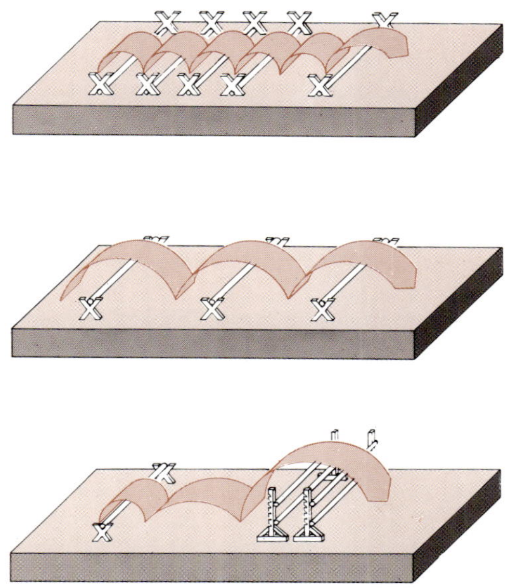

Oben: Das Reiten über Cavaletti ist gut für den Sitz und hilft dem Pferd, zu einem gleichmäßigen Tempo zu finden. Die Abstände können je nach Übung verschieden sein.

Beim Anreiten eines Sprungs senkt das Pferd Hals und Kopf, um sich für den Absprung auszubalancieren. Der Reiter bleibt in leichter Berührung mit dem Sattel.

Beim Absprung verkürzt sich der Pferdehals, das Pferd hebt den Kopf und die Vorhand. Es springt aus der Hinterhand hoch und nach vorn und wird Hals und Kopf gleich strecken. Der Reiter folgt der Bewegung, wie es die Zeichnung zeigt.

In der Flugphase über dem Sprung sind Hals und Kopf des Pferdes nach vorwärts-abwärts ausgestreckt, die Hinterbeine werden unter den Leib gezogen. Der Reiter geht weich in der Bewegung mit.

Beim Landen geht der Kopf nach oben, der Hals verkürzt sich. Der Reiter darf nicht hinter die Bewegung geraten und das Pferd im Maul reißen.

Kapitel neun

Die Haltung und Pflege des Pferdes

Ein Pferd zu halten und es voll zu versorgen, ist vielleicht die größte Verantwortung, die ein Reiter auf sich nehmen kann. Wenn man reiten gelernt hat, wünscht man sich oft auch ein eigenes Pferd. Dabei darf man aber nicht vergessen, daß die Versorgung eines Pferdes ohne Hilfe eine Ganztagsbeschäftigung ist, besonders wenn es im Stall gehalten wird. Eine Antwort ist, das Pferd in einem Pensionsstall unterzubringen, was sehr kostspielig sein kann. Oder jemanden zu finden, der tagsüber mithilft. Füttern, Tränken, Bewegen und Pflegen sind an sich hauptsächlich eine Sache des gesunden Menschenverstandes, kombiniert mit der Bereitschaft, wenn nötig fachmännischen Rat einzuholen und zu befolgen.

Man kann Pferde im Stall oder auf der Weide halten oder beide Haltungsarten kombinieren, also das Pferd tagsüber auf die Weide lassen und es nachts in den Schutz des Stalles holen. Eine Ausnahme ist sommerliche Hitze; dann empfiehlt sich genau das umgekehrte Verfahren. Wofür man sich entscheidet, hängt von den Umständen, aber auch vom Pferdetyp ab. Ponys sind gewöhnlich härter und eher gegen extreme Wetterbedingungen gefeit als große Pferde, besonders Halb- und Vollblüter. Vollblüter kann man nicht unbedingt den Winter über im Freien lassen. Und ein Pferd, dem Leistungen, etwa im Turniersport abverlangt werden, kann man nur durch Stallhaltung ausreichend in Kondition bringen. Das Allermindeste ist, daß es auf der Weide Zusatzfutter erhält. Die Menge des Zusatzfutters errechnet sich dabei nach den gleichen Grundsätzen wie für ein im Stall gehaltenes Pferd. Bei einem Koppelpferd teilt man die Gesamtmenge aber besser durch drei als durch vier.

Das kombinierte System ist auch für Reiter geeignet, die ihr Pferd häufig reiten, aber nicht die Zeit haben, es ausschließlich im Stall

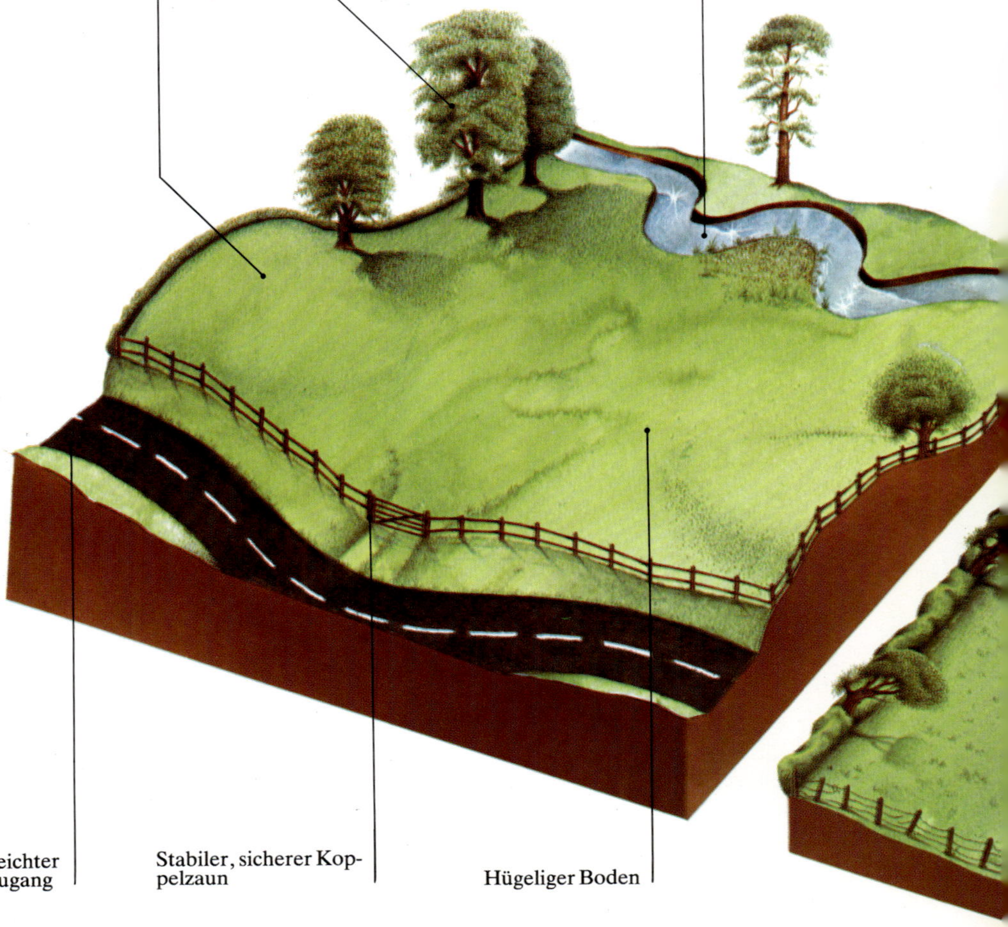

Pferde wälzen sich gern, nach dem Reiten oder weil es sie irgendwo juckt. Es kann auch ein Zeichen für Kolik sein, aber meist wälzen sich die Pferde rein zum Vergnügen.

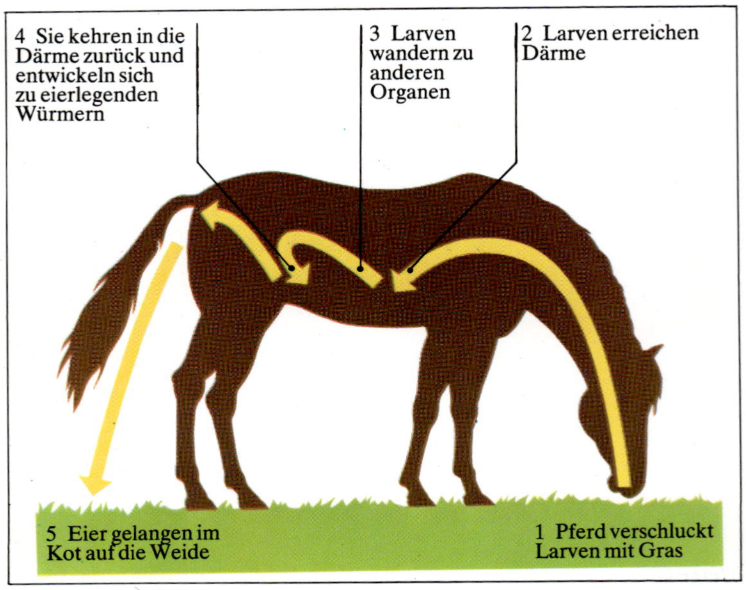

Lebenszyklus der Blut- oder Palisadenwürmer (Strongyliden). Die Eier befinden sich im Kot befallener Pferde. Die ausgetretenen Larven werden von den Pferden mit dem Gras aufgenommen und verschluckt. Sie bohren sich durch die Darmwände und wandern durch die inneren Organe und Blutgefäße, bis sie in den Darm zurückkehren, wo sie das Erwachsenenstadium erreichen und Eier legen, die mit dem Kot wieder ins Freie gelangen.

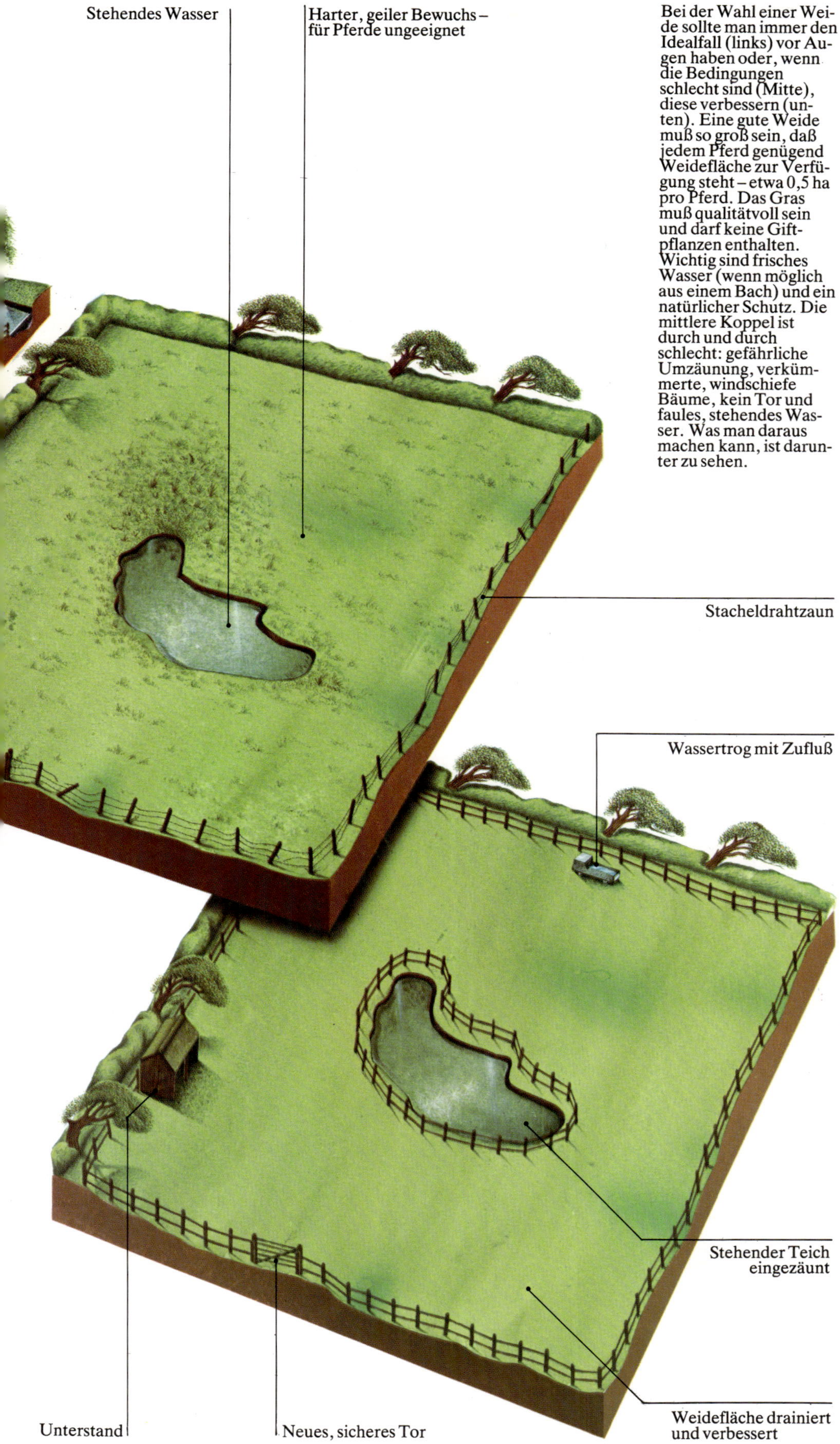

Bei der Wahl einer Weide sollte man immer den Idealfall (links) vor Augen haben oder, wenn die Bedingungen schlecht sind (Mitte), diese verbessern (unten). Eine gute Weide muß so groß sein, daß jedem Pferd genügend Weidefläche zur Verfügung steht – etwa 0,5 ha pro Pferd. Das Gras muß qualitätvoll sein und darf keine Giftpflanzen enthalten. Wichtig sind frisches Wasser (wenn möglich aus einem Bach) und ein natürlicher Schutz. Die mittlere Koppel ist durch und durch schlecht: gefährliche Umzäunung, verkümmerte, windschiefe Bäume, kein Tor und faules, stehendes Wasser. Was man daraus machen kann, ist darunter zu sehen.

zu halten. Wird das Pferd z. B. im Frühling und Sommer regelmäßig gearbeitet, bringt man es am besten morgens zur ersten erforderlichen Zusatzfütterung in den Stall. Soll es mehrmals geritten werden, folgt man bis zum Nachmittag dem Tageslauf eines im Stall gehaltenen Pferdes und stellt es über Nacht wieder auf die Weide. Wenn es nur einmal geritten wird, kommt es nach der zweiten Fütterung auf die Weide, und wenn es überhaupt nicht bewegt werden kann, schon nach der ersten.

Die Weidehaltung

Die Weidehaltung ist weniger zeitaufwendig als die Stallhaltung. Zu den Pluspunkten gehören die natürlichen Vitamine und die Bewegung, die Verantwortung für den Besitzer bleibt aber die gleiche. Es ist statistisch erwiesen, daß unbeaufsichtigten Pferden auf der Koppel mehr Unfälle zustoßen als Pferden im Stall. Sie können sich gegenseitig verletzen, sich in Zäunen oder Toren verfangen und schnell an Kondition verlieren, entweder durch Krankheit oder einfach durch schlechtes Wetter. Man sollte ein Pferd jeden Tag anschauen, auch wenn es nicht geritten wird. Pferde sind Herdentiere – sie sollten deshalb immer zu mehreren gehalten werden – und brauchen Zuwendung. Vernachlässigt man sie, lassen sie sich nur unter Schwierigkeiten oder überhaupt nicht einfangen.

Die ideale Koppel ist groß – zwischen 2½ und 3 Hektar. Der Boden ist leicht gewellt und gut drainiert. Eingefriedet ist sie von einer hohen Hecke oder einem hölzernen Koppelzaun. Eine Baumgruppe sorgt für Schatten und ein über Kieselsteine laufender Bach für frisches Wasser. Dieser Idealzustand ist aber oft unerreichbar. Gewöhnlich werden 3000–5000 m^2 pro Pony für ausreichend erachtet, vorausgesetzt das Gras wird in gutem Zustand erhalten. Da Pferde «selektiv» grasen – das heißt sich aussuchen, was sie fressen –, kann eine Koppel «überweidet» werden. An einigen Stellen ist fast überhaupt kein Gras mehr vorhanden, während an anderen das geile, harte Gras wuchert, das den Pferden nicht schmeckt. Außerdem ist sie fast sicher parasitenverseucht, denn die Pferde setzen die Eier der Parasiten mit ihrem Kot ab. Unternimmt man nichts dagegen, verwurmen die Pferde. Es gibt zwei Kategorien von Würmern, von denen die Spulwürmer die wichtigsten und potentiell gefährlichsten sind. Die gefährlichste Art sind die Blutwürmer (Strongyliden), die großen Konditionsverlust beim Pferd hervorrufen. Selbst bei ausreichendem Futter sieht das Pferd dünn und «arm» aus und hat glanzloses Fell. Schlimmstenfalls sind die Folgen Anämie, Verstopfung, Kolik oder Darmentzündung.

Für das Pferd heißt die Lösung: regelmäßige Wurmkuren; noch besser aber ist es, das Problem bei der Wurzel zu packen und dafür zu

sorgen, daß die Weide gesund erhalten wird. Eine große Koppel wird so unterteilt, daß sich immer ein Bereich erholen kann, während ein anderer abgeweidet wird. Sehr gut ist es, auf den gerade nicht benutzten Flächen Schafe oder Rinder weiden zu lassen, da sie die hohen Gräser abfressen, die von den Pferden abgelehnt werden. Sie vermindern auch den Wurmbefall, da ihre Magensäfte die für Pferde gefährlichen Wurmeier abtöten. Durch Eggen wird der Boden durchlüftet, so daß frisches Gras wachsen kann und der Kot verteilt wird. Ist dies nicht möglich, muß der Kot mindestens zweimal wöchentlich abgesammelt und auf einen Komposthaufen gebracht werden.
Gut ist für die Weide auch, wenn sie nach dem Abgrasen gemäht und mit einem ausgewogenen Düngemittel gedüngt wird. Danach dürfen die Pferde allerdings nicht zu früh wieder darauf grasen. Im Zweifelsfall wartet man drei Wochen damit.
Ein weiteres Problem der Koppelpferde sind die Dasselfliegen. Bei Befall mit Dassellarven ist tierärztliche Behandlung nötig.

Futter, Wasser und Unterstand
Eine Wiese besteht aus einer Mischung verschiedener Gräser und anderer Pflanzen, darunter auch solche, die zwar gern gefressen werden, aber wenig Nährwert besitzen. Am wichtigsten sind Raigras, Knäuelgras und Wiesenlieschgras. Etwas Weißklee ist nicht schlecht, aber üppig mit Klee bewachsene Weiden können gefährlich werden, weil sie allzu nahrhaft sind und zu Verdauungsproblemen führen können.
Gras kann schon ohne Klee zu Schwierigkeiten führen, besonders im Frühling, wenn die Pferde so gierig fressen, daß sie zu fett werden oder sogar die äußerst schmerzhafte Hufrehe entwickeln. Allein von Gras kann ein Pferd aber auch nur in den Sommermonaten leben – etwa von Ende April bis Anfang September. Dann muß unbedingt zugefüttert werden, zuerst Heu, dann wenn nötig auch Hafer oder Preßfutter. Je edler das Pferd gezogen ist, desto mehr Zusatzfutter braucht es. Wasser ist ebenfalls lebenswichtig. Weidepferde müssen immer reichlich frisches Wasser zur Verfügung haben. Denken Sie daran, daß ein Pferd etwa 35 Liter am Tag trinkt. Müssen die Pferde aus einem Bach trinken, muß an der Wasserstelle für sanft abfallende Böschungen gesorgt sein. Fallen die Ufer steil ab oder sind sie versumpft, zäunt man sie besser ein und stellt stattdessen einen Wassertrog auf. Ebenso werden Teiche und Tümpel mit stehendem Wasser stets eingezäunt.
Am besten ist es, wenn der Wassertrog an eine Wasserleitung angeschlossen ist, mit üblichem Hahnverschluß, oder als automatische Tränke installiert. Ist keine Leitung vorhanden, füllt man den Trog mit Wasserschlauch oder Eimern – eine recht arbeitsaufwendige Sache.

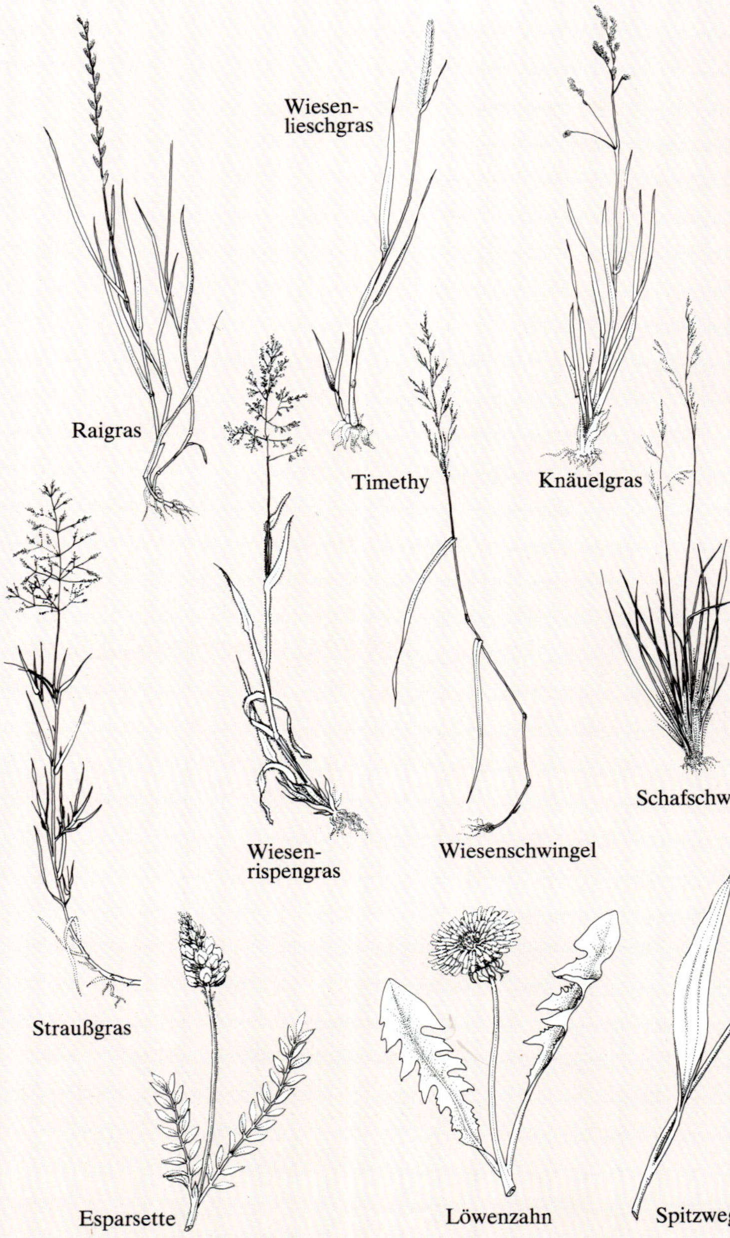

Einige dieser Gräser und Kräuter sollten in einer Weide enthalten sein. Wiesenliesch- und Knäuelgras sind am nahrhaftesten und werden zuerst gefressen. Löwenzahn, Esparsette und Spitzwegerich sind reich an Mineralien. Da Pferde beim Fressen sehr wählerisch sind und ihre Koppel schnell überweiden, müssen verschiedene Abschnitte immer wieder ruhen. Kühe und Schafe garantieren gleichmäßige Beweidung und halten den Parasitenbefall in Grenzen.

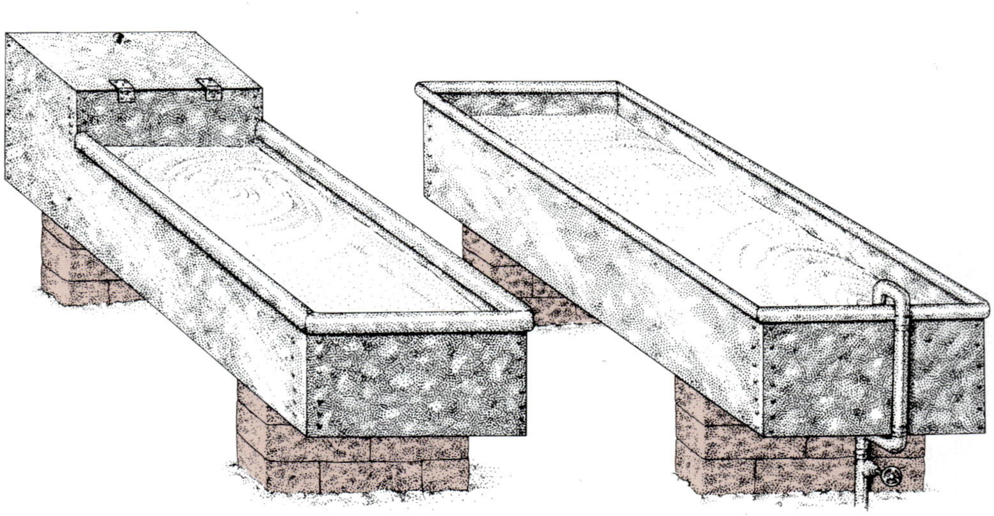

Ein Unterstand ist selbst dann ratsam, wenn Bäume und Hekken vorhanden sind. Im Winter finden die Pferde darin Schutz vor Wind und Kälte, im Sommer vor Sonne, Hitze und Insekten. Bei nassem oder kaltem Wetter kann Heu im Unterstand aus der Raufe oder dem Heunetz gefüttert werden.

Es muß täglich nachgesehen werden, ob die Pferde genügend Wasser haben, besonders im Winter, wenn es zufrieren kann, so daß man das Eis aufbrechen muß. Bei strengem Frost muß dies täglich geschehen, sonst genügt es, einen Kindergummiball auf der Oberfläche schwimmen zu lassen, um die Eisbildung zu verhindern.

Sowohl im Winter als auch im Sommer brauchen die Pferde einen Unterstand. Vom Standpunkt des Pferdes aus sind die schlimmsten Elemente Wind, Regen und Sonne. Selbst wenn auf der Koppel ein natürlicher Windschutz vorhanden ist, stellt man besser zusätzlich einen Unterstand zur Verfügung – ein dreiseitiger Schuppen von Boxengröße reicht im allgemeinen aus. Achten Sie darauf, daß die offene Seite gegen Sonne und Wind geschützt ist.

Unten: Der sicherste Koppelzaun besteht aus starken Holzpfosten und Querbalken. Bäume und Hecken bilden einen natürlichen Windschutz und Unterstand bei Regen, geben Schatten, wenn es heiß ist.

Tore und Zäune

Eine stabile, intakte Umzäunung ist wichtig für die Sicherheit. Der Zaun muß so hoch sein, daß die Pferde nicht darüberspringen können – also mindestens 1,30 m. Im allgemeinen genügen zwei Querbalken zwischen den Pfosten, von denen der untere etwa 45 cm vom Boden entfernt sein sollte. Ponys können sich allerdings durch unglaublich schmale Lücken zwängen, so daß man für sie besser einen dritten oder sogar vierten Querbalken anbringt.

Von allen möglichen Einzäunungen ist ein Holzzaun die sicherste, aber auch teuerste. Dichtauf an zweiter Stelle folgen Hecken, die aber regelmäßig überprüft werden müssen, weil ein entschlossenes Pony sehr wohl schon durch schmale Lücken schlüpfen kann. Lükken können mit Holzbalken oder -stangen geschlossen werden; Draht vermeidet man besser. Wenn er im Sommer halb in der Hekke verborgen ist, kann ihn ein Pferd leicht übersehen und sich daran verletzen. Auch Steinmauern sind nützlich, müssen aber, besonders nach einem harten Winter, ebenfalls regelmäßig nachgesehen werden, ob der Frost den Mörtel gelockert hat.

Man kann eine Koppel aber auch sehr gut mit Draht einzäunen, vorausgesetzt man verwendet den richtigen Typ. Zu vermeiden sind Stacheldraht, Maschendraht oder Schafdraht. Richtig ist ein dicker verzinkter Draht, der jedoch nur dann sicher und wirksam ist, wenn er straff gespannt und an der Pfosteninnenseite mit Krampen befestigt ist. Die Spannpfosten müssen kräftig und in gleichmäßigen Abständen gesetzt sein. Auch hier muß regelmäßig auf lose Pfosten, gerissene Drähte oder sich lösende Krampen geachtet werden.

Ein weiterer Sicherheitsfaktor sind die Tore. Das Hauptkriterium ist, daß sie von Menschen leicht geöffnet und geschlossen werden können, von Pferden jedoch auf keinen Fall. Ideal ist ein Weidetor mit fünf Querbalken, das etwas über dem Boden hängend ange-

S. 132: Automatische Tränke mit verdecktem Ventil und (rechts) Trog mit Wasserrohr und Hahn unter Vorsprung. Zwei sichere Tränken ohne scharfe Ecken und Kanten. Tränken sollen auf gut drainiertem Boden und von Laubbäumen entfernt aufgestellt werden. Sie müssen regelmäßig gesäubert werden. Eine Eisschicht im Winter wird täglich entfernt.

Rechts: Geeignete Koppelzäune. Von links: Pfosten und Querbalken; Pfosten mit Draht dazwischen; Pfosten mit Draht und Querbalken; Steinmauer. Draht muß immer straff gespannt sein. Mauern müssen nach Frösten auf Beschädigungen untersucht werden.

Viele Bäume, Büsche und Pflanzen sind für Pferde giftig.
Die allbekannten wie Herbstzeitlose, Buchsbaum, Fingerhut, Goldregen, Tollkirsche sind hier nicht abgebildet, dagegen einige, die in beliebten exotischen Reiterferien-Gegenden vorkommen. Pferdeweiden müssen immer sorgfältig auf Giftpflanzen untersucht werden. Manche bleiben noch in abgestorbenem Zustand giftig und müssen deshalb mit der Wurzel ausgerissen werden. Viele sind getrocknet und nach langer Lagerung immer noch giftig. Deshalb müssen sie auch aus Streu und Heu entfernt werden. Im getrockneten Heu fressen Pferde auch Giftpflanzen wie Kreuzkraut, das sie wegen seines bitteren Geschmacks auf der Weide nicht anrühren würden; der bittere Geschmack verschwindet jedoch beim Trocknen. Zum Glück schmecken den Pferden einige der giftigsten Pflanzen überhaupt nicht. Nachtschatten z.B. würden sie nur fressen, wenn sie wirklich am Verhungern wären. Genauso giftige, wie Eibe und Liguster, werden aber gelegentlich doch gefressen. Auch Gartenhekken (Thuja, Buchsbaum) können zu Vergiftungen führen. Lassen Sie das Pferd beim Ausritt nicht davon fressen. – Ein Gift kann schnell wirken, aber auch erst nach einer Woche, einem Monat. Anzeichen sind Gewichtsverlust, Appetitmangel, Gelbsucht, unsicherer Gang und nervöse Krämpfe. Stets sofort den Tierarzt holen!

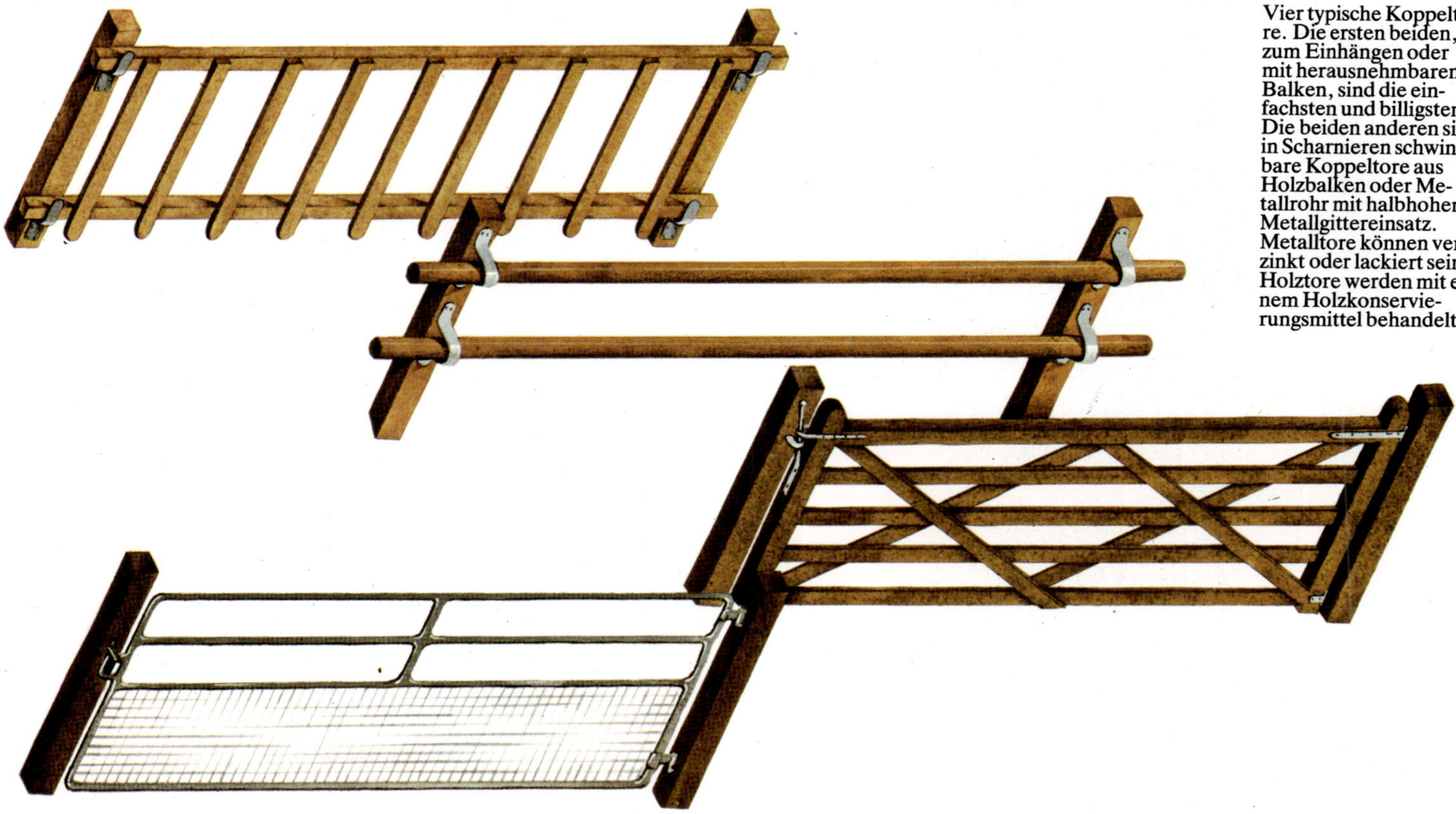

Vier typische Koppeltore. Die ersten beiden, zum Einhängen oder mit herausnehmbaren Balken, sind die einfachsten und billigsten. Die beiden anderen sind in Scharnieren schwingbare Koppeltore aus Holzbalken oder Metallrohr mit halbhohem Metallgittereinsatz. Metalltore können verzinkt oder lackiert sein. Holztore werden mit einem Holzkonservierungsmittel behandelt.

bracht ist, so daß es leicht aufschwingt. Geschlossen wird es entweder mit einem selbstschließenden Schnappriegel oder mit einer einfachen Kette mit Schloß, die am Pfosten befestigt wird. Billiger sind Tore zum Einhängen oder Balken zum Einschieben.

Koppelgang, Arbeit und Pflege
Bevor man ein Pferd auf die Weide läßt, wird diese sorgfältig untersucht, Tor und Zäune kontrolliert. Weder auf der Wiese noch sonst in Reichweite dürfen giftige Pflanzen stehen. Es muß genügend Wasser vorhanden sein, und es dürfen keine zerbrochenen Flaschen, Dosen oder Plastiktüten herumliegen. Wenn ein Pferd eine Plastiktüte frißt, kann es daran sterben.
Erst wenn die Weide in befriedigendem Zustand ist, läßt man das Pferd hinaus. Wird es – etwa im Winter – einige Zeit nicht geritten, nimmt man am besten die Eisen ab. Das vermindert auch die Verletzungsgefahr bei einem etwaigen Schlagabtausch der Pferde untereinander.
Vor dem Reiten oder bei den täglichen Besuchen auf der Koppel ist auf Risse, Prellungen oder andere Verletzungen zu achten. Die Hufe werden ausgekratzt, und der Zustand der Eisen wird überprüft. Auch die Zähne müssen regelmäßig nachgesehen werden. Es können sich scharfe Ecken entwickeln, die sich beim Fressen schmerzhaft bemerkbar machen und abgefeilt werden müssen. Denken Sie auch daran, daß das Pferd nun eine sogenannte Weidekondition hat. Die Muskeln sind so weich, und es hat so viel Fett angesetzt, daß es sofort heftig zu schwitzen beginnt, wenn man über längere Zeit ernsthafte Arbeit von ihm verlangt. Zwingt man es dazu, nehmen Lunge und Gliedmaßen Schaden. Soll das Pferd nach einigen Monaten erstmals wieder häufiger geritten werden, etwa zu Beginn der Schulferien, beginnt man am besten schon einige Wochen vorher mit der Zusatzfütterung, weil Gras kein Energiespender ist. Auf jeden Fall darf die Arbeit nur allmählich gesteigert werden, vom Schritt bis zum vollen Arbeitsprogramm.
Ein Tier mit langem, rauhem Fell ist nach der Arbeit vielleicht schweißverklebt. Man schickt es dann am besten sofort auf die Koppel und wartet nicht, bis es völlig abgetrocknet ist, weil es sich sonst erkälten oder in Extremfällen sogar Kolik bekommen kann. Umgekehrt muß man im Winter daran denken, daß das Fett im Fell dazu beiträgt, das Pferd warmzuhalten. Nach dem Reiten beschränkt man sich daher darauf, etwaigen Schmutz zu entfernen. Ein geschorenes Pferd muß im Winter auf der Koppel immer eine wasserdichte Decke tragen.
Eingetrockneter Schmutz und Schweißstellen werden mit einer Wurzelkardätsche abgebürstet. Mähne und Schweif werden mit der weichen Kardätsche behandelt, und zum Schluß werden Augen, Nüstern und After mit verschiedenen Schwämmen gereinigt.

Drei Torverschlüsse, die für Menschen einfach, für Pferde unmöglich zu öffnen sind (von oben nach unten): Nippel rastet in Kerbe ein; Hebel mit Klappsicherung; Metallstange durch Feder gegen Haken gepreßt.

Die Stallhaltung
Zwei Hauptgründe sprechen für die Stallhaltung. Erstens kann das Pferd zu hochgezüchtet sein, um bei jedem Wetter draußen zu sein und dabei nicht ernsthaft an Kondition zu verlieren. Zweitens muß ein Pferd, das ausgiebig geritten wird, so fit sein, daß es die verlangte Arbeit ohne Ermüdungserscheinungen wie übermäßiges Schwitzen oder schweres Atmen leisten kann. Diese Kondition kann man nur mit der Zeit aufbauen und nur im Stall erhalten.
Außerdem ist ein idealer Stall oft leichter zu verwirklichen als eine ideale Koppel. Er muß geräumig, warm, gut belüftet, aber zugfrei, pflegeleicht, gut drainiert und frei von Ungeziefer sein. Ferner muß er sich zur windabgekehrten Seite hin öffnen und sollte möglichst einen interessanten Ausblick bieten, auf einen Hof oder sonstigen Platz, auf dem es häufig etwas zu sehen gibt. Das Pferd muß vielleicht 22 Stunden am Tag in diesem Stall verbringen und kann sich leicht langweilen, wenn nichts geschieht, was seine Aufmerksamkeit fesselt. Das wiederum kann zur Entwicklung von Stalluntugenden wie Weben (seitliche Schaukelbewegung), ruhelosem Wandern in der Box oder Koppen (Zähne auf Krippe oder Stalltür aufsetzen und Luft abschlucken) führen. Bei den beiden ersteren kann es zu Konditionsverlust, bei letzterer zu Dämpfigkeit kommen.

Kaufen, pachten oder bauen
Jeder Stall, ob gekauft, gepachtet, umgebaut oder speziell gebaut, muß gewissen Grundregeln entsprechen.
Einen Neubau können Sie entweder fertig kaufen oder von einem Architekten entsprechend Ihren besonderen Bedürfnissen bauen lassen. Fertigställe werden gewöhnlich als vorgefertigte Bauteile geliefert und auf ein vor Ort gefertigtes Betonfundament montiert. Vor Kaufabschluß sollte man sich aber immer bei der zuständigen Lokalbehörde über etwaige Baugenehmigungen und so wichtige Bestimmungen wie die Kanalisation informieren.
Der Stall sollte so geplant sein, daß alle wichtigen Elemente – Stall, Futterraum, Sattelkammer, Misthaufen – in bequemer Reichweite sind. Kanalisation, Strom- und Wasseranschluß müssen vorhanden sein.
Man kann das Pferd entweder im Ständer oder in der Box halten. Hauptvorteil des Ständers ist der geringere Raumbedarf, womit er billiger ist und leichter sauberzuhalten. Allerdings muß das Pferd ständig angebunden werden, da der Ständer ja hinten offen ist. Die verbreitetste Anbindemethode ist die mit einem Strick, der durch einen Ring an der Futterkrippe läuft und von einer Holzkugel am Ende straffgehalten wird. Das Pferd kann nicht in den Strick treten und sich doch einigermaßen frei bewegen.

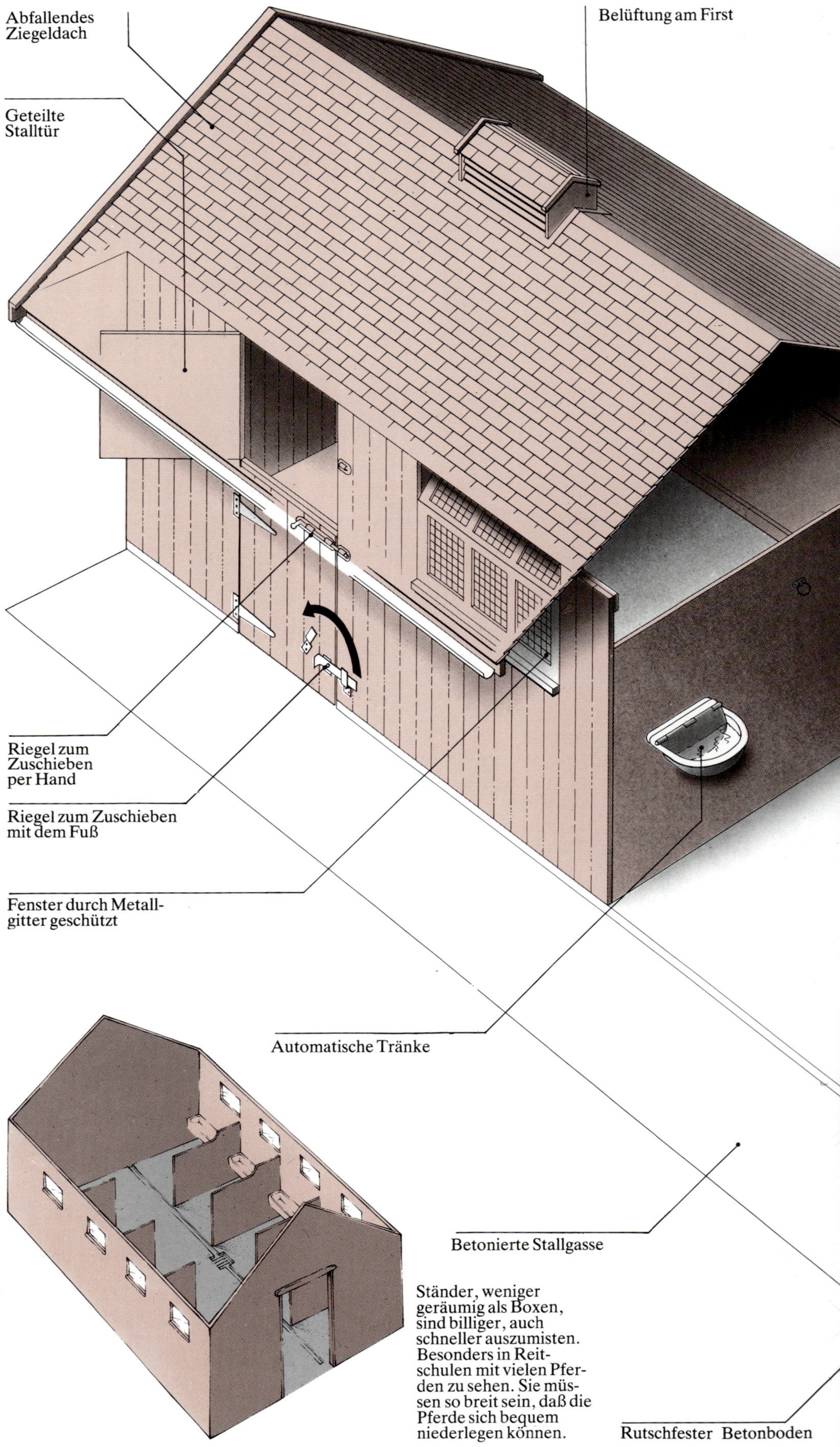

Ständer, weniger geräumig als Boxen, sind billiger, auch schneller auszumisten. Besonders in Reitschulen mit vielen Pferden zu sehen. Sie müssen so breit sein, daß die Pferde sich bequem niederlegen können.

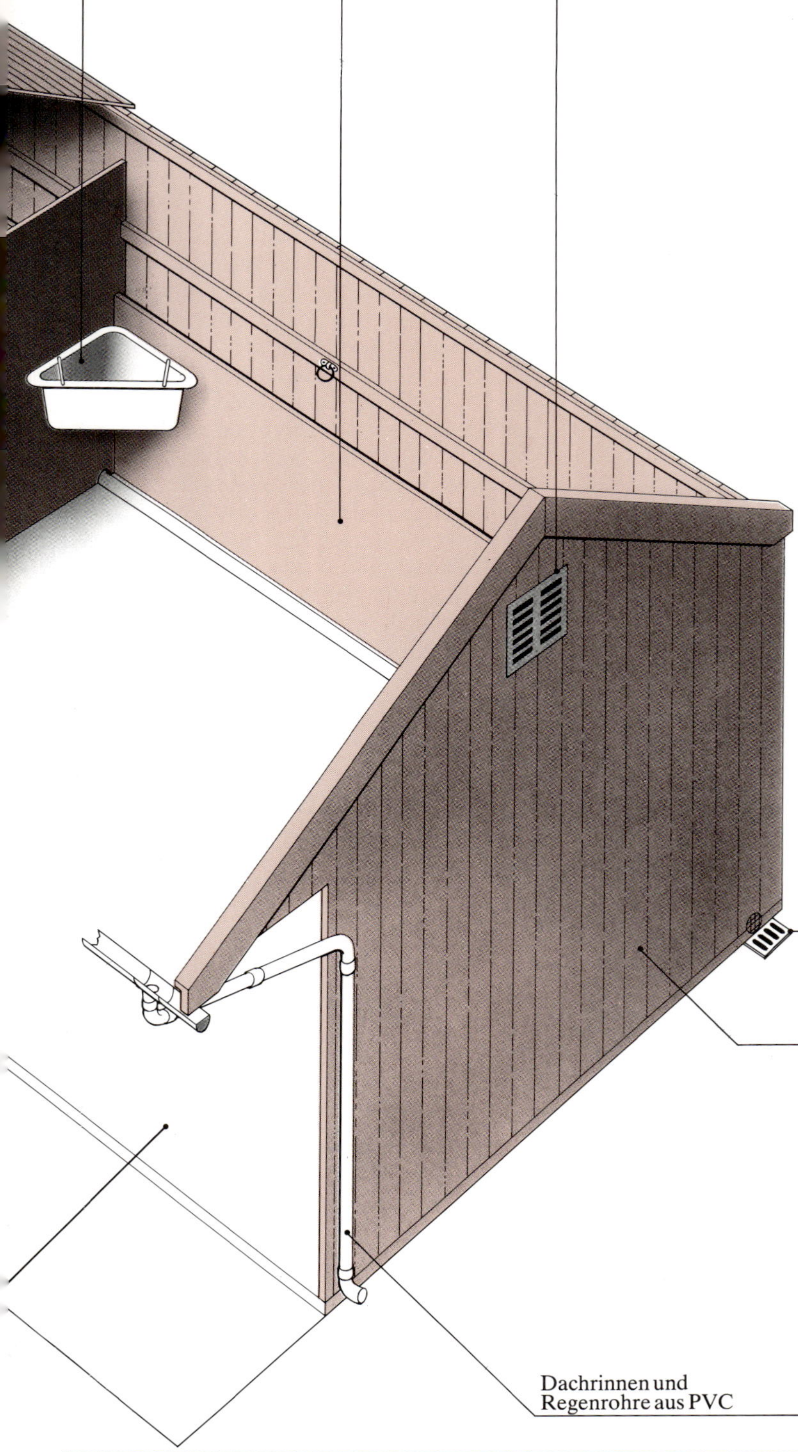

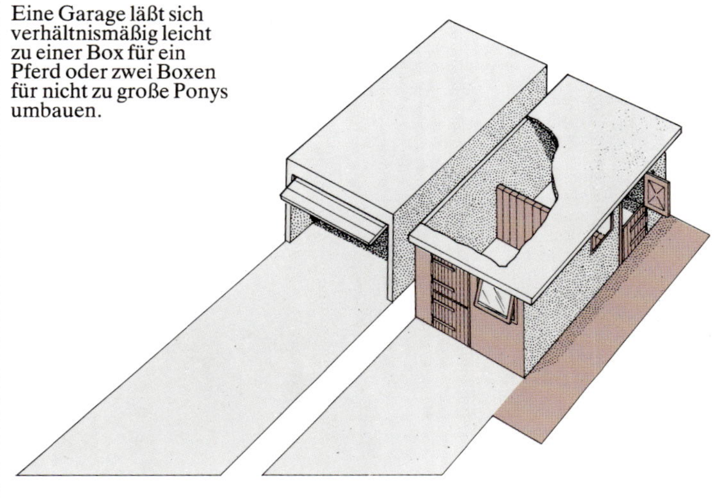

Eine Garage läßt sich verhältnismäßig leicht zu einer Box für ein Pferd oder zwei Boxen für nicht zu große Ponys umbauen.

Links: Innen- und Außenansicht zweier Boxen, die hauptsächlich unter dem Gesichtspunkt der Bequemlichkeit für das Pferd und der Pflegeleichtigkeit geplant wurden. Die ideale Box ist aus erstklassigem Material gebaut, warm und zugfrei, trotzdem hell und luftig. Das Pferd muß sich darin frei bewegen können, d.h. die Box muß etwa die Maße 3,50 × 3,50 m haben. Der Boden muß rutschfest sein. Automatische Tränken sparen Arbeit und Wasser, weil weniger verschüttet wird. Aus der oberen Halbtür sollte das Pferd etwas sehen können, was seine Aufmerksamkeit fesselt und die Langeweile vertreibt.

Die meisten Pferdehalter bevorzugen die Boxenhaltung, weil sie dem Pferd wesentlich mehr Bewegungsfreiheit und damit mehr Bequemlichkeit gibt. Entscheidend ist die Größe. Einen Hunter von 1,70 m Stock in eine für ein Shetland-Pony gedachte Box zu stopfen, kann nur Ärger geben. Als Faustregel können 3½ × 3½ m gelten, für Pferde über 1,70 m Stock besser bis zu 4 × 4 m. Vergessen Sie nicht, daß Ihr Kind irgendwann einmal dem Pony entwächst; je größer also die Box, desto besser. Quadratische Boxen sind besser als rechteckige, weil das Pferd darin leichter abschätzen kann, wieviel Platz es zum Hinlegen oder Wälzen hat. Die Box muß groß genug sein, um die Gefahr des «Festlegens» (das Pferd kann nach dem Wälzen nicht aufstehen, weil es bei zu knappem Raum mit den Beinen an die Wand schlägt) weitgehend auszuschalten. In seinem Bemühen, auf die Beine zu kommen, kann das Pferd sich ernsthaft verletzen. In der Höhe muß das Pferd genügend Kopffreiheit haben. Das Minimum sind 3 m. Stein und Ziegel sind dauerhafte und attraktive Baumaterialien, aber billiger sind wahrscheinlich Bimsbeton- oder Zementsteine oder auch Holz. Wände und Decken müssen isoliert werden, was den Stall im Winter wärmer und im Sommer kühler hält.

Der Boden muß widerstandsfähig, wasserdicht und rutschfest sein. Ein gut verdichteter Betonboden mit rutschfester Oberfläche ist völlig ausreichend. Der Boden muß etwas

Die Anbindemethode mit Strick und Kugel ist ziemlich sicher. Der Anbindestrick läuft durch einen Metallring und endet an einer schweren Holzkugel, die ihn immer straff hält. Der Strick muß so lang sein, daß das Pferd sich bequem niederlegen kann.

Der Querschnitt durch den Fuß zeigt die äußeren Schichten aus stoßdämpfendem Horn und die empfindliche Innenstruktur, die davon geschützt wird. Das abgenützte Horn wächst ständig nach.
Unten: Hufsohle eines unbeschlagenen Pferdes. Die konkave Form gibt guten Halt, was vom keilförmigen Strahl noch verstärkt wird.

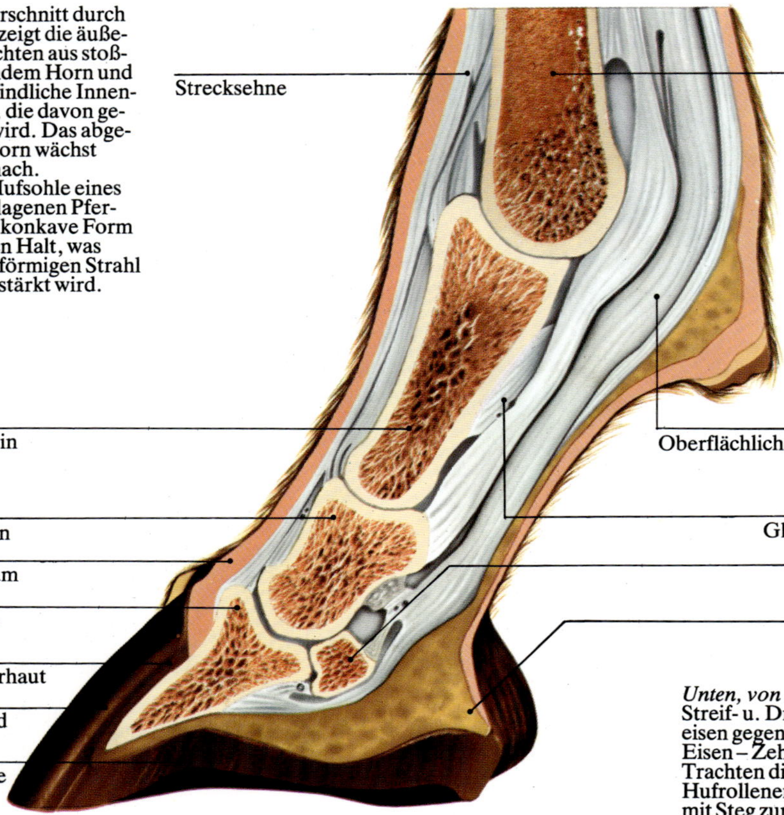

Unten, von links oben: Streif- u. Dreivierteleisen gegen Streifen; Eisen – Zehe dünner, Trachten dicker – bei Hufrollenentzündung; mit Steg zum Ruhigstellen verletzter Sehnen; verdickter Schenkel: bei Steingallen; T-Eisen gegen Zwanghuf; Hintergreifeisen gegen Ballentritt; Hintereisen für Jagdpferd: mehr Halt durch Stollen und Keilschenkel.

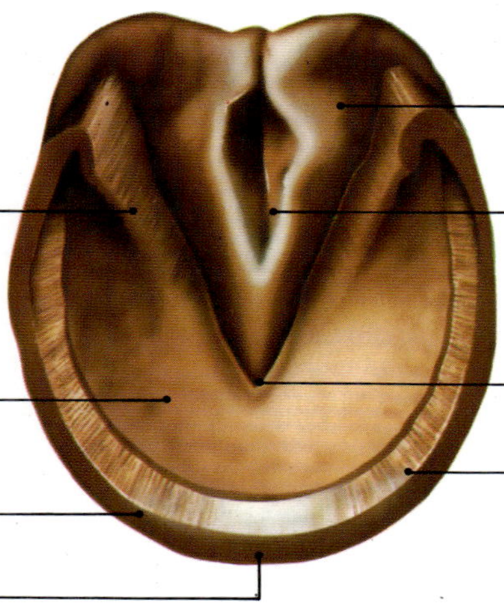

abfallen, damit der Urin leicht abfließen kann. Eine schmale Rinne führt zu diesem Zweck nach außen in die Kanalisation. Der Durchlaß muß gegen Mäuse und Ratten gesichert sein.

Eine Stalltür besteht gewöhnlich aus zwei Hälften, deren obere zur Belüftung geöffnet werden kann. Sie muß so liegen, daß das Pferd viel frische Luft, aber keinen Zug bekommt, der leicht zu Erkältungen führen kann. Das Fenster – aus splitterfreiem Drahtglas – wird am besten gegenüber der Tür und ziemlich weit oben angebracht, so daß eine gute Querlüftung gewährleistet ist. Man kann auch Lüftungsventile im Dach einbauen, aus denen die verbrauchte Luft nach außen entweichen kann. Sie müssen durch Hauben geschützt sein.

Die Türen müssen so breit und hoch sein, daß ein Pferd gefahrlos durchgehen kann. Die Mindestbreite beträgt 1,50 m, die Mindesthöhe 2,25 m. Die Tür muß sich nach außen öffnen, damit sie leicht zugänglich ist, und beide Hälften müssen durch kräftige Riegel gesichert sein. An der unteren Hälfte sind zwei Riegel erforderlich; der obere wird wie üblich von Hand zugeschoben, der untere mit dem Fuß. An der oberen Hälfte braucht man nur einen Riegel. Denken Sie daran, daß das Material die Schläge eines unruhigen Pferdes aushalten muß. An den Innenseiten wird dieses Problem meist durch Schlagwände, etwa 1,50 m hohe Hartholzplatten, gelöst.

Als Beleuchtung kommt nur elektrisches Licht in Frage. Der Leuchtkörper selbst muß entweder aus bruchsicherem Glas bestehen oder durch ein Metallgitter geschützt sein.

Alle Leitungen müssen für das Pferd unerreichbar sein. Schalter müssen auf jeden Fall außerhalb der Box, möglichst außerhalb des Stalls angebracht sein.

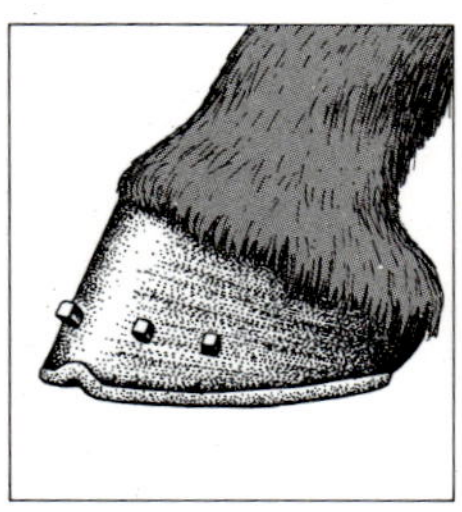

Hufnägel treten aus Hufwand hervor: neuer Beschlag notwendig.

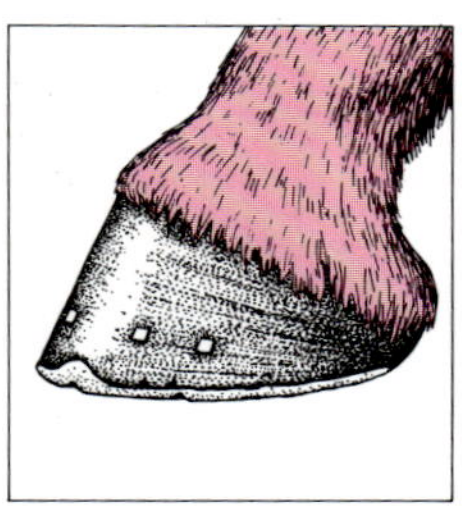

Eisen schon ganz dünn gelaufen; muß ersetzt werden.

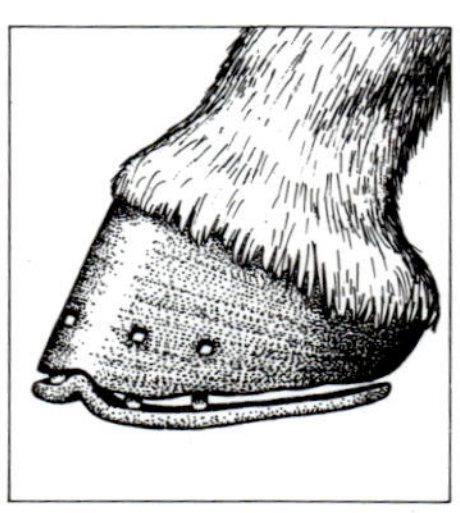

Eisen lose, geht bald verloren. Pferd muß beschlagen werden.

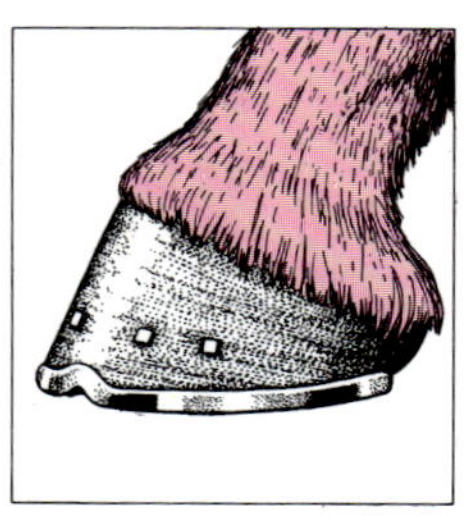

Korrekt zugerichteter und beschlagener Huf.

Hufschmied bei der Arbeit. Öffnen der alten Nieten, Eisen mit Abreißzange abnehmen (oben). Zurichten mit Hauklinge (rechts). Schmieden des neuen Eisens (oben rechts). *Untere Reihe:* Schmiedeherd; Werkzeug; Aufbrennen des neuen Eisens; Glattraspeln der neuen Nieten.

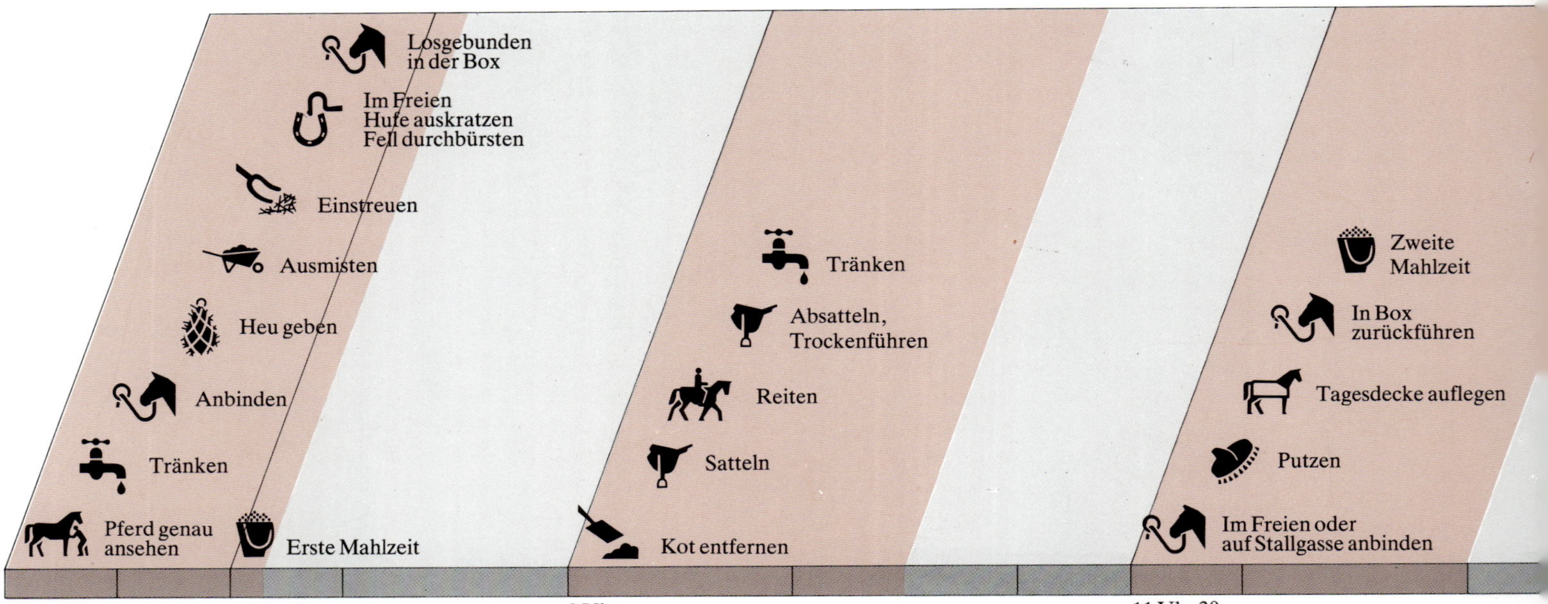

Der Hufbeschlag

Jedes Pferd, das regelmäßig auf hartem Boden – wie Straßen – geritten wird, muß beschlagen werden, damit sich der Huf nicht schneller abnützt, als er nachwachsen kann, so daß das Pferd bald lahmginge. Harte Ponys, die nur leicht gearbeitet werden, kommen ohne Eisen aus. Ihre Hufe müssen aber trotzdem regelmäßig vom Hufschmied nachgesehen werden, und zwar in Abständen von 4–6 Wochen. Anzeichen dafür, daß ein neuer Beschlag fällig ist, sind lose oder abgerissene Eisen, aus der Hufwand vorstehende Nägel oder überlange, formlose Hufe.

Beschlagen wird heute fast stets heiß, das heißt, das Eisen wird heiß auf den Tragrand aufgepaßt, so daß die genaue Paßform kontrolliert werden kann. Die Regel lautet: Das Eisen muß zum Huf passend gemacht werden – nicht umgekehrt. Außerdem muß es für die Arbeit, die vom Pferd verlangt wird, das richtige Eisen sein und gewichtsmäßig im richtigen Verhältnis zur Größe des Pferdes stehen. Der zugerichtete und beschlagene Huf muß eben auf dem Boden stehen, Zehen- und Fesselachse müssen ungebrochen verlaufen. Die Austrittsstellen der Hufnägel in der Hornwand müssen in gleichmäßigem Abstand und in der richtigen Höhe liegen. Der Aufzug muß unbedingt fest sitzen, und zwischen Huf und Eisen darf nirgends eine Unebenheit zu sehen sein.

Ausstattung und Zubehör

Grundsätzlich gilt: Je weniger Installationen, desto besser, denn desto geringer ist die Verletzungsgefahr. Wichtig ist eine Anbindemöglichkeit, normalerweise zwei Ringe, die mit starken Bolzen in der Stallwand befestigt sind, der eine in Schulter-, der andere in Kopfhöhe.

In vielen Ställen sind die Krippen an einer Wand oder in einer Ecke in Brusthöhe fest angebracht. Sie müssen aus leicht zu reinigendem Material sein oder einen Einsatz haben, den man zur Reinigung herausnehmen kann, und die Ecken müssen gut abgerundet sein. Damit das Pferd sich nicht am Krippenrand verletzen kann, ist die Krippe nach unten abgeschrägt oder abgerundet.

In manchen Ställen sind auch die Heuraufen fest angebracht, aber das ist nicht ratsam. Die Pferde werden gezwungen, in unnatürlich hoher Kopfhaltung zu fressen. Heu wird am

Als erstes jeden Morgen Stall ausmisten. Feuchtes Stroh und Kot mit der Mistgabel hochheben, das saubere, wieder zu verwendende Stroh fällt durch leichtes Schütteln ab und wird aufgehäuft.

Feuchtes Stroh und Kot mit Schubkarre zum Misthaufen fahren. Bei schönem Wetter kann man einen Großteil der alten Einstreu in der Sonne ausbreiten, so daß sie wieder trocknet und durchlüftet.

Ist das noch saubere Stroh zur Seite geräumt, der Mist weggefahren, wird der Stallboden saubergefegt. Man läßt ihn eine Weile abtrocknen und auslüften. Dann neu einstreuen.

Dünger für die Weide: Ein ordentlich aufgeschichteter Misthaufen kompostiert schneller und besser

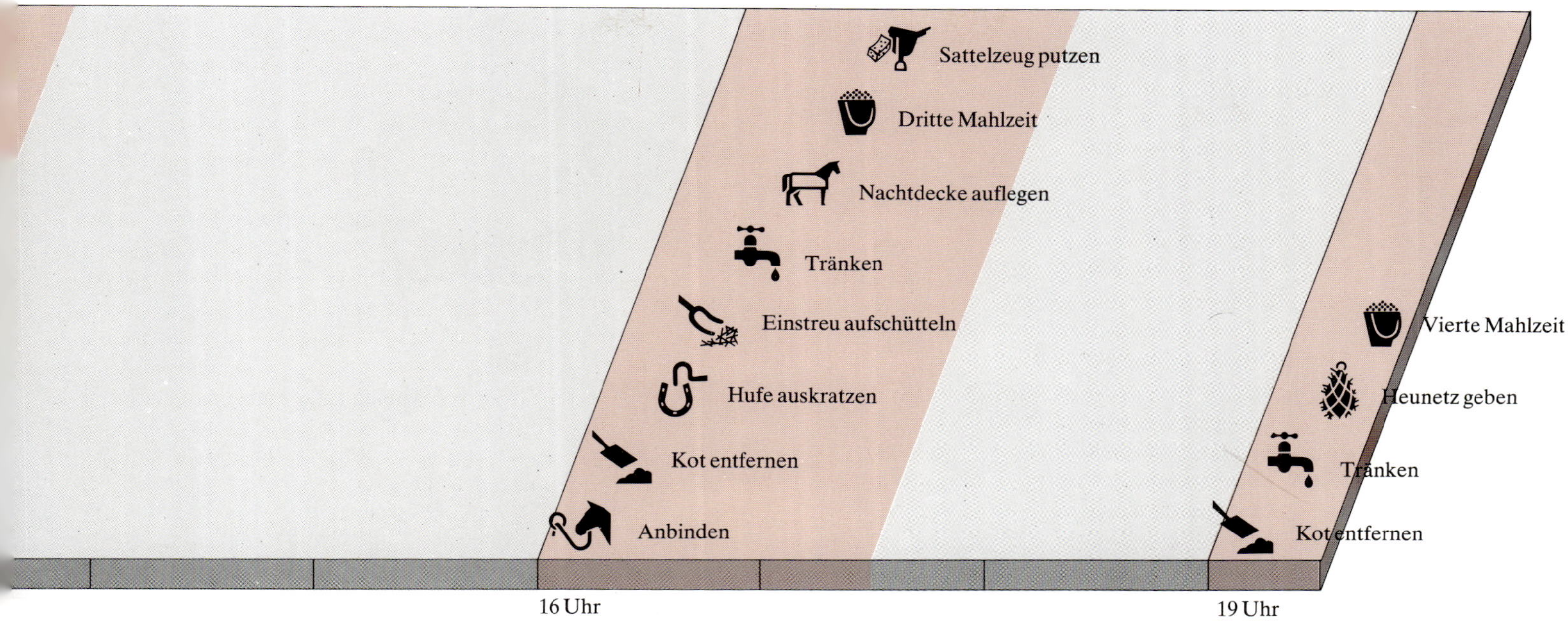

Tageslauf eines ausschließlich im Stall gehaltenen Pferdes, Reihenfolge der anfallenden Arbeiten. Die Fütterung hängt von der Größe und der Leistung des Pferdes ab. Wer eine Koppel zur Verfügung hat, wird das Pferd mindestens einen Teil des Tages auf die Koppel lassen, was eine gewisse Zeitersparnis bedeutet.

besten im Heunetz gefüttert, was auch ein genaues Abwiegen ermöglicht. Das Heunetz wird mit einem leicht aufzuziehenden Knoten an einem der Ringe befestigt und muß immer ein gutes Stück über dem Boden hängen. Auch die Methode, das Heu direkt am Boden zu geben, hat ihre Anhänger.

Wasser ist für das Pferd im Stall ebenso lebenswichtig wie für das Pferd auf der Koppel. Automatische Tränken sind eine Möglichkeit, für ständigen Vorrat zu sorgen. Sie dürfen nur nicht zu dicht am Heunetz oder an der Krippe angebracht werden, damit sie nicht durch Futterreste verstopft werden. Eimer sind ausreichend, falls sie schwer genug sind, daß das Pferd sie nicht umstoßen kann. Beim Tränken aus dem Eimer hat man immer einen Überblick darüber, wieviel das Pferd trinkt, was etwa nach der Arbeit wichtig sein kann, wenn ein erhitztes Pferd nicht zuviel trinken soll. Auch bei Verdacht auf Krankheit kann das Tränken aus dem Eimer wichtige Hinweise liefern.

Stallarbeit

Ein im Stall gehaltenes Pferd zu versorgen, erfordert sehr viel Zeit. Kein Arbeitsgang darf ausgelassen werden, wenn auch manche, wie die Anzahl der Mahlzeiten, von Fall zu Fall verschieden sein können. Schlamperei führt nur zu Problemen.

1. Das Pferd wird angebunden und auf Verletzungen untersucht, die es sich während der Nacht zugezogen haben könnte. Wenn nötig wird der Tränkeimer aufgefüllt, ebenso das Heunetz. Die Box wird ausgemistet, das Pferd – außerhalb des Stalls – sorgfältig geputzt, die Hufe ausgeräumt. Die Box wird für den Tag eingestreut.
2. Erste Mahlzeit.
3. Das Pferd braucht Zeit zum Verdauen, mindestens 1¼ Stunden. Danach wird es gesattelt und geritten. Wenn es in den Stall zurückkommt, wird der Tränkeimer neu gefüllt und der Kot aus dem Stall entfernt.
4. Das Pferd wird angebunden und gründlich geputzt. Gegebenenfalls wird die Tagesdecke aufgelegt. Inhalt von Wassereimer und Heunetz wird überprüft und wenn nötig aufgefüllt. Zweite Mahlzeit.
5. Hufe auskratzen. Kot entfernen. Die Streu wird aufgeschüttelt, die Tagesdecke gegen die Nachtdecke ausgewechselt. Der Tränkeimer wird neu gefüllt.
6. Dritte Mahlzeit. Lederzeug putzen.
7. Kot entfernen. Wasser und Heu auffüllen. Letzte Mahlzeit.

Dieses Arbeitsprogramm läßt sich nur abkürzen, wenn man Stall- und Weidehaltung kombiniert, oder das Pferd in einen Pensionsstall gibt. Darüber wurde bereits am Anfang dieses Kapitels gesprochen. Auf alle Fälle sollte man über die Qualität eines Pensionsstalls genaueste Erkundigungen einziehen.

Einstreuen und Ausmisten

Die Einstreu gibt dem Pferd eine angenehme Unterlage zum Hinlegen, dient der Isolierung der Box, saugt Feuchtigkeit auf und verhindert, daß die Pferdebeine auf dem harten Untergrund strapaziert werden. Sie muß sauber gehalten und daher täglich ausgemistet werden.

Die beste Einstreu ist Stroh. Besonders gut ist Weizenstroh, weil es saugfähig und dauerhaft ist. Gerstenstroh kann mit seinen Grannen zu Hautreizungen führen. Haferstroh sollte nicht verwendet werden, weil die Pferde es gern auffressen und es außerdem leicht zu naß wird.

Torf ist ein weicher, gut isolierender Ersatz für Stroheinstreu. Es ist außerdem am schwersten entflammbar, dafür macht es aber auch die meiste Arbeit. Feuchte Stellen und Kot müssen sofort entfernt, frischer Torf nachgefüllt werden. Die gesamte Matratze muß täglich mit der Mistgabel umgearbeitet und glatt gerecht werden, denn feuchter, verklumpter Torf kann beim Pferd zu Hufproblemen führen.

Sägemehl oder -späne sind gewöhnlich preiswert zu bekommen, aber schwer wieder loszuwerden. Beides muß genau auf Nägel, Schrauben, Farbe, Öl oder andere Fremdstoffe hin untersucht werden. Sägespäne können für sich allein verwendet werden; es besteht jedoch die Gefahr von Huferkrankungen, wenn sie feucht und klumpig werden. Sägemehl verwendet man am besten zusammen mit anderen Materialien.

Es gibt zwei Arten von Einstreu – eine für den Tag und eine für die Nacht. Im ersten Fall wird nur eine dünne Schicht eingestreut, im zweiten ist sie dicker und damit weicher. Mit Torf oder Sägespänen ist das Einstreuen ganz einfach. Man leert den Sack aus, verteilt den Inhalt gleichmäßig und häuft ihn an den Wänden etwas höher an als Schutz gegen Zugluft. Stroh erfordert etwas mehr Geschicklichkeit. Das in Ballen gepreßte Stroh muß erst aufgeschüttelt werden, damit sich die Halme trennen, und wird dann so aufgelegt, daß eine gut durchlüftete, federnde Unterlage ohne Klumpen entsteht. Dazu verwendet man am besten eine Mistgabel.

Weizenstroh (links) ist ideal als Einstreu, warm, angenehm weich, saugfähig und leicht zu handhaben. Sägespäne (Mitte) sind billiger; werden oft mit Sägemehl unterlegt, damit die Pferde trockener stehen. Der Kot muß häufig entfernt werden. Torf (rechts) ist schön weich, staubt aber ziemlich beim Einstreuen und muß oft durchgerecht werden.

Manche Pferdehalter bevorzugen die Matratzenstreu. Dabei wird zur vorhandenen Einstreu nur jeden Tag frisches Stroh hinzugefügt, nachdem der Kot und das feuchte Stroh ausgemistet wurden. Nach einiger Zeit entsteht eine bis zu einem halben Meter tiefe Matratze, die unten gut verdichtet und nach oben weich und federnd ist. Am Monatsende wird die Box vollständig ausgemistet und ganz neu eingestreut. Anwendbar ist diese Methode nur in Einzelboxen mit guter Drainage.

Fütterung

Die Natur hat das Pferd für seine Größe mit einem sehr kleinen Magen, jedoch mit sehr langen Därmen ausgestattet. Das Futter bleibt bis zu 48 Stunden im Verdauungstrakt, der ein sehr komplexes System darstellt. Seine reibungslose Arbeit hängt nicht nur von der richtigen Futtermenge zur richtigen Zeit ab, sondern auch von ausreichendem Wasser und genügend Bewegung. In Freiheit trinken Pferde zweimal am Tag, meist morgens und abends. Dazwischen teilt sich ihr Tag in Perioden des Grasens, der Ruhe und der Bewegung. Koppelpferde können ihren Tageslauf dem einigermaßen angleichen, im Stall gehaltene Pferde können dies nicht.

Ein paar Grundregeln müssen beim Füttern unbedingt beachtet werden, damit der empfindliche Verdauungsapparat des Pferdes nicht gestört wird und es nicht zu Verdauungsschwierigkeiten, Verstopfung, Blähungen oder plötzlichen Koliken kommt.

Die Grundregeln lauten: Oft kleinere Mengen füttern, für viel Ballaststoff – Gras oder Heu – sorgen, die Futtermenge der geleisteten Arbeit anpassen. Plötzliche Änderungen in der Futterzusammensetzung oder im Tagesablauf sind zu vermeiden. Getränkt wird immer vor dem Füttern, damit unverdautes Futter nicht aus dem Magen herausgeschwemmt wird. Unmmittelbar nach dem Füttern oder mit dem Bauch voller Gras darf ein Pferd nicht hart gearbeitet werden. Es muß etwa 1¼ Stunden Zeit zum Verdauen haben, weil der volle Magen sonst die Atmung behindert. Ebenso darf ein Pferd nicht unmittelbar nach einer Anstrengung, in erhitztem Zustand, gefüttert werden.

Das Hauptnahrungsmittel des Pferdes ist

Das Einstreuen für die Nacht erfordert ein wenig Geschick. Zuerst wird das tagsüber sauber gebliebene Stroh gut aufgeschüttelt und als Grundlage gleichmäßig verteilt.

Dann wird frisches Stroh vom Ballen gut aufgeschüttelt, als elastische Unterlage. Es muß dick und gleichmäßig eingestreut sein, damit das Pferd Lust bekommt, sich hinzulegen.

Zum Schluß wird das Stroh an den Seiten etwas aufgehäuft. Das hält Zug ab, hält den Stall wärmer und schützt gegen Verletzungen während der Nacht.

Gras, bei Stallhaltung Heu. Am besten ist Saatheu, gewöhnlich eine Mischung von Raigras und Klee, aus spezieller Anpflanzung im Rahmen des Fruchtwechselprogramms. Wiesenheu, ebenfalls viel verwendet, kann von unterschiedlicher Qualität sein. Zur Beurteilung dienen Aussehen, Geruch und Alter. Heu muß süß riechen, eine leicht grünliche Farbe haben und mindestens sechs Monate alt sein. Schwarzes, modriges oder feuchtes Heu darf unter keinen Umständen verfüttert werden.

Klee für sich allein ist als Heu zu nahrhaft; das gleiche gilt für Luzerne. Luzerne ist äußerst proteinreich und muß in kleinen Mengen gefüttert werden, bis man den nützlichen Anteil abschätzen kann.

Kraftfutter für Leistungspferde

Pferde, die regelmäßig hart gefordert werden, brauchen zusätzlich Futter, damit sie fit und gut bemuskelt sind. Sie brauchen mit anderen Worten eher Energie als Fett. Diese kommt aus Kraftfutter, von dem Hafer die besten Eigenschaften hat. Zur besseren Verdauung kann man Hafer auch gequetscht füttern. Nützliche Alternativen sind maschinell hergestellte Preßwürfel oder Pellets.

An natürlichem Proteingehalt und Energiereichtum ist Hafer unübertroffen; er ist deshalb für die Fütterung von Leistungspferden unersetzlich. Guter Hafer ist dünnhülsig, großkörnig, von blaßgoldener, silbergrauer oder schokoladebrauner Farbe, hart, trocken und darf nicht säuerlich riechen. Man darf allerdings nicht zuviel füttern, weil zuviel Hafer die Pferde in kürzester Zeit unreitbar machen kann.

Preßfutter wird aus verschiedenen Getreidearten hergestellt und enthält normalerweise außerdem gemahlenes Heu, Süßstoffe wie Melasse oder Sirup und zuätzliche Vitamine und Mineralstoffe. Es hat etwa zwei Drittel des Nährwerts von Hafer, macht die Pferde aber weniger «heiß» und ist daher ideal für Ponys. Der Hauptvorteil besteht darin, daß es für sich allein eine ausgewogene Fütterung darstellt und nicht mit anderem Futter gemischt zu werden braucht. Es ist aber auch teuer.

Zusätzlich oder als Alternative zu Hafer kann

man auch Gerste oder Roggen füttern, der Schwerverdaulichkeit wegen aber nur geschrotet und eingeweicht. Abgemagerte Pferde werden mit gekochter Gerste schneller wieder rund; außerdem ist sie ein gutes Zusatzfutter für müde, überanstrengte Pferde.– Maisflocken haben einen hohen Energiewert, aber einen niedrigen Protein- und Mineralgehalt. Ponys können davon wie von Hafer zu feurig werden. Mit Mais füttert man meistens Pferde, die viel, aber langsam arbeiten müssen, zum Beispiel Verleihpferde. Auch Bohnen sind sehr nahrhaft, sollten aber wegen ihrer anregenden Wirkung ebenfalls nur sparsam verfüttert werden, entweder im Ganzen, geschnitten oder gekocht.

Weitere nützliche Futtermittel

Kleie ist ein gutes Zusatzfutter, weil sie für Ballaststoffe sorgt. Man füttert sie entweder trocken mit Hafer gemischt (wobei die Mischung dann leicht angefeuchtet wird) oder als Mash. Mash ist eine ausgezeichnete Stärkung für müde oder kranke Pferde. Man vermischt ⅔ Kleie mit ⅓ kochendem Wasser und verfüttert es, sobald es soweit abgekühlt ist, daß das Pferd es fressen kann. Reste müssen fortgeworfen werden, weil sie schnell ranzig werden können. Eine Alternative ist Hafermehlbrei: Weiche Haferflocken werden mit soviel kochendem Wasser übergossen, daß ein dünner Brei entsteht, den das Pferd in abgekühltem Zustand aufsaugen kann.

Leinsamen in Form von Gelee, Mash oder Tee wird im Winter zur Verbesserung des Allgemeinzustands gefüttert. Er verleiht dem Fell Glanz. Er muß eingeweicht und gut gekocht werden. Auch er wird abgekühlt verfüttert. Zuckerrübenschnitzel mit ihrem hohen Energiegehalt machen die Pferde ebenfalls rund und sind wegen ihres süßen Geschmacks beliebt. Sie müssen über Nacht eingeweicht werden, bevor man sie einer Mahlzeit zusetzt. Trocken verfüttert führen sie fast sicher zu schwerer Kolik, da sie beträchtlich aufquellen, sobald sie feucht werden.

Wurzeln wie Karotten oder Steckrüben machen Pferde ebenfalls rund und sind besonders wertvoll für Pferde, die beim Fressen heikel sind. Sie müssen immer zuerst gewaschen und dann in fingerdicke Stücke geschnitten werden. An kleinen, runden Scheiben können sich Ponys verschlucken.

1 Zunge
2 Gaumen
3 Speiseröhre
4 Magen
5 Dünndarm
6 Blinddarm (in oberer Abb. hinter großem Kolon verborgen)
7 Großes Kolon
8 Kleines Kolon
9 Mastdarm

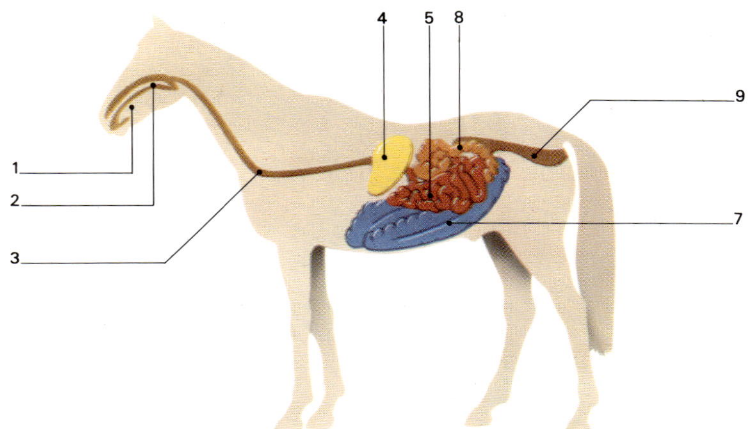

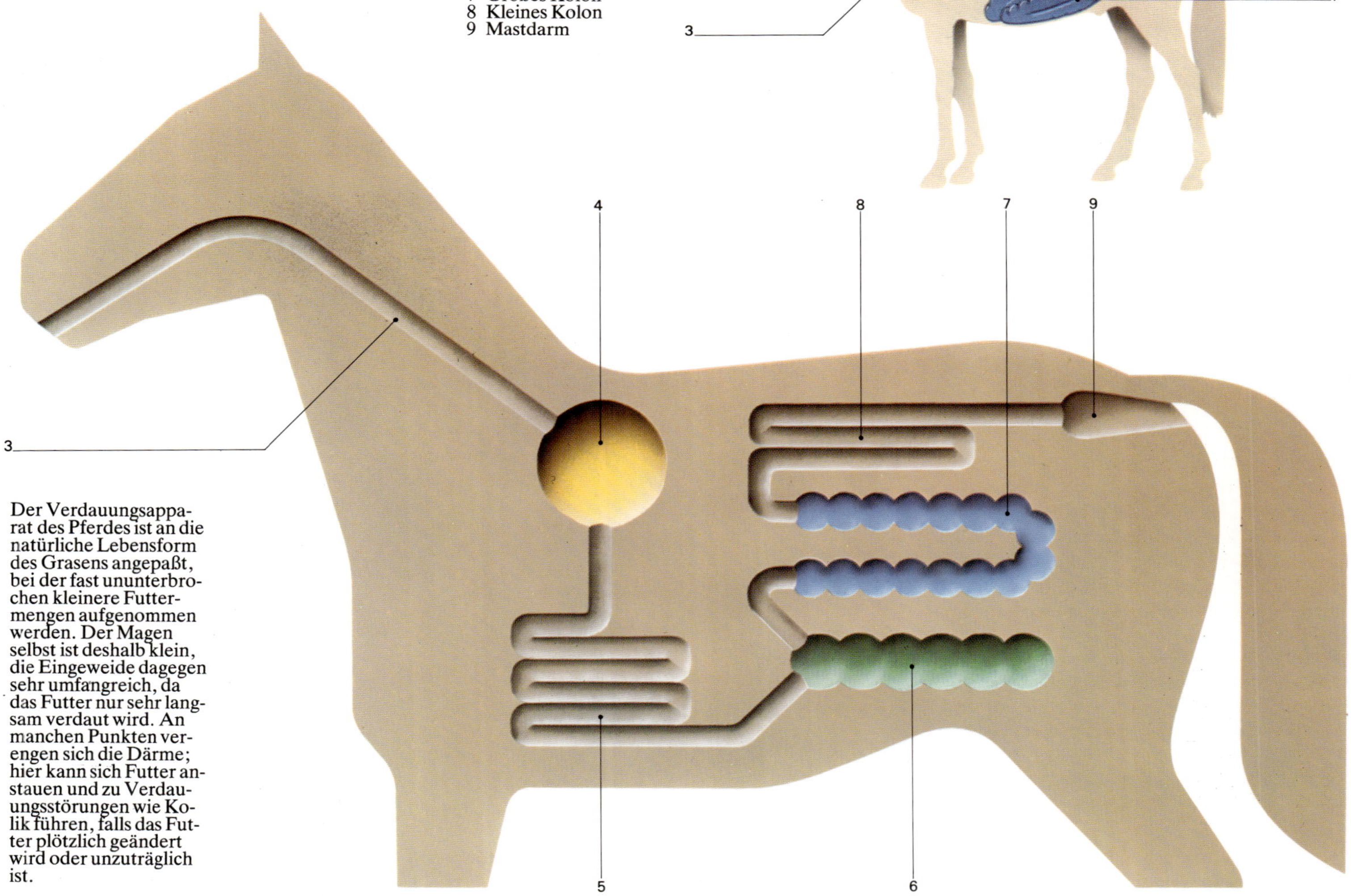

Der Verdauungsapparat des Pferdes ist an die natürliche Lebensform des Grasens angepaßt, bei der fast ununterbrochen kleinere Futtermengen aufgenommen werden. Der Magen selbst ist deshalb klein, die Eingeweide dagegen sehr umfangreich, da das Futter nur sehr langsam verdaut wird. An manchen Punkten verengen sich die Därme; hier kann sich Futter anstauen und zu Verdauungsstörungen wie Kolik führen, falls das Futter plötzlich geändert wird oder unzuträglich ist.

1 Preßfutter oder Pellets: Mischfutter mit allen wichtigen Bestandteilen, kann trocken anstelle Hafer gefüttert werden; Häcksel oder Kleie zusätzlich fördern Verdauung. 2 Kleie: viel Protein, Vit. B, Salz; als Brei oder leicht angefeuchtet, zusammen mit Hafer gefüttert, abführend. 3 Heu: alle Nährstoffe für ein Pferd, das nur auf die Koppel geht oder leichte Arbeit verrichtet.
4 Leinsamen, geschrotet oder überbrüht oder im Ganzen gekocht, hat hohen Ölgehalt, wirkt abführend; bringt Kondition und glänzendes Fell. 5 Hafer: nahrhaft, leichtverdaulich, reich an energiespendenden Kohlehydraten, Vit. B, muskelbildendem Protein; im Ganzen, gequetscht oder geschrotet. 6 Zuckerrübenschnitzel oder -preßwürfel: Ballastfutter für Pferde, die langsame Arbeit verrichten; vor dem Füttern einweichen, sonst Kolik- bzw. Erstickungsgefahr.
7 Mais, in Flocken besser verdaulich, gibt Kraft, enthält aber wenig Protein und Mineralstoffe; enthält Vit. A.
8 Gerste: für Pferde, die lange und schnell arbeiten müssen, ungeeignet; gekocht verfüttert, um die Pferde rund zu machen; roh gefüttert muß sie geschrotet werden; enthält Vit. B.
9 Erbsen, proteinreich, in kleinen Mengen als Energielieferant oder zur Fleischbildung.
10 Häcksel: wenig Nährwert, aber Ballastfutter und zwingt zum Kauen; man kann jeder Mahlzeit 1 Pfund Häcksel beimengen.

Zur Appetitanregung kann man das Futter mit Melasse oder Sirup vermischen.
Am besten ist es, jeder Ration 1 Pfund Häcksel – kleingehacktes Heu – beizugeben. Häcksel hat praktisch keinen Nährwert, zwingt die Pferde aber dazu, ihr Futter richtig zu kauen, und wirkt damit Verdauungsschwierigkeiten entgegen. Außerdem schleift es die Zähne ab. Allen im Stall gehaltenen Pferden muß unbedingt ein Salz-Mineralleckstein zur Verfügung stehen. Koppelpferde nehmen im allgemeinen beim Grasen genügend Salz auf, aber auch ihnen kann ein Leckstein nichts schaden.

Vitamine und Mineralstoffe
Außer mit Kohlehydraten, Proteinen und Fett muß das Pferd auch ausreichend mit Vitaminen und Mineralstoffen versorgt sein. Wichtig sind Vitamin A, B1, B2, B6, D und E. Fehlen sie, wird das Pferd anfällig für Krankheiten. Im Normalfall enthalten gutes Heu, Gras, Kleie und Karotten die meisten der Vitamine, die ein Pferd braucht. Nützlich sind außerdem Hafer, Gerste, Maisflocken

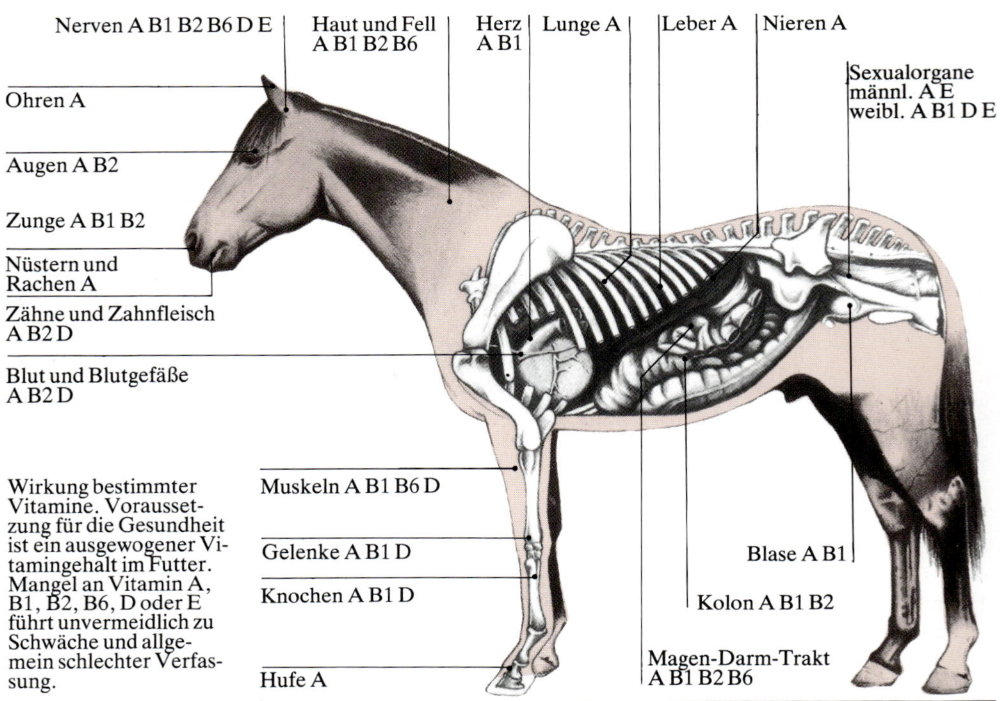

Wirkung bestimmter Vitamine. Voraussetzung für die Gesundheit ist ein ausgewogener Vitamingehalt im Futter. Mangel an Vitamin A, B1, B2, B6, D oder E führt unvermeidlich zu Schwäche und allgemein schlechter Verfassung.

und Zuckerrübenbrei. Vitamin D dagegen kann künstlich nur in Form von Lebertran zugeführt werden. Natürlicherweise entsteht es durch die Einwirkung der Sonne.
Ungenügende Versorgung mit Mineralstoffen kann sogar noch schädlicher sein als Vitaminmangel, besonders bei einem jungen Pferd. Die wichtigen Mineralstoffe sind: Kalzium und Phosphor zur Bildung gesunder Zähne und Knochen; Natrium, Natriumchlorid (Kochsalz) und Kalium zur Regulierung der Körperflüssigkeit; Eisen und Kupfer zur Bildung von Hämoglobin im Blut (Vorbeugung gegen Anämie); ferner Magnesium, Mangan, Kobalt, Zink und Jod. Magnesium fördert die Muskel- und Knochenbildung. Mangan ist wichtig für die Knochenstruktur und die Fruchtbarkeit. Zink und Kobalt regen das Wachstum an, und Jod ist besonders wichtig für die Funktion der Schilddrüse.
Hauptlieferant der Mineralstoffe wie auch der Vitamine sind Gras oder Heu in Verbindung mit den oben genannten Futtermitteln. Zusätzliche Vitamine und Mineralstoffe sollte man nur nach Rückfrage beim Tierarzt geben, denn eine Überdosis kann ebenso gefährlich sein wie eine Unterversorgung. Vitaminmangel zeigt sich gewöhnlich am Fell und an der Haut. Auch bei Untersuchung der Zähne, des Gaumens und der Augen lassen sich mögliche Mangelzustände erkennen. Bei den Umständen angepaßter, vernünftiger und überwachter Fütterung dürfte sich das Problem aber gar nicht stellen.

Eine abgetrennte Futterkammer, sauber, trocken, in Nähe der Wasserleitung, ist wichtig. Im Stall gelagertes Futter wird leicht verunreinigt und schimmelig und damit möglicherweise gesundheitsschädlich. Ein einfacher Raum, wo das Futter abgemessen und gemischt werden kann, genügt. Nützlich ist auch eine Waage, damit man ab und zu das Gewicht eines vollen Heunetzes überprüfen kann.

Futtermittel werden in getrennten Behältern aufbewahrt und erst zur Fütterung mit einem Maß abgemessen und gemischt. Werden mehrere Pferde gehalten, ist eine Futterliste in Nähe der Futterkiste zweckmäßig.

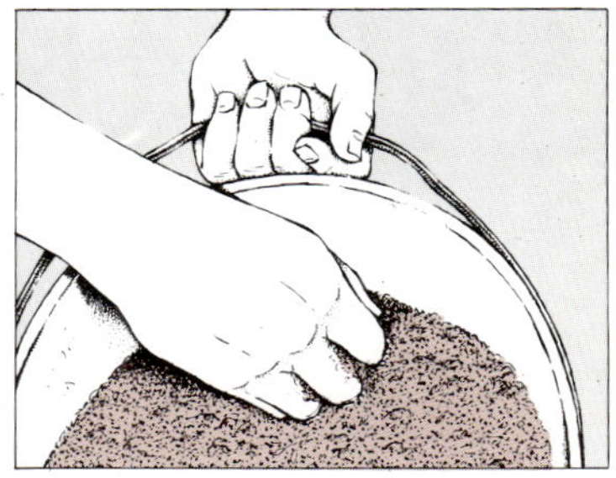

Man kann die Futterration etwas anfeuchten, bevor man sie mischt und verfüttert. Getreide bleibt in Zinkbehältern frisch und trocken. Sie müssen gut schließen, damit kein Ungeziefer eindringen kann.

Futtermengen

Es gibt keine unumstößlichen Regeln, wieviel Futter ein Pferd bekommen muß, da die Futtermenge zum großen Teil von Typ und Größe des Pferdes sowie von der verlangten Arbeit abhängt. Auf jeden Fall darf ein im Stall gehaltenes Pferd nicht weniger bekommen, als es auf der Weide fressen würde.
Ein Pferd von etwa 1,60 m Stockmaß frißt ungefähr 25 Pfund Gras am Tag. Größere Pferde brauchen pro 5 cm Körpergröße mehr etwa 2 Pfund zusätzlich, kleinere entsprechend weniger.
Anhand dieser Grundmenge läßt sich ein Futterprogramm aufstellen, bei dem das Verhältnis von Ballaststoffen und Kraftfutter je nach der geforderten Leistung verändert wird. Bei einem leichten Pferd von 1,60 m Stock, das alle vierzehn Tage zusätzlich zu sonstiger regelmäßiger Arbeit drei Tage auf der Jagd geritten wird, müßte das Verhältnis zwischen Heu oder Gras und Kraftfutter fast ausgewogen sein. Das Pferd müßte pro Tag etwa 13 Pfund Kraftfutter und 14 Pfund Heu bekommen. Wird das Pferd dagegen nur leicht – oder überhaupt nicht – gearbeitet, wird die Heumenge erhöht und die Kraftfuttermenge vermindert. Zu bedenken ist auch, daß die meisten Pferde nachts viel besser fressen, so daß man die größte Ration am besten zum Schluß füttert. Bei einem Pferd, das dreimal am Tag gefüttert wird, sollte das Verhältnis 10 % am Morgen, 30 % am Mittag und 60 % am Abend betragen.
Die beste Richtschnur ist schlichte Beobachtung. Ein Pferd, das zu dick wird, braucht weniger Futter, und eines, das zu mager ist, muß aufgepäppelt werden. Frißt das Pferd nicht auf, bekommt es das nächste Mal ebenfalls weniger.

Bewegung

Alle im Stall gehaltenen Pferde brauchen ausreichende und regelmäßige Bewegung, damit es nicht zu angelaufenen Beinen, Kreuzverschlag und Kolik kommt. Zumindest werden sie bei mangelnder Bewegung sehr lebhaft und schwer zu reiten. Sie können sich aber auch langweilen und Untugenden entwickeln. Wieviel Bewegung ein Pferd braucht, hängt vom Typ und der geforderten Leistung ab. Ein Jagdpferd braucht mehr Arbeit als ein Spazierreitpferd.
Wie bei der Fütterung sind einige wenige Grundregeln zu beachten. Die wichtigste: Nach einer ausgiebigen Mahlzeit braucht ein Pferd 1 ¼ Stunden Ruhe, bevor es gearbeitet werden kann, nach einer leichten zumindest 1 Stunde. Auf jeden Fall sollte man eine Stunde vor der Arbeit das Heunetz herausnehmen. Mit dem Bauch voll Heu fällt dem Pferd das Atmen schwer.
Sinn von Bewegung und Arbeit ist es, das Pferd für die von ihm erwartete Leistung in Kondition zu bringen und zu halten. Ein frisch von der Koppel hereingeholtes Pferd ist in Weidekondition und kann nur durch ein streng überwachtes Fütterungs- und Arbeitsprogramm fit gemacht werden. Eine Woche lang wird es nur im Schritt bewegt, am besten auf Wegen. Dann kommt ein langsamer Trab dazu, und bald kann auch auf dem Reitplatz oder in der Halle gearbeitet werden, während gleichzeitig die Arbeit auf den Wegen gesteigert wird. Im Verhältnis zur gesteigerten Arbeit steigt auch die Kraftfuttermenge. Nach

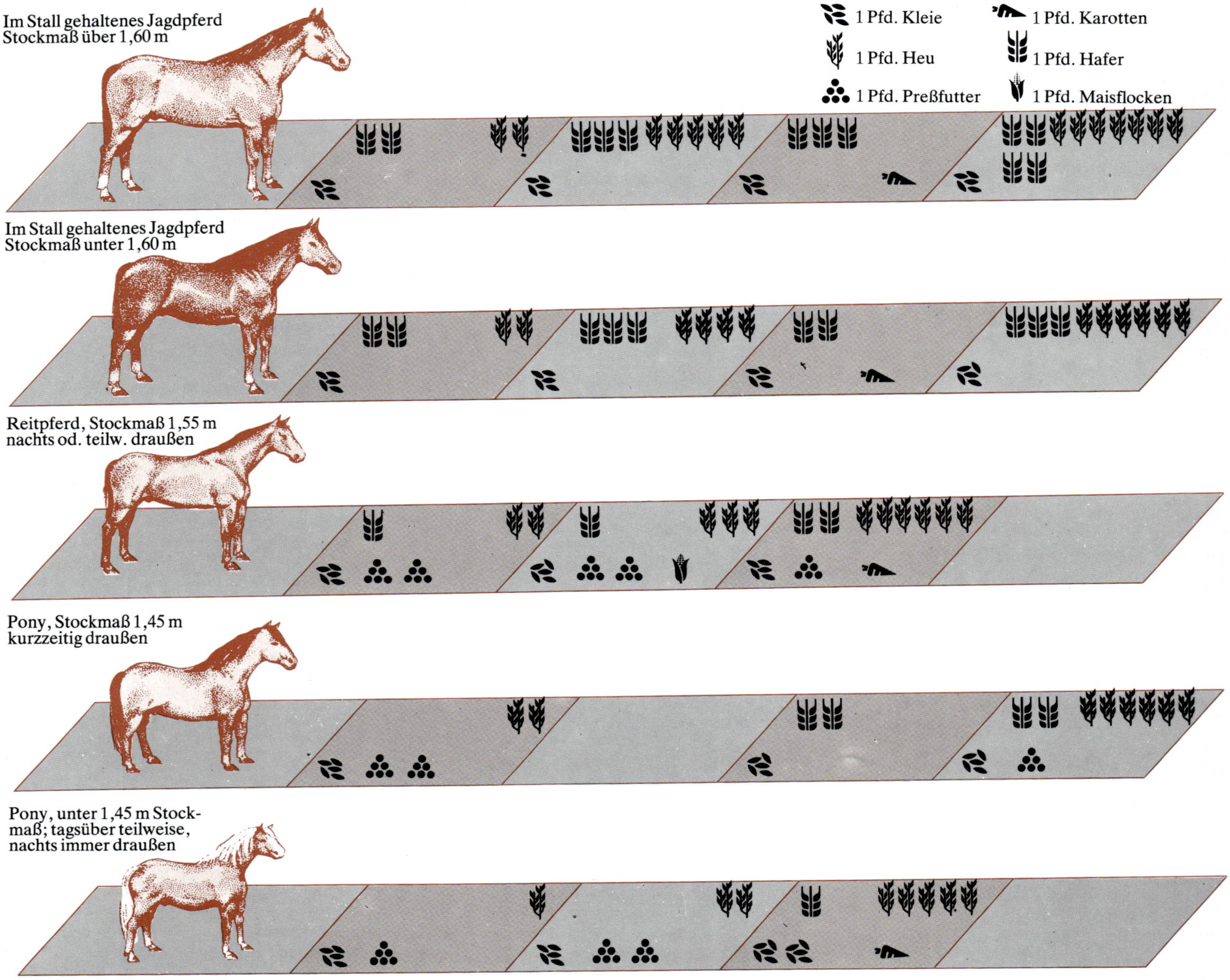

Die Futtermenge hängt von Größe, Temperament und verlangter Leistung ab. Die Tabelle gibt durchschnittliche Menge für Pferde mit ausgeglichenem Temperament an. Art und Menge des dem einzelnen Pferd gemäßen Futters muß durch Beobachtung bestimmt werden.

sechs Wochen müßte das Pferd in der Lage sein, eine Strecke von höchstens 800 m zu galoppieren. In der neunten Woche kann man einen flotten Galopp über 1,2 km erwarten, der aber nicht in einen unregulierten Renngalopp ausarten darf. Der Erfolg zeigt sich daran, daß das Pferd Muskeln ansetzt und nicht mehr so viel schaumig schwitzt wie zuvor. Dieser Prozeß darf auf keinen Fall beschleunigt werden. Mann bringt ein Pferd nicht durch Galoppieren, sondern durch langsame, regelmäßige, ruhige Arbeit in Kondition. Das gilt ebenso für im Stall gehaltene Pferde.
Jede Arbeit soll mit einer Schrittstrecke enden, so daß das Pferd abgekühlt und gelöst in den Stall kommt. Wenn man in den Regen gekommen ist, trabt man nach Hause, damit das Pferd warm bleibt. Nach dem Absatteln wird es mit Stroh oder einem Tuch kräftig abgerieben. Auf den Rücken legt man eine Lage Stroh, oder man legt dem Pferd eine Abschwitzdecke auf. Der Rücken muß warmgehalten werden, damit es sich nicht erkältet. Ein erhitztes, verschwitztes Pferd muß unbedingt ganz trocken werden, zuerst aber wird es mit einem Schwamm und lauwarmem Wasser abgerieben, entweder am ganzen Körper oder nur an den verschwitzten Stellen, meist Hals, Brust und Flanken. Danach zieht man das Wasser mit einem Schweißmesser ab, wobei man immer mit dem Strich arbeitet. Anschließend wird es abgerubbelt, und schließlich wird eine Abschwitzdecke aufgelegt. Nach Möglichkeit wird es geführt, bis es ganz trocken ist.
Pferde, die sehr gefordert wurden – auf einer Jagd oder einem Turnier – brauchen zusätzliche Pflege. Bei der Ankunft im Stall bietet man ihnen lauwarmes Wasser an. Danach verfährt man wie oben beschrieben, füttert ein Kleiemash und läßt sie ausruhen. Später sieht man noch einmal nach, ob sie warm genug sind oder etwa nachschwitzen. Die Temperatur fühlt man am Ohransatz. Sind die Ohren kalt, reibt man sie mit der Hand warm und legt dem Pferd mehr Decken auf. Schwitzt es noch, reibt man es nochmals ab und führt es, bis es ganz trocken ist.

Putzen

Das Putzen dient hauptsächlich dem Zweck, das Pferd sauber zu halten, die Haut zu massieren und den Muskeltonus anzuregen. Kop-

pelpferde müssen, besonders im Winter, weniger geputzt werden als im Stall gehaltene Pferde, aber ganz ohne geht es auch bei ihnen nicht.
Wichtig ist gutes Putzzeug, wie es auf S. 148 abgebildet und beschrieben ist. Werden mehrere Pferde gehalten, hat jedes Pferd sein eigenes Putzzeug, das in einer beschrifteten Tasche oder Kiste aufbewahrt wird. Das hilft im Krankheitsfall Infektionen zu verhindern. Ein Pferd wird dreimal am Tag geputzt, am Morgen, nach der Arbeit und am Abend. Morgens wird das Pferd angebunden, die Hufe werden ausgekratzt und Augen, Nüstern und After mit einem feuchten Schwamm gereinigt. Trägt das Pferd eine Decke, wird sie zuerst vorn zurückgeschlagen, so daß man Kopf, Hals, Brust und Vorderbeine mit der Kardätsche säubern kann. Dann legt man die Decke wieder zurecht und schlägt den hinteren Teil um, damit man die Hinterhand bearbeiten kann. Etwaige Schmutzstellen werden mit der Wurzelbürste abgebürstet. Zum Schluß werden Mähne und Schweif gründlich mit der Kardätsche durchgebürstet. Zum zweitenmal wird das Pferd geputzt, wenn es sich nach der Arbeit abgekühlt hat. Das Pferd wird wieder angebunden, und die Hufe werden ausgekratzt. Danach bürstet man mit der Wurzelkardätsche alle Schweiß- und Schmutzspuren aus dem Fell und von den Beinen, wobei besonders auf Druckstellen von Sattel und Gurt zu achten ist. Gearbeitet wird zuerst auf der linken und dann auf der rechten Körperseite von den Ohren in Richtung Schweif. Die Wurzelkardätsche darf nicht zu fest aufgedrückt werden, damit die Haut nicht gereizt wird.
Danach kommt die Kardätsche, die mit festem Druck benutzt werden muß, wenn sie wirken soll. Man beginnt mit der Mähne, die auf die andere Seite gebürstet wird, um Schuppen vom Haaransatz zu entfernen. Es folgt der Stirnschopf. Nun kommt der Körper an die Reihe, wie zuvor auf der linken Seite am Kopf beginnend. Die Kardätsche wird mit kreisenden Bewegungen geführt, aber so, daß mit dem letzten Strich die Haare wieder richtig liegen. In Abständen wird die Kardätsche am Striegel abgestreift, den man in der anderen Hand hält; er kann ab und zu auf dem Boden ausgeklopft werden. Denken Sie beim Kopf daran, daß dies einer der empfindlichsten Teile des Pferdes ist, bürsten Sie also fest, aber vorsichtig, besonders um die Augen, Ohren und Nüstern. Nun wird der Schweif ausgebürstet, immer nur ein paar Haare zugleich, bis er ganz glatt fällt.
Die nächste Stufe ist das Abreiben mit einem Heuwisch, einem Bündel weichem Heu, das seilförmig zusammengedreht und leicht angefeuchtet wird. Es stimuliert den Muskeltonus und den Kreislauf. Hals, Schultern, Kruppe und Schenkel werden kräftig abgerieben, unter besonderer Betonung der muskelbepackten Bereiche. Hier wird der Wisch aufgeklopft und mit dem Strich heruntergezogen. Knochige oder empfindliche Stellen wie die Flanken werden ausgelassen.
Augen, Lippen, Schnauze und Nüstern werden abgeschwammt. Zur Vorbeugung gegen Infektionen werden Schweifwurzel und After mit einem zweiten Schwamm gereinigt. Damit der gesamte Bereich gesäubert werden kann, wird der Schweif so hoch wie möglich gehalten. Die Mähne wird mit der Wurzelbürste glatt gebürstet. Danach werden die Hufe feucht abgebürstet, wobei kein Wasser zwischen die Ballen geraten soll. Spröde Hufe werden bis zum Kronenrand mit Huffett eingerieben. Zum Abschluß «poliert» man das Pferd mit einem weichen Tuch, das zusammengefaltet und leicht angefeuchtet wird. Damit fährt man mit dem Strich über das Fell und entfernt die letzten Stäubchen.
Diese gründlichste Form des Putzens dauert eine halbe bis eine dreiviertel Stunde, wenn man Übung hat, ohne Übung etwas länger, weil es recht anstrengend für die Muskeln ist. Das «Hübschmachen» für die Nacht dauert

Muster eines Arbeitsprogramms
Basis: Jagdpferd von 1,62 m Stockmaß

Arbeit	Pflege und Haltung	Besonderheiten
1. Woche Am 1. Tag 20 Min. Schritt, allmählich steigern auf 1 Std.	Kraftfuttermenge langsam steigern, Klopfmassage beginnen.	In der Woche vor Beginn des Arbeitsprogramms Hufe beschlagen. Jedes Pferd braucht einen Ruhetag in der Woche.
2. Woche 1¼–1½ Std. Schritt auf Rundkurs von 10–14 km	Beine und Hufe überwachen, auf Druckstellen achten. Mehr Kraftfutter und Vitaminzusätze.	Ruhige Nebenstraßen mit gutem Bodenbelag sind dafür am besten geeignet.
3. Woche Die ersten 800 m immer Schritt. Dann kurze Trabreprisen einführen, langsam steigern.	Pferd nachts in den Stall bringen, regelmäßigen Tagesablauf einführen.	Man kann damit beginnen, auf einem großen Zirkel zu arbeiten und zu longieren.
4. Woche 1½–2 Std. Arbeit am Tag, aufgeteilt in Arbeit an der Longe und unter dem Sattel sowie Ausreiten. Häufigere Trabreprisen.	Kraftfuttermenge erhöhen.	Man kann anfangen, leichte Hänge aufwärtszutraben, und dies allmählich steigern.
5. Woche Nach Schritt- und Trabreprisen ein kurzes Stück auf weichem Boden langsam galoppieren. Allmählich wieder langsamer werden.	Vier Mahlzeiten am Tag, mit mehr Kraftfuttermenge, Zeit auf der Koppel verkürzen. Wenn nötig neu beschlagen.	In diesem Stadium sollten die Muskeln straff werden.
6. Woche Ein Mittelgalopp von vernünftiger Länge. Trabarbeit im Aussitzen kann begonnen werden.	Kraftfuttermenge erhöhen. Weiterhin Klopfmassage.	Arbeit unter Reiter intensivieren: Trab auf kleineren Zirkeln, Galopparbeit.
7. Woche Galopptempo kann gesteigert werden, am Ende der Woche kurzes Stück im halben Renntempo. Mit Springen kann begonnen werden.	Das Pferd wird schwitzen und sollte nachts eingedeckt werden.	Die Schlußphase der Aufbauzeit. Das Pferd jetzt auch ans Verladen und an Gesellschaft anderer Pferde gewöhnen.
8. Woche Am 2. Tag im freien Tempo einen leichten Hang hinaufgaloppieren. Die letzten 1,5 km werden immer im Schritt zurückgelegt.	Volle Kraftfuttermenge. An jedem 2. Tag wird flott galoppiert, dazwischen ruhig gearbeitet. Neuer Hufbeschlag.	Wenn das Pferd ganz fit ist, muß es auch an Tagen, an denen es nicht gearbeitet wird, volle Bewegung haben.

Wie das Pferd gearbeitet wird, hängt vom Typ und vom Ausbildungsziel ab, ist also verschieden. Ändern Sie das Programm entsprechend ab.

Das Putzzeug. Ideal ist eigenes Putzzeug für jedes Pferd, um Infektion zu vermeiden. Von Zeit zu Zeit mit mildem Desinfektionsmittel säubern.
1 Kämme für Mähne und Schweif. 2 Ein Schwamm für Augen, Lippen und Nüstern, der andere für die Aftergegend. 3 Huföl und Bürste zum Auftragen; gegen spröde Hufe und für besseres Aussehen. 4 Wurzelkardätsche (hart) für eingetrockneten Schmutz und Schweiß. 5 Kardätsche (weich) für Staub und Schuppen. 6 Wurzelbürste (weich); angefeuchtet, um Mähne und Schweif zu bürsten oder zum Hufewaschen. 7 Schweißmesser, Schweiß und Wasser aus dem Fell zu ziehen. 8 Gummistriegel; an ihm wird die Kardätsche abgestrichen und so von Schmutz befreit. Auch statt Wurzelkardätsche zu verwenden. 9 Metallstriegel; nur zum Abstreifen der Kardätsche, nie am Pferd direkt verwenden. 10 Tuch, um dem Fell letzten Glanz zu geben. 11 Hufkratzer.

nicht so lange. Das Pferd wird nur leicht mit der Kardätsche übergebürstet, mit dem Heuwisch abgerieben und dann für die Nacht eingedeckt, wenn dies erforderlich ist.

Transport

Es bedarf sorgfältiger Planung, wenn ein Pferd so fit auf einem Turnier oder zu einer Jagd eintreffen soll, daß es den Anstrengungen auch gewachsen ist. Als erstes muß geplant werden, wie man ans Ziel kommt. Bis zu 15 km kann man ein Pferd in guter Kondition auch im Schritt und Trab reiten, mit einer Höchstgeschwindigkeit von etwa 9 km/h (für grasgefütterte Ponys nicht mehr als 6 km/h).

Für längere Strecken braucht man einen Transporter oder Hänger. Ihre mechanischen Einrichtungen sind vor jeder Fahrt gründlich zu kontrollieren. Ebenso überprüft man die Vollständigkeit der Einrichtung: Erste-Hilfe-Ausrüstung, Decken (Stalldecke und Abschwitzdecke), Bandagen, Putzzeug, Halfter, Tränkeimer und gefüllter Wasserbehälter. Letzterer wird gebraucht, wenn man das Pferd auf langen Fahrten unterwegs ein- bis zweimal tränken will. Dazu kommt ein gefülltes Heunetz, falls das Pferd nicht unmittelbar nach der Ankunft angestrengt arbeiten muß.

Zu einer Jagd kann man das Pferd gesattelt fahren, mit einer Decke über dem Sattel, zu Turnieren wird das Pferd nur eingedeckt. Transportbandagen oder -gamaschen werden immer angelegt, ebenso wie eine Schweifbandage, damit sich das Pferd den Schweif nicht aufscheuert. Guten Schutz bieten auch Knie- und Sprunggelenksschützer.

Die Vorbereitung des Pferdes selbst beginnt am Vorabend mit besonders gründlichem Putzen. Pferde, die normalerweise auf die Koppel gehen, bleiben möglichst die Nacht über im Stall. Am Morgen läuft das übliche Arbeitsprogramm ab, nur daß wieder sehr gründlich geputzt wird. Soll die Mähne eingeflochten werden, kann man das schon am Vorabend erledigen; ordentlicher werden die Zöpfe, wenn sie am Morgen frisch eingeflochten werden.

Verladen

Es ist gar nicht schwierig, ein Pferd in einen Transporter oder Hänger zu verladen, vorausgesetzt man geht mit Ruhe vor. Am einfachsten ist es, wenn eine Person das Pferd in gerader Linie vorwärtsführt und sich nicht in Versuchung bringen läßt, das Pferd hinter sich herzuziehen. Hinter dem Pferd, aber außer Reichweite der Hinterhufe, sollten sich ein paar Helfer für den Notfall in Bereitschaft halten.

Sträubt sich ein Pferd, liegt das meist daran, daß ihm das Poltern seiner Hufe auf der Rampe Angst einjagt. Rezept dagegen: die Rampe

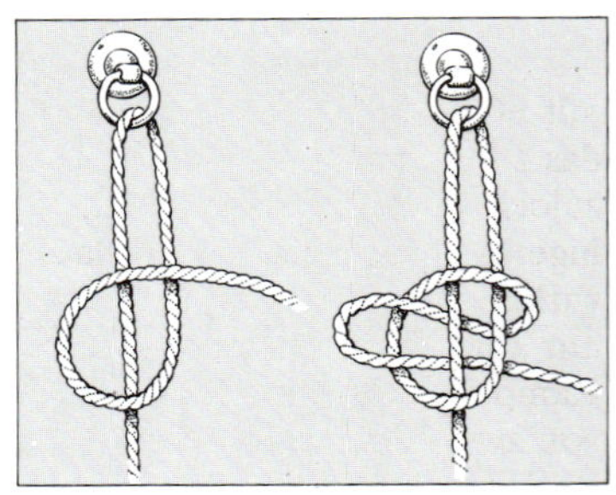

Anbindeknoten: öffnet sich sofort, wenn man am freien Ende zieht, zieht sich aber fester zu, wenn ein Pferd daran zerrt. Pferde stets so anbinden.

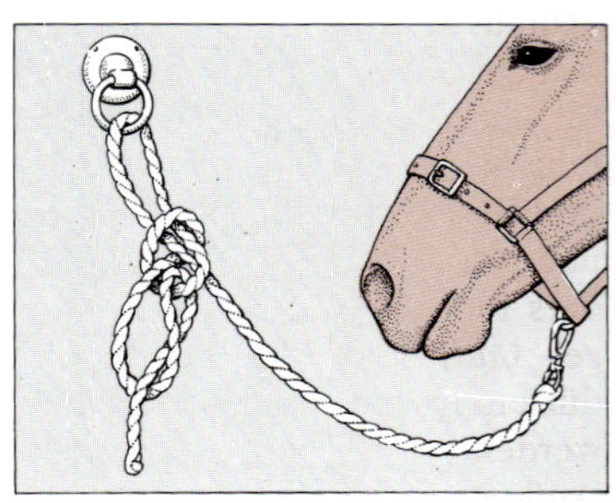

Intelligente Pferde lernen vom Zusehen, daß man am freien Ende ziehen muß, um den Knoten zu lösen. Man macht das unmöglich, indem man das freie Ende noch einmal durch die Schlaufe steckt.

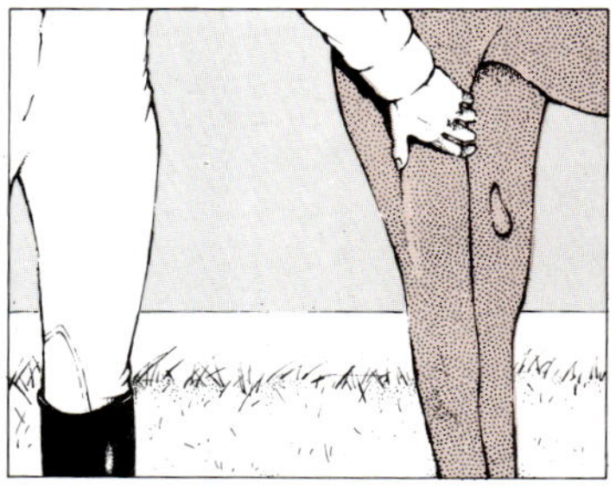

Soll ein Pferd den Fuß hergeben, mit dem Gesicht zum Schweif neben das Pferd stehen und mit der Hand von Schulter zur Fessel fahren. Oft verlagert das Pferd dann schon sein Gewicht auf das andere Bein. Junge Pferde bleiben ruhiger.

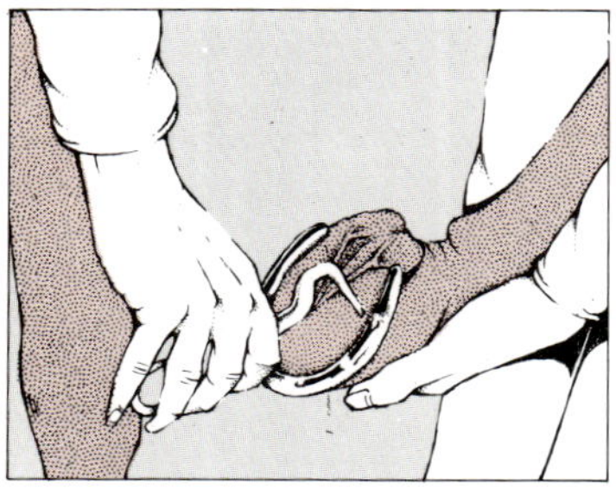

Den Huf von hinten nach vorn, zuerst die Ränder auskratzen. Mit Hufkratzerspitze eingeklemmte Fremdkörper entfernen; können zu Lahmheit führen. Achtung: Nicht zu scharf auskratzen – Verletzungsgefahr!

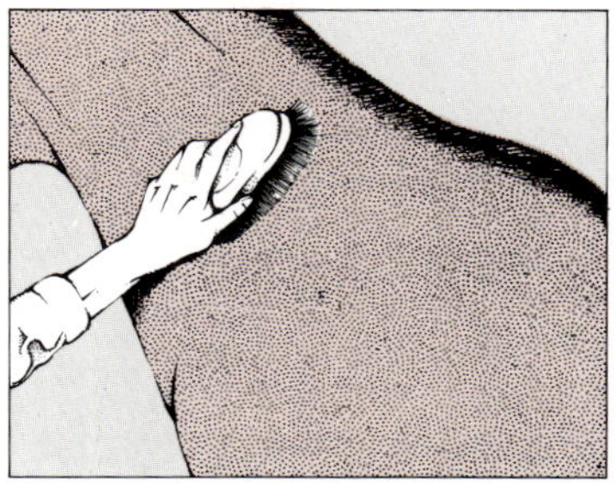

Mit Wurzelkardätsche oder Gummistriegel eingetrockneten Schmutz und Schweiß abbürsten, besonders Sattelgegend, Bauch, Sprung- und Fesselgelenk. Da zu hart, nicht an empfindlicheren Stellen oder frisch geschorenem Pferd verwenden.

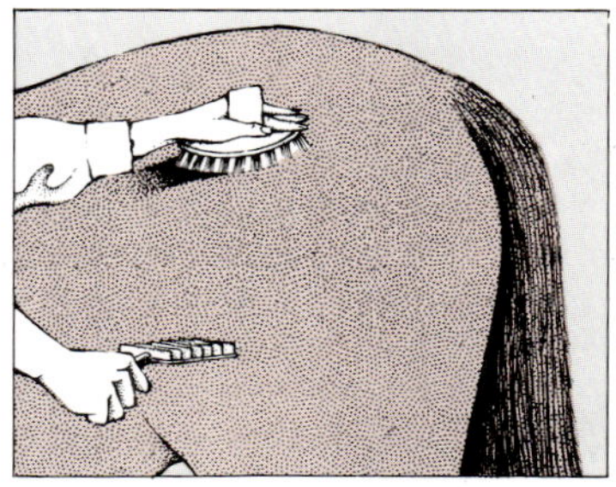

Die Kardätsche wird unter leichtem Druck in festen, kreisförmigen Bewegungen über das Fell geführt. Nach einigen Bürstenstrichen wird sie am Striegel abgestreift. Der Kopf wird vorsichtiger abgebürstet.

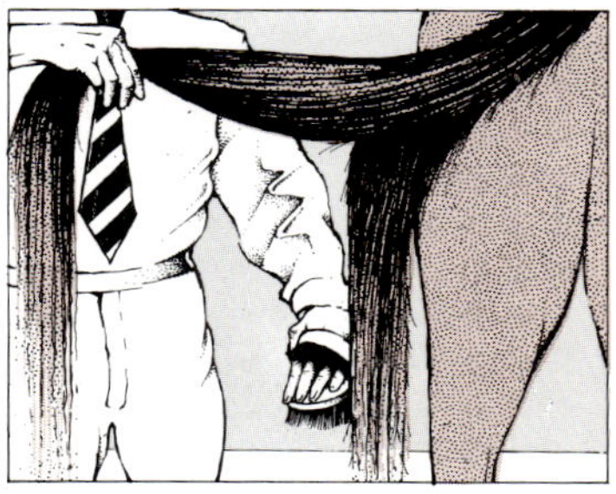

Auch Schweif mit Kardätsche bürsten, aber nur ein paar Schweifhaare auf einmal. Man beginnt mit den untersten Haaren, bürstet allen Schmutz heraus, verfilzte Stellen glatt. Zum Schluß den ganzen Schweif vom Ansatz her in Form bürsten.

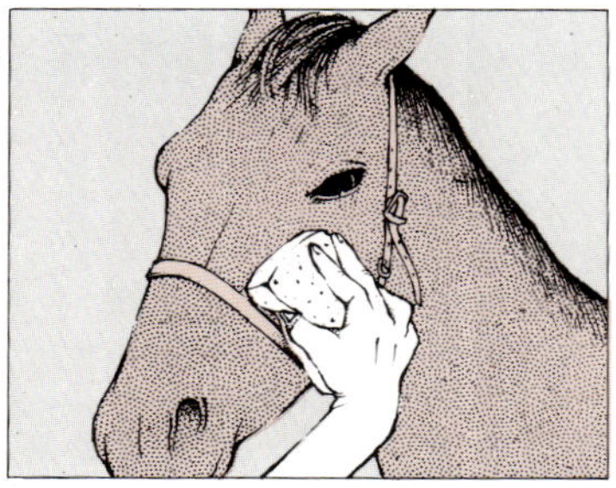

Weichen Schwamm in Warmwasser auswringen. Augen von den Augenwinkeln nach außen säubern. Vorsicht bei den Augenlidern! Schwamm auswaschen, dann Schnauze, Lippen, Nüstern säubern. Schweifwurzel und After mit zweitem Schwamm säubern.

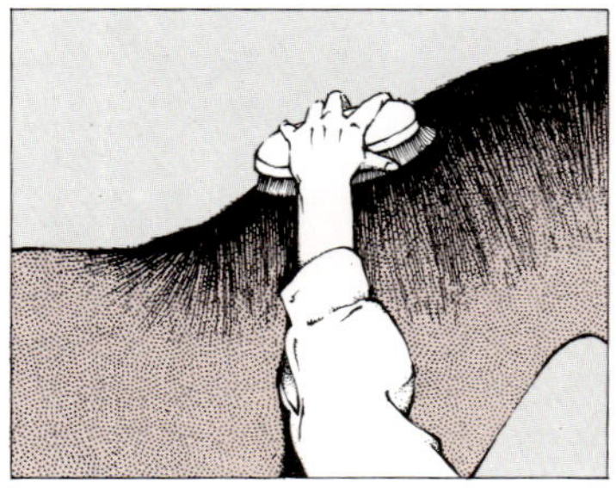

Wurzelbürste mit der Spitze in Wasser tauchen, Wasser kräftig wieder herausschütteln. Dann die Mähnenhaare vom Ansatz her straff nach unten bürsten. Die Mähne muß danach ordentlich «gelegt» und leicht feucht sein.

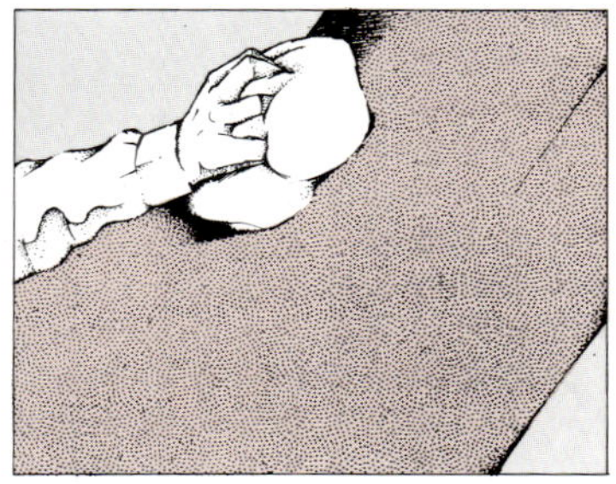

Zum Abschluß reibt man mit einem angefeuchteten, zu einem flachen Paket zusammengelegten Tuch mit dem Strich über das Fell, um die letzten Stäubchen zu entfernen. Das verleiht dem Fell den richtigen Glanz.

mit etwas Stroh belegen. Hilfreich ist es oft, das Pferd mit einer Haferschwinge vorwärtszulocken oder, falls möglich, ein zweites, ruhigeres Pferd zuerst zu verladen. Bei einem wirklich widerspenstigen Pferd hilft allerdings nur körperlicher Einsatz. Rechts und links der Rampe werden zwei Longen befestigt, die von zwei Helfern gehalten werden. Das Pferd wird herangeführt, die Helfer kreuzen die Longen oberhalb des Sprunggelenks und befördern das Pferd durch Anspannen der Longen in das Fahrzeug.

Pflege von Zaum- und Sattelzeug

Schmutziges oder brüchiges Lederzeug ist nicht nur unangenehm für das Pferd, es kann für den Reiter zu einer ausgesprochenen Gefahr werden. Es muß deshalb immer saubergehalten und regelmäßig auf Abnutzung überprüft werden. Beim Sattel gilt dies besonders für Gurt und Bügelriemen – ein brüchiger Gurt kann das Leben kosten. Gebisse dürfen nie so abgenützt sein, daß sie rauh werden.

Aufbewahrt wird alles Lederzeug in einem kühlen, trockenen Raum, am besten in einer speziellen Sattelkammer. In warmer, feuchter Luft wird Leder brüchig, rissig oder schimmelig, und Metallteile werden matt und rostig. Zäume werden immer über einen Zaumhalter, Sättel über einen Sattelbock oder einen breiten, gepolsterten Sattelträger an der Wand gehängt.

Lederzeug muß täglich gereinigt werden. Mindestens werden Schweißspuren entfernt und das Gebiß abgewaschen.

Zum Säubern wird der Sattel über den Sattelbock gehängt und alles Zubehör wie Gurt und Steigbügel entfernt. Sie werden für sich gereinigt. Das Leder wird mit lauwarmem Wasser von Schmutz, getrocknetem Schweiß und Fett befreit, darf dabei aber nicht zu naß werden. Ist auch die Unterseite mit Leder gefüttert, kann sie ebenfalls abgewaschen werden, andernfalls wird sie mit einer Wurzelbürste abgebürstet.

Getrocknet wird der Sattel mit einem leicht angefeuchteten Fensterleder; dann wird mit feuchtem Schwamm großzügig Sattelseife aufgetragen und ins Leder einmassiert, ohne daß Schaum entsteht. Die Sattelseife muß einige Zeit einziehen, dann reibt man noch einmal mit dem feuchten Schwamm und zum Abschluß mit dem Fensterleder darüber. Die abmontierten Lederteile werden ebenfalls mit Sattelseife, die Metallteile mit Metallpolitur eingerieben. Die Löcher im Bügelriemen werden mit einem Streichholz oder einem Nagel gesäubert. Ledergurte werden auf der Innenseite eingefettet, Schnurgurte mit der Wurzel-

Ein Wisch wird aus weichem, leicht angefeuchtetem Heu um einen Kern Schnur zu einem etwa 2 m langen Seil gedreht. Daraus entsteht ein festes, etwa faustgroßes Kissen, wenn man zwei Schlaufen legt und den Rest des Seils darum windet.

Nach dem Putzen fährt man damit kräftig klopfend über die muskelbepackten Körperteile (nicht am Kopf und an empfindlichen Stellen). Das regt den Kreislauf an, wirkt wie eine Massage und bringt das Fell zum Glänzen. Der Heuwisch muß leicht feucht sein und wird – mit dem Strich – mit Nachdruck aufgeklopft.

Pferde werden geschoren, da sie mit dem dickeren Winterfell im Herbst bei der Arbeit oft heftig schwitzen. Ganz oder teilweise geschoren, schwitzt das Pferd weniger, erkältet sich nicht so leicht und ist einfacher zu putzen. Am wenigsten wird beim Trace Clip abgeschoren, nämlich nur Unterhals, Brust, Bauch, Ellbogen und ein Teil der Hinterhand: Der Wärmeschutz bleibt erhalten, übermäßiges Schwitzen wird jedoch verhindert. Etwas kühler ist der Blanket Clip, bei dem das Fell in Form einer Schabracke (=blanket) und an den Beinen erhalten bleibt. Beim Hunter Clip bleiben nur Sattellage und Beine ungeschoren, letztere zum Schutz gegen Dornen und Kratzer. Das Fell in der Sattellage verhindert, daß der Sattel reibt oder drückt.

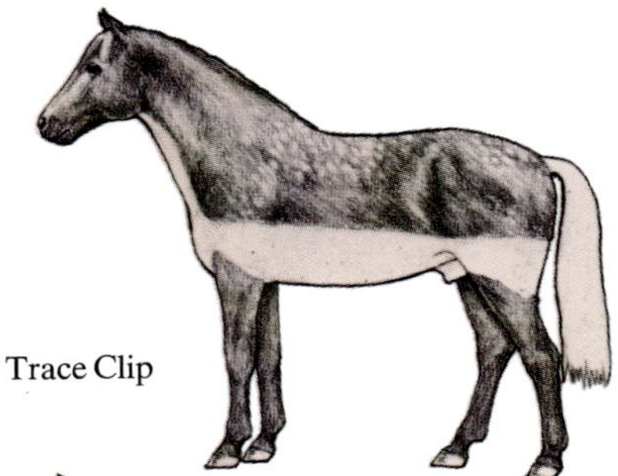

Trace Clip

Blanket Clip

Hunter Clip

Mähne und Schweif werden hauptsächlich schönheitshalber verzogen. Koppelpferde brauchen jedoch den Schutz eines natürlichen, buschigen Schweifs, um sich gegen die Fliegen zu wehren, die besonders im Sommer sehr lästig werden können.

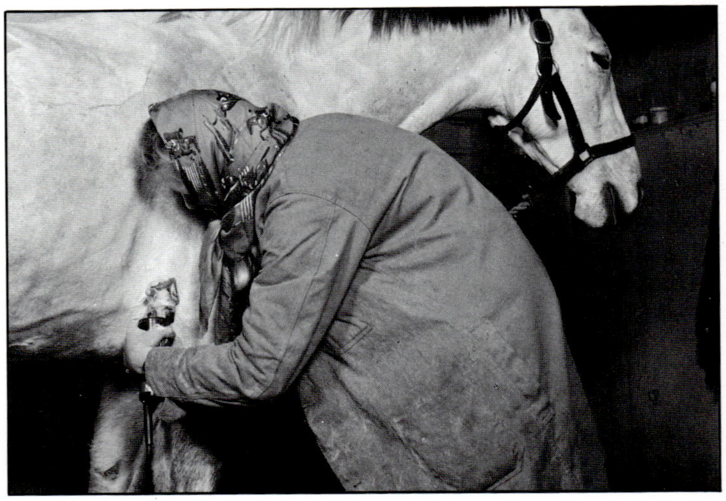

Scheren ist eine langwierige und komplizierte Angelegenheit, bei der das Pferd nach Möglichkeit nicht beunruhigt werden soll. Zum Scheren muß das Fell sauber und trocken sein.

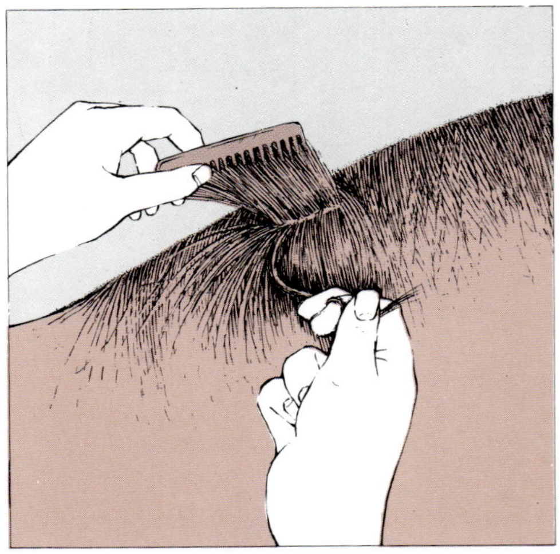

Rechts: Das Verziehen der Mähne. Beim Widerrist beginnend zieht man das längere Unterhaar aus, und zwar am besten, wenn das Pferd noch warm von der Bewegung ist. Das Oberhaar wird mit einem Kamm hochgehoben, eine Strähne Unterhaar um den Finger gewikkelt und ausgerissen.

bürste abgebürstet und gelegentlich mit reiner Seife gewaschen. Danach wird alles wieder zusammengesetzt. – Mit dem Leder des Zaumzeugs geht man entsprechend vor. Es kann nicht schaden, dabei alle Nähte auf Abnutzungserscheinungen nachzusehen. Das Gebiß wird nur abgewaschen und sorgfältig abgetrocknet. Wenn die Trense Fett braucht, wird sie auseinandergenommen, und die Teile werden einzeln eingefettet.

Zäume und Gebisse

Alle normalen Zäume dienen demselben Zweck – das Gebiß im Maul festzuhalten, mit dessen Hilfe, unterstützt von treibendem Sitz und Schenkeln, das Pferd gelenkt und beherrscht wird. Es gibt zwei Hauptkategorien von Zäumen: den Trensenzaum mit einem Gebiß und den Kandarenzaum mit zwei Gebissen und zwei Paar Zügeln.

Alle modernen Gebisse gehen auf eines von zwei Grundprinzipien zurück: auf das Trensengebiß oder auf das Stangengebiß.

Die Trense ist ein weiches Gebiß. Sie besteht aus einem Metall- oder Gummimundstück, entweder in Form einer Stange oder mit einem Gelenk (gebrochen), mit Ringen an den Enden, an denen die Zügel und das Kopfstück des Zaums befestigt sind. Wird der Zügel angezogen, drückt das Gebiß auf die Maulwinkel. Das gebrochene Gebiß wirkt wie ein Nußknacker.

Das Stangengebiß ist stets aus Metall. Oft befindet sich in der Mitte eine Ausbuchtung, die sogenannte Zungenfreiheit. Es besitzt Anzüge (Stangen) an den Enden, an denen oben die Backenstücke und unten die Zügel befestigt sind. Die Anzüge sind durch eine Kette miteinander verbunden, die in der Kinngrube liegt. Das Gebiß hat eine Hebelwirkung – je länger die Anzüge sind, desto größer die Hebelwirkung, die das Gebiß auf drei verschiedene Stellen einwirken läßt: Das Mundstück drückt nach unten auf die Laden; das Genickstück drückt auf das Genick; die Kinnkette strafft sich und drückt auf die Kinngrube. Von diesen beiden Grundtypen gibt es viele Abwandlungen. Die Kandare zum Beispiel besteht aus einem gebrochenen Trensengebiß (Unterlegtrense) und einem Stangengebiß mit kurzen oder längeren Anzügen und einem Kinnkettenriemen, der die Kette am Platz hält. Das weichste noch mögliche Gebiß ist immer das beste. Mit einem scharfen Gebiß erzielt man oft genau die entgegengesetzte Wirkung: Es führt leicht dazu, daß das Pferd sich aufregt und noch schwerer zu beherrschen ist. Vor allem darf das Gebiß nicht grob gehandhabt werden; man macht damit ein Pferd nur hart im Maul. Zeigen sich Anzeichen dafür, wie Schwielen an den Maulwinkeln und auf der Zunge durch den ständigen Druck, muß eine Zeitlang ein gebißloses Zaumzeug verwendet werden.

Der Sattel

Das wichtigste ist bei jeder Art Sattel, daß er dem Pferd paßt. Ein schlecht passender Sattel macht Pferd und Reiter wund und macht es dem Reiter unmöglich, korrekt zu sitzen.

Das Gerüst des Sattels wird Sattelbaum genannt. Heute besitzen die meisten Sättel einen Federbaum, bei dem im Sitz zwei Leichtmetallstreifen eingearbeitet sind, die ihm mehr Elastizität verleihen. Ein Sattelbaum

Vielseitigkeitssattel. Ein gut passender Sattel verteilt das Reitergewicht gleichmäßig, verhindert Druck auf Widerrist oder Lenden und engt die Schulterfreiheit des Pferdes nicht ein. Er paßt ferner zum Körperbau des Reiters.

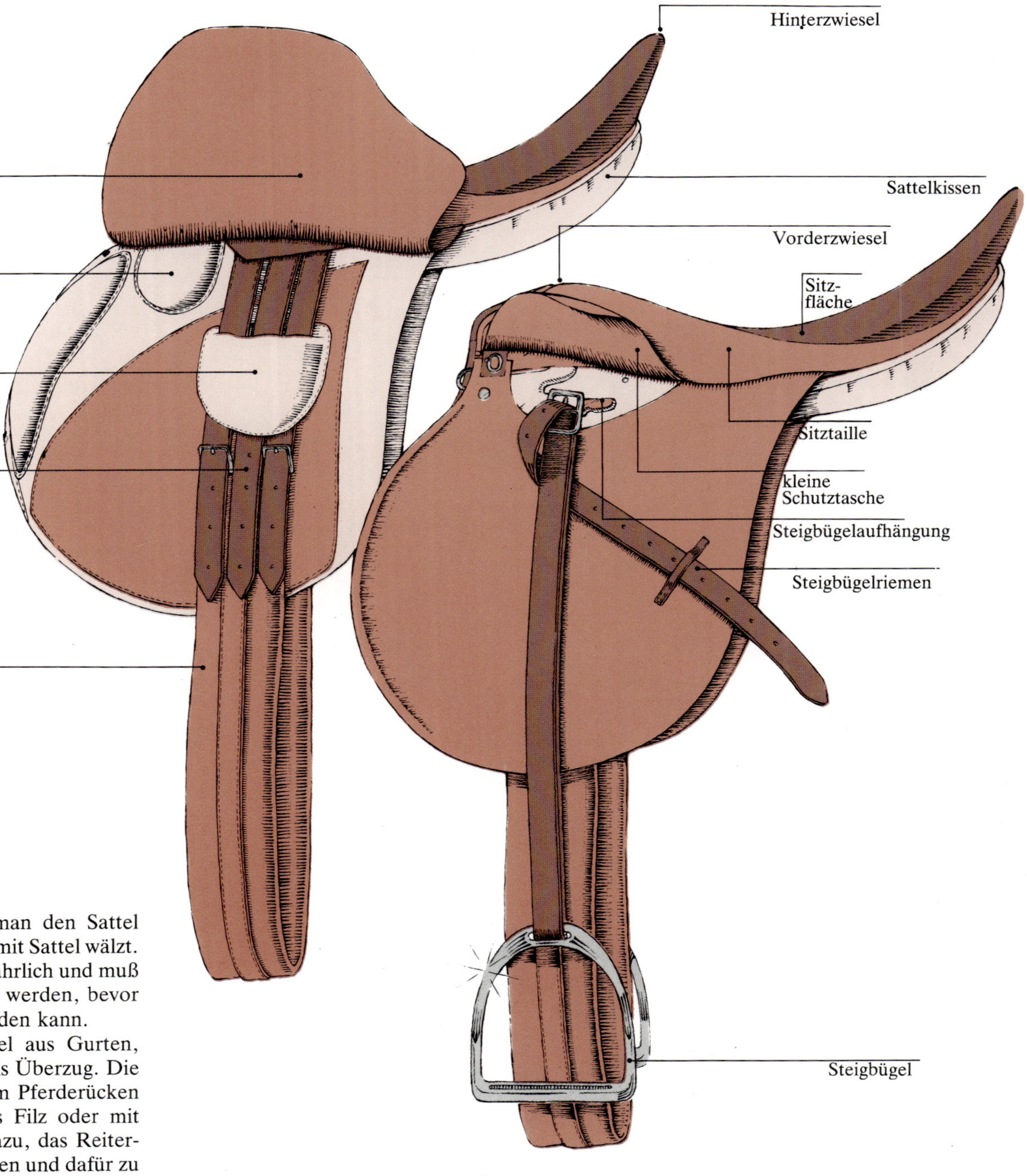

kann leicht brechen, wenn man den Sattel fallen läßt oder das Pferd sich mit Sattel wälzt. Der gebrochene Baum ist gefährlich und muß erst vom Fachmann repariert werden, bevor der Sattel wieder benutzt werden kann.

Im übrigen besteht ein Sattel aus Gurten, Segeltuch, Serge und Leder als Überzug. Die Polster, mit denen er auf dem Pferderücken aufliegt, sind gewöhnlich aus Filz oder mit Wolle gestopft. Sie dienen dazu, das Reitergewicht gleichmäßig zu verteilen und dafür zu sorgen, daß es nicht auf das Rückgrat drücken kann. Kraft und Ausdauer des Pferdes bleiben so erhalten, und Druck- und Wundstellen werden vermieden. Als zusätzlichen Schutz kann man noch eine Satteldecke unterlegen.

Am Platz gehalten wird der Sattel vom Sattelgurt. Dieser muß also kräftig sein und darf keine Abnutzungserscheinungen aufweisen. Gurte gibt es aus Leder, gewebt oder aus Garn. Webgurte nimmt man sicherheitshalber immer doppelt.

Auch bei der Wahl der Steigbügel muß der Gedanke an die Sicherheit an erster Stelle stehen. In den Bügeln muß zu beiden Seiten

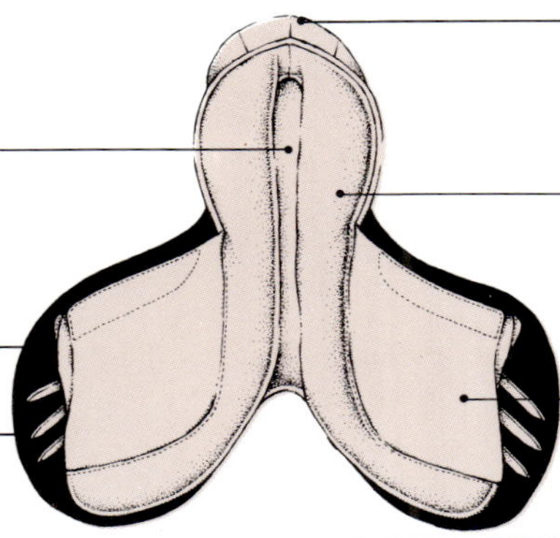

Die Unterseite des Sattels mit der Kammer, die verhindert, daß das Reitergewicht auf das Rückgrat drückt.

des Stiefels noch je ein guter Zentimeter Platz sein, damit der Fuß nicht hängenbleibt. Besonders für Kinder sind Sicherheitsbügel angezeigt, die sich bei einem Sturz öffnen und den Fuß freigeben.

Decken und Bandagen

Decken und Bandagen dienen zunächst dazu, das Pferd warm zu halten, es gegen Verletzungen zu schützen und seine Gelenke zusätzlich zu stützen. Besonders bei geschorenen Pferden sind Decken äußerst nützlich. Entscheidend ist, daß eine Decke richtig paßt und gut gesichert ist. Für die Nacht muß sie mit einem Deckengurt befestigt werden.

Es gibt drei Arten von Bandagen. Schweifbandagen sorgen dafür, daß der Schweifansatz ordentlich aussieht und das Pferd sich während des Transports nicht aufscheuert. Stallbandagen, die vom Vorderfußwurzelgelenk bis unterhalb des Fesselgelenks reichen, halten die Beine warm und können während einer Fahrt vor Verletzungen schützen. Arbeitsbandagen dienen zur Schonung der rückseitigen Sehnen und schützen die Beine vor Dornen.

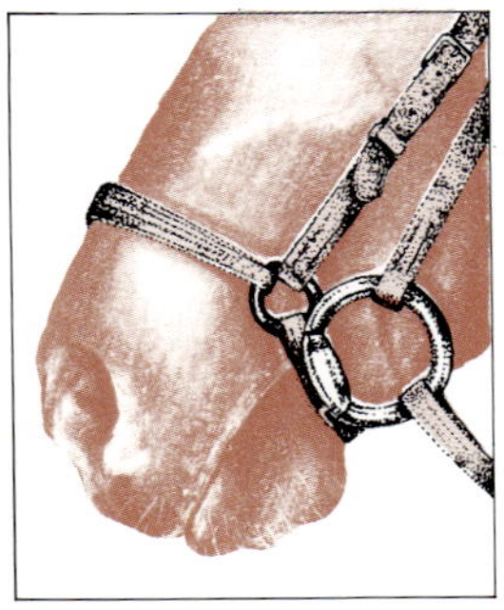

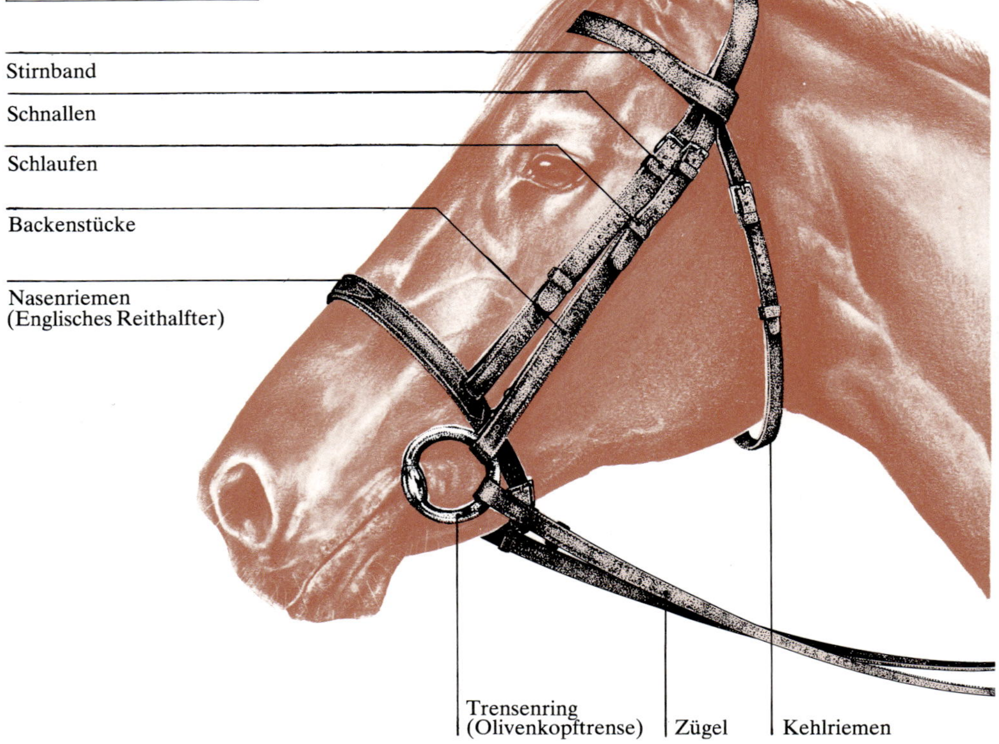

Gut verpaßtes Zaumzeug muß bequem sitzen, so daß das Pferd die Kiefer bewegen und frei atmen kann. Das Hannoversche Reithalfter (kleines Bild) verhindert, daß es sich der Einwirkung des Gebisses entzieht, indem es das Maul öffnet oder versucht, die Kinnlade zu verschieben.

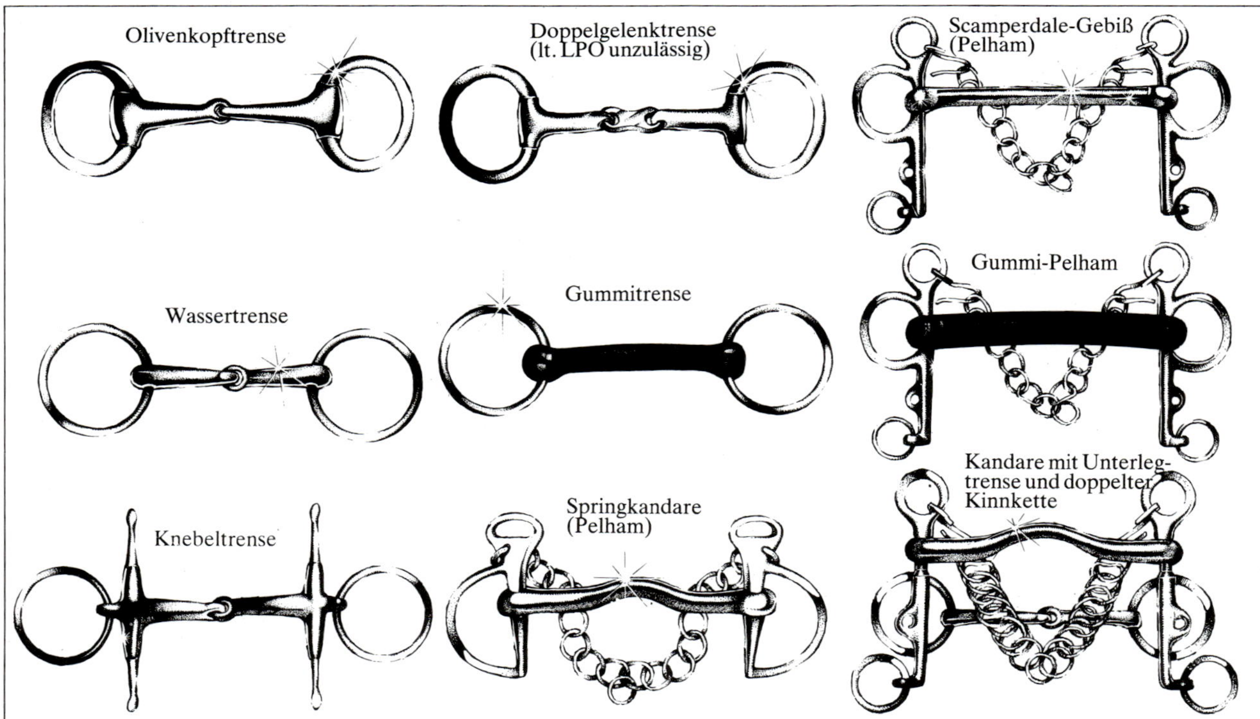

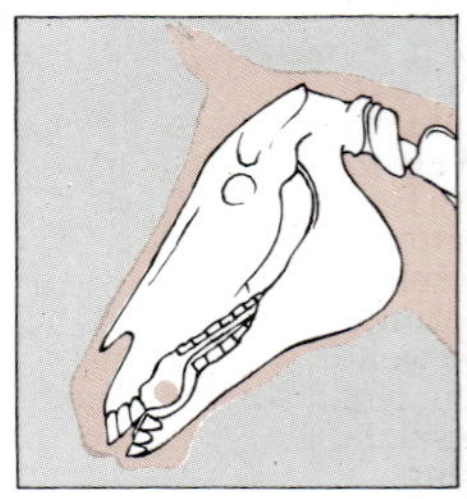

Einige typische Gebisse.
Das Mundstück übt Druck auf Laden, Zunge, Maulwinkel aus. Gebrochene Trensengebisse haben eine Kneifwirkung. Am weichsten ist die dicke, gerade Trensenstange, gern für junge oder maulempfindliche Pferde verwendet. Das Pelham-Gebiß versucht, die Wirkung von Stangen- und Trensengebiß zu vereinigen. Die Kandare besteht aus Unterlegtrense und Stangengebiß und ermöglicht damit dem Reiter genauere Einwirkung.

Nur ausgebildete Pferde werden von erfahrenen Reitern auf Kandare vorgestellt, meist in Schauen oder Dressurprüfungen. Für den Anfänger ist diese Zäumung nicht geeignet.

Das Halfter soll aus weichem Leder gefertigt sein und bequem sitzen. Am Halfter werden Pferde geführt oder angebunden.

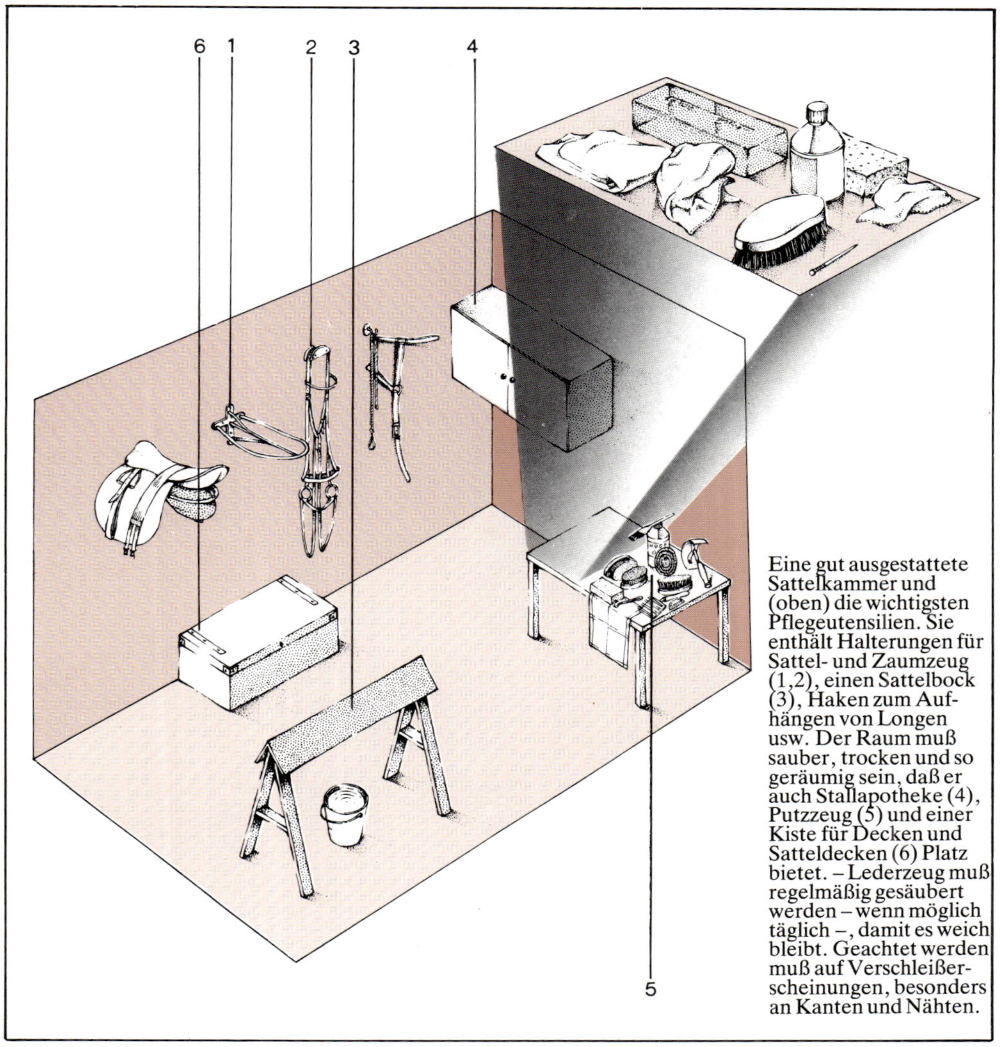

Eine gut ausgestattete Sattelkammer und (oben) die wichtigsten Pflegeutensilien. Sie enthält Halterungen für Sattel- und Zaumzeug (1,2), einen Sattelbock (3), Haken zum Aufhängen von Longen usw. Der Raum muß sauber, trocken und so geräumig sein, daß er auch Stallapotheke (4), Putzzeug (5) und einer Kiste für Decken und Satteldecken (6) Platz bietet. – Lederzeug muß regelmäßig gesäubert werden – wenn möglich täglich –, damit es weich bleibt. Geachtet werden muß auf Verschleißerscheinungen, besonders an Kanten und Nähten.

Unten: Der Dressursattel mit tiefer Sitzfläche läßt den Reiter gut und tief im Sattel sitzen. Wegen der gestreckteren Beinhaltung sind die Sattelblätter gerader geschnitten. – Beim Springsattel rechts sind sie weiter vorgeschnitten; Kniewülste geben zusätzliche Unterstützung.

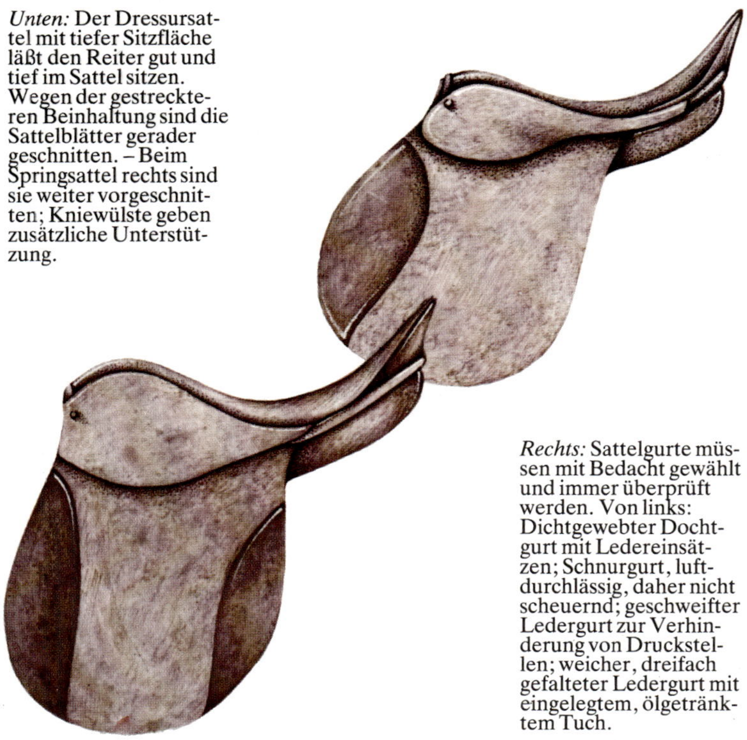

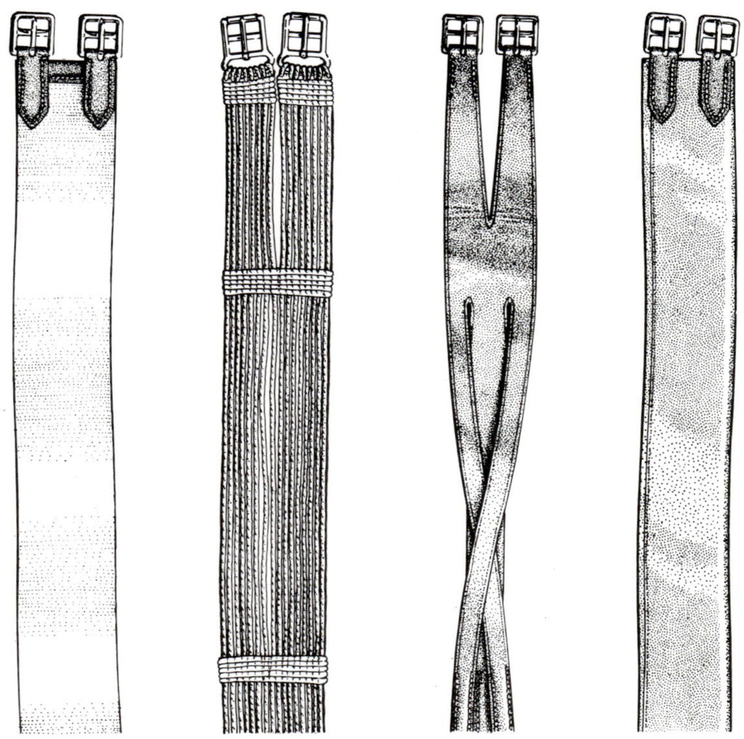

Rechts: Sattelgurte müssen mit Bedacht gewählt und immer überprüft werden. Von links: Dichtgewebter Dochtgurt mit Ledereinsätzen; Schnurgurt, luftdurchlässig, daher nicht scheuernd; geschweifter Ledergurt zur Verhinderung von Druckstellen; weicher, dreifach gefalteter Ledergurt mit eingelegtem, ölgetränktem Tuch.

Oben: Regendecke teilweise wollegefüttert, mit Beinriemen (kleines Bild) gegen Verrutschen. *Mitte links:* Wollene Tagesdecke mit Deckengurt, zum Wärmen, auch für Transport. *Mitte rechts:* Baumwollene Abschwitzdecke, auch unter der Nachtdecke aufzulegen, falls das Pferd schwitzt. *Unten rechts:* Wollegefütterte Jute-Nachtdecke. *Unten links:* Noch mehr Wärme geben zusätzlich unterlegte Wolldecken; weit nach vorn auf den Hals gelegt, dürfen sie den Schweifansatz nicht berühren. Was nicht gebraucht wird, wird umgeschlagen und über der Stalldecke befestigt.

Scheren

Pferde werden ganz oder teilweise geschoren, weil sie bei anstrengender Arbeit im Winter dann weniger schwitzen und schneller abtrocknen, sich also weniger leicht erkälten und – wie manche finden – weil es besser aussieht. Inwieweit ein Pferd geschoren wird, hängt davon ab, was von ihm verlangt wird und wie sehr es dabei schwitzt. Auf jeden Fall müssen geschorene Pferde bei kaltem Wetter immer eingedeckt sein, im Stall und erst recht auf der Koppel.

Die Gesundheit des Pferdes

Pferde sind zäh, aber wie jedes Lebewesen können sie krank werden oder sich verletzen. Ein gesundes Pferd ist munter, hat glänzende Augen und nimmt lebhaften Anteil an seiner Umgebung. Rippen und Hüftknochen dürfen nicht vorstehen, die Kruppe muß wohlgerundet sein. Es steht fest auf allen vier Beinen. Der Ohransatz fühlt sich warm an.

Krankheiten können sich verschieden äußern, aber es gibt einige allgemeine Symptome, die als warnende Vorzeichen beachtet werden müssen. Ein Pferd, das sich auf der Koppel lange Zeit nicht vom Fleck rührt, das nicht frißt oder plötzlich «sauer» wird, obwohl es früher willig ging – all dies deutet darauf hin, daß etwas nicht stimmt. Weitere Symptome

Alle Bandagen mit Watte o.ä. unterpolstern. Wollene Stallbandagen werden von unterhalb der Vorderfußwurzel bzw. des Sprunggelenks gleichmäßig zum Kronenrand, dann wieder nach oben geführt und seitlich befestigt. Ganz außen rechts: Sitz von elastischen Druck- oder Arbeitsbandagen.

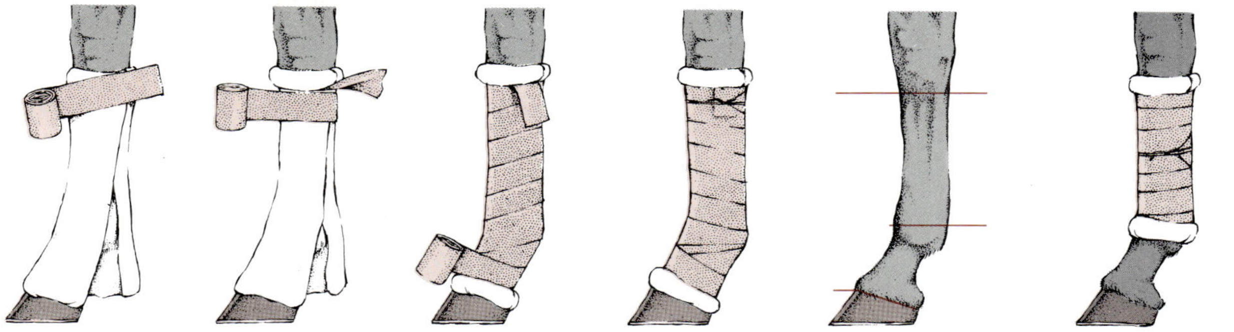

sind: Ausfluß aus Nüstern oder Augen, grundloses Stolpern, Unruhe, trübe Augen oder allgemeine Interesselosigkeit, Schweißausbrüche, Schlagen oder Beißen nach den Flanken, Lahmheit, Durchfall, ständiges Scheuern von Hals oder Hinterteil gegen Stallwand oder Zaun, Schwierigkeiten beim Atmen, Husten.

Ein zuverlässiger Tierarzt ist unschätzbar, und man sollte sich auch nicht scheuen, ihn zu rufen, wenn etwas unklar ist. Lieber einen Besuch zuviel bezahlen als durch falsche Eigendiagnose etwas verderben. Trotzdem sollte jeder Pferdebesitzer etwas von Erster Hilfe verstehen, und jeder Stall muß über eine Erste-Hilfe-Ausrüstung verfügen.

Lahmheit

Der häufigste Grund dafür, daß ein Pferd nicht einsatzfähig ist, ist Lahmheit, deren Behandlung in den meisten Fällen besser dem Tierarzt überlassen bleibt.

Um den Grund für die Lahmheit zu finden, muß man zuerst feststellen, auf welchem Bein das Pferd lahmt. Dazu läßt man das Pferd langsam an der Hand vortraben – wenn möglich abwärts. Geht das Pferd auf einem Vorderbein lahm, nickt es mit dem Kopf in die andere Richtung; geht es auf einem Hinterbein lahm, fällt es vermehrt auf das gesunde Hinterbein. Das entsprechende Bein wird nach Hitze, Schmerzempfindlichkeit und Schwellungen abgefühlt. Man beginnt beim Huf, denn 90 % aller Lahmheiten sitzen hier. Als Ursache kommen vom einfachen Stein im Huf bis zur tatsächlichen Krankheit viele Gründe in Betracht (s. Tabelle S. 158). Die gefährlichste Krankheit ist Hufrollenentzündung, bei der bleibende Schäden, wenn überhaupt, nur durch frühe und sofortige tierärztliche Hilfe zu vermeiden sind.

Streifgamaschen aus Filz oder Leder und Gummiglocken werden zum Schutz bei der Arbeit oder beim Geländereiten getragen oder wenn ein Pferd vorn zu eng geht (oben links) und sich anschlägt oder sich mit dem Hinterfuß vorn in den Ballen tritt (oben rechts).

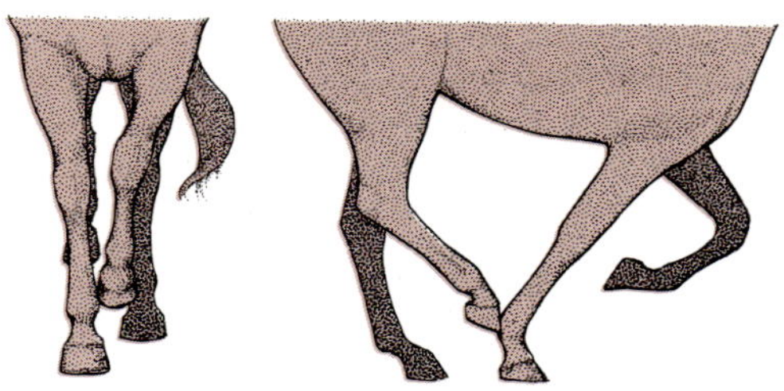

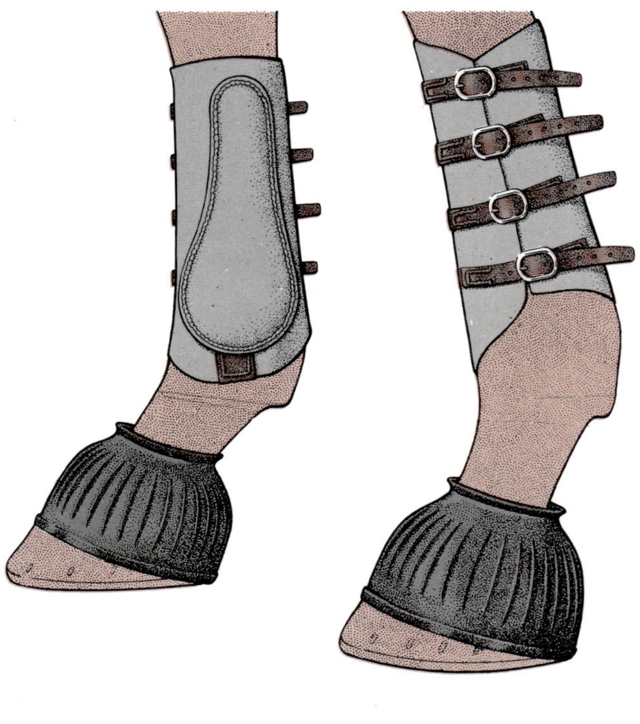

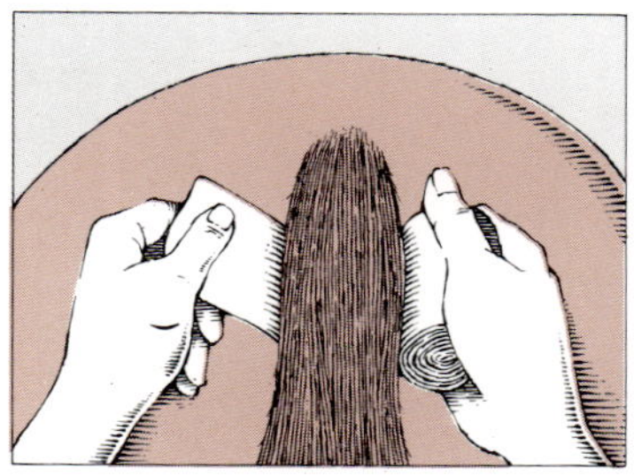

Einbandagieren des Schweifs. Schweif mit Wurzelbürste anfeuchten. Kurzes Stück elastische Bandage abwickeln, dicht am Schweifansatz unter Schweifwurzel legen.

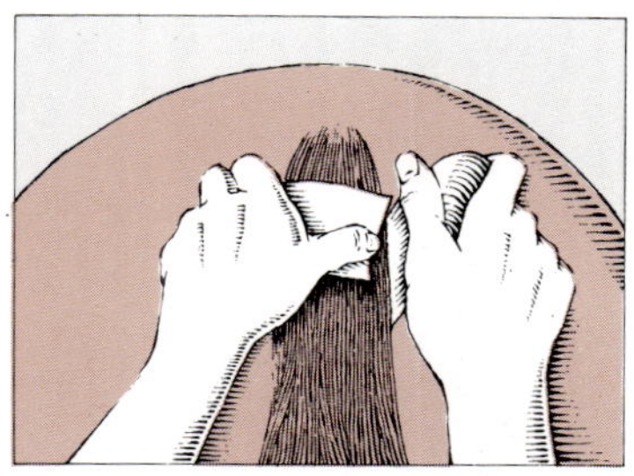

Der Anfang der Bandage wird fest gegen die Schweifwurzel gedrückt und mit einer weiteren Lage gesichert. Dann wird gleichmäßig nach unten gewickelt.

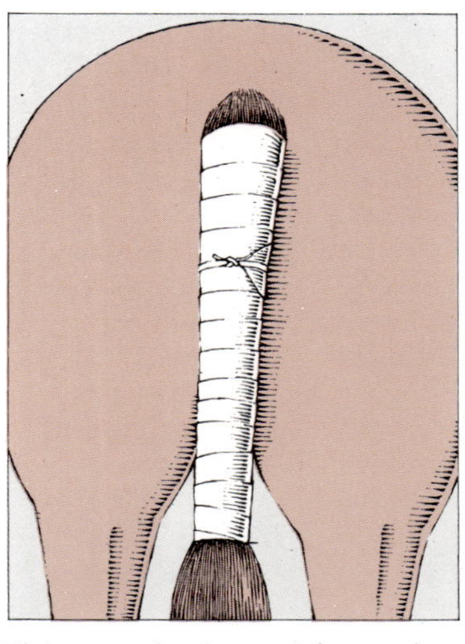

Bis kurz vor dem letzten Schwanzwirbel einbandagieren. Rest der Bandage wieder nach oben wickeln und mit Klebeband sichern.

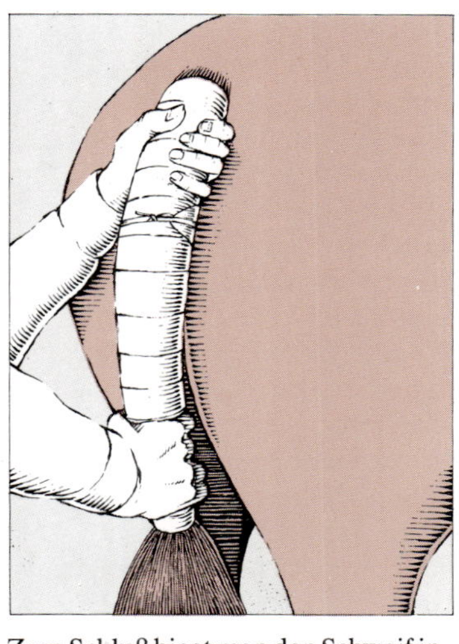

Zum Schluß biegt man den Schweif in eine bequeme Stellung. Schweifbandagen dürfen nie über Nacht am Pferd bleiben. Sie werden mit beiden Händen nach unten abgezogen.

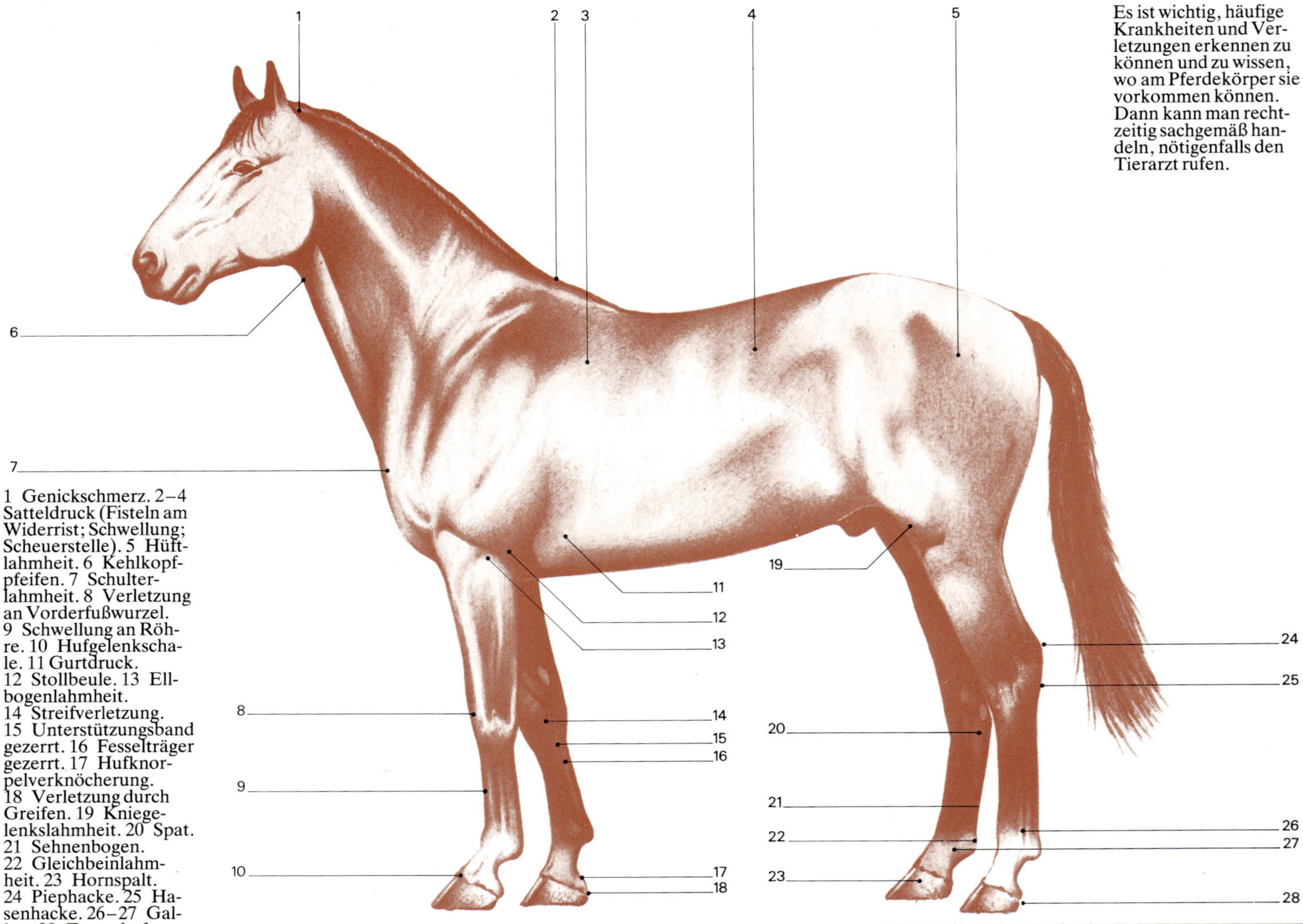

Es ist wichtig, häufige Krankheiten und Verletzungen erkennen zu können und zu wissen, wo am Pferdekörper sie vorkommen können. Dann kann man rechtzeitig sachgemäß handeln, nötigenfalls den Tierarzt rufen.

1 Genickschmerz. 2–4 Satteldruck (Fisteln am Widerrist; Schwellung; Scheuerstelle). 5 Hüftlahmheit. 6 Kehlkopfpfeifen. 7 Schulterlahmheit. 8 Verletzung an Vorderfußwurzel. 9 Schwellung an Röhre. 10 Hufgelenkschale. 11 Gurtdruck. 12 Stollbeule. 13 Ellbogenlahmheit. 14 Streifverletzung. 15 Unterstützungsband gezerrt. 16 Fesselträger gezerrt. 17 Hufknorpelverknöcherung. 18 Verletzung durch Greifen. 19 Kniegelenkslahmheit. 20 Spat. 21 Sehnenbogen. 22 Gleichbeinlahmheit. 23 Hornspalt. 24 Piephacke. 25 Hasenhacke. 26–27 Gallen. 28 Zwanghuf

Wunden und andere Verletzungen

Wunden und Verletzungen kommen leider auch bei großer Sorgfalt häufig vor. Holen Sie bei tiefen Wunden immer den Tierarzt. Zuerst muß die Blutung gestillt werden. Kleinere Wunden müßten innerhalb von 20 Minuten von selbst aufhören zu bluten. Wenn die Wunde tiefer ist oder nicht zu bluten aufhört, muß, bis zum Eintreffen des Tierarztes, ein Druckverband angelegt werden, der etwa alle Viertelstunden zu lockern ist. Oberflächliche Wunden werden mit Jodtinktur oder Antibiotikumpuder desinfiziert; an den Gliedmaßen wird ein in Desinfektionslösung getränkter Watteverband angelegt, der täglich mehrmals mit der Lösung angefeuchtet wird. Etwa vom dritten Tag an die Wunde mit Antibiotikumpuder unter trockenem Verband halten.

Die gefährlichste Infektion ist der Starrkrampf (Tetanus). Alle Pferde sollten dagegen geimpft sein, erst durch eine Grundimpfung und dann durch regelmäßige Auffrischungsspritzen. An der Spritze stirbt das Pferd nicht, an Tetanus aber wohl, wenn nicht sofort etwas dagegen unternommen wird!

Andere Verletzungen sind meist auf Stürze, Schläge oder Reizungen zurückzuführen – letztere meist als Folge von schlecht verpaßtem Sattelzeug. Verletzungen am Maul behandelt man mit lebertranhaltiger Zink-Wundsalbe und verwendet solange kein Gebiß, bis alles abgeheilt ist. Außerdem muß festgestellt werden, ob die Verletzung durch das Gebiß hervorgerufen wurde.– Gurt- und Satteldruck behandelt man mit Umschlägen mit Burowscher Mischung, Essigsaurer Tonerde oder anderen abschwellenden und kühlenden Mitteln. Auch nach dem Abheilen wäscht man die betroffenen Stellen zur Abhärtung mit Salzwasser oder Methylalkohol ab. Mit Sattel darf das Pferd erst wieder gearbeitet werden, wenn die Druckstellen völlig verheilt sind.

Bei einem Sturz kann es zu Verletzungen an der Vorderfußwurzel kommen. Der Tierarzt ist zuständig!

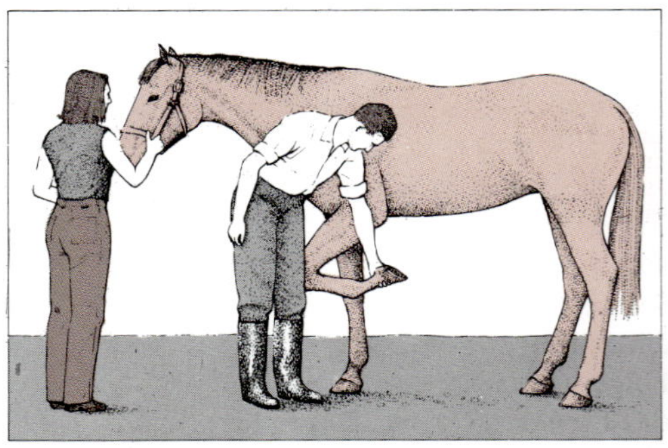

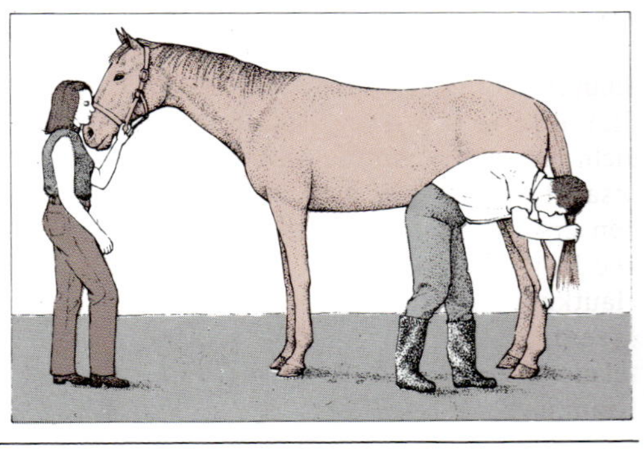

Oben: Ein Pferd steht eher still, wenn man einen Vorderfuß anhebt.

Unten: Schweif fest nach unten halten – Pferd kann kaum ausschlagen.

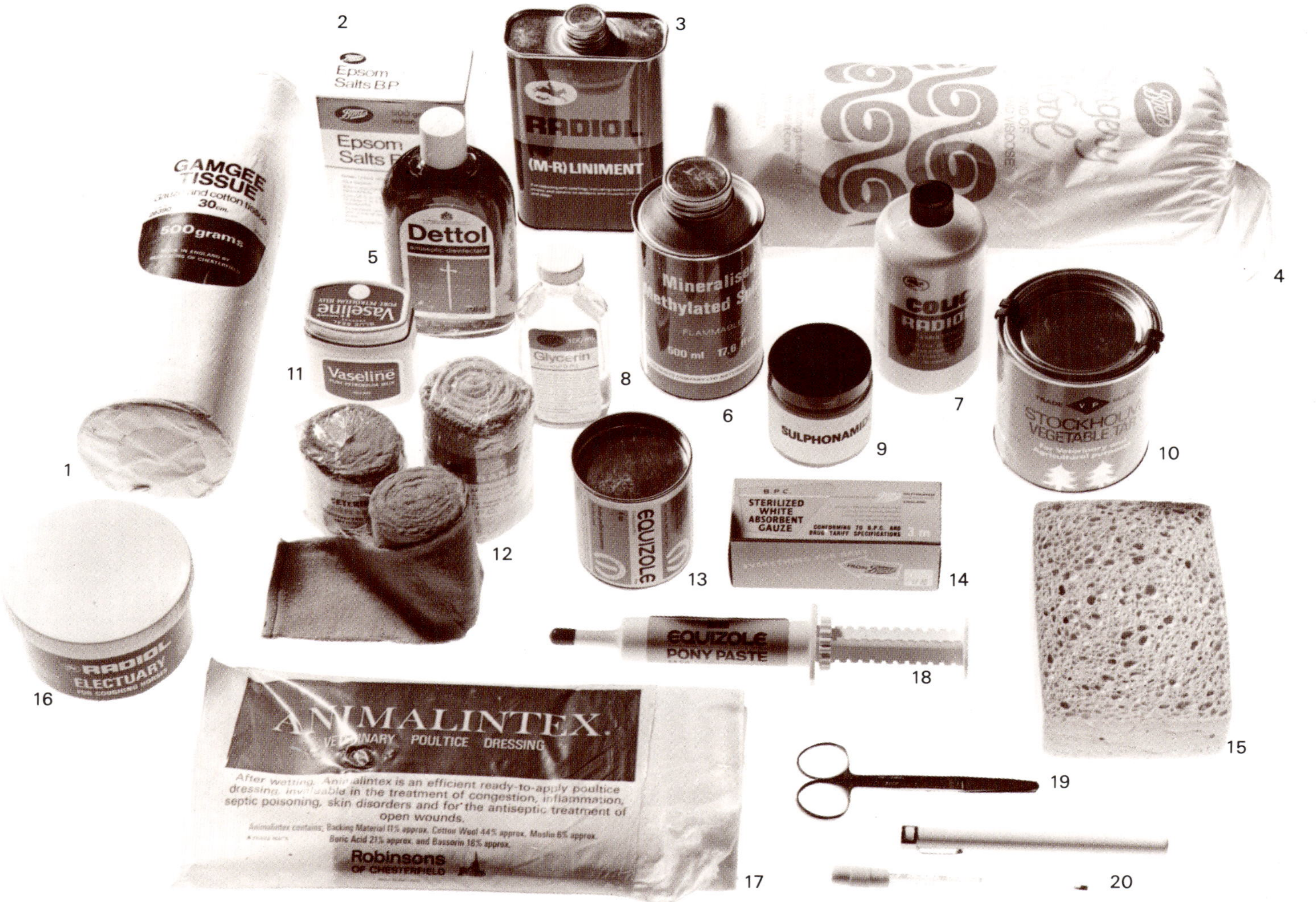

Jeder Stall sollte über eine Stallapotheke mit Erste Hilfe-Ausrüstung und Medikamenten gegen alltägliche Übel verfügen. Man bittet den Tierarzt um Beratung für die Zusammensetzung. Wichtig ist die genaue Beschriftung des Inhalts. Zur Grundausstattung gehören: 1 Verband-Zellstoff. 2 Bittersalz. 3 Liniment (Einreibemittel). 4 Watte. 5 Desinfektionsmittel. 6 Inhalieröl. 7 Glaubersalz (Kolikvorbeugung). 8 Glyzerin. 9 Sulfonamidpuder. 10 Hufteer. 11 Vaseline. 12 Elastische Binden. 13 Wurmmittel. 14 Sterile Gaze. 15 Schwamm. 16 Kampfersalbe gegen Husten. 17 Fertigbrei für Umschläge. 18 Orales Wurmmittel in Spritze. 19 Schere mit abgerundeter Spitze. 20 Thermometer.

Schwellungen an der Vorderfußwurzel oder am Sprunggelenk (Piephacke) sind meist die Folge eines Schlags. Im ersten Fall läßt man das Pferd stehen, massiert die Stelle und legt einen Druckverband an. Im zweiten Fall hilft kaltes Wasser, gefolgt von Umschlägen. Geht die Schwellung nicht zurück, wird die Stelle vom Tierarzt geblistert.

Hauterkrankungen
Pferde leiden oft unter Hautkrankheiten, die nicht immer nur durch nachlässige Pflege verursacht sind. Läuse etwa sind, besonders in den ersten Vorfrühlingstagen, eine Plage für alle Koppelpferde mit langem Fell. Häufigere Hautkrankheiten sind Glatzflechte, Sommerekzem, Mauke, Akne, Dasselbeulen und Nesselausschlag (s. Tabelle S. 161). Viele dieser Krankheiten sind äußerst ansteckend, unter bestimmten Umständen sogar auf Menschen übertragbar. Strenge sanitäre Maßnahmen im Stall sind daher nicht erst im Notfall, sondern immer erforderlich.

Erkrankungen der Atemwege
Appetitlosigkeit, Ausfluß aus Augen und Nüstern, Apathie, Husten und Fieber sind Anzeichen für eine Erkältung. Halten Sie das Pferd warm und holen Sie den Tierarzt, der in schweren Fällen wahrscheinlich Antibiotika verschreibt.
Vor allem länger anhaltender Husten verlangt unbedingt tierärztliche Behandlung. Als Ursache kommen ebenso wie eine einfache Reizung durch Heustaub überaus ernsthafte Erkrankungen in Betracht, zum Beispiel chronischer Husten oder Druse. Weitere Erkrankungen der Atemwege sind Pferdeinfluenza,

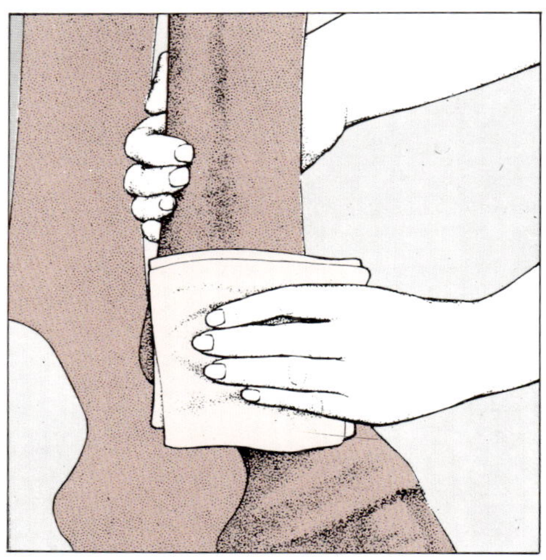
Stoppen einer Venenblutung durch direkten Druck. Ein zusammengefaltetes Taschentuch dient als Polster.

Tabelle häufigerer Krankheiten und Verletzungen

Hufe

Symptome	Ursachen	Behandlung
Gequetschte Hufsohle Lahmheit. Schonen des Fußes im Stehen.	Quetschung durch Steine, rauhen Untergrund oder harten Boden	Ruhe. Wenn nötig neuer Beschlag. Arbeit vorsichtig aufnehmen.
Eckstrebendruck Lahmheit, in Wendungen stärker. Warmer Huf.	Schlecht sitzendes Hufeisen drückt und verursacht Bluterguß.	Sehr vorsichtiges Beschneiden durch Hufschmied.
Hufrehe Offensichtlich Schmerzen in den Hufen. Steht mit steif vorgestellten Vorder- und untergeschobenen Hinterbeinen. Evtl. tritt es von einem Fuß auf den anderen. Evtl. Fieber. Stets zuerst Vorderhufe betroffen.	Zuviel Futter und zuwenig Bewegung. Koppelpferde sind besonders anfällig, wenn sie im Frühjahr zuviel frisches Gras fressen. Die Huflederhaut schwillt an und entzündet sich, kann sich sogar ablösen.	Sofort Tierarzt holen. Bis zu seinem Eintreffen Hufe unter fließendem Wasser aus dem Schlauch kühlen und versuchen, das Pferd im Schritt zu führen. Nicht mehr auf die Koppel lassen, auf Diät setzen.
Vernagelung Lahmheit kurz nach dem Beschlagen	Hufnagel zu nah am empfindlichen Bereich gesetzt.	Hufschmied rufen, der Nagel entfernt und neuen Nagel korrekt einschlägt.
Hufrollenentzündung Zeitweilige Lahmheit, gewöhnlich leicht, dann typische Ruhestellung: ein Fuß vor dem anderen, der vordere ruht nur auf Zehenspitze. Immer häufigeres Stolpern. Später kommt es zu Hufzwang.	Zu frühe Belastung des jungen Pferdes; Prellung des Hufs auf zu hartem Boden; Überbelastung beim Springen. Das führt zu Verletzungen am Strahlbein.	Tierarzt fragen. Bisher jedoch kaum heilbar. Neue Methoden noch nicht völlig erprobt.
Ballentritt Risse und Quetschungen am Ballen	Pferd tritt sich mit dem Hinterfuß in den Ballen («Greifen»).	Wunde mit Salzlösung auswaschen, bei starker Verletzung Tierarzt rufen. Vorbeugen besser als heilen: Gummiglocken anlegen.
Hufbeinentzündung Erst zeitweilig, dann ständige Lahmheit	Starke Prellungen durch zuviel Arbeit auf Straßen und Springen auf hartem Boden. Das Hufbein entzündet sich, es kommt zu Knochenwucherungen.	Ruhe. Huf in kaltem Wasser baden. Manchmal hilft ein Spezialbeschlag.
Hufgeschwür Lahmheit. Infektion kommt am Kronenrand zum Ausbruch.	Eiterherd im Huf, der in einem Abszeß zutage tritt.	Tierarzt fragen
Hornspalt Riß oder Spalt in der Hufwand, der nach oben bis zum Kronenrand reicht	Mineralmangel, der den Huf ungewöhnlich spröde macht.	Der Hufschmied kann den Spalt mit speziellen Aufzügen zusammenhalten oder Spezialeisen verpassen.
Lose Wand Von außen erscheint die Hufwand normal, aber beim Ausschneiden wird eine hohle Stelle zwischen Wand und Sohle sichtbar.	Oft eine Folge von Hufrehe, manchmal aber auch von zu engen Eisen verursacht.	Der Hufschmied schneidet das beschädigte Horn weg. Großzügig mit Hufteer behandeln.

Beine

Symptome	Ursachen	Behandlung
Spat Lahmheit nach Stallruhe. Verdickung des Sprunggelenks.	Überbelastung.	Tierärztliche Behandlung erforderlich. Orthopädischer Beschlag.
Streifen Plötzliche akute Lahmheit. Verletzung im Fesselbereich.	Ein Bein streift gegen das andere.	Ruhe und Abspritzen mit kaltem Wasser. Vorbeugend Streifgamaschen anbringen. Hufschmied konsultieren.
Stollbeule Schwellung am Ellbogengelenk, in Höhe der Brust. Bei Infektion kann Pferd lahmgehen.	Bei zu dünner Einstreu wird Ellbogen ständig gereizt oder gerieben.	Kalte Umschläge; bei Infektion Tierarzt rufen. Spezialbeschlag und dickere Einstreu.
Piephacke Ähnliche Schwellung wie bei Stollbeule, nur am Sprunggelenk. Geht meist nicht mehr weg, schmerzt aber kaum.	Äußere Einwirkung, z. B. Schlag	Keine. Manchmal geht die Schwellung nach kalten Umschlägen zurück.
Mauke Entzündete, oft wässernde Stellen und tiefe Risse in der Fesselbeuge bis zum Ballen	Hautreiz, besonders nach Reiten im Schlamm. Weiße Beine sind anfälliger dafür.	Mit Lebertran- oder Zinksalbe einreiben. In schweren Fällen Umschläge mit warmer, trockener Kleie.
Hasenhacke Lahmheit. Vom Sprunggelenk zum Röhrbein Schwellung.	Zerrung des Bandes, das Sprunggelenk und Röhrbein verbindet	Ruhe. Kalte Umschläge und mit Liniment einreiben.
Schale Lahmheit. Geschwollene Fesseln.	Nach Schlag, Zerrung, Stauchung: knöcherne Auswüchse an Fessel-, Kron- oder Hufbein	Ruhe. Tierarzt fragen. Lahmgehen kann chronisch werden.
Anschlagen im Galopp Plötzlicher Sturz oder Lahmheit. Riß oder Bluterguß kurz unterhalb Vorderfußwurzel.	Ein Bein schlägt gegen das andere.	Ruhe. Mit kaltem Wasser baden.
Überbeine Lahmheit. Wärme und Schwellung im betroffenen Bein.	Knochenwucherung zwischen Griffel- und Röhrbein	Ruhe. Kaltwasser-Umschläge. Wenn Überbein hart geworden, verschwindet die Lahmheit; es bleibt ein Knochenauswuchs.
Gelenk- und Sehnenzerrungen Wärme und Schwellung. Manchmal Lahmheit.	Stauchung oder Prellung, Verdrehung des Gelenks. Entzündung der Sehne.	Ins kalte Wasser stellen. Bei Sehnenzerrung Druckbandage. Ruhe.
Sehnenanriß Schwellung an Hinterseite des Röhrbeins	Sehnenzerrung	Absolute Ruhe. Tierarzt holen. Heilung fraglich.
Sprunggelenkgalle Schwellung kurz oberhalb des Sprunggelenks, die sich gewöhnlich verschieben läßt.	Flüssigkeitsansammlung im Sprunggelenk	Tierarzt holen. Gallenbehandlung ist schwierig und risikoreich.

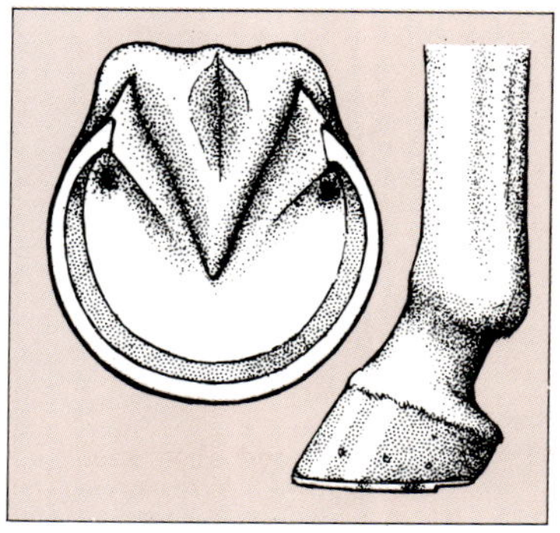

Druck (Quetschung) im Eckstrebenwinkel. Nach der Behandlung nimmt Spezialhufeisen (links) den Druck.

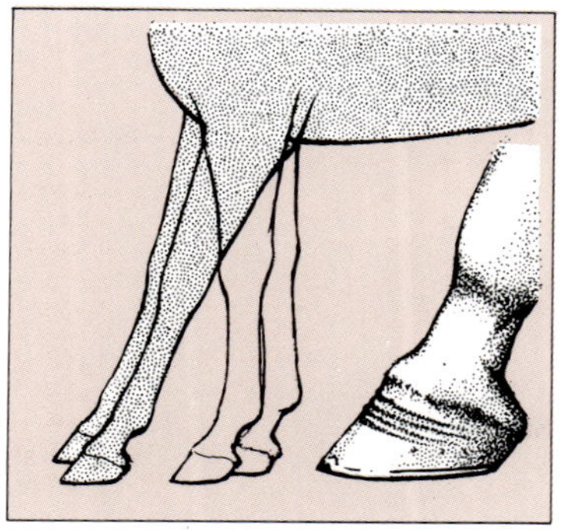

Vorderbeinstellung bei Hufrehe. Rillen im Horn evtl. Folge dieser Entzündung der inneren Hufwand.

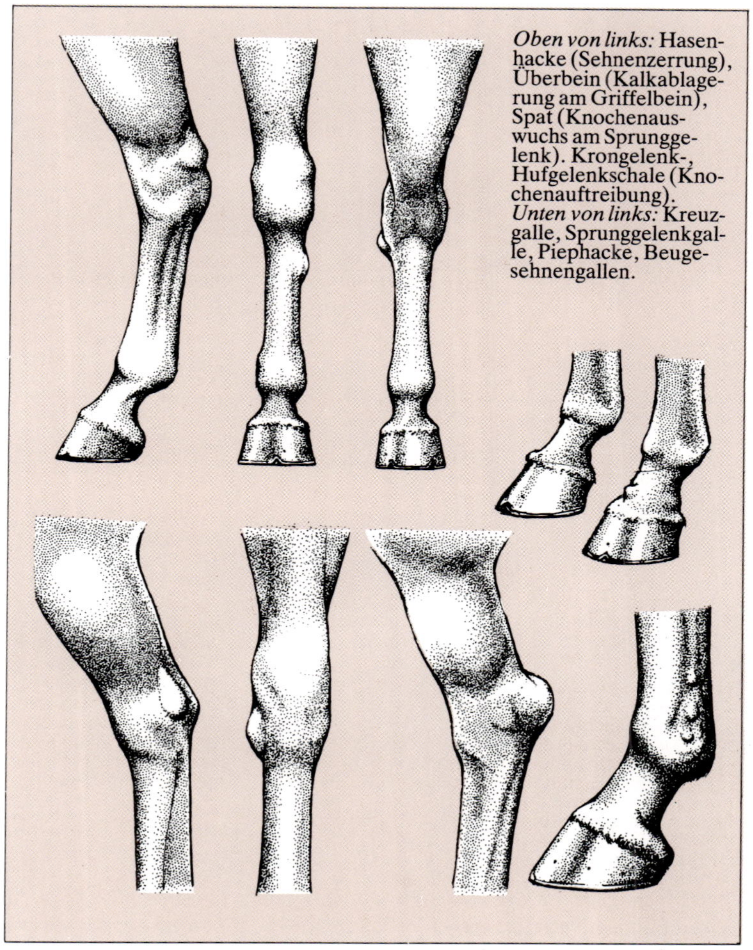

Oben von links: Hasenhacke (Sehnenzerrung), Überbein (Kalkablagerung am Griffelbein), Spat (Knochenauswuchs am Sprunggelenk). Krongelenk-, Hufgelenkschale (Knochenauftreibung). *Unten von links:* Kreuzgalle, Sprunggelenkgalle, Piephacke, Beugesehnengallen.

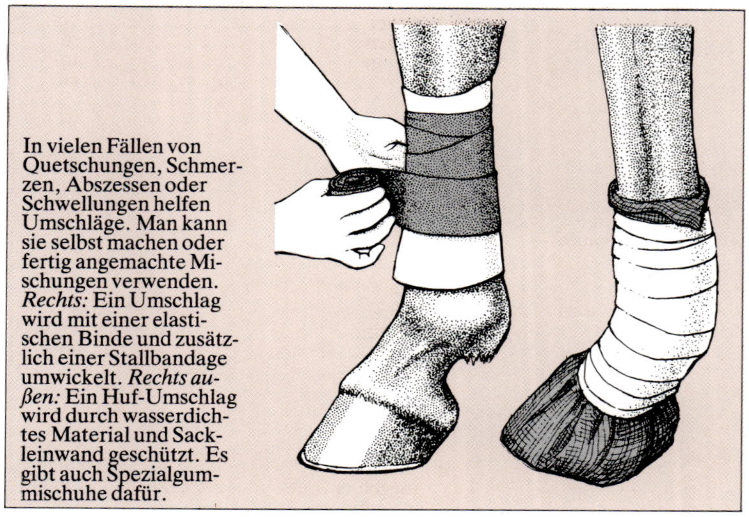

In vielen Fällen von Quetschungen, Schmerzen, Abszessen oder Schwellungen helfen Umschläge. Man kann sie selbst machen oder fertig angemachte Mischungen verwenden. *Rechts:* Ein Umschlag wird mit einer elastischen Binde und zusätzlich einer Stallbandage umwickelt. *Rechts außen:* Ein Huf-Umschlag wird durch wasserdichtes Material und Sackleinwand geschützt. Es gibt auch Spezialgummischuhe dafür.

Lähmungen im Bereich der Atemwege und Dämpfigkeit (s. Tabelle S. 160).

Ein Pferd, das hustet, darf nicht gefordert werden. Das wichtigste sind Ruhe und Wärme. Ein hustendes Pferd schnell zu galoppieren, kann zur unheilbaren Dämpfigkeit führen.

Verdauungsprobleme

Sowohl die Zähne als auch der Magen können dem Pferd Schwierigkeiten machen, und in beiden Fällen muß sofort etwas unternommen werden.

Manchmal nutzen sich Zähne ungleichmäßig ab, so daß scharfe Zacken entstehen, die beim Kauen Schmerzen bereiten; sie müssen vom Tierarzt abgefeilt werden.

Unruhe, Schweißausbrüche, Beißen und Schlagen nach den Flanken, Hinlegen und wieder Aufstehen sind Anzeichen für Kolik. Alle Formen von Kolik sind für das Pferd äußerst schmerzhaft, weil es sich durch die besondere Konstruktion seines Rachens nicht durch Erbrechen Erleichterung verschaffen kann.

Kolik muß sofort behandelt werden, und zwar stets durch den sofort herbeizurufenden Tierarzt. Es können die verschiedensten Ursachen zugrundeliegen, und Selbstbehandlung kann tödliche Folgen haben. Bis zum Eintreffen des Tierarztes: jede Futteraufnahme verhindern; warm halten; mit ausgedehnten Pausen langsam im Schritt führen, das Pferd darf sich nicht hinlegen oder wälzen; Wärmflasche gegen Bauch halten.

Gegen Blähungen verabreicht man ein Abführmittel, zum Beispiel ¼–½ Liter Leinöl, ein Standardrezept, das auch gegen Verstopfung hilft.

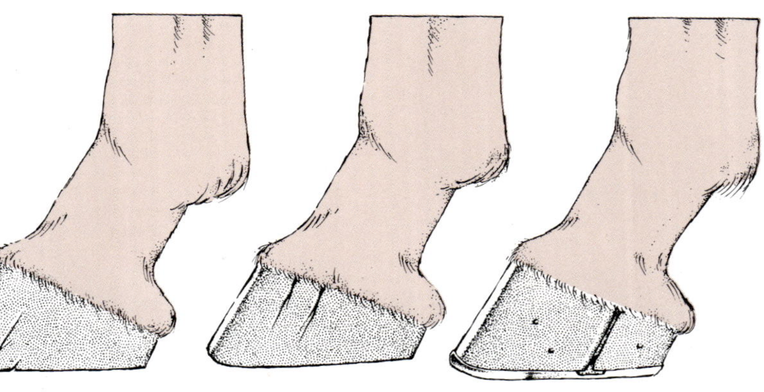

Vernachlässigte Hufe können einreißen. Tragrandspalten (links außen) wachsen heraus, wenn der Huf ordnungsgemäß behandelt wird. Kronenrandspalte (Mitte) sind viel ernster zu nehmen, erfordern tierärztliche Behandlung und Spezialbeschlag (links).

Sorgfältige Anwendung von Huffett und -öl (rechts) hält den Huf gesund und beugt Rissen und Spalten vor.

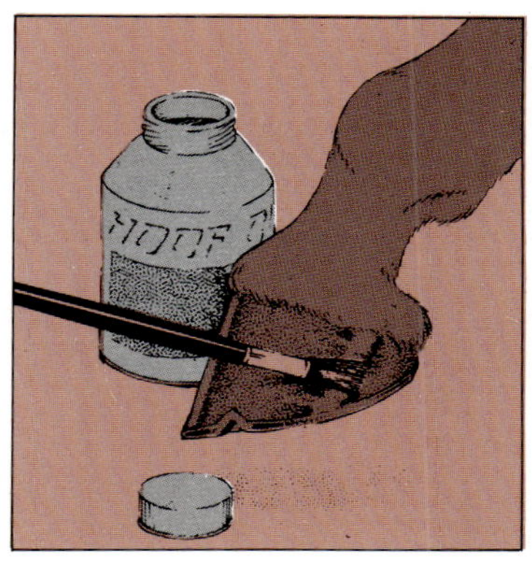

Druse

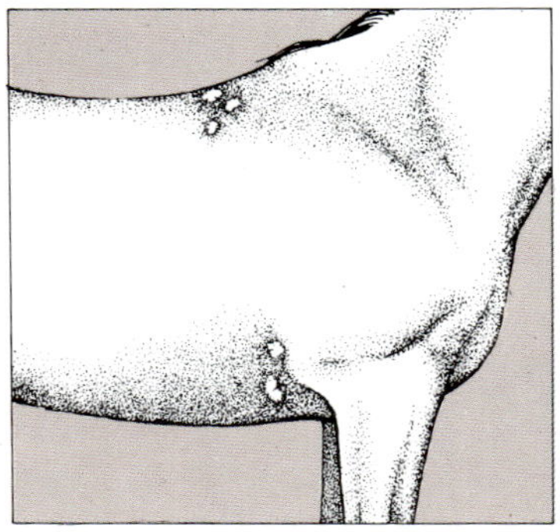

Sattel- und Gurtdruck

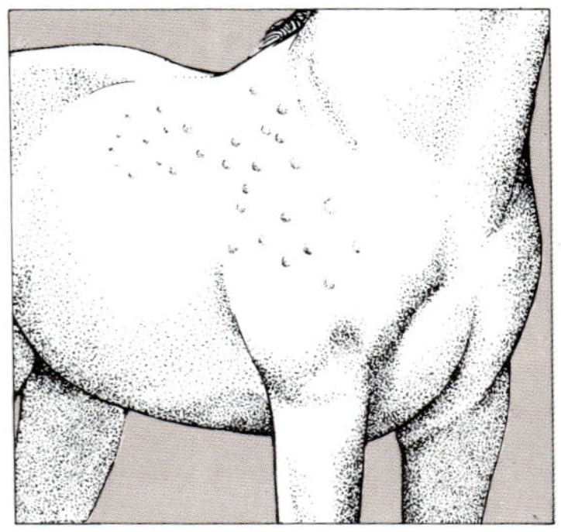

Glatzflechte

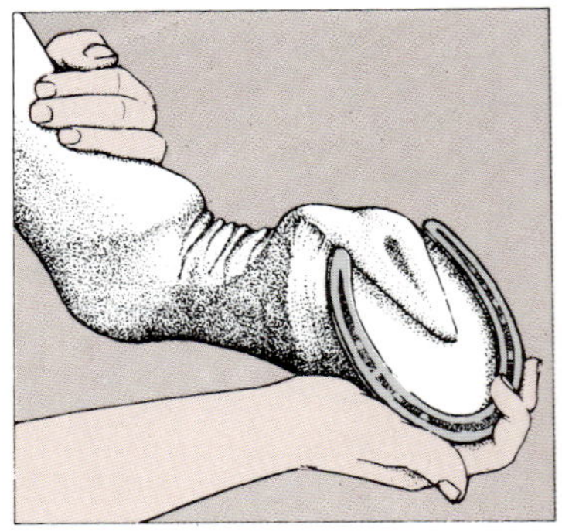

Mauke

Kopf und Atemwege

Symptome	Ursachen	Behandlung
Tränenkanal-verstopfung Tränenfluß	Tränenkanal von Sand oder Schleim verstopft.	Tierarzt rufen, der meist mit Hilfe eines Katheters den Kanal spülen wird.
Dämpfigkeit Ständig Husten, rasche Ermüdung, doppelter Flankenschlag beim Atmen.	Durch Überanstrengung oder Husten Zerstörung von Lungenbläschen.	Unheilbar. Erleichterung durch viel Aufenthalt in frischer Luft, nur leichte Arbeit, angefeuchtetes Futter.
Katarrh Dicker, gelblicher Nasenausfluß	Schleimhautentzündung, möglicherweise gefolgt von Husten oder Allergie	Nüstern mit Borwasser auswaschen, mit Vaseline eincremen. Im Sommer auf Koppel stellen.
Erkältung, Husten Dünner Nasenausfluß, Husten	Infektion. Manchmal auch staubiges Heu oder Allergie.	Tier isolieren und warmhalten. Regelmäßig Hustenmedizin geben. Tierarzt rufen.
Influenza (Pferdegrippe) Apathie, Husten, Fieber. Pferd frißt nicht.	Virusinfektion	Isolieren. Warmhalten. Ruhe. Tierarzt rufen. Vorbeuge-Impfung möglich.
Druse Ähnlich wie bei Influenza, dazu Schwellung der Lymphknoten des Kopfbereichs, in der Folge Lymphknotenabszeß.	Kontakt mit erkranktem Pferd oder infiziertem Putzzeug, Tränkeimer usw.	Isolieren. Tierarzt rufen. Heu und Kleiemash füttern und Pferd warmhalten. Ruhe ist wichtig.

Verstopfung und Durchfall sind weniger gefährlich, aber Würmer – die alle Pferde haben – können eine echte Bedrohung werden, wenn sie überhand nehmen. Koppelpferde sind besonders gefährdet, und hier ist Vorbeugen besser als Heilen (s. Abschnitt «Die Weidehaltung» hiervor). Aber auch die Stallhygiene ist als Vorbeugung unerläßlich. Alle Pferde müssen regelmäßig entwurmt werden; das muß eine Routinearbeit sein. Die Mittel und ihre Dosierung bestimmt der Tierarzt.
Kreuzverschlag hängt zwar nicht unbedingt mit der Verdauung zusammen, wohl aber mit der richtigen Fütterung. Wenn ein Pferd bei vollem Futter Pause gehabt hat und dann wieder hart gearbeitet wird, kann es zu Kreuzverschlag kommen. Die genaue Ursache der Krankheit ist nicht bekannt. Erste Anzeichen sind ein Langsamerwerden und Muskelverhärtung, besonders an der Hinterhand. Treibt man das Pferd weiter vorwärts, kommt es ins Stolpern und kann zusammenbrechen. Versuchen Sie nie, es nach Hause zu reiten, sondern lassen Sie es abholen, und rufen Sie sofort den Tierarzt! Die Behandlung besteht in Ruhe, Wärme, Massage, viel Wasser und Abführmitteln. Ein Pferd, das einmal Kreuzverschlag gehabt hat, bleibt oft anfällig dafür. Die Futtermenge muß deshalb immer der wirklich geleisteten Arbeit angepaßt werden.

Pflege des kranken Pferdes

Auch Pferde brauchen Zeit, um sich von einer Erkrankung zu erholen. Der Tierarzt wird dem Besitzer entsprechende Anweisungen geben, aber der Erfolg der Pflege ist großenteils eine Sache des gesunden Menschenverstandes.
Es kann zum Beispiel schwierig sein, Medikamente zu verabreichen. Am einfachsten mischt man sie unter das Futter – vorausgesetzt das Pferd frißt und das Medikament eignet sich dazu. Lösliche Medikamente können auch im Trinkwasser aufgelöst werden. Andernfalls weiß der Tierarzt Rat.
Die goldenen Regeln der Krankenpflege heißen: Behutsamkeit, Sauberkeit, Ruhe und Bequemlichkeit für das Pferd, Pünktlichkeit und Genauigkeit in der strikten Befolgung ärztlicher Anordnungen.
Geben Sie einem Pferd, das wegen Lahmheit plötzlich nicht gearbeitet werden kann, weniger Kraftfutter und dafür ein mildes Abführmittel.
Bei Fieber wirkt es erfrischend, Augen und Nüstern vorsichtig auszuwaschen.

Verdauungssystem

Symptome	Ursachen	Behandlung
Kolik Starke Bauchschmerzen: Scharren, Ruhelosigkeit, Schweißausbrüche, Wälzen, Hinlegen und Wiederaufstehen. Pferd schaut nach den Flanken, schlägt, beißt danach. Ohren sind kalt.	Schlechte oder unregelmäßige Fütterung; falsches Futter; Arbeit oder Saufen gleich nach der Fütterung; zuviel Futter nach Ermüdung. Parasitenbefall.	Sofort Tierarzt rufen. In der Zwischenzeit Pferd warmhalten, Wärmflasche an den Bauch halten. Versuchen, es am Hinlegen und Wälzen zu hindern.
Durchfall Kot sehr dünn und wässrig	Zuviel frisches Gras. Würmer.	24 Std. total Fasten. Dann wenig Mash und Heu. Bei Anhalten Tierarzt.
Würmer Pferd magert trotz guter Fütterung ab.	Verschiedene Eingeweideparasiten, allgemein «Würmer» genannt	Regelmäßige Wurmkuren und regelmäßige Pflege der Weide

Haut und Fell

Symptome	Ursachen	Behandlung	Symptome	Ursachen	Behandlung
Nesselausschlag Quaddeln verschiedener Größe und Form, selten über den ganzen Körper.	Vermutlich zu proteinreiches Futter	Kleiemash mit zwei Eßlöffel Bittersalz füttern	**Sommerekzem** Extremer Juckreiz an Mähne und Schweifrübe, anscheinend nur im späten Frühjahr, Sommer und Frühherbst	Unbekannt, vermutlich eine Allergie	Mähne und Schweif sauberhalten. Tierarzt konsultieren, der juckreizstillendes Mittel verschreiben wird.
Läuse Juckreiz, stumpfes Fell, graue oder schwarze Parasiten im Fell	Ungepflegte Tiere und Stallungen. Schlechter Futterzustand.	Dick mit Läusemittel einpudern, das vom Tierarzt verordnet ist. Putzzeug getrennt halten.	**Dassellarven** Larven der Dasselfliegen	Schmerzhafte Schwellungen auf dem Rücken	Beule mit warmem Wasser weich halten, damit Larve leichter ausschlüpfen kann. Der Tierarzt kann die Larve auch vorsichtig herausdrücken.
Glatzflechte Meist kreisförmige haarlose Stellen verschiedener Größe, manchmal Juckreiz	Äußerst ansteckende Pilzinfektion	Jodtinktur auftupfen. Decken desinfizieren, Putzzeug sterilisieren. Pferd isoliert halten.			

Ein gesundes Pferd ist wach und aufmerksam und interessiert sich für seine Umgebung. Es trägt den Kopf hoch, spitzt die Ohren und hat glänzende, weit offene Augen. Das Fell ist glatt und glänzend.

Pflege des alten Pferdes

Pferde können sehr alt werden. Es gibt Ponys, die mit dreißig noch einsatzfähig sind, aber die Pflege des älteren Pferdes bereitet besondere Probleme.

Die Zähne müssen regelmäßig gefeilt werden, weil die Backenzähne gern lang und scharf werden, wenn man sie nicht behandelt. Auf das Futter ist besonders zu achten. Gekochte Gerste, Kleie, Häcksel und Qualitätsheu sind für ein altes Pferd besonders wertvoll. Trotzdem verlieren manche Pferde irgendwann das Interesse am Leben. Wenn die Augen glanzlos werden oder wenn ein Pferd ohne ersichtlichen Grund nicht mehr fressen mag, läßt man es besser töten.

Zuwenig Arbeit und Langeweile können zu schwerwiegenden Stalluntugenden wie Koppen (unten) und Weben (rechts) führen.

Kapitel 10

Das Pferd in Sport und Freizeit

Der Reitsport entwickelt sich noch immer mit großer Schnelligkeit zu einer der beliebtesten Freizeitsportarten der Welt. Allein in Deutschland gibt es über eine halbe Million Mitglieder der Reitervereine. In anderen Ländern liegt die vergleichbare Zahl eher noch höher. Reiten als Freizeitbeschäftigung kann man auf zwei Arten. Viele Leute reiten rein zu ihrem Vergnügen und ohne jeden sportlichen Ehrgeiz. Was gibt es auch Schöneres, als im Gelände spazierenzureiten! Reitfreude schenken aber in gleichem Maße auch organisierte Veranstaltungen wie Jagden oder Turniere, von denen in diesem Kapitel hauptsächlich die Rede sein soll. Aus manchen Wettbewerben sind Profi-Sportarten geworden, aber im Grunde gilt immer noch, daß Reiten Spaß macht – ob auf einem kleinen Reiterfest in der Nähe oder auf einem internationalen Turnier.

Seine Eigenverantwortung beweisen kann der Reiter meist erstmals, wenn er die Reitschule verläßt und ohne Aufsicht ins Gelände reitet. Es gibt wenige und einfache Regeln. Sie sind in zwei Worten zusammenzufassen: Rücksicht und Sicherheit. Denken Sie daran, daß es für das Reiten im Gelände wie im Straßenverkehr gesetzliche Vorschriften gibt. Sie sind in jedem Land etwas unterschiedlich, können also hier nicht aufgeführt werden. Aber der Reitlehrer wird sie hoffentlich erklärt und in Ihnen auch dabei einen aufmerksamen Schüler gefunden haben.

Darüber hinaus: Seien Sie immer höflich und rücksichtsvoll gegenüber Fußgängern und halten Sie sich – soweit vorhanden – an ausgeschilderte Reitwege. Reiten Sie vor allem nie schnell an Tieren oder Menschen vorbei. Sie können erschrecken – keine gute Reklame für die Freizeitreiterei. Außerdem können sie umgekehrt auch wieder Ihr Pferd erschrekken, mit allen bösen Folgen, die das haben kann.

In Deutschland gibt es neuerdings eine hoch begrüßenswerte Einrichtung: den Reiterpaß für Freizeitreiter, die in einer freiwilligen Prüfung gewisse Grundkenntnisse nachgewiesen haben. Wer Turnierambitionen hat, muß zumindest die Prüfung zum Deutschen Reiterabzeichen in Bronze ablegen, wobei eine theoretische Prüfung, eine A-Dressur und ein A-Springen auf dem Programm stehen.

Im traditionellen Reiterland England wurde die Idee in ganz ähnlicher Weise schon vor mehr als 50 Jahren in die Tat umgesetzt. 1929 wurde dort der Pony-Club gegründet, als Organisation, die Kindern und jungen Erwachsenen bis zum Alter von 20 Jahren außer Reit- und Pferdekenntnissen auch diese Grundregeln vermittelt. Den Unterricht erteilen qualifizierte Freiwillige, und man kann einige freiwillige Prüfungen – von Sehr einfach bis Sehr schwer – ablegen.

Rechts: Junge Reiterinnen beim Sattelreinigen.

Kleine Bilder: Vier typische Szenen beim Reitunterricht: von der Theoriestunde bis zum Ausritt. Die Bilder zeigen auch deutlich, daß heute die jungen Mädchen unter den Reitschülern weit in der Überzahl sind. Im Grunde müßte es also überall im Text «Reiterinnen und Reiter» heißen. Denn es gibt kein Gebiet der Reiterei, in dem die Reiterinnen nicht ebenbürtige Leistungen vollbringen. Nur um den Text nicht zu schwerfällig zu machen, wurde es unterlassen.

Gymkhana

Der Spaß an Reiterfesten ist an kein Alter gebunden, weshalb sie in zunehmendem Maße von den Klubs auch für Erwachsene veranstaltet werden.

Die englische Bezeichnung Gymkhana stammt vom hindustanischen «gend-khana» (Sportplatz) ab, denn die Idee dieser Spiele zu Pferd wurde im 19. Jahrhundert von britischen Offizieren aus Indien mit nach Hause gebracht und verbreitete sich bald über die ganze Welt. Heute sind im Grunde alle Arten Reiterspiele damit gemeint, sowohl für Einzelreiter wie für Paare und Mannschaften: Stafetten, Slalomreiten, Ringstechen, Sackrennen, Musikreiten – der Phantasie der Veranstalter sind keine Grenzen gesetzt.

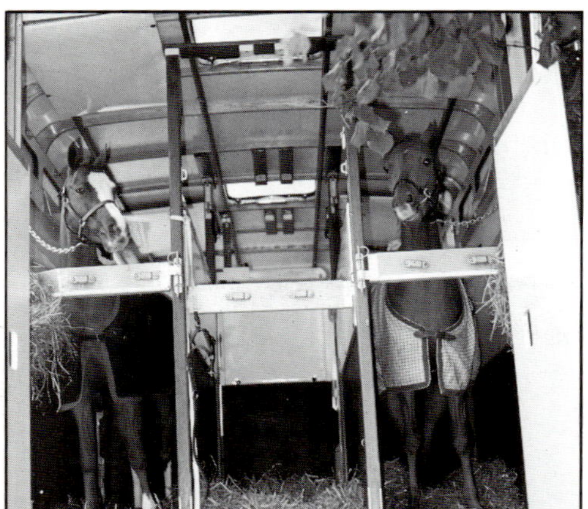

Rechts: Reiten im Verkehr mit Sicherheitskleidung. Nach rechts abbiegen (1). Rückstrahlendes Tuch am Rücken (2) und Rückstrahler an Steigbügeln (3) sind im Zwielicht besonders wichtig. Zu zweit nebeneinander wird nur als Begleitschutz des unerfahrenen Pferdes oder Reiters geritten. – *Links:* Transporter, zum Schutz der Pferde innen gepolstert; zusätzlich wird das Pferd durch Knie- und Sprunggelenkschützer, Transport- und Schweifbandagen geschützt.

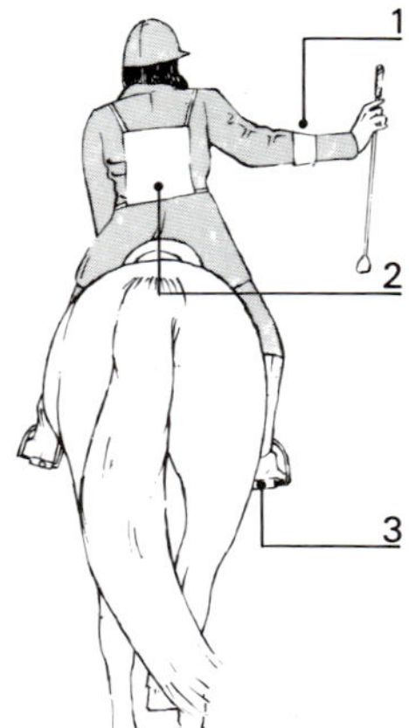

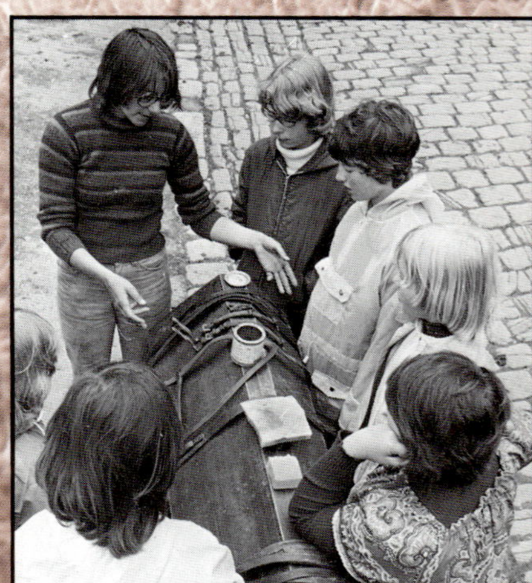

Reiter und Pferde – Ponys sind im allgemeinen erfolgreicher, weil sie handlicher sind – müssen fit sein, aber nicht so fit, wie etwa für eine Jagd. Im Sommer kann auch ein Pferd, das sonst immer auf der Koppel ist und von Gras lebt, einmal in der Woche unbeschadet an solch einer Veranstaltung teilnehmen.

Jagden

Die Jagdreiterei – eine der ältesten Sportarten zu Pferde – besitzt viele leidenschaftliche Anhänger. Ursprünglich wurde (wie heute noch in Frankreich) der Hirsch gejagt; in englischsprechenden Ländern jagt man den Fuchs. Aber auch Schleppjagden – in Deutschland die einzigen überhaupt erlaubten – erfreuen sich steigender Beliebtheit. Dabei wird kein lebendes Wild gejagt. Es wird vorher eine künstliche Spur, die Schleppe, gelegt, der die Meute dann folgt. Da die Meutehaltung aber sehr kostspielig ist, hat sich vielfach die symbolische «Fuchsjagd» eingebürgert: Der Kurs mit den Hindernissen wird vorher festgelegt, ein Reiter, durch den am Ärmel befestigten Fuchsschwanz als «Fuchs» gekennzeichnet, reitet voraus und wird vom Jagdfeld «gejagt.»

Beim Stelldichein – dem Sammelpunkt – informiert man sich zuerst über diejenigen Reiter, die bei der Meute – falls vorhanden – oder im Feld eine offizielle Aufgabe haben und deren Anweisungen strikt zu befolgen sind. Über allem steht der Master, assistiert von einem Field Master, der für das Jagdfeld verantwortlich ist. Verantwortlich für die Meute ist der Huntsman, dem wiederum ein bis zwei Whippers-in zur Seite stehen, die trödelnde oder streunende Hunde aufspüren und allgemein die Hunde unter Kontrolle halten.

Etikette und Regeln der traditionellen Jagd sind für alle Arten der Jagdreiterei erhalten geblieben und sorgen, zusammen mit der ungewohnt zahlreichen Ansammlung von einander unbekannten Pferden und den Hindernissen, für die prickelnde Jagdatmosphäre.

Die wichtigste Regel heißt: Master und Meute dürfen während der Jagd nicht überritten werden. Erst gegen den Schluß gibt der Master, der Jagdherr, die Jagd frei. Nun kann der Fuchsschwanz dem Reiter von der Schulter gerissen werden, was zu nicht ganz ungefährlichem Rempeln führen kann; oder der Fuchsschwanz wird zu Boden geworfen und vom nächsten Reiter, der sein Pferd durchparieren kann, aufgehoben oder aber in einem Auslauf über eine bestimmte Strecke rennmäßig gewonnen.

Unerfahrene Reiter halten sich am besten am Ende des Feldes, bis sie Vertrauen gewonnen haben, und suchen sich nach Möglichkeit einen erfahreneren Teilnehmer, an den sie sich anhängen können. Aber ob erfahren oder unerfahren: niemand sollte sich von der Erregung übermannen lassen. Ein kühler Kopf ist immer besser als ein heißer. Außerdem darf man nicht vergessen, daß auch die Pferde von der allgemeinen Erregung ergriffen werden, so daß sie von sich aus selbst dann weitergaloppieren würden, wenn sie der Erschöpfung nahe sind. Nach Beendigung der Jagd hat die Versorgung und Pflege des Pferdes daher absoluten Vorrang, damit es sich von seinen Strapazen so schnell wie möglich erholen kann.

Jagdpferdeprüfungen und Point-to-Point-Rennen

Eng mit dem Jagdreiten verwandt sind Jagdpferdeprüfungen und Point-to-Point-Rennen. Bei ersteren wird die Eignung des Pferdes als Jagdpferd geprüft, und zwar allein und in

einer Gruppe zu mehreren über einen Jagdparcours. Ein gutes Jagdpferd springt, «was ihm vor die Füße kommt», und vor allem – es pullt im Feld nicht und bleibt willig an seinem Platz.
Bei den Point-to-Point-Rennen waren ursprünglich nur Start und Ziel festgelegt, den Weg mußten sich die Teilnehmer selbst suchen. Heute wird das Rennen über eine ausgeflaggte Geländestrecke mit ausschließlich natürlichen Hindernissen geritten.

Vielseitigkeit
Die meisten reitsportlichen Disziplinen gehen auf das Jagdreiten zurück, nur die Vielseitigkeitsreiterei – eine der härtesten Prüfungen für Reiter und Pferd – macht eine Ausnahme. Ihre Wurzeln reichen eher auf das Schlachtfeld als auf das Jagdfeld zurück. Seit 1912 ist dieser Sport olympische Disziplin, aber richtig populär wurde er erst nach dem 2. Weltkrieg. Um in der Vielseitigkeitsreiterei Erfolg zu haben, müssen Reiter und Pferd alle drei Teildisziplinen – Dressur, Geländereiten und Parcoursspringen – beherrschen. Von der Kurzvielseitigkeit, bei der an einem oder zwei Tagen alle drei Disziplinen geprüft werden, wobei die Distanzen verkürzt sind, bis zur Großen Vielseitigkeit – oder Military – Kl. S über drei Tage reichen die Anforderungen, die in der höchsten Klasse wirklich enorm sind.
Für viele ist die Dressur – die erste Phase – der wichtigste Teil der Prüfung. Sie dauert 7½ Minuten. Die Anforderungen sind nicht ganz so hoch wie in einer eigentlichen Dressurprüfung, aber dennoch wird korrekte Haltung, Gehorsam und Geschmeidigkeit in den verschiedenen Lektionen verlangt, zu denen ganze Parade aus dem Galopp, Traversalen, starker Trab, starker Galopp und Außengalopp gehören.
Unbestreitbar gibt eine gute Dressurvorführung mit einem gehorsamen, durchlässigen Pferd dem Reiter einen guten Vorsprung vor der Konkurrenz. Aber entschieden wird die Prüfung im Gelände, und die Spitzenreiter sind alle fantastische Geländereiter. Die Länge der Geländestrecke ist verschieden. Auf olympischer Ebene beträgt sie etwa 30 km und ist mit bis zu 35 Hindernissen bestückt, die oft sehr schwer anzureiten sind. Auf höchstem Niveau besteht die Gelände-Prüfung aus vier Phasen: Wegestrecke I, Rennbahn, Wegestrecke II, Querfeldeinstrecke.
Auf den Wegestrecken ist eine Geschwindigkeit von etwa 220 m pro Minute vorgeschrieben, gleichbedeutend mit einem flotten Trab. Auf der Rennbahn, gewöhnlich zwischen 3 und 4 km lang, muß das Pferd eine Durchschnittsgeschwindigkeit von gut 40 km/Std. erreichen, das heißt volles Renntempo. Nach der 2. Wegestrecke wird eine Zwangspause von 10 Minuten eingelegt.
In der Querfeldeinstrecke werden die Gegebenheiten des Geländes bei der Planung der Hindernisse so ausgenützt, daß ihre Bewältigung – wie viele meinen – Reiter und Pferd das Letzte abverlangt. Die Strecke kann zwischen 5 und 7 km lang sein; die vorgeschriebene Geschwindigkeit beträgt 570 m pro Minute. Die Hindernisse dürfen nicht über 1,20 m hoch sein, Hochweitsprünge nicht über 1,80 m weit, Weitsprünge nicht über 3,50 m. Die Hindernisse sind aber fest; wenn ein Pferd sich verschätzt, fällt also nicht die Stange, sondern meist das Pferd.
Zu den schwierigsten Hindernissen gehören das «Grab» und der Wassereinsprung. Ein «Grab» besteht aus drei Elementen: Rick, Graben und wieder Rick, wobei der Graben gewöhnlich die meisten Schwierigkeiten

Links: Reiter und Pferd über einem typischen irischen Jagdhindernis; Master und Meute (kleines Bild).

Symbol	Phase	Distanz	Mindestzeit
(blau)	A	6000 m	30 Min.
(orange)	B	3795 m	11 Min.
(grün)	C	10440 m	52 Min. 12 Sek.
(violett)	D	7695 m	34 Min. 12 Sek.

Der Wassereinsprung in Luhmühlen

Die Querfeldein-Strecke der Military-Weltmeisterschaft 1978 in Lexington, USA. Es war die erste derartige Weltmeisterschaft, die in Nordamerika ausgetragen wurde. Die Planung dauerte vier Jahre. U.a. mußten Dressur- und Parcoursplätze geschaffen und das Gelände gestaltet werden. Die Querfeldein-Strecke, mit 7,695 km Länge, führte über 33 feste Hindernisse. Den 47 Teilnehmern, die die Weltelite in dieser Disziplin darstellten, wurde einer der anspruchsvollsten und härtesten Kurse vorgesetzt. Hohe Luftfeuchtigkeit und -verschmutzung waren zusätzliche Erschwernisse, was die Ergebnisse – wenn auch unbeabsichtigt – erheblich beeinflußte. Die meisten Schwierigkeiten boten der Park-Pavillon, der Wassersprung und die «Schlange», an der allein neun Reiter aufgaben oder ausschieden, drei Pferde verweigerten und acht stürzten.

macht. Beim Wassereinsprung besteht das Problem darin, das Pferd entgegen seiner natürlichen Abneigung dazu zu bewegen, ins Wasser hineinzuspringen.
Fehler werden schwer bestraft. Außer den Zeitfehlern – die so wichtig sind, daß viele Reiter mehrere Armbanduhren tragen, um ihre Zeit zu überwachen – gibt es zwanzig Strafpunkte für eine Verweigerung und sechzig für einen Sturz. Verweigert ein Pferd dreimal vor demselben Hindernis, scheidet es aus. Vor dem abschließenden Parcoursspringen werden alle Pferde tierärztlich kontrolliert, ob sie noch fit genug sind. Im Parcours selbst werden hauptsächlich Kondition und Geschmeidigkeit des Pferdes geprüft. Zweck des Abschlußspringens ist es zu zeigen, daß das Pferd nach den Anstrengungen des Vortages noch in der Lage ist, einen kleinen Parcours mit diversen Wendungen zu bewältigen. Auch vom Reiter wird höchste Aufmerksamkeit verlangt. Oft liegen die Teilnehmer nach dem Gelände so dicht beieinander, daß ein einziger Abwurf im Parcours die ganze Placierung durcheinanderbringen kann.

Springreiten

Das Springreiten als Sport geht auf die zweite Hälfte des 19. Jahrhunderts zurück und ist heute neben der Vielseitigkeit die wohl beliebteste Reitsportart.
Es gibt vier Arten von Prüfungen. Bei der ersten gibt es Strafpunkte für Abwurf (4), Sturz (8) oder Verweigerung (1. Verweigerung 3 Punkte, 2. Verweigerung 6 Punkte, 3. Verweigerung Ausschluß). Manchmal kommt es bei Punktgleichheit noch zu einem Stechen, bei dem oft die Zeit entscheidet.– Die Zeit ist auch bei den anderen drei Prüfungsarten der entscheidende Faktor. Entweder werden bei diesen Zeitspringen die Fehler in Zeit umgerechnet, oder es muß die von den Richtern vorher festgelegte Zeit erreicht werden. Die meisten internationalen Prüfungen werden nach Fehlern und Zeit entschieden. Besonders anspruchsvoll ist der Nationenpreis, bei dem bis zu 14 Hindernisse von maximal 1,60 m Höhe zu überwinden sind. Jede Nation stellt eine Mannschaft mit je vier Reitern, die je zweimal über den Parcours gehen müssen. Die Ergebnisse der besten drei Reiter zählen für das Endergebnis.
Für die Hindernisse gilt ein von der Internationalen Reiterlichen Vereinigung (FEI=Fédération Equestre Internationale) festgelegter Standard. Grundsätzlich gibt es zwei Arten von Hindernissen: Hochsprünge und Hochweitsprünge. Hochsprünge sind etwa Gatter, Mauern, Ricks und Doppelricks. Zu den Hochweitsprüngen gehören Triplebarre, Oxer und überbaute Gräben. Oft ist auch ein Wassergraben als reiner Weitsprung (3–5 m) zu springen.
Der Parcoursbauer hat – innerhalb der festgelegten Grenzwerte – verschiedene Möglichkeiten beim Aufbau eines Parcours. Er muß zuerst das Niveau der Prüfung berücksichtigen und dann weitere Faktoren wie Größe des Platzes, Anzahl der verfügbaren Hindernisse und so weiter in Rechnung stellen. Allgemein plant er zuerst die Parcoursführung – mit mindestens einer Wendung –, dann die Aufstellung der Hindernisse. Will er die Anforderungen erhöhen, kann er die Abstände dazwischen so festlegen, daß die Pferde ihren natürlichen Galoppsprung entsprechend verlängern oder verkürzen müssen. Zuletzt entscheidet er über die Art der Hindernisse. Gewöhnlich wechseln Hoch- und Hochweitsprünge miteinander ab, wobei sich der Schwierigkeitsgrad nach einigen «zum Einlaufen» einfacheren Sprüngen allmählich steigert. Außer bei Mächtigkeits- und Zeitspringen gehört mindestens eine Kombination dazu.
Entscheidend ist die Vorbereitung von Reiter und Pferd. Der Parcours wird zu Fuß abgeschritten. Die Ideallinie zu überlegen, die Länge und Anzahl der Galoppsprünge zwischen den Hindernissen abzumessen, ist ebenso wichtig wie später der Ritt. Die Abstände zwischen den Hindernissen sind wohlüberlegt so gestaltet, daß der Kurs als fließen-

Rechts: Ein typischer Springparcours, bei dem die Wege eingezeichnet sind, die zwei verschiedene Reiter – ein erfahrener Reiter auf einem erfahrenen Pferd (dunkler Kurs) und ein unerfahrenes Paar – nehmen. Es kommt darauf an, die verschiedenen Hindernisse in der richtigen Reihenfolge anzureiten. Der erfahrene Reiter kann durch Kurvenschneiden Zeit gewinnen, was bei Prüfungen, die nach Fehlerpunkten und Zeit gewertet werden, wichtig ist.

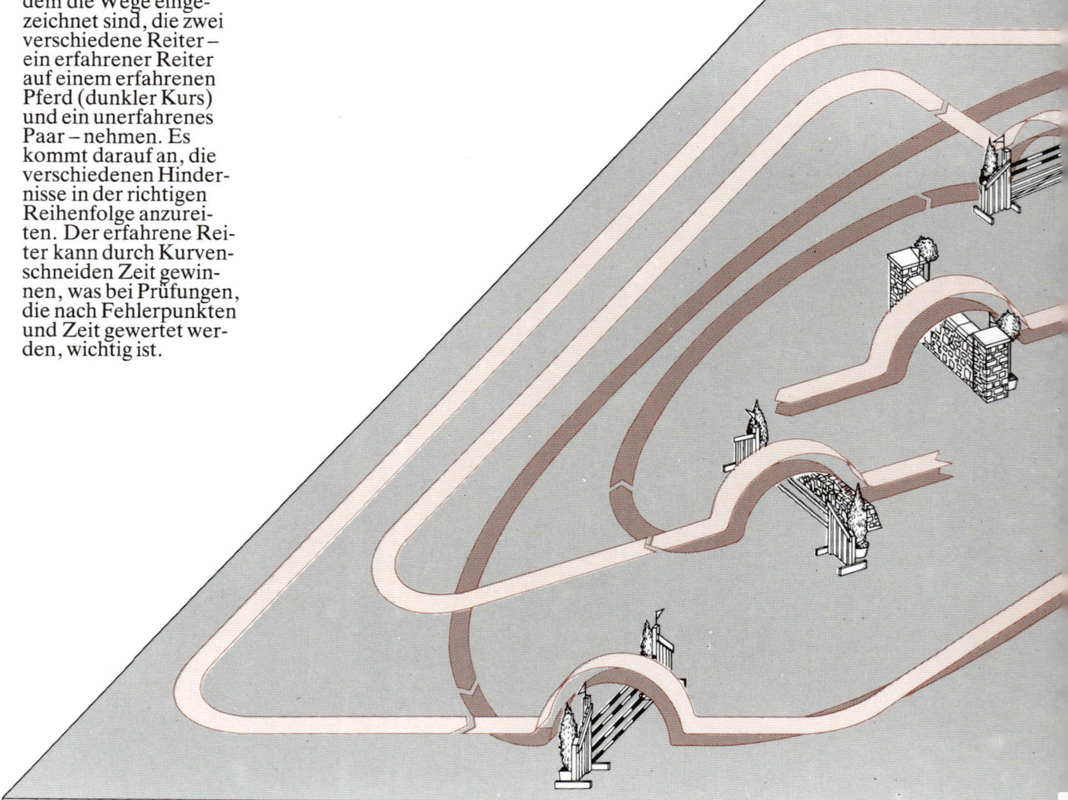

Von links nach rechts: Fünf häufige Hindernisse: Mauer, Bürste mit Stange, Karré-Oxer, Gatter, Triplebarre. Es gibt Steilsprünge, die, wie der Name sagt, nur vertikal in die Höhe gebaut sind, und Hochweitsprünge, bei denen Höhe mit Weite kombiniert ist. Vor einem Steilsprung muß der Reiter das Pferd gut aufnehmen und so heranbringen, daß es das Hindernis mit möglichst wenig Anstrengung überwinden kann. Das Pferd muß vor dem Steilsprung früher abspringen als vor dem Hochweitsprung. An diesen muß es näher herangehen, auch springt er sich leichter aus einer gewissen Geschwindigkeit heraus. Das Pferd braucht genügend Schwung, um auch die Weite zu überwinden. Die beste Absprungstelle liegt in einer Entfernung, die der ca. 1–1½fachen Höhe des Hindernisses entspricht. Zum Abschätzen der Entfernung dient dem Pferd die Grundlinie (Fuß des Hindernisses). Der Reiter sollte sich an einen höheren Punkt halten, da die Grundlinie täuschen kann.

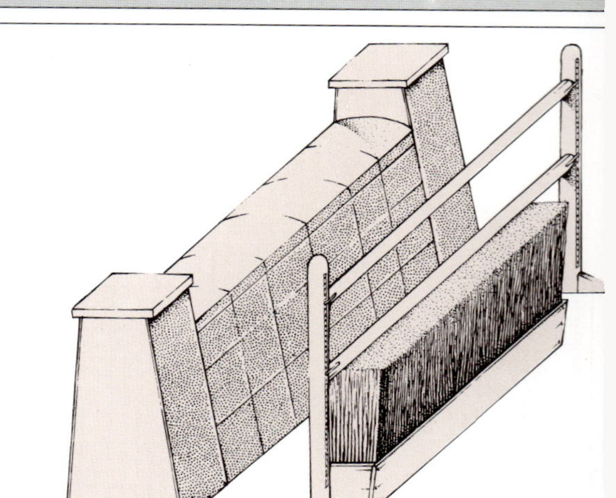

des, rhythmisches Ganzes geritten werden soll. Das Pferd muß gut geritten und gehorsam sein, damit man den Galoppsprung nach Belieben verlängern oder verkürzen kann, ohne den Schwung einzubüßen.
Die Ausbildung muß sehr geduldig aufgebaut werden. Nach der Grundausbildung wird das Pferd an die Hindernisse gewöhnt, die es später in Prüfungen zu springen hat, beginnend mit niedrigen, die man allmählich erhöht. Zwei grundsätzlich wichtige Dinge lassen sich hier schon erreichen. Erstens soll das Pferd lernen, über dem Sprung zu baskulieren, das heißt Kopf, Hals und Rücken bogenförmig aufzuwölben und nicht etwa flach zu werden oder den Rücken wegzudrücken. Zur Korrektur dienen kleine Sprungfolgen und kleine, aber tiefe Oxer. Zweitens kann man am Galoppsprung arbeiten, um zwei verbreiteten Fehlern entgegenzuwirken: der Tendenz, auf den Sprung zu langsamer zu werden, und nicht weit genug abzuspringen. Außerdem muß der Reiter üben, ein Hindernis schräg anzureiten und zu springen, Geschwindigkeit zuzulegen und kurze Wendungen zu reiten – lauter für Zeitspringen wichtige Dinge.

Dressurreiten
Die Dressurreiterei ist eine hochspezialisierte Sportart und eine der schwierigsten. Sie läßt sich bis ins Mittelalter zurückverfolgen, als an den europäischen Fürstenhöfen die Haute École, die Hohe Schule, eingeführt wurde. Heute ist es eine olympische Disziplin. Stätten der klassischen Tradition sind die Spanische Hofreitschule in Wien und der Cadre Noir in Saumur (Frankreich).
Ziel der Dressur ist es, das Pferd geschmeidig, durchlässig und rittig zu machen und völlige Übereinstimmung mit dem Reiter zu entwickeln. Das erfordert stets lange Zeit. Für die

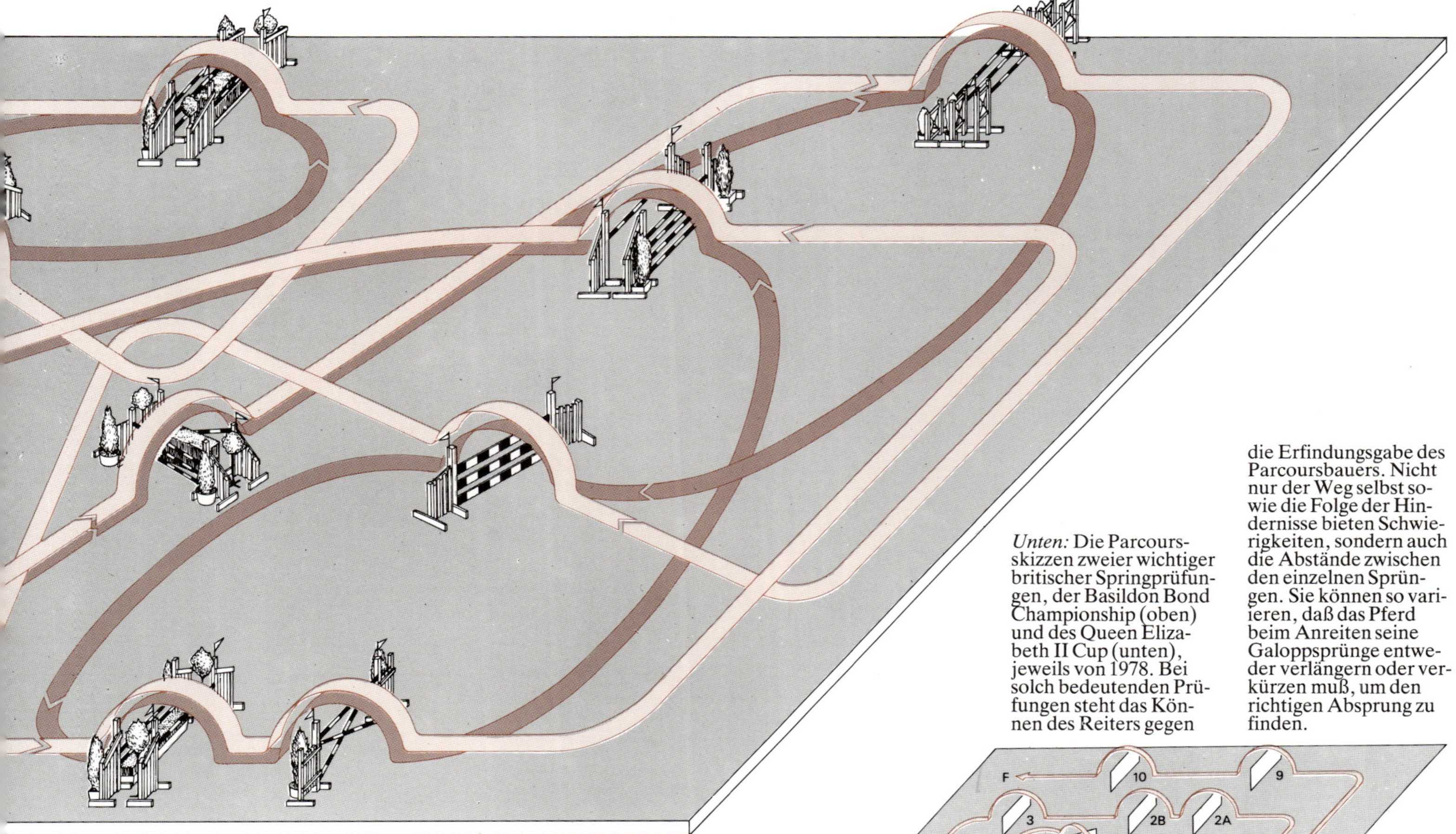

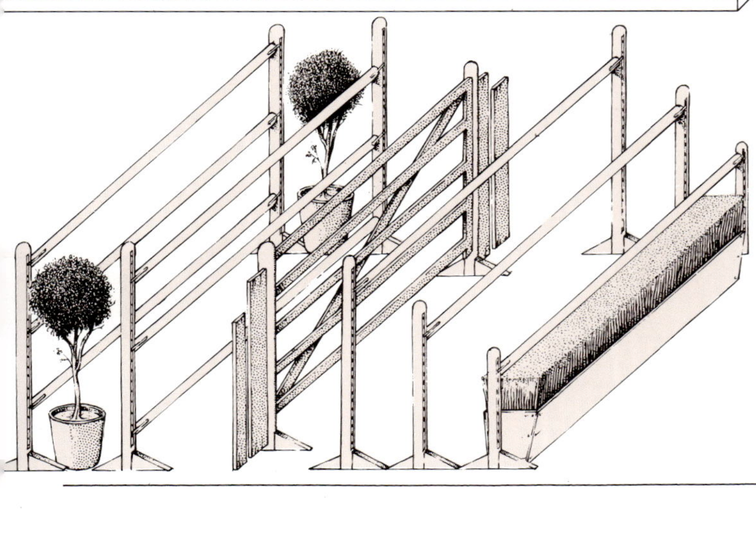

Unten: Die Parcoursskizzen zweier wichtiger britischer Springprüfungen, der Basildon Bond Championship (oben) und des Queen Elizabeth II Cup (unten), jeweils von 1978. Bei solch bedeutenden Prüfungen steht das Können des Reiters gegen die Erfindungsgabe des Parcoursbauers. Nicht nur der Weg selbst sowie die Folge der Hindernisse bieten Schwierigkeiten, sondern auch die Abstände zwischen den einzelnen Sprüngen. Sie können so variieren, daß das Pferd beim Anreiten seine Galoppsprünge entweder verlängern oder verkürzen muß, um den richtigen Absprung zu finden.

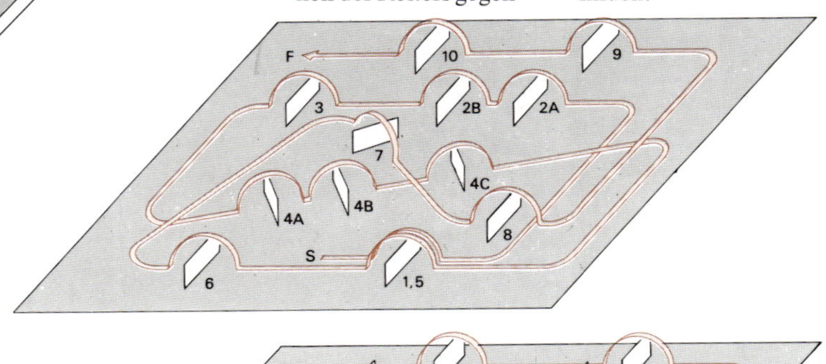

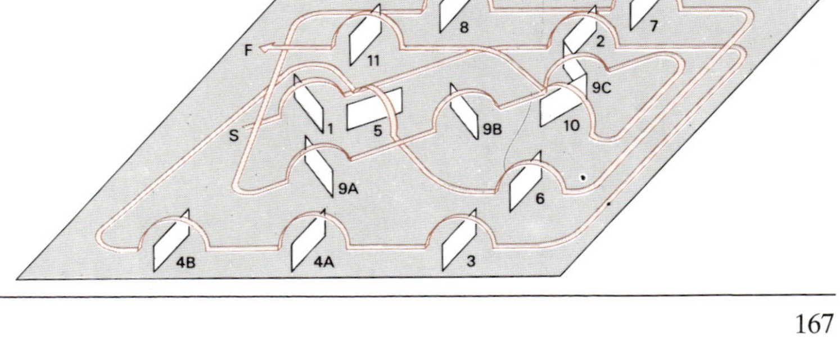

Schnappschüsse von Springturnieren aus aller Welt einschließlich dem Absprung vom Großen Wall in Hickstead (rechts unten), einem der berühmtesten Hindernisse. Die Springreiterei hat einen enormen Aufschwung genommen, seit die Royal Dublin Society in Irland im Jahre 1868 erstmals eine Prüfung im «Hochsprung» und im «Weitsprung» ausschrieb, um die Befähigung von zukünftigen Jagdpferden zu testen. 1881 entstand auf dem neuen Turnierplatz von Dublin in Ballsbridge ein ständiger Parcours. Das erste nationale Springturnier der USA fand 1883 im Madison Square Garden in New York statt, und 17 Jahre später wurden innerhalb der Olympischen Spiele in Paris auch drei Springprüfungen abgehalten. Das erste internationale Turnier auf britischem Boden fand 1907 im Olympia bei London statt. Die Bedingungen dieser Anfangszeiten waren ganz anders als heute. So gab es z.B. buchstäblich keine Regeln für das Springreiten. Es war damals erlaubt, vor dem Hindernis eine Volte zu reiten, was heute als Verweigerung bestraft wird, und die auf jedem Hindernis liegenden Holzlatten wurden ebenso oft vom Wind wie von den Pferden heruntergestreift. Heute unterliegt die Springreiterei höchst komplizierten Regeln, und manchmal geht es um sehr viel Geld. Die Skala reicht vom Jugendlichen, der auf kleinen Turnieren nur um eine Schleife reitet, bis zu den hochqualifizierten Berufsreitern, von denen viele heute von der Industrie gesponsort werden und die jedes Jahr auf großen Turnieren erhebliche Beträge gewinnen. Der Bedarf an guten Pferden auf diesem Niveau ist so groß, daß kleine Vermögen dafür geboten werden.

höchste Stufe – die Olympia-Dressuraufgabe – dauert die Ausbildung mindestens vier Jahre, oft sehr viel länger. Jede Lektion wird nach einer Notenskala von Null bis Zehn bewertet; dazu kommen noch Noten für den Gesamteindruck von Reiter und Pferd. Auf die exakte Ausführung aller Figuren wird großer Wert gelegt.

Auszuführen sind eine Vielzahl von Lektionen sowohl in versammelten als auch in verstärkten Gangarten, mit geschmeidigen Übergängen von einer Gangart, einem Tempo zum anderen. Zu den Grundlektionen gehören Rückwärtsrichten, Halten, Außengalopp, Galoppwechsel und Wendung auf der Hinterhand. Außerdem werden Seitengänge verlangt, bei denen sich das Pferd gleichzeitig vorwärts und seitwärts bewegt. Dazu gehören Schenkelweichen, Travers und Traversale. Äußerst komplizierte Lektionen sind die Piaffe, ein Trab auf der Stelle, und die Passage, eine gemessene, sehr versammelte, erhabene und kadenzierte Übung. Geritten wird – in den unteren Klassen – auf Gras- oder Sandplätzen mit den Maßen 20 × 40 m oder 20 × 60 m, die von 30 cm hohen Begrenzungen eingefaßt sind.

Oben: Christine Stückelberger, Weltmeisterin und Olympiasiegerin in der Dressur, auf ihrem Pferd Granat; *links:* Elena Petouchkova, eine der besten russischen Reiterinnen; *unten:* die deutsche Dressurequipe, Mannschafts-Weltmeister 1978. Selbst die Ausbildung für die einfachste Stufe, auf der nur Schritt, Trab, Galopp und Halt verlangt werden, erfordert viel Zeit und Geduld. Im Idealfall entsteht der Eindruck, daß das Pferd seine Aufgabe aus freiem Willen erfüllt, sich in den gewünschten Gangarten ungezwungen, mit Takt und Anmut frei bewegt.

Der Fahrsport

Die Dressur spielt auch bei den verhältnismäßig neuen Kombinierten Fahrprüfungen eine Rolle, dem Äquivalent einer Vielseitigkeitsprüfung, nur vor dem Wagen. Seit ihrer Einführung 1969 erfreuen sie sich wachsender Beliebtheit. Der erste Teil besteht aus einer Dressurprüfung mit Gespannkontrolle (Bewertung der Aufmachung). Dann geht es ins Gelände (bei Vierspännern Marathon genannt), wo sechs Klippen, wie enge Wendungen zwischen Bäumen oder Durchquerung von Wasserläufen, zu meistern sind. Den Abschluß bildet das Hindernisfahren, bei dem eng gesetzte Kegel zu umfahren sind, ohne sie umzuwerfen.

Der traditionelle Fahrsport ist jedoch auf den Turnierplatz beschränkt. Hier liegt die Betonung auf der korrekten Aufmachung des Pferdes oder der Pferde, des Wagens und des Fahrers. Die Teilnehmer müssen nach Kommando des Richters im Trab um die Bahn fahren oder die Hand wechseln. Bewertet wird die Aufmachung (Gespannkontrolle), danach wird einzeln vorgefahren. Den Abschluß bildet das Halten mit Rückwärtsrichten.

«Schauwettbewerbe»

Die Überschrift ist in Anführungszeichen gesetzt, weil sich der offizielle Begriff Schauwettbewerb nicht mit dem deckt, was die ursprüngliche englisch-amerikanische Bezeichnung «Show» umfaßt.

Die Show, wie sie seit 200 Jahren in England besteht und in Amerika ihre ganz besondere Ausgestaltung erfuhr, ist im Grunde das, was wir unter «Pferdeschau» und «Pferdeleistungsschau» verstehen: Prüfung der *Pferde* hauptsächlich auf Körperbau (Gebäude),

Temperament, Grundausbildung und die dadurch gegebenen natürlichen Leistungsmöglichkeiten. Das Ziel dieser Pferdeprüfungen ist in erster Linie ein züchterisches: die Verbesserung der Rasse. Zugleich sind sie auch durchaus Verkaufsveranstaltungen, und die von den Richtern erwählten Champions und sonstigen hochbewerteten Pferde wechseln oft zu Spitzenpreisen den Besitzer. Sie haben also mit den in diesem Kapitel behandelten Themen Freizeit und Sport, mit Wettbewerben und Turnieren, bei denen die sportliche Höchstleistung von Pferd und *Reiter* erprobt wird, kaum etwas zu tun.

Hingegen werden ja die Leistungsschauen häufig mit eigentlichen «Schau»-Nummern festlich aufgelockert. Und bei ihnen muß sich nun allerdings sportliches Können erweisen, ob es sich um einfache Voltigier-Vorführungen oder die Große Pyramide handelt, um eine Ungarische Post, um Troika- oder Quadriga-Gespanne, um Gruppenformationen wie Karussel, Stern, Mühle, um farbenprächtige Quadrillen, vielleicht in historischen Uniformen. Der Sinn solcher «Schau»-Nummern ist sehr hoch einzuschätzen, verbindet sich doch hier in idealer Weise reiterliches Können mit der ganz ursprünglich zweckfreien reiterlichen Freude. Das Einstudieren solcher Nummern erfordert von jedem Teilnehmer

Unten: Viererzug mit in der Schweiz gezogenen Hengsten durchquert einen See, Teil der Marathon-Strecke einer kombinierten Fahrprüfung. Auf den kleinen Fotos: Lipizzaner-Vierzug aus der Sicht des Fahrers; zwei packende Rennszenen; Troika. Kombinierte Fahrprüfungen, die etwa eine Vielseitigkeit auf Rädern darstellen, gibt es seit 1969. Sie bestehen aus drei Phasen: Dressur, Marathon (entsprechend dem Geländereiten) und Hindernisfahren (entsprechend dem Parcoursspringen). Hindernisfahren allein findet vielfach in Hallen statt (kleines Bild rechts), wo die Gespanne im Wettrennen gegen die Uhr einen verschlungenen Weg zurückzulegen haben. Bis zu 20 Hindernisse sind zu umfahren, und für jeden Fehler werden 10 Sekunden hinzugezählt.

Geduld und Disziplin in der Arbeit an sich und dem Pferd – genau die beiden Eigenschaften, die den guten Reiter auf gut ausgebildetem Pferd hervorbringen. Daß solche Veranstaltungen auch stets eine große Menge «Schau»lustiger anziehen, trägt sicher zur Freude der Teilnehmer bei – und wird dem Vereinskassier willkommen sein.

Polo

Polo gehört zu den ältesten Reitsportarten. Das Spiel soll vor über 2000 Jahren in Persien entstanden sein, wurde in verschiedenen Formen auch in Japan, China, der Mongolei und Tibet gespielt. Im Tibetanischen heißt der Ball: pulu. Von dorther soll der Name des Spiels stammen. Moslems und Chinesen brachten es nach Indien, wo es sich durch die Jahrhunderte erhielt und Mitte des vorigen Jahrhunderts von englischen Pflanzern in Assam entdeckt wurde.

1869 kam es nach England und wurde von den Zuschauern «Hockey zu Pferd» genannt. Sechs Jahre später wurden die ersten englischen Regeln aufgestellt, und ein Jahr darauf kam das Spiel in die USA, wo es sich schnell ausbreitete und wo auch heute das einzige internationale Turnier von Weltgeltung, der Cup of the Americas, stattfindet.

An die Ponys werden harte Anforderungen gestellt. Sie müssen viel Herz und große Ausdauer besitzen. Da die Spieler mit einer Hand reiten, müssen sie sich durch Anlegen der Zügel am Hals (neck-rein) lenken lassen.

Eine Mannschaft besteht aus zwei Forwards, einem Centre-half und einem Back. Auf Grund eines Handikap-Systems wird für jede Mannschaft zu Beginn eines Spieles rechnerische Chancengleichheit hergestellt.

Aufgabe des Centre-half ist es, das gegnerische Tor anzugreifen und den Back bei der Verteidigung zu decken. Er muß weit und genau schlagen können. Die Forwards folgen dem Centre-half im Angriff und decken den gegnerischen Centre-half und Back. In jedem Spiel werden vier bis sechs «Chukkas» von je siebeneinhalb Minuten gespielt, mit drei Minuten Pause nach jedem Chukka. Da ein Pony nur in zwei Chukkas eingesetzt werden darf, braucht jeder Spieler mehrere Pferde. Das macht Polo zu einer recht kostspieligen Angelegenheit.

Distanz- und Trailritte

Besonders in Australien und den USA mit ihren unberührten Weiten erfreuen sich Distanzritte großer Beliebtheit. In den USA gibt es über 500 organisierte Wettbewerbs-Ritte, von denen die berühmtesten der Tevis Cup und der Green Mountain Ride sind. In Australien ist die wichtigste Prüfung der Quilty Cup, und in Großbritannien wird jedes Jahr 121 km durch den Exmoor National Park um den Golden Horse Shoe geritten. Aber auch auf dem europäischen Kontinent hat der Di-

Oben links: American Saddle Horse; *oben rechts:* Miniaturpferde aus Südamerika; *links:* Hunter-Champion; *unten:* englischer Hack. Show-Prüfungen gibt es auf Turnieren in aller Welt. Die Pferde gehören den unterschiedlichsten Typen an, aber das Ziel ist immer dasselbe – Sieger werden Pferde, von denen die Richter eine Verbesserung der Rasse erwarten. Die drei wichtigsten zu beurteilenden Eigenschaften sind Gebäude, Gänge, Rittigkeit.

Rechte Seite oben: Zwei Polo-Szenen. An gute Poloponys werden hohe Anforderungen gestellt. Sie müssen aus dem gestreckten Galopp auf eine Pferdelänge anhalten, auf der Stelle wenden, sich in einer Pirouette herumwerfen und aus dem Halten wieder im gestreckten Galopp losbrausen können. Außerdem müssen sie andere Ponys wegdrängen, sich durch Zügelanlegen am Hals lenken lassen und fliegende Galoppwechsel so selbstverständlich machen, als ob sie nichts seien.

stanzritt alte Tradition. Es ist ja schließlich nichts anderes als die sportliche Form einer der ursprünglichen Zweckbestimmungen der Reiterei: der schnellen Überwindung großer Distanzen, zum Beispiel im Kurierdienst. Legende geworden ist der Distanzritt Wien–Berlin beziehungsweise Berlin–Wien vom Jahre 1892. Er war von den Heeresleitungen Deutschlands und Österreichs organisiert, von jeder Seite nahmen über 100 Offiziere daran teil. Die Streckendistanz des Siegers – die Wahl des Weges war dem einzelnen Reiter überlassen – betrug 592 km. Er legte sie innerhalb 3 Tagen in 71 ½ Stunden zurück, und zwar in 7 Etappen, einschließlich einer Gesamtruhezeit von 11 ¾ Stunden. Damals interessierte in erster Linie die Belastbarkeit der Kavallerie.

Erlebnis- und Abenteuerlust war es hingegen wohl, die den Schweizer Tschiffely im Jahre 1925 mit zwei Criollo-Pferden von Buenos Aires aufbrechen ließ: Ziel Washington. 16000 Kilometer! Allein. Über die Anden, durch Urwald und Wüste. Knapp 3 Jahre nach dem Start wird er im Weißen Haus vom Präsidenten der Vereinigten Staaten empfangen.

Heute gibt es Distanzreiter-Vereinigungen, der Distanzritt ist ein Sport, der seinen besonderen Reiz wohl noch immer aus dem Reiten

Polospieler in Aktion. Polospieler müssen ein gutes Auge für den sich bewegenden Ball haben. Das ist wichtiger als eigentliche Reitkünste, obwohl es natürlich nicht ohne sicheren Sitz und gutes Gleichgewicht geht. Heute dienen die Regeln hauptsächlich der Sicherheit: «Vorfahrt» hat der Spieler, der in der Ballinie reitet – wichtig bei Geschwindigkeiten bis zu 40 km/h –, und außerdem ist es verboten, den Schläger in der linken Hand zu halten. Das Spiel wird unterbrochen, wenn Ponys stürzen oder lahmgehen, Zaum- oder Sattelzeug beschädigt sind, ein Reiter den Helm verliert oder der Ball vom Spielfeld rollt. Überwacht werden die Regeln von zwei berittenen Schiedsrichtern und einem, der zentral auf einer Feldseite sitzt und bei Uneinigkeit dieser beiden entscheidet. Fouls werden je nach Schwere des Falls bestraft, z.B. mit einem Straftor oder einem freien Schlag von einer vom Schiedsrichter bestimmten Stelle aus.

in freier Landschaft bezieht, er ist noch immer eine Art Abenteuer geblieben.
Pferd und Reiter müssen unbedingt fit sein, und die Kondition des Pferdes wird in regelmäßigen Abständen während des Rittes durch strenge Veterinärkontrollen überprüft. Es gibt zwei Arten der Bewertung: Entweder wird die Zeit für jede Phase vorher festgelegt, und es gibt Strafpunkte für Unter- ebenso wie für Überschreitung dieser Idealzeit, oder es wird gegen die Uhr geritten, und die erreichte Zeit entscheidet über die Placierung. Das kann eine sehr harte Leistungsprüfung sein, an der nur sehr ausdauernde Pferde teilnehmen sollten. So führt zum Beispiel der bekannte Schnabelsberg-Ritt in der Schweiz über eine Distanz von 160 km, die in 24 Stunden zu bewältigen ist.
Viele Distanzritte werden aber auch zum reinen Vergnügen, ohne das Element des Wettbewerbs organisiert. Die einfachste Art ist Pony-Trekking, ein Wandern zu Pferde, an dem auch ein verhältnismäßig unerfahrener Reiter sein Vergnügen haben kann.

Western-Reiten
Ein Reitstil, der weltweit immer beliebter wird, ist das Western-Reiten. Es hat seinen Ursprung in der Arbeit und in den wettkämpferischen Vergnügungen der Cowboys.
Der Western-Stil unterscheidet sich in vier Hauptpunkten vom europäischen Reitstil. Er ist ganz darauf ausgerichtet, dem Reiter die langen, harten Ritte beim Viehtrieb so bequem wie möglich und die eigentliche Aufgabe, das Vieh zu überwachen, so einfach wie möglich zu machen. Auf diesen Zweck hin ist zunächst der Sattel konstruiert: So dient das Sattelhorn dazu, das aufgerollte Lasso darüberzulegen oder das Lasso daran zu befestigen, wenn ein Rind eingefangen werden muß. Die Sitzfläche federt, damit dem Reiter das Aussitzen im Trab leichterfällt. Zweitens wird die Zügelfaust hoch getragen, und das Pferd ist auf Stange mit langen Anzügen oder gebißlose Bosal-Zäumung gezäumt, so daß es sich leicht, schnell und genau lenken läßt. Drittens sitzt der Reiter mit «langem Bein» möglichst tief im Sattel. Schließlich werden die Pferde dazu ausgebildet, sich durch Anlegen des Zügels am Hals (neck-reining) wenden und lenken zu lassen. Sie müssen ja mit einer Hand zu lenken sein, wenn die andere zum Beispiel mit dem Lasso beschäftigt ist.
Den europäischen Western-Reitern macht nicht nur die extravagante Aufmachung Spaß – nach ihrer Meinung gibt es keine angenehmere Reitart, vor allem bei langen Ritten.

Rodeo
Wenn sich die Cowboys am Ende eines Viehtriebs trafen, hielten sie formlose Wettkämpfe in allen Cowboykünsten ab: Lassowerfen, Reiten ohne Sattel auf ungezähmtem Pferd, Ringkampf mit Stieren, Reiten auf Stieren und so weiter. Aus diesen Anfängen entwickelte sich das Schauspiel Rodeo. Soweit bekannt, wurde das erste Rodeo am 4. Juli (Unabhängigkeitstag) 1866 in Arizona abgehalten. Heute werden in den USA jährlich mehr als 500 professionelle Rodeos veranstaltet, dazu Hunderte von Amateur-Wettbewerben, und für die Teilnehmer stehen manchmal beträchtliche Preisgelder auf dem Spiel.
Alle Rodeo-Wettkämpfe erfordern gehörigen Mut und gute Nerven von Reiter und Pferd. Beim Calf-roping (Kalb-Einfangen) beispielsweise wird ein Kalb in die Arena gelassen, das der Cowboy mit dem Lasso aus dem gestreckten Galopp heraus einfangen muß. Das klingt nicht so aufregend. Was da aber im Wettkampf geschieht, ist voller Spannung und verlangt von Reiter und Pferd ein Höchstmaß an Können. Der Bericht eines sachverständigen Zuschauers wird das am besten bekunden: «An einem Schmalende der Arena steht in der Startbox ein ziemlich ausgewachsenes Kalb. Die Box öffnet sich automatisch. Das Kalb rennt los, so schnell es kann. Sobald es eine Markierungslinie gekreuzt hat, setzt ihm aus einer anderen Box ein Pferd mit gewaltigen Sätzen nach, das den Vorgang so gespannt beobachtet hat wie sein Reiter. Dies Losschießenkönnen, wie ein von der Sehne

Links: Auf einem Distanzritt, ein Reitsport, der in den letzten Jahren weltweit an Beliebtheit gewonnen hat.

Oben: Pony-Trekking.

Unten: Trail-Reiter.

geschnellter Pfeil, ist die eine der von ihm verlangten Qualitäten, die andere ist es, dem Reiter das Kalb richtig vor das Lasso zu bringen. Das heißt, sein durch Training geschulter Instinkt muß es die Bewegungen des Kalbes genau vorausahnen lassen. Es schätzt die Geschwindigkeit ab (ähnliches leistet ja das Springpferd beim Absprung) und bringt den Reiter in die richtige Position knapp seitlich hinter das Kalb. Dabei hält es den Zwischenraum ganz gleichmäßig, obwohl natürlich das Kalb auf alle Weise zu entkommen versucht. Der Reiter kann sich ganz auf den Lassowurf konzentrieren. Schon ist die Schlinge gebildet, legt sich glatt um den Hals des Kalbes. Der Reiter läßt das am Sattelknopf befestigte Seil los und springt zu Boden. Das Pferd hat bereits von sich aus zum Stop angesetzt, die Hinterhufe durch den aufwirbelnden Sand der Arena unter den Leib gezogen und so das Lasso gestrafft. Es weiß genau, was es zu tun hat: Es muß die Leine des Lassos festhalten – keinesfalls darf es seinerseits ziehen, es muß halten, unverrückbar stehen, wie wild das Kalb am anderen Ende ziehen und zerren mag. Der Reiter hat das Kalb nun schon auf den Rücken gelegt, greift das Bindeseil, das er bisher zwischen den Zähnen gehalten hat, wirbelt es um ein Vorderbein, schnappt sich die ausschlagenden Hinterfüße, dreht das Seil dreimal darum herum, macht einen Knoten. Dann läuft er zum Pferd zurück, löst das Lasso vom Sattel. Und jetzt muß das Kalb 5 Sekunden liegenbleiben, sonst gilt der Fang nicht. Sieger des Wettbewerbs ist, wer die kürzeste Zeit braucht.

Sein Pferd ist der gleichwertige Partner. Überrennt es das Kalb, hält es den Abstand nicht gleichmäßig, geht Zeit verloren. Hält es nach dem Lassieren zu langsam an, geht noch einmal Zeit verloren. Ein zu plötzlicher Stop bringt den Reiter für kostbare Sekunden aus dem Gleichgewicht. Hier muß alles stimmen.»

Eine andere Geschicklichkeitsprüfung mit erheblichem Verletzungsrisiko ist Bronco Riding, das Reiten auf ungezähmtem Pferd. Der Reiter muß sich mindestens zehn Sekunden im Sattel – so vorhanden – oder acht Sekunden auf dem bloßen Pferderücken halten.

Beim Ringkampf mit Stieren gibt es noch berittene Helfer, die neben dem Stier herreiten und dafür sorgen, daß er einigermaßen geradeaus läuft. In gewisser Weise spielen sie die Rolle der Picadores beim Stierkampf, wie das Rodeo überhaupt in einigen Aspekten Ähnlichkeit mit dem Stierkampf hat.

Dies ist auch einer der Gründe, warum bei Rodeos in Amerika Clowns und sogenannte Pick-up-Reiter beschäftigt werden. Außer der Unterhaltung des Publikums dienen die Clowns dem Zweck, die Aufmerksamkeit eines Stiers oder Wildpferds von einem gestürzten Reiter abzulenken, damit er in Sicherheit gebracht werden kann. Kann sich ein Reiter auf dem Pferd halten, treten die Pick-up-Reiter in Aktion: sie reiten Seite an Seite mit ihm und helfen ihm «umzusteigen».

Auch Amazonen nehmen an Rodeos teil; in den USA wurde schon 1948 die Girls' Rodeo Association gegründet.

Unten: Kälber-Lassieren bei der berühmten Calgary Stampede. Kleine Bilder: Cowboy bei der Arbeit; Reiten auf ungerittenem Pferd bei einem Rodeo. *Rechte Seite, Mitte links:* Proviantwagen-Rennen. Rodeospiele begannen im 19. Jhdt. im Wilden Westen. Heute sind sie ein Schauspiel, das riesige Zuschauermengen anzieht, sowohl in Nordamerika als auch in Australien. Auch weibliche Teilnehmer sind zugelassen.

Pferderennen

Der Rennsport hat sich seit dem 19. Jahrhundert zu einer riesigen Unterhaltungsindustrie entwickelt. Gegen eine halbe Million Vollblüter und eine ebenfalls enorme Zahl Renntraber bilden rings um die Welt die Basis dafür. Wann und wo die ersten Rennen abgehalten wurden, ist ungewiß. Sicher ist nur, daß im Altertum bereits Chinesen, Tataren, Mongolen, Griechen und Römer diesen Sport in der oder jener Form betrieben haben. Die rennbegeisterten Bürger Roms, wo die Pferde vor Zweiradwagen liefen, trugen die Farben ihres bevorzugten Wagenlenkers und waren schnell bereit, sich mit Anhängern der Konkurrenz handgreiflich auseinanderzusetzen. Selbst in der äußersten Ecke des Römischen Reiches, in Britannien, veranstalteten die Garnisonsbesatzungen von Weatherby und York solche Rennen.

Die Pferde

Die Galopprennen, von denen hier die Rede ist, sind Leistungsprüfungen der *Vollblüter* – Vollblut nicht im Sinne der Einteilung in Voll-, Warm- und Kaltblut, sondern als die gebräuchliche Bezeichnung des «Englischen Vollbluts» (Thoroughbred). In diesem Zusammenhang ist vielleicht der Hinweis angezeigt, daß die nationale Bezeichnung «Deutsches Vollblut», «Französisches Vollblut» undsoweiter ausschließlich das Geburtsland kenntlich macht, keineswegs eine eigene Rasse. Auch sie sind «Englisches Vollblut». Alle Pferde, die in diesem Sinn die Bezeichnung Vollblut tragen dürfen, gehen auf drei orientalische Hengste zurück – Byerley Turk, Darley Arabian und Godolphin Barb.

Byerley Turk wurde 1686/87 bei der Befreiung Budapests im Kampf gegen die Türken erbeutet. Sein neuer Besitzer, Oberst Byerley von den Dragoon Guards, war von der überlegenen Schnelligkeit und Wendigkeit des Hengstes so beeindruckt, daß er nach der Rückkehr in die Heimat ihn zur Zucht verwendete, zuerst in County Durham, dann in Yorkshire. So berühmte Rennpferde wie Tetrarch und Tourbillon gehen in direkter Linie auf Byerley Turk zurück.

Darley Arabian wurde 1700 am Rande der syrischen Wüste geboren und vier Jahre später vom Scheich Mirza an Thomas Darley, den englischen Konsul in Aleppo, verkauft. Sehr schnell bedauerte der Scheich den Handel und versuchte, ihn rückgängig zu machen. Als dies nicht gelang, gab er Befehl, jeden zu töten, der es wagen sollte, das Pferd wegzuführen. Darley jedoch holte einige britische Matrosen von einem im Hafen ankernden Kriegsschiff zu Hilfe. Sie ruderten nachts an Land, überwältigten die Stallwache und brachten das Pferd an Bord. Wutentbrannt forderte der Scheich sein Pferd von Englands Königin Anne zurück: Sein unvergleichlicher Hengst sei «mehr wert als das Lösegeld für einen König und von einem ihrer Untertanen schmählich gestohlen worden.» Sein Protest machte wenig Eindruck, aber seine Meinung über das Pferd erwies sich als vollauf gerechtfertigt. In den nächsten 25 Jahren zeugte Darley Arabian eine ganze Serie Siegerpferde, von denen ihrerseits St. Simon, Gainsborough, Blandford und – vielleicht der edelste von allen – der große Eclipse abstammten.

Godolphin Barb wurde 1724 geboren und kam als Geschenk des Sultans von Marokko an Ludwig XV. nach Frankreich. Nach einer nie ganz aufgeklärten Irrfahrt wurde er von Lord Godolphin erworben und zum Stammvater einer weiteren berühmten Linie.

Die Zuchtgeschichte keiner anderen Rasse ist so klar und belegbar zurückzuverfolgen wie die des Englischen Vollbluts. Bereits 1793 wurde das Zuchtbuch, das «General Stud Book» geschlossen. Das heißt: Seit bald 200 Jahren durften und dürfen nur mehr Pferde als Vollblut registriert werden, deren Vorfahren lückenlos auf die damals dort eingetragenen Pferde zurückgeführt werden konnten und können. Das stolze Markenzeichen ist das xx hinter dem Namen.

Auch wenn sie auf europäischen Bahnen nicht zu Hause ist, so muß doch kurz von einer weiteren Rasse die Rede sein, die auf den Galoppbahnen der USA, Kanadas und Australiens eine bedeutende Rolle spielt. Es ist das *Quarter Horse,* immerhin mengenmäßig – wenn auch nicht allein als Rennpferd, sondern überwiegend als Reit- und Rancher-

Rechts und unten: Zwei gegensätzliche Szenen – eine aus einem Schweizer Zirkus, die andere aus einer spanischen Stierkampfarena. Zirkuspferde werden ebenso sorgfältig ausgebildet wie Dressurpferde, und beim Stierkampf werden an die speziell hierfür gezüchteten Pferde ebenso hohe Anforderungen gestellt.

Pferd – mit 800 000 registrierten Pferden die größte Zuchtrasse der Welt. Der Name sagt alles: Die Zuchtwahl erfolgt aufgrund der Quartermile-Rennen, der Viertelmeile von 400 m, wobei die Not erfinderisch gemacht hatte. Die Pioniere Amerikas hatten nicht die Mittel, großartige Rennbahnen anzulegen. Aber die Leidenschaft für Pferderennen hatten sie aus der alten Heimat mitgebracht. So trugen sie mit den Pferden, die werktags Farmarbeit verrichten mußten, zum sonntäglichen Vergnügen Rennen die Dorfstraße entlang aus. Es sind also Sprinter-Qualitäten, die vom Quarter Horse verlangt werden. Welche Begeisterung die Rennen dieser Blitzstarter wecken, geht vielleicht aus der Preissumme der All American Futurity Stakes hervor: 600 000 Dollar.

Einen weltwichtigen Beitrag leistete Nordamerika jedoch zur Zucht von *Trabrennpferden* mit dem Standardbred (s.a. Seite 62). 1788 wurde der Englische Vollblüter Messenger eingeführt. Er begründete mit Stuten der einheimischen Narragansett und Canadian Pacers die Rasse, deren Produkte als Traber-Veredler auch in Europa Einzug hielten.

In Europa war kurz zuvor dem russischen Grafen Orlow die Zucht der damals schnellsten Wagenpferde gelungen. Er hatte den Sohn aus einer Araberhengst/Dänenstute-Kreuzung mit einer holländischen Harddraverstute gepaart. Das Produkt war der Schimmel Bars I, 1784 geboren, der zum Stammvater der Orlow-Traber wurde.

Die dritte Traber-Gründerrasse ist der Französische Traber auf Anglo-Normänner-Basis, jedoch später mit erheblichem Einfluß von Standardbred-Blut. Das Stutbuch wurde 1937 geschlossen.

Zum Standardbred ist noch etwas erwähnenswert. Die Veranlagung der Stamm-Mütter zum Paßgang kann in der Erbfolge durchschlagen. So gibt es bei den Standardbreds neben den Trabern auch Paßgänger. In den USA werden für die Paßgänger sogar eigene Rennen veranstaltet. Pferde, die beide Gangarten im Renntempo laufen, können an beiderlei Rennen teilnehmen, dürfen im Rennen die Gangart jedoch nicht wechseln. Auf europäischen Bahnen ist der Paßgang streng verpönt.

Der Trainer

Am Werden, Gedeihen und Erfolg eines Rennpferdes haben viele Menschen Anteil: der Züchter, der Besitzer, der Trainer und seine Mitarbeiter vom Futtermeister bis zum Pferdepfleger, und der Jockey. Für das Publikum der Rennbahnen steht der Jockey im Vordergrund, die Namen der erfolgreichen Jockeys sind allgemein bekannt. Ihr Anteil am Rennerfolg darf gewiß nicht geschmälert werden. Er besteht am Renntag im Eingehen auf die Schwankungen der Tagesform des von ihnen gerittenen Pferdes sowie in blitzschneller Reaktion auf taktische Möglichkeiten im Rennverlauf. Die Strategie jedoch sowohl für das einzelne Rennen wie für den Aufbau des Pferdes, seinen Einsatz während einer Rennsaison und darüber hinaus während seiner ganzen Karriere ist Sache des Trainers. Den Kennern sind auch hier die Erfolgreichen bekannt, für das große Publikum bleiben sie jedoch trotz der zentralen Bedeutung ihrer Arbeit im Hintergrund. Gerade deshalb soll hier ihre Tätigkeit kurz beleuchtet werden.

Es gibt den Privattrainer als festbesoldeten Angestellten eines Rennstalles. Und es gibt den öffentlichen Trainer (mit der englischen Bezeichnung Public-Trainer). Er trainiert im allgemeinen die Pferde mehrerer Besitzer gegen eine Grundgebühr und, je nach Abmachung, einen zusätzlichen Gewinnanteil. Er unterhält dazu eigene oder gemietete Stallungen. Die Bahnen für das Training sind meist dem Gelände einer Rennbahn angeschlossen. Es gibt vielleicht einen Begriff vom Betrieb, der da herrscht, wenn man sich klarmacht, daß zum Beispiel in der Kölner Trainingszentrale rund 500 Pferde, die in der Obhut von einem guten Dutzend Trainern stehen, in den Vormittagsstunden dort gearbeitet werden.

Pferd und Reiter aus dem 2. Jhdt. v. Chr. Im antiken Griechenland waren Pferderennen sehr beliebt.

Ob Privat- oder Public-Trainer – die Aufgabe und die Anforderungen sind die gleichen.

Zunächst muß der Trainer selbstverständlich ein Pferdekenner sein, das heißt, er muß die Veranlagungen des noch jungen Pferdes nicht nur nach dem Exterieur beurteilen können, sondern auch jenen sechsten Sinn besitzen, mit dem er die charakterliche Eignung erspüren kann: Trainer wird man nicht von heute auf morgen.

Sodann muß er sich den Pferden genau so verpflichtet fühlen wie dem Besitzer, das heißt, er darf ein Pferd nicht um eines möglichen Gewinnes willen überfordern, muß aber seine Leistungsmöglichkeit voll ausschöpfen. Die Grenze zu ziehen, verlangt Charakterfestigkeit, denn auch das eigene Erfolgs- und Gewinnstreben spielt da unbewußt hinein.

Ferner muß sich der Trainer auf den Umgang mit seinen Mitarbeitern verstehen, das heißt Autorität und Vertrauen vereinen. Denn er ist darauf angewiesen, daß schon der Pfleger ihn auf akute körperliche oder Verhaltensstörungen aufmerksam macht. Das gilt in verstärktem Maß vom Futtermeister. Vor allem muß er auch seine Morgenarbeits-Reiter und -Reiterinnen kennen, damit er die richtigen Reiter/Pferd-Paare für den Arbeitsgalopp zusammenstellt. Und schließlich sind die Hinweise der Jockeys für ihn wichtig.

All dies und seine eigenen täglichen Beobachtungen sind die Grundlage für den Trainingsplan, der dazu bestimmt ist, bei unbedingter Wahrung der Gesundheit des Pferdes die Rennkondition – das heißt Leistungsfähigkeit von Muskulatur, Herz und Lunge – zu kräftigen und seine Freude am Laufen zu bewahren.

Bald wird sich zeigen, ob ein Pferd ein Flieger, ein Meiler, ein Steher ist – ob seine Stärke in der kurzen, der mittleren oder großen Distanz liegt.

Danach plant der Trainer die Arbeit und später die Renneinsätze des einzelnen Pferdes, die er dem Besitzer vorschlägt. Zu Beginn eines Jahres erscheint der Rennkalender, in dem die Rennvereine die Ausschreibungen der von ihnen veranstalteten Rennen bekanntgeben. Die Distanz, die zu erwartende Konkurrenz, die Ausgleichsbedingungen, die Eigenheiten der Bahnen, die Termine sind unter anderem die Kriterien, die in Betracht gezogen werden, um die chancenreichen Möglichkeiten für jedes Pferd herauszufiltern. Eine Art Generalstabsarbeit. Die Nennungen können an sogenannten Streichungsterminen gegen Verfall der bis dahin gezahlten Nenngeld-Raten (Reugeld) zurückgezogen werden, wenn das Trainer und Besitzer nach den gezeigten Leistungen des Pferdes oder etwa im Hinblick auf die Konkurrenz geboten scheint.

Zum Renntag muß dann das Pferd fit gemacht, der sichere Transport organisiert werden, der Jockey die richtigen Instruktionen für die Einteilung des Rennens erhalten – der Trainer hat seine Arbeit getan: Das Rennen wird zeigen, ob er einen Erfolg buchen kann.

Die Arten der Rennen

Wer die Spannung eines Rennens voll erleben oder sich als Wetter betätigen will, muß auch die grundlegenden organisatorischen und technischen Regelungen kennen, allein schon um die Angaben des Rennprogramms verstehen zu können. Da gibt es zunächst die beiden Hauptgruppen:
die *Galopp*rennen und die *Trab*rennen.

Zu den *Galopprennen:*
Die Galopprennen sind unterteilt in:
*Flach*rennen und *Hindernis*rennen,
die Hindernisrennen wiederum in:
*Hürden*rennen und *Jagd*rennen.
Die *Hürdenrennen* führen über Distanzen von 2400 m bis 4000 m. Die Hindernisse bestehen aus transportablen Reisighürden, die in Ab-

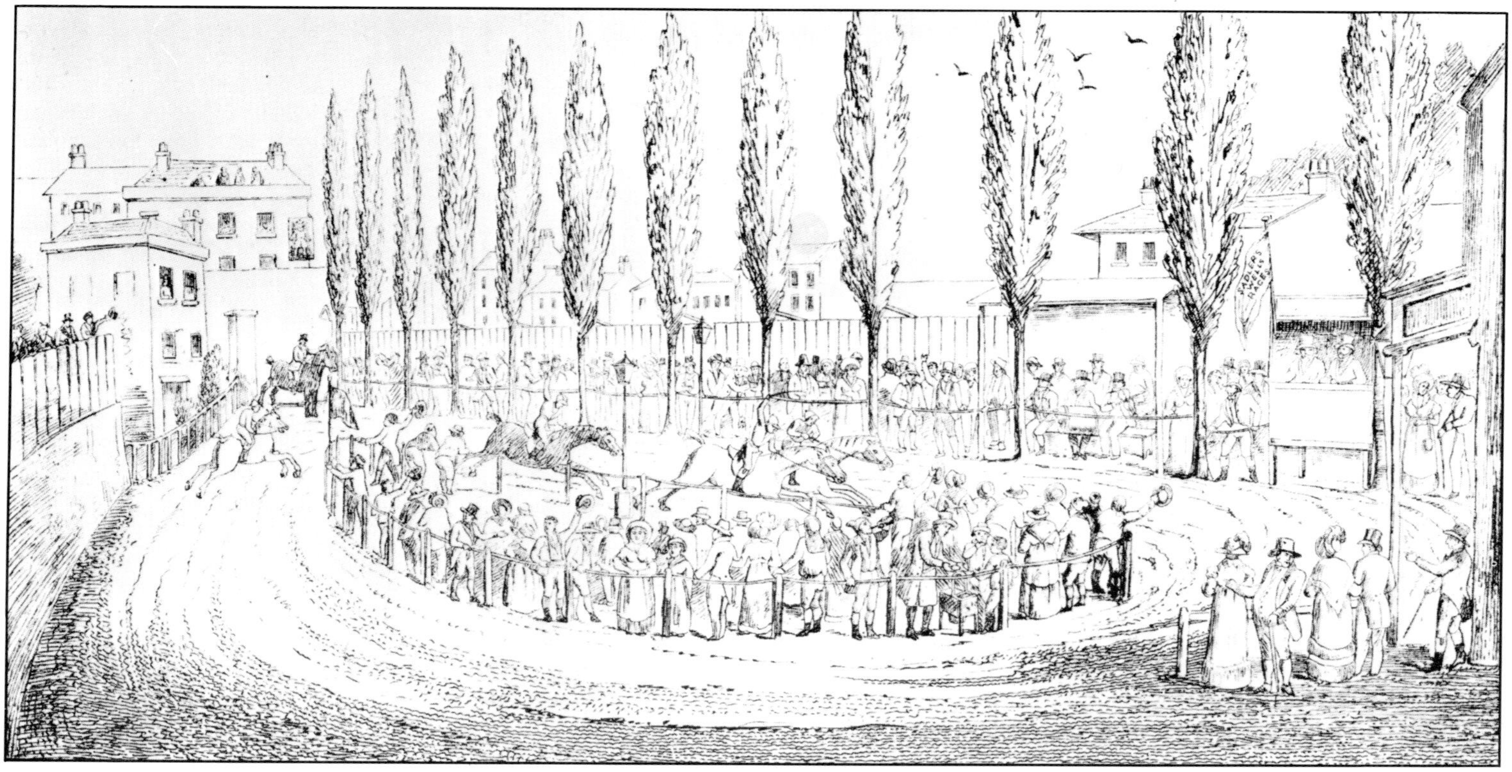

ständen von 300 m im allgemeinen auf der Flachrennstrecke aufgestellt werden. Sie können «gewischt», das heißt mit den Hinterbeinen berührt werden.

Die *Jagdrennen,* mit ihrer englischen Bezeichnung Steeplechase genannt, gehen über Distanzen von 3000 m bis 7500 m. Der Kurs verläuft meist in großen Bögen und Schleifen im Innenraum der Flachrennstrecke. Die Hindernisse sind feste Sprünge – Zäune, Gräben, Wälle, Kombinationen davon als Auf- und Tiefsprünge –, die allermeist nicht gewischt werden können, sondern voll gesprungen werden müssen.

Hindernisrennen 1903 in Auteuil. – *Oben:* Sadlers Wells-Rennbahn, London, 1826.

Im 19. und anfangs 20. Jhdt. entwickelten sich Pferderennen zu volkstümlichen Ereignissen.

Das traditionsreichste, berühmteste und wegen seiner spektakulären Hindernisse berüchtigte Jagdrennen ist die Grand National Steeple Chase im englischen Aintree bei Liverpool. Es führt über 7220 m mit 32 Sprüngen und wird heute in durchschnittlich 9½ Minuten gelaufen.

Die *Flachrennen* werden gemäß den unterschiedlichen Distanzen bezeichnet als:
Fliegerrennen: bis 1400 m,
Meilenrennen: von 1600 m bis 2000 m,
Steherrennen: ab 2200 m.

Eine weitere Art der Einteilung hat die faire Chancengleichheit für die an einem Rennen beteiligten Pferde zum Ziel. So gibt es innerhalb der Flachrennen:
Ausgleichsrennen in den Ausgleichsklassen I-IV;
Aufgewichtsrennen als Altersgewichtsrennen / Verkaufsrennen / Rennen der Klasse B;
innerhalb der Hindernisrennen:
Ausgleichsrennen in den drei Ausgleichsklassen G (gute), M (mittlere), U (untere Klasse),
Aufgewichtsrennen mit der gleichen Unterteilung wie für die Flachrennen.

Der Ausgleich erfolgt für die Galopprennen durch das zu tragende Gewicht.

Für die *Ausgleichsrennen* ist die Grundlage der Festsetzung dieses Gewichtes der sogenannte Generalausgleich, eine zu Jahresbeginn herausgegebene offizielle Liste, in der für jedes in der Vorsaison gelaufene Pferd das Generalausgleichsgewicht (GAG) bestimmt ist. Das Generalausgleichsgewicht ist ein theoretisches Gewicht, bezogen auf die Distanz von 1600 m für Flachrennen, von 3600 m für Hindernisrennen. Das reale Ausgleichsgewicht wird danach und nach den in der laufenden Saison gezeigten Leistungen für die einzelnen Rennen unter Berücksichtigung der Distanz vom jeweiligen Ausgleicher (Handicaper) bestimmt – nicht immer zur Freude des Besitzers.

Praktisch setzt sich das so vom Pferd zu tragende Gewicht zusammen aus: dem Gewicht des Reiters im Renndreß (ohne Kappe und Peitsche), des Sattelzeugs (Sattel, Bügel, Gurte, Satteldecke, ohne Nummerndecke) sowie aus dem eventuellen Ausgleichsgewicht in Form von Bleiplatten, die in dafür an der Satteldecke angebrachte Taschen gesteckt werden.

Bei den *Aufgewichtsrennen* bestimmt sich das vom Pferd zu tragende Gewicht nach seinem Alter und Geschlecht sowie nach seiner bisherigen Gewinnsumme, ist also auch abhängig von der Bedeutung der Rennen, in denen es plaziert war.

Die Rennen der Klasse B sind dabei Pferden mit geringer Gewinnsumme vorbehalten. Es sind Rennen, bei denen die Gewinnsumme höchstens DM 3000.– (für Flachrennen) beziehungsweise DM 3500.– (für Hindernisrennen) beträgt.

Bei *Altersgewichtsrennen,* zu denen vor allem auch die Klassischen Rennen gehören (von denen später noch gesprochen wird), sind nur Geschlecht und Alter der Pferde für den Ausgleich maßgebend.
Bei den *Verkaufsrennen* – jedes teilnehmende Pferd steht nach dem Rennen zum Verkauf – richtet sich das zu tragende Gewicht nach Alter, Geschlecht und der Höhe des in der Ausschreibung genannten Verkaufspreises.

Eine Chancengleichheit, die so für die Pferde auf einer fein abgestimmten Berechnungsgrundlage hergestellt wird, soll aber auch in gewisser Hinsicht für die Reiter gegeben sein. So sind die Galopprennen im allgemeinen den von den Rennbehörden lizenzierten Berufsjockeys vorbehalten. Es gibt dann aber auch die *Rennen für Amateure und für Lehrlinge.* Amateurrennreiter bedürfen zur Teilnahme an den für sie ausgeschriebenen Rennen ebenfalls einer Lizenz, deren Erwerb an festgelegte Bedingungen gebunden ist. Lehrlinge, die sich auf den Beruf des Jockeys vorbereiten, wird – gleicherweise unter bestimmten Bedingungen – auf Antrag des ausbildenden Trainers die Erlaubnis zur Teilnahme an Lehrlingsrennen erteilt. Bewährt sich ein Lehrling besonders, kann er sogar nach einer Zwischenprüfung bereits die allgemeine Rennerlaubnis erhalten.
Es ist hier vielleicht der Ort zu sagen, daß in neuerer Zeit auch weibliche Berufsjockeys zugelassen sind – und sie haben sich ihren Platz unter den männlichen Kollegen auch da, wie in allen Pferdesportarten, mit Glanz erobert.

Der Ablauf von Galopprennen
Die Vorbereitungen für die Rennen beginnen in den *Sattelboxen.* Hier werden die Pferde ein letztesmal von Besitzer und Trainer begutachtet, der Sitz des Zaumzeugs inspiziert, zu dem bei speziell nervösen Pferden gegebenenfalls eine Bodenblende – ein lammfellüberzogener Nasenriemen – oder sogenannte Blinkers – Scheuklappen oder -kappen – gehören. Von der *Waage* her kommt jetzt der Jockey mit dem Sattelzeug und dem gemäß Wiegeergebnis eventuell in der Satteldecke verstauten Ausgleichsgewicht. (Das Gewicht des Jockeys mit dem Sattelzeug darf natürlich das dem Pferd zugeteilte Gewicht keinesfalls überschreiten, weshalb die Jockeys sich selbst unter anderem einer sehr strengen Ernährungsdisziplin unterwerfen.)
Die Pferde werden nun gesattelt, wobei ihnen auch die Nummerndecke mit der Startbahnnummer aufgelegt wird; die Startbahnen werden bei Nennungsschluß ausgelost und in den Rennprogrammen veröffentlicht.
Auf ein Glockenzeichen werden die Pferde in den *Führring* geführt, wo sich jetzt das Publikum drängt, um sie seinerseits in Augenschein zu nehmen, und mehr oder weniger sachverständig probiert, an Haltung und Aufführung die Tagesform abzulesen und danach die Wetteinsätze zu überlegen.
Eine allerletzte Gelegenheit dazu bietet sich, wenn nach erneutem Glockenzeichen die Jokkeys in den Sattel gehoben werden und zur *Parade* vor den Tribünen und zum anschließenden *Aufgalopp* reiten. Dabei können die Wetter die Pferde im Galopp beurteilen, müssen nun aber, wenn sie das bisher noch nicht getan haben, endgültig und schnell ihre Wetten abschließen.
Denn durch ein erneutes Glockenzeichen werden die Pferde zum *Start* gerufen. Da das Ziel mit Richterhaus und Einrichtungen für die Zielfotografie fest bei den Tribünen installiert ist, liegen die Startlinien gemäß den verschiedenen Distanzen der Rennen an entsprechend unterschiedlichen Stellen des Geläufs.
Der Start erfolgt heute allermeist als Ständeoder Boxenstart oder als Bänderstart, das heißt mittels technischer Auslösung, kaum noch als manueller Flaggenstart.
Beim Stände- oder Boxenstart wird die Startmaschine mit der Reihe der Stände oder Boxen zur jeweiligen Startlinie gefahren. Die Pferde werden von hinten in die Boxen hinein geritten. Der Starter löst den Start elektrisch durch Knopfdruck aus, auf den die vorderen Boxentüren gleichzeitig aufspringen und die Pferde losgaloppieren. Fehlstarts sind so ausgeschlossen.
Auch bei Bänderstarts erfolgt die Auslösung – das Fortschnellen der Bänder, hinter denen die Pferde Aufstellung genommen haben – mechanisch. Doch ist hierbei ein Fehlstart dennoch möglich, so daß bei Bänderstarts auch noch der sogenannte Rückrufer anwesend sein muß, der gegebenenfalls den Jockeys den Rückruf zu erneutem Start signalisiert.
Ist der Start geglückt, zeigt der Starter dies

Ausrüstung für Jockey und Rennpferd. Das kostspieligste Stück der Ausrüstung ist der Rennsattel. Im Durchschnitt benötigt ein Jokkey drei Sättel in verschiedenen Größen, um unterschiedlichen Pferden und Ausgleichgewichten Rechnung zu tragen.

Links: Schwimmen stärkt die Muskeln und ist heute Bestandteil vieler Trainingsprogramme.

durch «Abläuten» an – für dieses Rennen darf keine Wette mehr abgegeben werden. Der Kampf auf dem grünen Rasengeläuf ist im Gange. Je nach den Instruktionen des Trainers suchen die Jockeys von Anfang an ihr Pferd in Spitzenposition zu bringen, legen einen Zwischenspurt ein oder halten das Pferd in der seiner Veranlagung entsprechenden richtigen Ausgangsposition für das Finish auf der Zielgeraden.
Es ist entschieden: Sieg – Platz – Ferner liefen. Zwar noch nicht endgültig: Die Reiter der plazierten Pferde und des ersten nichtplazierten Pferdes haben sich mit dem Sattelzeug wiederum zur Waage zu begeben, zum *Zurückwiegen.* Erst wenn diese Kontrolle beendet ist, gibt der Richter das offizielle Ergebnis bekannt.
Bereits sind die Vorbereitungen für das nächste Rennen des Tages im Gange.

Trabrennen
Das äußerlich sichtbarste Kennzeichen des Trabrennens ist es, daß außer Pferd und Mensch noch das Sulky dazugehört, der superleichte, zweirädrige Einachser, kaum mehr als ein «fahrbarer Untersatz» für den Fahrer.
Sodann finden die Rennen nicht auf der Rasenbahn statt, sondern auf mit Kies- oder Kunststoffbelag versehenem Geläuf, und nicht nur bei Tageslicht, sondern auch unter Flutlicht. So können auf den Trabrennbahnen weit mehr Rennen veranstaltet werden als auf den Galoppbahnen.
Die Unterteilung in Rennen für Berufsfahrer und für Amateure ist fließend: Ein Amateur, der eine bestimmte Anzahl Amateurrennen gewonnen hat, kann an allen Trabrennen teilnehmen.
Und – im Gegensatz zu den Galopprennen, bei denen der Trainer nicht auch Jockey sein darf – ist bei den Trabrennen sehr häufig der Trainer auch der Fahrer.
Der Ausgleich geschieht nicht durch unterschiedliche Gewichtszuteilung, sondern durch Distanzverminderung (Erlaubnis genannt) oder Distanzverlängerung (Zulage genannt) um 20 m oder 25 m oder ein Mehrfaches davon. Ausschlaggebend wichtig ist – natürlich neben dem Rennvermögen des Pferdes – die Reinheit der Gangart. Galopp, Dreischlag (vorn Trab, hinten Galopp) und Paß sind nicht zugelassen und führen, nach bestimmten Regeln, zur Disqualifikation.
Der Start erfolgt entweder als Autostart oder als Bänderstart. Wie die Bezeichnung sagt, ist beim Autostart eine automobile Startmaschine im Einsatz. Auf diesem Startauto sind über die ganze Breite der Bahn ausklappbare Flügel montiert. Hinter ihnen stellen sich in gerader Linie die Gespanne auf und rollen, dem Auto folgend, in steigendem Tempo auf die Startlinie zu. Kurz davor löst sich das Startauto vom Feld und entfernt sich mit hoher Geschwindigkeit von der Piste. Die Pferde passieren in fliegendem Start die Startlinie – das Rennen hat begonnen. Das System gewährt beste Chancen der korrekten Ausrichtung der Gespanne.
Betreffend die Erlaubnisse besagen die offiziellen Bestimmungen: «Beim Autostart gilt die Erlaubnis als gewährt, wenn der Berechtigte in der ersten Reihe innen startet. Bei mehreren Berechtigten werden die Startplätze ausgelost.»
Komplizierter ist die Sache beim Bänderstart. Hier stellen sich die Gespanne in den gemäß Zulagen und Erlaubnissen gestaffelten und durch Bänder nach vorn abgegrenzten Startsektoren auf.
Vor den Startkommandos drehen sie dort in langsamer Kreisfahrt hintereinander in der Startnummernfolge. Beim Vorkommando schwenken sie auf die ihnen zugewiesene Position innerhalb ihres Sektors ein. In festgesetzten Sekundenabständen ertönen die Kommandos: «Fertig machen!» – «An die Plätze!» – «Eins – Zwei – Ab!» Mit dem gleichzeitigen

Unten: Traditionelle britische Buchmacher auf der Rennbahn (oben) und die hochtechnisierte Wetthalle von Aqueduct, New York (unten). Dort setzen 73 000 Besucher bei den neun Rennen eines Tages durchschnittlich $ 5 500 000 um. Mit dem benachbarten Belmont zusammen kommt Aqueduct auf über 200 Renntage im Jahr.

Wegschnellen der Bänder ist der Start erfolgt – und hoffentlich geglückt.
Da das Einschwenken aus einer äußeren Bahn auf eine günstigere Bahn für den Trabfahrer weit schwieriger ist als für den Jockey im Galopprennen, sucht er die günstige Position oder «Lage» so früh wie möglich zu erkämpfen. Damit fällt die Vorentscheidung für eine gute Plazierung.
Im Mutterland der neuzeitlichen Pferderennen, in England, haben Trabrennen nie die Bedeutung der Galopprennen gewonnen. Dagegen sind die USA, Kanada, Australien, Neuseeland, in Europa Frankreich, Italien, Deutschland, die Schweiz und Holland begeisterte Traberländer. Hier sind Trabrennen ausgesprochen volkstümlich.

Die bedeutendsten Rennen
Unter den berühmten Rennen gibt es ein legendäres: das englische Derby, gelaufen am ersten Mittwoch im Juni auf der Bahn von Epsom. Dies seine Geschichte: An einem Fest, das der Earl of Derby 1778 auf seinem Besitz The Oaks in der Nähe von Epsom gab, wurde beschlossen, im folgenden Jahr dort ein Rennen zu veranstalten – seit 1779 sind die Oaks als Rennen für dreijährige Stuten fest etabliert. Diese ersten Oaks waren ein solcher Erfolg, daß unter den Oaks-Begründern ausgemacht wurde, im nächsten Jahr, 1780, auf der Epsom-Bahn ein weiteres Rennen, und zwar für dreijährige Stuten und Hengste, zu organisieren. Wie sollte es heißen? Earl Derby und Sir Bunbury zogen das Los – Derby gewann, das «Derby» war aus der Taufe gehoben. Sir Bunbury blieb der Trost, daß sein Hengst Diomed das erste, noch über nur eine Meile führende Derby gewann. Heute ist die Derby-Distanz 1½ Meilen oder 2400 m.
Doch Oaks und Derby sind nicht die ältesten der heute noch bestehenden Classics, der fünf sogenannten Klassischen Rennen. Das ist das St. Leger für dreijährige Stuten und Hengste, erstmals 1776 und heute noch in Doncaster gelaufen. Seinen Namen soll es nach einem englischen General tragen.
Schon damals wurden die Rennen in England nach festgeschriebenen Regeln gelaufen – höchste Autorität in allen Rennangelegenheiten war der bereits 1752 gegründete Jockey-Club, entgegen seinem Namen ursprünglich der Klub der Rennstallbesitzer. Sein deutsches Gegenstück war der fast ein Jahrhundert später, 1840, gegründete Norddeutsche Jockey-Club, dessen Nachfolge 1876 der berühmte Unionclub antrat. Seit 1945 ist nun das «Direktorium für Vollblutzucht und Rennen» unter anderem für die Galopprennen oberste Instanz. Die entsprechende Instanz für die Traber ist der «Hauptverband für Traber-Zucht und -Rennen».
Doch noch einmal zurück zum englischen Jockey-Club. Er war in Newmarket beheimatet, damals wie heute ein Zentrum der englischen und damit der internationalen Pferdewelt. Dort wurden und werden die zwei weiteren Klassischen Rennen ausgetragen: die «2000 Guineas» (seit 1808, für dreijährige Stuten und Hengste) und die «1000 Guineas» (seit 1814, für dreijährige Stuten).
Bei den fünf Klassischen Rennen handelt es sich um Zuchtrennen für Dreijährige. Wallache sind also nicht zugelassen. Alle teilnehmenden Pferde tragen das gleiche Gewicht, Stuten 2 kg weniger als Hengste, im Derby beispielsweise 58 und 56 kg.
Es folgt hier eine Aufstellung der deutschen Klassischen Rennen, in Klammern die entsprechenden englischen Namen, nach dem Austragungsdatum geordnet; H = Hengste, St = Stuten.

Henckel-Rennen (2000 Guineas), Derby und St. Leger eines Jahres bilden zusammen die Dreifache Krone (triple crown), die zu gewinnen das höchste Ziel ist. In Deutschland ist das noch keinem Pferd gelungen. Die englische Renngeschichte kennt auch nicht mehr als knapp über ein Dutzend Triple Crown-Gewinner. Der erste war West Australian im Jahre 1853, der bisher letzte Nijinski im Jahre 1970.
Auch die Amerikaner haben ihre Triple Crown, bestehend aus Belmont Stakes (seit 1867), Preakness Stakes (seit 1873) und dem Kentucky Derby (seit 1875), das am ersten Samstag im Mai auf den Churchill Downs in Louisville im Staat Kentucky ausgetragen wird. Wie die meisten amerikanischen Rennen wird es auf Sandbahn gelaufen. Nur das

Schwarzgold	(1000 Guineas)	1600 m	Mai	Düsseldorf	St
Henckel	(2000 Guineas)	1600 m	Mai	Gelsenkirchen	St/H
Preis d. Diana	(Oaks)	2400 m	Juni	Mülheim	St
Derby	(Derby)	2400 m	Juli	Hamburg-Horn	St/H
St. Leger	(St. Leger)	2800 m	Sept.	Dortmund	St/H

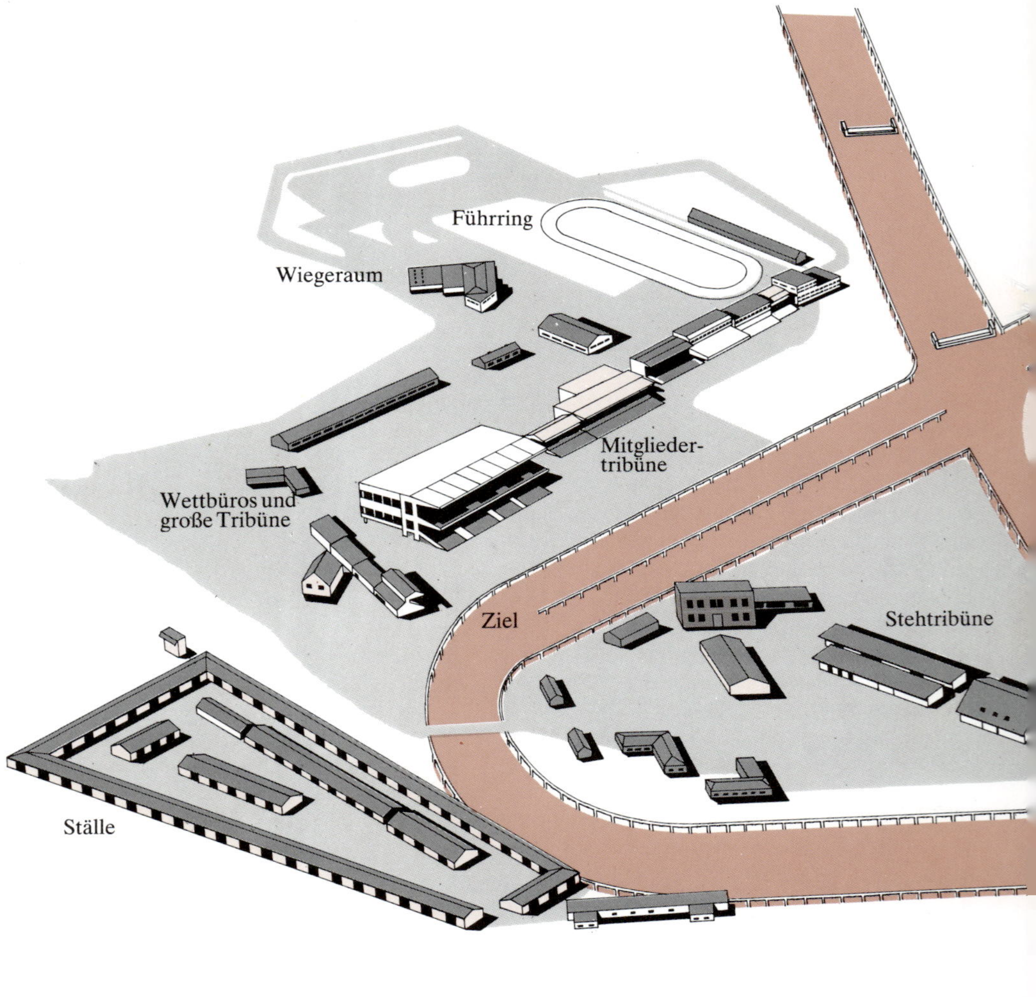

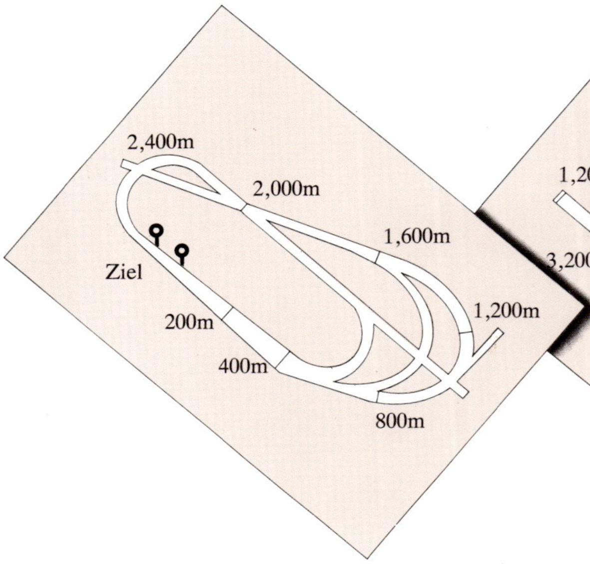

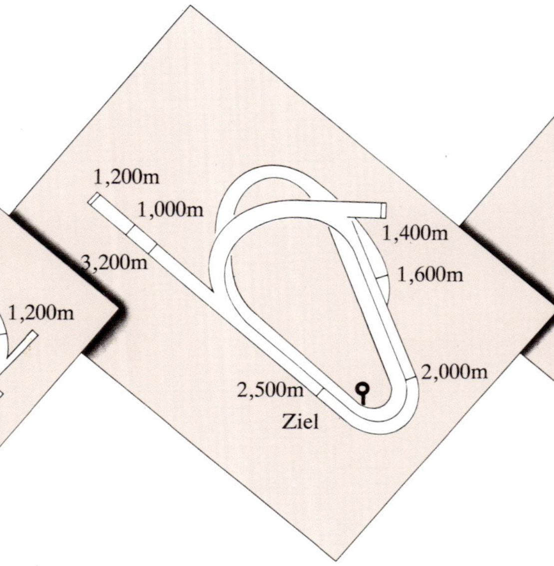

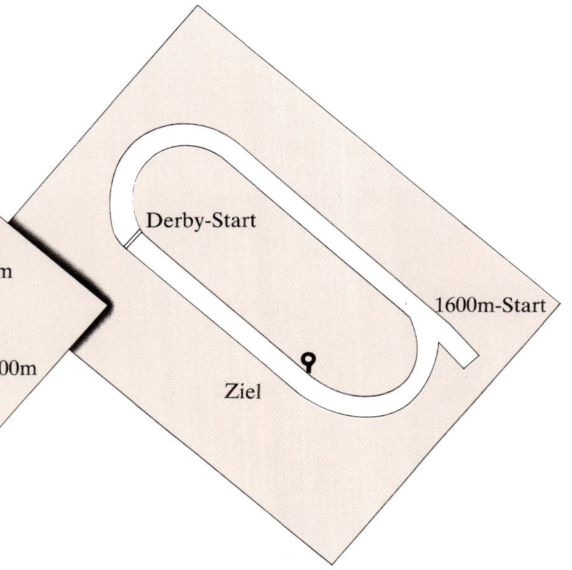

Longchamp, wo der Prix de l'Arc de Triomphe ausgetragen wird, ist wahrscheinlich die berühmteste französische Rennbahn. Sie wurde 1857 eröffnet und verfügt über einen Rundkurs von 2400 m und eine Gerade von 1600 m, Schauplatz eines weiteren berühmten Rennens, des Grand Criterium. Flemington ist Schauplatz des wichtigsten australischen Rennens, des Melbourne Gold Cup. Zusätzlich zu dem nicht ganz 2400 m langen Rundkurs mit einer Zielgeraden besitzt sie eine kürzere Gerade und eine Hindernisbahn. Churchill Downs heißt die Heimat des Kentucky Derbys, das es seit 1875 gibt und das über eine Distanz von 2000 m führt. Es ist ein ebener, ovaler Kurs und, wie meist in den USA, eine Sandbahn, keine Grasbahn. Die Bahn ist vom Start bis zum Ziel völlig eben.

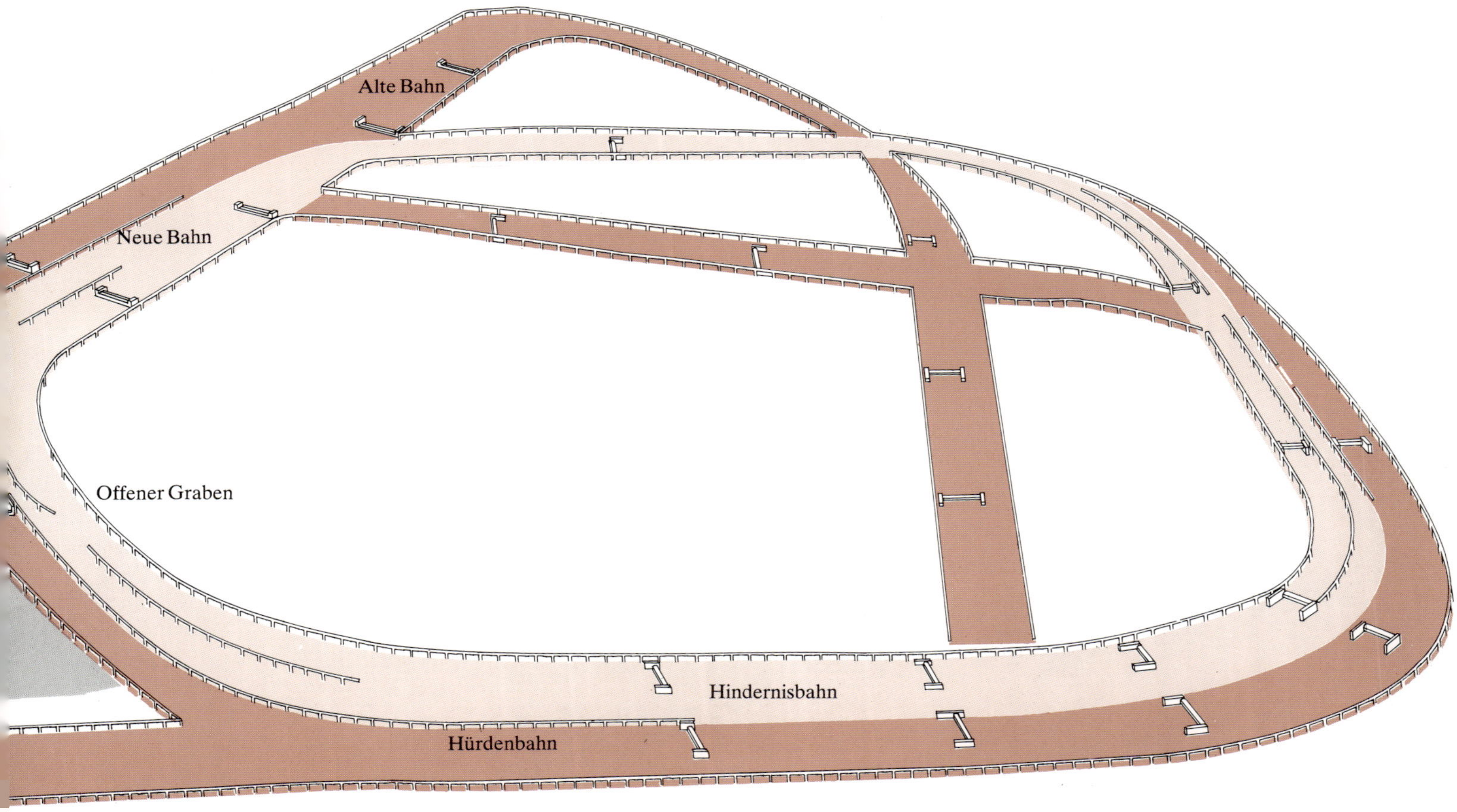

Lageplan einer typischen Rennbahn. Unsichtbar ist bei jeder Veranstaltung eine riesige Organisation am Werk, die für den glatten Ablauf sorgt. Zuschauer, Jockeys, Besitzer, Trainer und Buchmacher brauchen jeweils besondere Einrichtungen. Hauptanziehungspunkt neben der eigentlichen Rennbahn ist der Führring, wo die Pferde vor jedem Rennen geführt werden. Eine der wesentlichsten Neuerungen auf der Bahn ist die Verwendung von mobilen Startmaschinen bei Flachrennen statt der Bänder. Startboxen erleichtern dem Starter die Aufgabe, allen Pferden gleiche Startchancen zu verschaffen, während Ziel- und Fernseh-Kameras zu fairen Entscheidungen auch bei knappem Zieleinlauf oder strittigem Rennverlauf helfen.

Links: So liebt es das Publikum! – Kleine Fotos: Rennen auf dem See von St. Moritz; Start in Ascot. – *Oben:* Der Sattelplatz der Rennbahn von Flemington. *Darunter:* Schlammbedeckt kämpfen Reiter und Pferd bei einem kanadischen Flachrennen um den Sieg. Pferderennen haben die Kraft, Tausende anzuziehen, die wahrscheinlich nie zuvor in der Nähe einer Rennbahn waren, aber nur wenige Zuschauer sind sich bewußt, wieviele Jahre und Monate der Vorbereitung nötig sind, um etwa einen Derbysieger aufzubauen.

Die wichtigste Rolle dabei fällt dem Trainer zu. Für ihn und seine Mannschaft – Stalljockey, Assistent, Futtermeister, Lehrlinge u.a. – beginnt der Tag mit Sonnenaufgang und endet mit Sonnenuntergang. Er trägt große Verantwortung, denn die Pferde in seiner Obhut können Millionen wert sein.
Auch bei den Jockeys schaffen von Hunderten hoffnungsvoller Nachwuchsreiter nur einzelne den Aufstieg in die Weltklasse. Trotzdem hört der Zustrom nicht auf, auch von weiblichen Jockeys, denen der Beruf seit einiger Zeit offensteht.

Ein Jockey steht entweder – z.B. für eine Saison – bei einem Stall unter Vertrag oder ist selbständig und wird für einzelne Ritte angestellt. Spitzenreiter bringen es auf beträchtliche Einkünfte. An der Basis aber sind die Einkünfte oft recht spärlich.
Zu kämpfen haben fast alle Jockeys mit dem Gewichtsproblem. Trotz aller kräftezehrenden Arbeit und strenger Diät müssen oft noch wichtige Gramm kurz vor einem Rennen im Türkischen Bad oder in der Sauna abgeschwitzt werden.

Washington International, ein Einladungsrennen für Spitzenpferde aus der ganzen Welt, wird im Laurel Park auf Gras ausgetragen.
Das international höchstdotierete Rennen wird jedoch in Frankreich gelaufen: der Prix de l'Arc de Triomphe auf der Bahn von Longchamp, die – nur wenige Minuten vom Pariser Zentrum entfernt, im Bois de Boulogne gelegen – als eine der schönsten und elegantesten Anlagen der Welt gilt. Der «Prix» zieht Anfang Oktober die besten Dreijährigen von überall her an, die hier über 2400 m ihre Qualität auch gegen ältere Pferde messen.
Unter den berühmten Namen darf Ascot nicht übergangen werden, die Bahn im Besitz der englischen Königsfamilie. «Royal Ascot» im Juni ist eines der glanzvollen Ereignisse im Kalender der Rennwelt. Reiterlicher Höhepunkt der viertägigen Veranstaltung mit allem Pomp englischer Tradition ist der Ascot Gold Cup.
Auch die Traber haben ihre Triple Crown der Klassischen Rennen für Dreijährige, wobei hier, der Entwicklung des Trabrennsports folgend, die USA die führende Rolle spielen. Yonkers Futurity in New York, Hambletonian in Du Quoin, Kentucky Futurity in Lexington heißen die Rennen, aus denen sich die Dreifache Krone zusammensetzt. In Deutschland entsprechen ihnen als die ältesten Veranstaltungen: das Adbell-Toddington-Rennen über 2000 m, das Buddenbrock-Rennen über 2600 m und das Deutsche Traberderby über 3200 m, dieser Reihenfolge nach im Juni, Juli und September und alle in Berlin-Mariendorf ausgetragen, alle für dreijährige Hengste und Stuten. Auch das sogenannte Stuten-«Derby», das Arthur-Knauer-Rennen, findet auf der Berliner Bahn statt, im August, über 2500 m. Das darf aber nicht darüber hinwegtäuschen, daß der deutsche Trabrennsport mit Bahnen wie München-Daglfing (u.a. Großer Preis von Bayern, Deutsches Traberchampionat), Gelsenkirchen (u.a. Elite-Rennen, Deutsches Traber-St. Leger), Hamburg-Bahrenfeld (u.a. Preis von Deutschland, Deutschland-Pokal) und Recklinghausen (u.a. Trophäe der Dreijährigen, Preis des Winterfavoriten) und anderen weitere bedeutende Austragungsstätten besitzt.
Als Weltchampionat der Traber gilt das Roosevelt International, als das europäische Championat der Prix d'Amérique im französischen Vincennes.
Selbstverständlich müssen die bedeutenden Galopp-Bahnen mit ihren großen Veranstaltungen das Bild der deutschen Rennszene abrunden. In den anderthalb Jahrhunderten, seit im Jahre 1822 im mecklenburgischen Doberan das erste deutsche Galopprennen stattfand, hat sie Höhen und Tiefen erlebt, bis sie heute wieder zu internationaler Bedeutung heranwächst.
Außer den bereits genannten bedeutenden Austragungsorten der Klassischen Rennen – den Bahnen von Dortmund, Düsseldorf, Gelsenkirchen, Hamburg-Horn, Mülheim – sind in vorderster Linie zu nennen: Baden-Baden (mit dem seit 1858 ausgetragenen Großen Preis von Baden, dem Großen Preis der Badischen Wirtschaft und dem Zukunftspreis); Hannover (u.a. mit dem Deutschen Stutenpreis); Köln (u.a. mit Sierstorpff-, Oppenheim- und Union-Rennen sowie dem Preis des Winterfavoriten). Sodann: Bremen (u.a. mit dem traditionsreichen Hindernisrennen um den Großen Preis von Karlshorst); Frankfurt (u.a. mit dem längsten deutschen Flachrennen, dem Preis von Frankfurt über 4200 m); Krefeld (u.a. mit dem renommierten, aus dem einstigen Berlin-Hoppegarten übernommenen Ratibor-Rennen sowie dem «Derby der Steepler», dem Dujardin-Jagdrennen); München-Riem, das an Zahl der Veranstaltungen die bedeutendste Galoppbahn ist (u.a. mit Bayern-Preis, Allianz-Pokal, Oettinger-Wallerstein-Memorial); Neuß (u.a. mit dem Preis der Perlenkette für Rennreiterinnen). Allen diesen Bahnen, außer Hamburg, sind große Trainingszentren angeschlossen.

Kopf-an-Kopf-Rennen. Es gehört zu den wichtigsten Fähigkeiten des Jockeys zu wissen, wann er die Peitsche einsetzen muß.

Eine so bedeutende Stellung *Österreich* und die *Schweiz* auch im Turniersport einnehmen, ihre Rolle im Rennsport ist bescheiden. Das ist bei dem begrenzten Raum und den dadurch begrenzten Möglichkeiten auch gar nicht anders möglich.
Die österreichischen Bahnen in Wien-Freudenau (Galopprennen) und Baden bei Wien (Trabrennen) waren vor dem Ersten Weltkrieg internationale Zentren. Diesen Rang haben sie bisher nicht wieder erwerben können.
International bekannt sind in der Schweiz die Schneerennen auf den zugefrorenen Seen von Arosa und St. Moritz vor der herrlichen Kulisse der Berge. Es finden Galopp- und Trabkonkurrenzen statt, in St. Moritz auch Skijöring-Wettbewerbe, ein beliebtes Publikums-Spektakel.

Der Wettbetrieb

Es steht ganz außer Zweifel, daß die Wettleidenschaft zur Volkstümlichkeit der Pferderennen in hohem Maß beiträgt. Am Anfang wird irgendwann einmal eine Wette zwischen zwei Pferdebesitzern gestanden haben: «5 Pfund, daß mein Pferd schneller ist!» – «10 Pfund, daß meines gewinnt!» Wenn aber hunderte, tausende Zuschauer wetten wollen – wer sollte der Wettgegner sein? So entstand der Beruf des Buchmachers, der öffentlich bekanntgibt, zu welchem Kurs (odd) er Wetten entgegennimmt. Geburtsland: selbstverständlich England, und schon vor 200 Jahren, gegen Ende des 18. Jahrhunderts.
Auf dem Kontinent und in den USA gelangte der Buchmacher nie zu der gleichen Bedeutung, ja die Buchmacherei ist in manchen Ländern verboten, oder war es – in Deutschland bis zum Jahre 1922.
Heute beherrscht das Feld der mechanische oder elektronische Totalisator, der die Quoten für die verschiedenen Wetten aufgrund der Gesamt-Einsätze errechnet. Der Wetter füllt einen Wettschein aus mit der Angabe seines Einsatzes, der Nummer des Rennens, der Art der Wette und der Bezeichnung der Pferde, auf die er setzt. Gegen das quittierte Doppel wird ihm gegebenenfalls sein Gewinn ausgezahlt.
Es gibt folgende Wettarten:
Siegwette: auf den vermuteten Sieger.
Platzwette (ab 4 teilnehmenden Pferden): bis zu 6 Pferden auf Sieger und Zweiten, bei mehr als 6 Pferden auf Sieger, Zweiten und Dritten, in beiden Fällen gleich in welcher Einlauf-Reihenfolge.
Einlaufwette (ab 3 teilnehmenden Pferden): auf Sieger und Zweiten in der Einlauf-Reihenfolge.
Dreierwette: Die Rennen, bei denen diese Wette zugelassen ist, werden vom veranstaltenden Rennverein speziell bestimmt. Es wird auf die drei Erstplazierten in der Einlauf-Reihenfolge gewettet.
Renn-Quintett 3 × 4 aus 18: Die Bezeichnung Quintett, ein Überbleibsel von der ursprünglichen 5 aus 18-Wette, ist irreführend. Ein Rennen, für das diese Wette zugelassen ist, wird als solches vom veranstaltenden Rennverein angekündigt und weist ein Feld von 18 Teilnehmern auf.
Es handelt sich um eine Toto- und eine Lottowette. Jedes Pferd hat dementsprechend 2 Nummern: die Toto-Nummer gemäß Rennprogramm; die Lotto-Nummer, die erst bei Beginn des Rennens ausgelost wird.

Gewettet wird
im Toto:
Gewinnkl. 1: auf die ersten Drei in Einlauf-Folge
Gewinnkl. 2: auf die ersten Drei ohne Einlauf-Folge
im Lotto:
Gewinnkl. 1: auf die ersten Vier ohne Einlauf-Folge
Gewinnkl. 2: auf drei der ersten Vier ohne Einlauf-Folge.
Toto und Lotto werden für sich gewertet. Wird in beiden ein Gewinn erzielt, resultiert daraus ein – unter Umständen sehr hoher – Kombinationsgewinn.
Bei den Trabrennwetten bestehen geringfügige Besonderheiten gegenüber diesen Galopprennwetten.
Zusätzlich gibt es dort die *Finishwette:* Gewettet wird auf die Sieger der drei letzten Rennen des Renntages.
In der Quintett-Wette ist mit dem Lotto-Teil das Element des reinen Glücksspiels erstmals bei den Pferdewetten enthalten. Sonst besteht ihre Eigenart gerade darin, daß sie auf Wissen und Information (neben dem bißchen notwendigen Glück, natürlich) beruhen oder doch beruhen können. Diese Information ist durch die offizielle Rennordnung weitgehend gesichert. Die Veranstalter müssen ein Programm veröffentlichen, in dem für jedes Pferd verzeichnet sind: Name, Alter, Geschlecht, Farbe, Abstammung, zu tragendes Gewicht, Besitzer, Trainer, Reiter (letzteres nur bei Rennen Klasse A). Außerdem kann sich der ernsthafte Wetter über die bisherigen Leistungen der Pferde in den Fachzeitschriften informieren. Und ihre gegenwärtige Form wird er mit eigenen Augen im Führring vor dem Rennen und vor seinem Wett-Entschluß begutachten. Der passionierte Wetter wird von seinen bevorzugten Rennern auch wissen, welcher Art Geläuf ihnen liegt – ob sie besser etwa auf hartem oder tiefem Grund laufen –, ob sie sich bei kühlerer oder wärmerer Temperatur wohler fühlen. So kann er die Chancen aufgrund seiner Kenntnisse abwägen: Wetten ist ein faires Spiel.

Zwei Bilder aus dem Trabrennsport. Diese Rennsportart ist in den letzten Jahren weltweit immer beliebter geworden, nachdem sie in den USA, in Australien, Neuseeland, Frankreich und Deutschland schon von jeher sehr populär war.
Die Hauptregel lautet, daß nur Trab gelaufen werden darf. Wenn ein Pferd z.B. angaloppiert, muß der Fahrer es sofort durchparieren und verliert so wertvolle Sekunden. Außerdem gibt es ein Handicap-System: die schnelleren Pferde starten hinter den langsameren.
In den USA und Kanada gibt es Rennen für normale Traber und für Paßgänger (Pacer). Standardbreds können rasseeigentümlich zum Paßgang veranlagt sein. Geeignete Pferde kann man darauf trainieren, d. h. statt ein diagonales Beinpaar (Trab) jeweils ein Beinpaar derselben Seite vorwärtszubewegen.

Kapitel 11

Berühmte Pferde

Simona

Be Fair

Laurieston

Mill Reef

Simona
Diese Fuchsstute war das beste Pferd im Stall von Hartwig Steenken, der 1977 nach sechs Monaten im Koma an den Folgen eines Verkehrsunfalls starb. Sie trug ihm 1971 in Aachen den Titel des Europameisters im Springreiten ein und half bei den Olympischen Spielen in München 1972 die Mannschafts-Goldmedaille gewinnen. Ihre überragendste Leistung bot sie 1974 in Hickstead, als sie und ihr Reiter die Weltmeisterschaft gewannen. Sie ist heute in der Zucht.

Be Fair
Auf diesem Fuchs gewann die führende britische Military-Reiterin Lucinda Prior-Palmer 1975 in Luhmühlen ihren ersten Titel als Europameisterin. Be Fair stammt von Sheila Willcox' Fair and Square ab. Seinen ersten größeren Sieg errang er 1973 in Badminton. Er war bei den Europameisterschaften in Kiew dabei und auch bei der Weltmeisterschaft 1974, jedoch ohne Erfolg. Bei den Olympischen Spielen 1976 kam er fehlerlos durchs Gelände, konnte aber zum Springen nicht mehr antreten, weil er einen Sehnenschaden am Hinterbein erlitten hatte. Damit war seine Laufbahn als Sportpferd zu Ende.

Laurieston
Auf ihm gewann Richard Meade, einer der führenden britischen Military-Reiter, 1972 bei der Olympiade in München die Einzel-Goldmedaille. Ebenso trug das Paar Meade/Laurieston zum Gewinn der Mannschafts-Goldmedaille bei.

Mill Reef
Mill Reef wurde in Amerika von seinem Besitzer, dem Multimillionär Paul Mellon, gezogen und später nach England zu Ian Balding ins Training geschickt. Seine ersten Anfänge schon überzeugten den Trainer, daß Mill Reef der beste Zweijährige war, mit dem er je zu tun gehabt hatte. Sein Glaube wurde bestärkt, als Mill Reef in Salisbury aus der Startbox sprang und vier Längen vor dem nächsten Verfolger ins Ziel galoppierte. Einen weiteren leichten Sieg errang er im Royal Ascot. In Frankreich wurde er, nach sehr schlechter Überfahrt und mit der schlechtesten möglichen Startnummer, nur knapp geschlagen. Noch zweimal war er als Zweijähriger siegreich, und daß er in den Zweitausend Guineas über eine Distanz, die für ihn zu kurz war, nur Zweiter war, konnte er leicht verkraften, gewann er 1971 doch mit einer Explosion an Kraft und Schnelligkeit das Derby. Als Dreijähriger setzte er seine Erfolgsserie fort mit dem Sieg in den Eclipse Stakes in Sandown, dem Vorspiel zu einem Sieg nach Längen in den King George VI. und Queen Elizabeth Stakes in Ascot.
Nach kurzer Ruhepause erzielte er seinen größten Triumph: Er gewann in Longchamp den Prix de l'Arc de Triomphe in der neuen Rekordzeit von 2 Minuten 28,3 Sekunden für die anderthalb Meilen. Mill Reef hatte die Zeit von Sea Bird II unterboten und war seit zwanzig Jahren das erste in England trainierte Pferd, das dieses Rennen gewinnen konnte. Einen zweiten Triumph im Arc verhinderte ein Beinbruch.

Red Rum
Red Rums außerordentliche Karriere fand im April 1978, am Abend vor seinem sechsten aufeinanderfolgenden Start im berühmt-berüchtigten Grand National von Aintree, vor den Fernsehkameras aus aller Welt ein vorzeitiges Ende. Weniger als 24 Stunden vor dem Rennen, das er so lange beherrscht hatte,

Red Rum

Arkle

The Poacher

Gladiateur

mußte er wegen Verletzung zurückgezogen werden. «Rummy», wie er liebevoll genannt wurde, konnte seinen Abschied vom Rennsport nur noch damit feiern, daß er in einer herzbewegenden Szene an 60 000 Menschen vorbeiparadierte, die gekommen waren, um ihm Glück zu wünschen.

Er war fünfmal im Grand National gestartet und dreimal als Sieger und zweimal nach tapferem Kampf als Zweiter durchs Ziel gegangen – ein absoluter Rekord. Er wurde weltbekannt, und nachdem er Abschied von der Rennbahn hatte nehmen müssen, eröffnete er als echter vierbeiniger Superstar Feste und Feierlichkeiten. Wie hoch solche Auftritte geschätzt wurden, zeigt die wahrhafte Stargage von bis zu £ 750.

Red Rum ist in genau 100 Rennen über Hürden und Hindernisse gelaufen und hat 24 davon gewonnen. Er gewann £ 114.627, ein Rekord für ein Hindernispferd, und hatte als Jährling doch nur 400 Guineas gekostet.

Rummy gewann seine ersten beiden Grand Nationals 1973 und 1974, wobei er beim ersten in einem verzweifelten Finish volle 100 Meter zu dem führenden Neuseeländer Crisp aufholte. Er war schon eine Legende, als er 1975 und 1976, mit viel Gewichtshandikap, Zweiter wurde. 1977, mit zwölf Jahren, trat er noch einmal an – und der historische Hattrick gelang.

Arkle

Red Rum wird immer der König von Aintree bleiben, aber Arkle war zweifellos das mutigste Hindernispferd für lange Zeiten.

Arkle bestritt 35 Rennen, drei als Teil seiner Ausbildung auf der Flachen und sechs über Hürden. In Hindernisrennen wurde er nur viermal geschlagen – zweimal aufgrund von zuviel Gewicht, einmal weil er wegrutschte, und das letzte Mal, als er sich die Verletzung zuzog, die seine fantastische Karriere beendete. Er gewann £ 78 825 an Preisgeldern und dazu die Zuneigung aller, deren Herz höher schlägt, wenn sie ein mutiges Pferd mit seinem Jockey in voller Fahrt über Hindernisse springen sehen. Arkle gewann mühelos drei Gold Cups, bekam in anderen Rennen aber immer mehr Schwierigkeiten mit dem Handicapper. Zum erstenmal in der Geschichte des Rennsports war dieser gezwungen, zwei Handicaps zu bestimmen – eines falls Arkle startete, und eines, falls er zurückgezogen wurde.

Verehrt von den Steeplechase-Fans zu beiden Seiten der Irischen See regierte Arkle unangefochten. Der große Braune mit dem intelligenten Kopf und dem atemberaubend kühnen Sprung beherrschte dreieinhalb Jahre lang das Geschehen auf den Hindernisbahnen, bis er sich 1966, am Boxing Day, während der King George VI Chase in Kempton Park einen Knochen im Hufgelenk brach.

Gladiateur

Gladiateur war das erste französische Pferd, das das Derby in Epsom gewann. Seine stolzen drei Längen Vorsprung waren ein Schlag gegen die vielgerühmte Vorherrschaft des englischen Vollbluts. Als Zweijähriger lief er nicht sehr eindrucksvoll, aber das Zweitausend Guineas von 1865 gewann er schon ganz hübsch mit 7:1. Daran schloß sich der Derbysieg an, auf den Monat genau fünfzig Jahre nach Napoleons Niederlage bei Waterloo. Im selben Jahr setzte er noch das französische Derby (Prix du Jockey Club) auf seine Erfolgsliste, und im Herbst gelang ihm trotz zwischenzeitlicher Lahmheit die Triple Crown. Sein letztes Rennen und sein letzter Sieg war der Ascot Gold Cup, und das gehört noch immer zu den denkwürdigsten Ereignissen in der Geschichte des Rennsports.

The Poacher

Eines der erfolgreichsten britischen Militarypferde Ende der 60er und Anfang der 70er Jahre. Unter seinem Besitzer, Captain Martin Whiteley, gewann The Poacher 1967 die Einzel-Silbermedaille bei der Europameisterschaft.

Kilbarry

Halla

Secretariat

Die Verbindung Richard Meades mit The Poacher begann 1970 mit seinem Sieg in Badminton. Im nächsten Jahr gehörte er mit diesem Pferd bei der Europameisterschaft in Burghley zur siegreichen britischen Mannschaft.

Kilbarry

Kilbarry, von irischer Abstammung, war eines der erfolgreichsten englischen Militarypferde mit einer fast ununterbrochenen Serie von Erfolgen bis zu seinem vorzeitigen Tod bei einer Kurzvielseitigkeit. Unter seinem Besitzer, Colonel Frank Weldon, gewann er 1953 und 1954 bei der Europameisterschaft Silber und 1955 Gold. Ein Jahr später gewann er Badminton sowie eine Mannschafts-Goldmedaille und eine Einzel-Silbermedaille bei den Olympischen Spielen in Stockholm.

Secretariat

Am 9. Juni 1973 pries man auf den Tribünen von Belmont Secretariat, einen kräftigen Fuchs mit drei weißen Beinen, als das größte Rennpferd aller Zeiten. Nur 250 Meter weiter, verborgen in einer der 2500 Boxen der Riesenanlage, fraß sich der Gegenstand all dieser Bewunderung durch eine Mahlzeit, die für drei normale Pferde ausgereicht hätte.

Eine Stunde zuvor hatte er auf der Sandbahn von Long Island, New York, die Belmont Stakes mit dem erstaunlichen Vorsprung von einunddreißig Längen gewonnen und damit die US Triple Crown vervollständigt. Währenddessen betrachteten die 32 Optimisten, die sich im Winter davor einen Anteil an seiner Zukunft gesichert hatten, ihren Syndikatserfolg mit dem Wohlgefallen von Männern, die gerade die Bank gesprengt haben.

Doch ist damit nichts über das Genie dieses einzigartigen Pferdes gesagt, das von einem Champion, Bold Ruler, und einer völlig erfolglosen Mutter namens Something Royal abstammt. Ein Zuchtexperte faßte es einmal folgendermaßen zusammen: «Das ist wahrscheinlich das beste Pferd, das es je gab. Er ist das, was man seit 100 Jahren zu züchten versucht hat: ein Sprinter über eineinhalb Meilen.»

Secretariat gewann 16 seiner 21 Rennen in einer kometenhaften Karriere, die kaum 16 Monate dauerte, und errang als erster nach einem Vierteljahrhundert die amerikanische Triple Crown. «Big Red», der Große Rote, wie er von den Legionen seiner Bewunderer genannt wurde, gewann $ 1 316 808 an Preisgeldern. Er siegte im Kentucky Derby mit 2 ½ Längen in Rekordzeit und verfehlte in den Preakness nur knapp einen weiteren Rekord. Danach unterbot er bei den erwähnten Belmont Stakes von 1973 den Weltrekord über 1½ Meilen um 2,6 Sekunden. Mit einer unglaublichen Kraft und Schnelligkeit beherrschte er fast das ganze Rennen und hatte bereits nach dem halben Weg alle seine sich mühenden Konkurrenten weit abgehängt. Als sein Jockey Ron Turcotte ihn aufzunehmen begann, war er so schnell, daß er noch neuen Weltrekord über 13 Furlongs aufstellte.

Halla

Halla wurde fast so berühmt wie der Mann, der sich mit ihr unter die Weltelite der Springreiter vorschob, der Deutsche Hans Günter Winkler. Die braune Stute, die von dem Traberhengst Oberst und der Halbblutstute Helene, einer Beutestute unbekannter Herkunft, abstammte, begann ihre Karriere als Rennpferd, versuchte sich dann in der Military und wurde von ihrem Besitzer Gustav Vierling dann Winkler zur Verfügung gestellt.

Ihr erstes Springen gewann Halla 1952; ein kometenhafter Aufstieg folgte. 1953 gewann das Paar in Rom, Madrid, Paris und Pinerolo. Das folgende Jahr begann mit drei Siegen in Dortmund, der Meisterschaft in Rom und einem der wichtigsten Springen in Luzern, setzte sich fort mit dem Sieg in der Weltmeisterschaft in Madrid und endete in ebenso beständiger Form mit den Herbstturnieren in den USA.

1955 gewann das Paar das Deutsche Spring-

Boomerang

The Rock

Doublet

derby. 1956 gewann Winkler auf Halla trotz einer schmerzhaften Verletzung in einem mittlerweile historisch gewordenen Ritt bei den Olympischen Spielen in Stockholm die Goldmedaille in der Einzel- und in der Mannschaftswertung. Vier Jahre später in Rom gewannen die beiden eine weitere Mannschafts-Goldmedaille.

Boomerang
Boomerang war unter seinem Reiter, dem berühmten Iren Eddie Macken, 1978 das erfolgreichste Grand Prix-Pferd Europas. Er gewann dreimal hintereinander das Springderby in Hickstead, was noch keinem anderen Pferd gelang. Den letzten dieser Siege errang er 1978, wurde bei der Weltmeisterschaft in Aachen jedoch um Zeitstrafpunkte geschlagen. Er und sein Reiter gehörten zu den beliebtesten Paaren im modernen Springsport.

The Rock
Mit The Rock gewann der Italiener Oberst Piero d'Inzeo, der Bruder von Raimondo d'Inzeo, in Rom bei den Olympischen Spielen 1960 die Silbermedaille. Seine dramatische Antrittsvorstellung auf der internationalen Szene gab der hübsche Irenschimmel mit einem Sieg in Paris, gefolgt vom Sieg im Mächtigkeitsspringen in London (mit der Mauer auf 2,15 m), einem Springen in Dublin und zwei in Genf. 1958 gewann er zwei Prüfungen einschließlich des begehrten Großen Preises in Rom, ein Springen in Aachen und zwei – darunter wieder das Mächtigkeitsspringen – in London. Den ersten Sieg der Saison errang er im folgenden Jahr erneut in Paris; es folgten zwei Siege in Aachen und zwei in Wembley. Manchmal scheint der Springsport eine Familienangelegenheit zu sein, wie die Brüder d'Inzeo beweisen.

Doublet
Prinzessin Annes Karriere als Military-Reiterin ist hauptsächlich mit zwei Pferden verknüpft, mit Doublet und mit Goodwill. Doublet wurde von Königin Elizabeth II. von Doubtless II aus einer argentinischen Polostute gezogen. Höhepunkt seiner Karriere war der Einzeltitel bei der Europameisterschaft 1971 in Burghley. Er mußte getötet werden, als er sich während einer Dressurprüfung in Windsor ein Hinterbein brach – ein tragischer Rückschlag für die Karriere von Englands reitender Prinzessin.

Democrat
Für Billy Steinkraus, US-Equipechef bei sechs Olympischen Spielen, von Helsinki bis München, war Democrat das beste Springpferd, das er sich vorstellen konnte. Democrats lange Karriere begann in den 40er Jahren, als er unter Oberst F. F. Wing erstmals an der National Horse Show im New Yorker Madison Square Garden teilnahm, wo er seinem Namen sogleich Berühmtheit verschaffte, da er bei seinem ersten Auftreten in Spitzenkonkurrenz den Großen Preis gewann. 1941 gewann er dort wieder zwei Springen und feierte nach durch den Krieg erzwungener Ruhepause 1946 ein Comeback mit Siegen in New York und Toronto, die er im nächsten Jahr wiederholte. Dann wurde er zu den Olympischen Spielen von London 1948 nach Europa geschickt. Im Anlauf dazu gewann er in Luzern, Aachen, London und Dublin und wurde bei den Spielen Vierter in der Einzelwertung.
Im selben Jahr wurde jedoch die Militärmannschaft aufgelöst und Democrat in den Ruhestand geschickt. 1952 jedoch, mit neunzehn Jahren, wurde er wieder in die US-Olympiamannschaft geholt und trug unter Major John Russell zur Bronze-Medaille in der Mannschaftswertung bei. Im Anschluß daran ritt ihn Bill Steinkraus auf der Herbst-Turnierfolge, wo er auf drei wichtigen internationalen Turnieren jede Prüfung gewann, in der er startete, eine in Harrisburgh, vier in New York und drei in Toronto. Dann wurde er endgültig aus dem Sport zurückgezogen.

Irish Cap

Goodwill

Cornishman V

Ballycor

Irish Cap und Might Tango
Diese beiden Pferde trugen dem Amerikaner Bruce Davidson zwei Weltmeistertitel im Militarysport ein: 1974 im englischen Burghley und 1978 in Lexington, Kentucky. Irish Cap, der auch an den Olympischen Spielen 1972 teilnahm, wurde in Irland gezogen und als ungerittener Vierjähriger in die USA verkauft. Er wurde erst mit sechs Jahren eingeritten, weil das Mädchen, dem er gehörte, zu klein und zu ängstlich war, um sich auf seinen Rücken zu trauen.

Goodwill
Nach Doublets tragischem Tod war Goodwill, zuvor ein prämiierter Hunter, Prinzessin Annes Hauptpartner. Sie nahm als Einzelreiterin an der Europameisterschaft 1973 in Kiew teil, mußte nach einem Sturz am berüchtigten Hindernis Nr. 2 aber aufgeben. Zwei Jahre später wurden sie in Luhmühlen Zweite hinter Lucinda Prior-Palmer und Be Fair. Ein weiterer Sturz bei den Olympischen Spielen 1976 warf sie weit zurück, obwohl sie den Kurs beendeten. 1978, nach der Geburt von Prinzessin Annes erstem Kind, standen die beiden aber wieder auf der Auswahlliste für die Weltmeisterschaft in Kentucky.

Cornishman V
Auf ihm gewann die damals führende britische Amazone Mary Gordon-Watson 1969 die Europa- und 1970 die Weltmeisterschaft der Militaryreiter. Er stammt von Golden Surprise aus einer Point-to-Point-Stute namens Polly V, wurde in Cornwall gezogen und von Marys Vater als künftiges Vielseitigkeitspferd für seine Tochter gekauft, obwohl Cornishman ihn beim Probereiten auf einen Misthaufen warf. Bei den Olympischen Spielen 1968 mit dem Mannschafts-Gold wurde er von Richard Meade geritten, weil Mary sich kurz zuvor das Bein gebrochen hatte. 1972 gewann er bei den Olympischen Spielen in München seine zweite Mannschafts-Goldmedaille, diesmal unter seiner Besitzerin.

Ballycor
Das Pferd, auf dem der Amerikaner Coffin 1976 in Montreal die Einzel-Goldmedaille in der Olympia-Military gewann, nachdem das Pferd ein Jahr zuvor schon bei den Panamerikanischen Spielen Gold gewonnen hatte. Ballycor, eine 1,70 m große, dunkelbraune Vollblutstute von Cormac a.d. Bally Lickey, gezogen in Amerika von Dr. Charles Reid, war dreizehn Jahre alt, als sie 1978 an der Weltmeisterschaft teilnahm. 1977 gewann sie, ebenfalls unter Coffin, die Gladstone Trophy und war Spitzenpferd der amerikanischen Militarypferde.

Sea Bird II
Von allen Siegern im Derby von Epsom in diesem Jahrhundert ist Sea Bird II wahrscheinlich der berühmteste. Und seine Mutter war für £ 100 an einen Metzger verkauft worden, lange bevor er sein erstes Rennen lief! Er war so etwas wie ein Spätentwickler, aber im Herbst seines zweiten Jahres hatte er immerhin soviel gezeigt, daß sein Trainer ihn für die Hauptereignisse 1965 in Betracht zog. Zwei Siege in Frankreich machten ihn automatisch zum Derbyfavoriten, und er enttäuschte seine Anhänger nicht. Eben kreuzte er noch gemächlich hinter den führenden Pferden herum, und im nächsten Augenblick hatte er sie überrannt und lief einen leichten Sieg nach Hause. Es war eine atemberaubende Tat, deren Wert noch dadurch gesteigert wurde, daß Meadow Court, der Zweite in diesem Rennen, anschließend das Irish Sweeps Derby, die King George VI und Queen Elizabeth Stakes gewann.
Nach Epsom errang Sea Bird II den Sieg im Grand Prix de Saint Cloud und bereitete sich dann auf seine größte Prüfung, den Prix de l'Arc de Triomphe, vor. Mitkonkurrenten waren Meadow Court, Reliance, in fünf Rennen einschließlich des französischen Derbys ungeschlagen, Tom Rolfe, Sieger im amerikani-

Sea Bird II

Pele

Kelso

Foxhunter

schen Derby und in den Preakness Stakes, und ein Dutzend weiterer Spitzenvollblüter, die sich in europäischen Prüfungen bewährt hatten. Es stand jedoch nicht einen Augenblick in Zweifel, wem das Sieggeld von 1 084 747 Francs gehören würde. Von seinem Jockey Pat Glennon in eine ideale Ausgangsposition hinter der Spitzengruppe gebracht schoß Sea Bird auf der Zielgeraden vorbei und gewann mit sechs Längen vor Reliance.

Pele

Pele war Eddie Mackens Pferd vor Boomerang. 1974 wurden bei der Weltmeisterschaft der Springreiter beide Zweite hinter Hartwig Steenken auf Simona. Drei Jahre später wurden sie – Pele war inzwischen in Kerrygold umgetauft worden – bei der Europameisterschaft in Wien um eine Zehntelsekunde wiederum knapp geschlagene Zweite.

Kelso

Kelsos Rekord – fünfmal hintereinander, von 1960 bis 1965, Pferd des Jahres in den USA – ist ungebrochen. Er lief auf Gras- und Sandbahnen insgesamt $ 1 977 896 zusammen und besaß eine riesige Anhängerschaft, sogar eigene Fan-Clubs. Während seiner erstaunlichen Karriere, die am 4. September 1959 begann, bestritt Kelso 63 Rennen, von denen er 39 gewann, zwölfmal Zweiter, zweimal Dritter und fünfmal Vierter wurde. Nur in fünf Rennen lief er nicht ins Geld und war damit das beständigste Pferd in der Geschichte des amerikanischen Rennsports. Er gewann über die verschiedensten Distanzen, von 800 m bis zwei Meilen, auf jeglichem Geläuf, zwölf verschiedenen Bahnen und unter sechs verschiedenen Jockeys. Dreimal wurde er Zweiter im berühmten Washington D. C. International, das jedes Jahr gegen Ende der Saison stattfindet, bis er es dann am 11. November 1964 gewinnen und damit das höchste Preisgeld – $ 90 000 – seiner langen und aufsehenerregenden Karriere einstreichen konnte.
Kelso war vermutlich der berühmteste Vollblutwallach der Welt. Meist gewann er, «geschlagen» wurde er mehr oder weniger vom Handicapper. Flachrennpferde lassen gewöhnlich nach zwei oder drei Rennjahren nach, aber Kelso lief bis zu seinem Abschied 1966 so ehrlich und tapfer wie immer.

Foxhunter

Foxhunter war eines der ersten wirklich berühmten englischen Springpferde nach dem Kriege. Er begann seine Karriere 1946, mit fünf Jahren, und wurde ein Jahr darauf von Harry Llewellyn gekauft, woraus eine lange und glückliche Partnerschaft entstand.
Foxhunter war auf internationaler Ebene beständig erfolgreich. 1948 gehörte er der britischen Olympiamannschaft an, die die Bronzemedaille gewann, und eine Woche nach dem Ende der Spiele gewann er den King George V Gold Cup. Er gewann ihn 1950 und 1953 noch einmal und ist damit das einzige Pferd, das diese wertvolle Trophäe dreimal gewinnen konnte. Nach Triumphen in Großen Preisen und Mächtigkeitsspringen in ganz Europa spielte er eine führende Rolle beim ersten und einzigen britischen Olympiasieg im Springreiten in Helsinki 1952.

Idle Dice

Unter dem führenden amerikanischen Profi Rodney Jenkins wurde Idle Dice zum berühmtesten Springpferd der USA. Der große braune Vollblutwallach sprang mehr Geld zusammen als je ein Pferd vor ihm. Dreimal gewann er den American Gold Cup; er siegte im American Invitational, im President's Cup

Idle Dice

High and Mighty

Man O'War

und vielen anderen bedeutenden Prüfungen. 1977 wurde er zum Grand Prix-Pferd des Jahres gewählt. 1978 lieh ihn sein Besitzer Harry Gill für die Weltmeisterschaft aus. Wie viele andere amerikanische Springpferde lief Idle Dice zuerst erfolglos auf der Rennbahn.

High and Mighty
Britisches Militarypferd, das unter Sheila Willcox 1957 und 1958 Badminton gewann. Außerdem errang das Paar 1957 in Kopenhagen bei der Europameisterschaft Einzel- und Mannschaftsgold. An den Olympischen Spielen durften die beiden nicht teilnehmen, da Frauen damals bei der Military noch nicht zugelassen waren. Sheila Willcox wurde später eine der besten Military-Ausbilderinnen Englands.

Man O'War
Man O'Wars verdienter Ruhm als bestes amerikanisch gezogenes Rennpferd hat einer Reihe von Angriffen von seiten so berühmter moderner Kandidaten wie Kelso und Secretariat standgehalten. 1917 in Kentucky geboren und als Jährling auf den Saratoga Sales für $ 5 000 verkauft, erwies sich der Fuchs mit dem kräftigen, untersetzten Gebäude als einzigartiges Rennpferd. In 21 Rennen nur einmal geschlagen lief er $ 249 465 zusammen und beschäftigte für die Dauer seiner nur 17 Monate kurzen Karriere die Fantasie der ganzen Nation. Er trug den gleichen Spitznamen – Big Red – wie fast fünfzig Jahre später Secretariat, denn er war ein Riese von einem Pferd mit überragenden Fähigkeiten, die sich dank seines Mutes und seiner Begeisterung auch voll entfalten konnten. Das Gerücht von seinem atemberaubenden Finish hatte ihn schon zu einer Berühmtheit gemacht, bevor er überhaupt in der Öffentlichkeit gelaufen war. Das Gerücht bestätigte sich in seinem ersten Rennen in Belmont Park, bei dem er bescheidene $ 500 gewann. Danach gewann er sechs Rennen nacheinander, bevor er in einem 1200 m-Rennen in Saratoga geschlagen wurde, weil sein Jockey Johnny Loftus seiner Sache allzu sicher gewesen war. Man O'War wurde trotz des kleinen Feldes an den Rails eingeschlossen; aber als er sich endlich freigekämpft hatte, machte er so schnell Boden gut, daß er noch bis auf eine halbe Länge an den Sieger herankam. Er gewann 1919 noch drei weitere Rennen und machte dann acht Monate Pause.
Beim Kentucky Derby trat er nicht an, aber seine Fans nahmen es ihm nicht übel, denn den Sieg im zweiten und dritten Teil der Triple Crown steckte er lässig ein. Als Dreijähriger gewann er alle elf Rennen, in denen er startete und brach dabei sieben Bahn-, amerikanische oder Weltrekorde. Einmal gewann er mit nicht weniger als hundert Längen. Sein letztes Rennen bestritt er gegen Sir Barton, das kanadische Pferd, das im Vorjahr die Triple Crown gewonnen hatte. Man O'War galoppierte vom Start weg in Führung, lief seinem illustren Rivalen auf und davon und brach dabei den Bahnrekord um 6⅔ Sekunden.
1921 wurde er von seinem dankbaren Besitzer ins Gestüt genommen, durfte aber, damit er sich nicht überanstrengte, nur die ungewöhnlich niedrige Zahl von 25 Stuten im Jahr dekken. Das Wunderpferd lebte bis 1947; seine Nachkommen galoppierten eine Gewinnsumme von $ 3 500 000 zusammen.

Ali Baba
Ali Baba war einer aus einer ganzen Reihe von französischen Anglo-Arabern, die Pierre Jonquères d'Oriola zu glänzenden Siegen tru-

Ribot

Mister Softee

Ali Baba

gen. Die Partnerschaft kam 1952 in Rom zustande und erwies sich als so erfolgreich, daß man sie zu den Olympischen Spielen schickte, wo sie die Einzel-Goldmedaille gewannen. Das gleiche gelang d'Oriola 1964 in Tokio noch einmal mit Lutteur.

Ribot

Die ruhigen, friedvollen Weiden von West Sussex waren die etwas unwahrscheinliche Heimat von Italiens größtem Rennpferd. Dort wurde Ribot 1952 geboren, als Ergebnis einer Paarung, die das Züchtergenie Federico Tesio ersonnen hatte; leider lebte er nicht mehr lang genug, um den Beweis für den Erfolg seiner Methoden auf der Bahn zu sehen.

Noch als Fohlen kehrte Ribot mit seiner Mutter nach Italien zurück, aber er war so klein und sah so unbedeutend und wenig einnehmend aus, daß er für die klassischen italienischen Rennen gar nicht erst genannt wurde. Aber hinter dem schwächlichen Aussehen verbarg sich eine überschäumende Kraft, die eine kurze, ruhmreiche Zeitlang die Welt des Rennsports in ihrem Bann hielt.

Ribot gewann sein erstes Rennen, indem er mit Leichtigkeit einen höher eingeschätzten Stallgenossen schlug. Ohne besondere Mühe erwies er sich als bester Zweijähriger Italiens, dann als bester Dreijähriger, denn er gewann all seine Rennen. Jetzt, 1955, griff er nach dem begehrtesten Preis in ganz Europa, dem Prix de l'Arc de Triomphe in Longchamp. Die Franzosen betrachteten den Eindringling mit Verachtung, aber sein Rekord als ungeschlagenes Pferd war keinen Augenblick in Gefahr. Geradezu gemächlich kam er drei Längen vor dem ersten Verfolger ins Ziel. Im nächsten Jahr, als Vierjähriger, reiste Ribot nach Ascot zu den angesehenen King George VI und Queen Elizabeth Stakes. Es war Hochsommer, und das Geläuf war ungewöhnlich tief. Sein 5 Längen-Sieg wurde von der Kritik einigermaßen unfreundlich als mühsam und wenig eindrucksvoll eingestuft. Nach einem weiteren leichten Sieg in Mailand machte sich Ribot wieder nach Longchamp auf. Er wollte das fünfte Pferd werden, dem im Prix de l'Arc de Triomphe ein Doppelerfolg gelang.

Die Konkurrenz war besonders stark. Im Feld waren viele, die große europäische Rennen gewonnen hatten. Ribot jedoch schoß mit einem umwerfenden Ansturm durch sie alle hindurch. Selten hat ein Pferd ein starkes Feld so völlig beherrscht. Im Ziel hatte er sechs Längen Vorsprung.

In 16 Rennen über drei Rennjahre ungeschlagen kehrte Ribot zu einer ebenso erfolgreichen Karriere als Deckhengst ins Gestüt zurück, zuerst in Europa, dann ab 1960 in den USA. Sein Einfluß ist zu beiden Seiten des Atlantik noch immer enorm. Tom Rolfe, Graustark, Molvedo, Robocco, Ribero, Ribofilio und Arts and Letters sind nur einige der Champions, die von ihm abstammten.

Mister Softee

Lieblingspferd des bekannten englischen Springreiters David Broome, in Irland gezogen und als Dreijähriger bei der Dublin Horse Show gekauft, nachdem er an der Longe über eine Stange gegangen war. 1962 gewann er unter David Barker die Europameisterschaft, aber einen Namen machte er sich erst so richtig, nachdem er ab 1965 im Broome-Stall stand. Im folgenden Jahr waren die beiden nicht zu schlagen und gewannen unter anderem den King George V Gold Cup, das Springderby in Hickstead, das olympische Testspringen und das Victor Ludorum bei der Horse of the Year Show. 1967 gewannen sie in Rotterdam die Europameisterschaft und verteidigten den Titel 1969 in Hickstead nach Stechen gegen Alwin Schockemöhle auf Donald Rex. Im Jahr dazwischen gewannen sie für Großbritannien die olympische Einzel-Bronzemedaille und wurden zu einer der beliebtesten Reiter-Pferd-Kombinationen im In- und Ausland.

Sympatico

Ormonde

Jet Run

Sympatico
1976 wurde der damals 18jährige Vollblutwallach von einem kanadischen Syndikat gekauft und gehört nun dem jungen amerikanischen Springreiter Terry Leibel, dessen Vater für Sympatico $ 300 000 angelegt haben soll. Sympaticos Ruhm erklärt den Preis: Er war von 1972 bis 1975 das führende Grand-Prix-Pferd der USA.

St. Simon und Ormonde
Diese beiden Pferde, mit zwei Jahren Abstand geboren, beherrschten Ende des 19. Jahrhunderts den englischen Rennsport. Beide wurden von dem großen Jockey Fred Archer geritten, der auf der Höhe seiner Karriere auf tragische Weise ums Leben kam. Archer hielt eindeutig von St. Simon am meisten.
Ormonde, Gewinner der begehrten britischen Triple Crown – bestehend aus Zweitausend Guineas, Derby und St. Leger –, war in allen Rennen ungeschlagen, erwies sich als Deckhengst aber als Fehlschlag. St. Simon – er hatte nur 1600 Guineas gekostet – lief nie in einem Classic, gewann jedoch alle seine Rennen mit herablassender Leichtigkeit, brachte es allerdings nur auf £ 4676 an Preisgeldern. Er jedoch wurde einer der wichtigsten Vererber der Turfgeschichte. 1886, in seinem ersten Deckjahr, kostete ein Sprung von ihm noch 50 Guineas, aber 1899 hatte er eine derartig zahlreiche Nachkommenschaft erfolgreicher Pferde gezeugt, daß jeder Sprung von ihm 500 Guineas kostete, eine für damals gewaltige Decktaxe von umgerechnet rund 11 000 Goldmark.
Ormondes Versagen als Deckhengst steht in völligem Gegensatz zu seinem Erfolg als Rennpferd. Nur wenige Derbysieger waren so gut wie er, denn er blieb in drei Rennjahren ungeschlagen und gewann £ 28 625 an Preisgeldern.
Als Ormonde 1886 das erste Rennen der Triple Crown gewann, gehörte er noch nicht zu den Favoriten, aber dann lief er auch im Derby dem bisher ebenfalls ungeschlagenen The Bard einfach auf und davon. Bis zum Oktober war er schon so berühmt, daß die Besitzer von The Bard und Melton, den Vorjahressiegern im Derby und im St. Leger, lieber eine Geldstrafe von je £ 500 bezahlten, als ihre Pferde bei einem privaten Sweepstake in Newmarket gegen ihn antreten zu lassen. Obwohl er immer mehr mit Atemproblemen zu kämpfen hatte, gewann er als Vierjähriger noch drei Rennen und schlug selbst den Spitzensprinter Whitefriars über 1200 m um zwei Längen, was selbst für einen Triple Crown-Gewinner beachtlich ist.
Ormonde hätte wohl weiter seine Gegner in Schrecken versetzt, wenn ihn die Atemprobleme nicht schließlich zum Rücktritt gezwungen hätten. 1889 wurde er von seinem Besitzer, dem Herzog von Westminster, an einen argentinischen Züchter verkauft, der ihn vier Jahre später an einen Amerikaner weiterverkaufte. Aber er blieb als Deckhengst ein Versager und brachte es in 11 Zuchtjahren auf ganze 16 Fohlen. Er war einer der besten Vollblüter der Geschichte, aber er endete unfruchtbar und wurde 1904 getötet.
St. Simon führte in England neunmal die Liste der erfolgreichsten Vererber an, war zweimal Zweiter und dreimal Dritter. Sein Einfluß war immens, denn unter seinen Nachkommen waren die Sieger in nicht weniger als 17 Classics und drei Ascot Gold Cups. Insgesamt gewannen seine Nachkommen 571 Rennen und £ 553 159 an Preisgeldern. 1896 führte er die

Posillipo

Flanagan

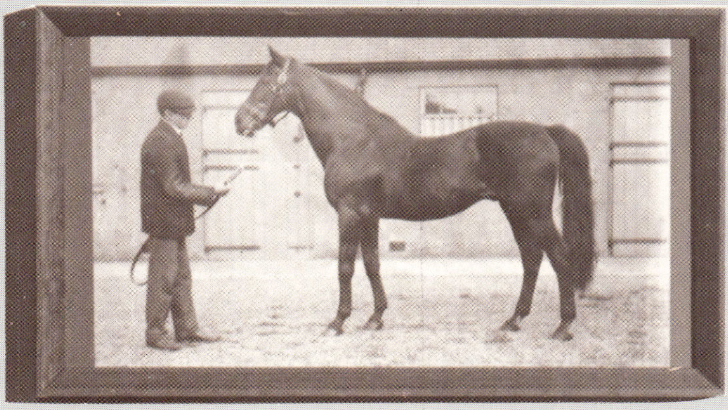

St. Simon

Liste der Zuchthengste an, sein Sohn St. Serf war Zweiter und sein eigener Vater Galopin Dritter.
Sein Trainer mochte St. Simon sehr, aber er war nicht ganz unproblematisch im Umgang. Einmal gab man ihm im Gestüt Welbeck, wo er stand, einen Stallgefährten, damit er ruhiger würde, aber der Plan mißlang gründlich. Er packte das arme Tier, warf es gegen die Decke der Box und trampelte es zu Tode.
St. Simon starb 1908 bei der Rückkehr vom Training. Sein Skelett befindet sich heute im Britischen Museum.

Jet Run
Mit neun Jahren gehört der 1,68 m große braune Wallach Jet Run in Nordamerika zu den Pferden mit den meisten Siegen in Springprüfungen. Ursprünglich gehörte er dem Mexikaner Fernando Senderos, unter dem er 1974 den Großen Preis von New York und 1975 die Goldmedaille bei den Panamerikanischen Spielen gewann. 1977 verkaufte ihn Senderos nach einer Europatour an den Amerikaner F. Eugene Dixon, der ihn der amerikanischen Springreitermannschaft zur Verfügung stellte. Unter Michael Matz gewann er 1977 sowohl das amerikanische Springderby in Rhode Island als auch den Grand Prix bei der Royal Winter Fair in Toronto und den Valley Forge Grand Prix. 1978 gehörte er zu den vier Finalpferden der Weltmeisterschaft.

Posillipo
Mit diesem italienischen Vollblüter gewann Raimondo d'Inzeo 1960 in Rom die olympische Einzel-Goldmedaille im Springen. Seine internationale Karriere war jedoch nur verhältnismäßig kurz, vor allem verglichen mit der von Raimondo d'Inzeos Lieblingspferd Bellevue, das heute um die zwanzig Jahre alt ist.

Flanagan
Die Engländerin Pat Smythe war viele Jahre lang die erfolgreichste Springreiterin der Welt, und ihr beständigstes Pferd war der in Irland gezogene Fuchs Flanagan. Er wurde 1948 geboren und begann als Militarypferd, bis er unter Pat Smythe zu einem der Spitzenpferde im Springsport wurde. Abgesehen von vielen anderen großen internationalen Prüfungen gewann er die Europameisterschaft der Springreiterinnen 1957 in Spa, 1961 in Deauville, 1962 in Madrid und 1963 in Hickstead. 1956 und 1960 gehörte er der britischen Olympiamannschaft an. 1956 in Stockholm half er, dabei die Mannschafts-Bronzemedaille zu gewinnen.

Phar Lap
Kein Champion hat je seine Karriere mit entmutigenderen Vorzeichen begonnen als Phar Lap. In seinen ersten vier Rennen 1929 lief er nicht ins Geld, bis er endlich im fünften Anlauf ein bescheidenes Rennen gewinnen konnte. Die nächsten drei Rennen beendete er wie üblich unter Ferner liefen, aber dieser australasiatische Vollblüter lernte so rasch, daß er im Endeffekt von 51 Rennen 37 gewann und zum berühmtesten Rennpferd dieser Weltgegend wurde.
Als Dreijähriger holte er sich das A. J. C. Derby und das Victoria-Derby sowie den Craven Plate, bevor er im Melbourne Cup als Dritter einlief. Nach einer Pause wurde er erneut Dritter und begann dann eine Serie von neun Siegen. Das große häßliche Entlein, wie er liebevoll genannt wurde, hatte Flügel bekommen. Er verbesserte sich weiter und erntete den Spitznamen «Roter Schrecken», dem er mit seinem Sieg im Melbourne Cup unter 120 Pfund Gewicht gerecht wurde.
Als nächstes reiste er nach Amerika und gewann das mexikanische Agua Caliente Handicap. Das sollte leider sein letztes Rennen sein, denn kurz darauf fraß er mit Insektizid besprühtes Gras und ging ein.

Register